中央高校基本科研业务费专项资金资助项目
Fundamental Research Funds for the Central Universities
国家社科基金青年项目（19CJL038）

中国文化产品出口贸易研究

田子方 著

文化产品不同于普通货物产品，不仅包含经济价值，还包含文化价值。在此基础上，本书将文化产品出口贸易定义为文化价值交换和满足消费者文化需求的过程。传统国际贸易理论在解释中国文化产品出口时存在局限性，因此引入文化经济学的视角就显得尤为重要。

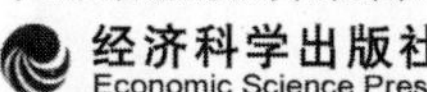

图书在版编目（CIP）数据

中国文化产品出口贸易研究/田子方著．—北京：
经济科学出版社，2020.3
ISBN 978-7-5218-1425-5

Ⅰ.①中…　Ⅱ.①田…　Ⅲ.①文化产品-出口贸易-研究-中国　Ⅳ.①G124②F752.68

中国版本图书馆CIP数据核字（2020）第049505号

责任编辑：王　娟　郭　威
责任校对：刘　昕
责任印制：李　鹏　范　艳

中国文化产品出口贸易研究
田子方　著
经济科学出版社出版、发行　新华书店经销
社址：北京市海淀区阜成路甲28号　邮编：100142
总编部电话：010-88191217　发行部电话：010-88191522
网址：www.esp.com.cn
电子邮箱：esp@esp.com.cn
天猫网店：经济科学出版社旗舰店
网址：http://jjkxcbs.tmall.com
北京季蜂印刷有限公司印装
710×1000　16开　19.25印张　360000字
2020年5月第1版　2020年5月第1次印刷
ISBN 978-7-5218-1425-5　定价：78.00元
（图书出现印装问题，本社负责调换。电话：010-88191510）

前　言

20世纪90年代末，在需求升级和结构转型的时代背景下，文化产业在经济增长、创造就业岗位和扩大出口等方面的作用凸显。越来越多的国家将文化产业上升到国家战略的层面，试图培育拉动经济增长新的驱动力，同时不遗余力地推动本国文化产品走向世界。这不仅反映了其在创造收入、扩大就业的经济效应，也是弘扬本国文化、传播核心价值观的必要手段。

文化产品不同于普通的货物产品，不仅包含经济价值，还包含文化价值。在理解文化产品包含文化价值的基础上，本书将文化产品出口贸易进一步定义为文化价值交换和满足消费者文化需求的过程。国际贸易领域的相关理论在解释中国文化产品出口时存在局限性，而从需求的视角来解释其出口动因的相关研究更是寥寥无几，因此引入文化经济学的视角就显得尤为重要。本书在讨论了经典贸易理论对于文化产品出口贸易适用性的基础上，提出了引入文化价值、消费成瘾性、价值观、文化身份和文化认同等视角的必要性。基于文化需求从经济和文化的双重视角上得出了相关问题的理论支撑，进而揭示了中国文化产品出口遵循的一般经济规律，同时文化认同感是影响其出口贸易的关键因素。

考虑到文化产品经济和文化的双重价值，本书主要从五个部分对中国文化产品出口展开系统性的分析。

第一部分首先界定了文化产品、文化服务、文化产业等研究对象的统计口径。目前对文化产品及其出口的统计存在很多实际困难，因而科学、严谨地界定研究对象的统计口径就显得尤为重要。其次，从理论视角的选取、影响因素的实证研究、国际竞争力表现和发展策略四个方面对文化产品出口贸易问题进行了简要综述和必要介绍。

第二部分构建了需求引致的中国文化产品出口贸易的分析框架：文化需求—总量—结构。首先，提出了中国文化产品的出口贸易是由出口目的地的文化需求引致的，而并非取决于本地市场效应；其次，分别从经济和文化的角度将市场规模和文化认同感界定为影响文化需求的主要因素，并强调各国文化产品具有互补性而非替代性，文化差异影响文化需求的机制更趋于求异而非趋同；最后，将出口规模分解为集约边际和扩展边际（简称二元边际），进一步探究经济因素和文化因素对出口扩张的二元边际增长机制。

第三部分是中国文化产品出口的趋势、现状与国际竞争力。具体而言，首先要明确文化产品的统计口径。不同国家、不同研究机构对文化产品的界定存在较大差异，其数据也大相径庭。本书对这些定义和分类方法进行了比较，并指出了其异同之处，进而明确了核心文化产品的统计范畴。基于此分析显示：从规模上来看，我国的文化产品出口规模增长迅速，2008 年后呈现指数型增长的态势，2010 年起超越美国成为世界第一大文化产品出口国。2017 年后我国文化产品出口贸易受到国际贸易环境的影响。从产品结构来看，视觉艺术类产品占据文化产品出口的半壁江山，其次是视听艺术类产品（主要是视频游戏）和出版物类产品。从市场结构来看，中国文化产品出口目的地主要集中在北美、欧洲、东亚和太平洋地区，且主要为高收入国家或地区。其出口目的地较为固定，市场集中度较高。从国际竞争力分析来看，提高我国的文化产品出口竞争力是实现文化强国的必由之路。

第四部分是实证分析部分。该部分通过理论推导和一系列的实证检验，打开了经济、文化和制度等因素对中国文化产品出口规模及其结构影响的“黑匣子”。具体来说主要分为以下几个方面。

一是考察了经济规模和需求相似度对中国文化产品出口的影响。研究表明，经济规模对文化产品出口具有显著的正向影响，经济发展水平对文化产品出口存在非对称影响，且存在需求相似悖论。

二是研究了文化差异、制度差异引起的文化认同感的改变对中国文化产品出口的影响机制。其主要结论为：文化距离（反映价值观）和中国文化产品出口呈显著的正相关关系。即文化距离较大的国家或地区较容易获得文化比较优势，通过文化互补来加强文化认同感，进一步提高文化产品出口。但是这种促进作用只存在于一定的文化距离区间内，超过一定的门槛，文化距离指数对文化产品出口的影响则显著为负。即文化距离指数和文化产品的出口呈非线性关系。而同一文化身份的识别（同一语言、汉文化圈等）显著地促进了文化产品出口。

三是将中国文化产品出口规模进行结构分解，划分为集约边际和扩展边际，进一步探讨经济、文化、制度等因素是通过何种途径影响其文化产品出口的。主要结论为：其一，经济规模和需求相似度主要通过集约边际影响文化产品的出口。其二，文化距离和制度差异主要通过集约边际影响文化产品出口，而文化身份的认同对于提高扩展边际具有显著的作用。在考虑文化资本积累的因素后，在一定的门槛内文化距离通过二元边际促进文化产品的出口。其三，文化资本积累与二元边际呈现显著的正相关。由此可见，文化资本积累和文化认同感对于转变文化产品出口方式、推动文化产品出口沿着扩展边际增长至关重要。

第五部分指出了数字经济的到来对文化消费方式的冲击以及未来中国文化产品出口的发展方向。

本书的创新之处在于：第一，既有研究中对文化产品的统计并没有一致的标准，其数据也大相径庭。本书在明确核心文化产品统计范畴的基础上构造了相应的面板数据进行国别或地区分析、理论推导和实证检验，从而有助于得出一系列更有针对性、更可靠的结论。第二，由于文化产品的立身之本在于其文化价值，国际贸易理论在其出口贸易的适用性上存在局限，这就需要引入文化经济学的视角。本书在重新审视了需求相似理论、引力模型、二元边际等贸易理论对中国文化产品出口的适用性的基础上，结合文化价值、理性成瘾、文化认同等文化经济学的视角对其展开深入分析，试图构建一个文化经济学视角下需求引致的中国文化产品出口贸易的全面性的分析框架。第三，立足于中国文化产品出口遵循的一般经济规律，从文化认同的角度进一步研究文化产品出口贸易。本书将文化认同感的改变以折扣度的形式引入垄断竞争模型中，考察文化差异、制度差异所带来的文化认同感的改变对中国文化产品出口的影响机制。同时从价值观和文化身份两个方面来全面测度文化差异。第四，关于中国文化产品出口的实证研究严重不足，本书从经济和文化的双重层面上对中国文化产品出口的规模及结构（二元边际）的影响机制展开实证研究，这是对既有研究的有效补充。

田子方

2019年5月6日

于中央财经大学沙河校区

目　　录

第 1 章

导　论

1.1　研究背景和选题意义

1.1.1　研究背景

1.1.1.1　文化产业在国民经济中的地位和作用

20 世纪末，关于文化产业的研究开始走进人们的视野。近年来"文化大发展大繁荣""建设文化强国""坚定文化自信""推动文化产业成为国民经济的支柱性产业"等词句在政府文件中被频繁地提到。其背后的原因在于文化产业在经济增长、产业结构升级和提高国家软实力中起着举足轻重的作用。

从发达国家来看，随着工业经济向服务经济的转变，越来越多的国家把文化产业上升到国家战略的层面。美国是最早从产业化的角度来解读文化的国家。其创意产业是全国最大的出口部门之一，2007 年创意产业占国民生产总值（GDP）的比重高达 6.4%。[①] 1998 年，英国最早将文化产业作为提高其国家竞争力的基石。根据英国文化传媒和体育部（DCMS）的相关报告可知，1997～2007 年，英国创意产业的年均增速为 5%，而其他部门的年均增速只有 3%。2007 年，其创意产业占 GDP 的比重高达 6.2%。英国创意产业的发展影响了其他欧洲国家。根据联合国贸易和发展会议（UNCTAD）公布的《创意经济报告（2010）》的资料显示，文化创意产业在欧洲各个国家都占据了举足轻重的地位。例如，2004 年意大利文化产业占 GDP 的比重高达 9%，吸收了 250 万人的就业规模；2008 年德

① 邵军．中国文化产品出口贸易发展机理及政策研究［M］．北京：经济科学出版社，2015：9.

国文化产业的增加值为600亿欧元，其产值占GDP的比重为2.5%，就业比重为3.3%。韩国、日本等东亚国家也非常重视文化产业的发展，先后于19世纪末20世纪初制定了“文化立国”的国家战略。韩国将文化产业列为六大核心技术之一、经济增长的动力产业和国民经济的支柱产业，试图跻身世界第五大文化产业强国的行列[①]。

从发展中国家来看。根据罗斯托（Rostow，1991）的经济发展阶段理论可知，发展中国家实现经济起飞的关键在于工业化的进程，也就是从农业社会向工业社会的转变[②]。但是，随着工业化进程的加快，这种高污染、高能耗、低附加值的经济发展模式已难以为继，寻找经济增长新的动力点、实现产业结构的转型升级已迫在眉睫。在这种背景下，发展中国家对文化产业给予了越来越多的关注。例如，印度尼西亚大力扶持文化产业的发展。2006年其文化产业占GDP的比重为4.7%，吸纳了370多万人的就业人员。2009年泰国建立了国家创意委员会，提出了“创意泰国”的发展规划[③]。阿联酋将文化产业作为实现产业结构多元化的关键性部门。其属内的迪拜影视城已经成为世界最大的电影制作集聚区之一。

“十三五”规划提出，要大力推动社会主义文化大发展大繁荣，建设文化强国，使文化成为国民经济的支柱型产业，推动中国文化走向世界[④]。为此，近年来中国也在大力发展文化产业。第一，我国进入了文化产业发展的战略机遇期。2001年我国加入了世界贸易组织，这意味着中国的文化产品开始走向国际市场。2002年党的十六大报告制定了“全面建设小康社会，大力发展社会主义文化”等一系列的文化政策，提出了大力发展文化产业的战略构想。党的十八届三中全会通过的《中共中央关于全面深化改革若干重大问题的决定》指出，要进一步“提高文化开发水平，重点扶持和培育外向型文化企业，支持文化企业到境外开拓市场”。“十三五”规划明确将文化产业列为国民经济发展的支柱性产业。“一带一路”倡议中提出，“共建‘一带一路’，关键是互联互通”，即实现“政策沟通、设施联通、贸易畅通、资金融通、民心相通”。第二，随着我国人均国内生产总值的提高，对文化消费的需求日益增长。国际经验表明，人均GDP超过3000美元时，文化消费开始进入增长阶段；人均GDP超过5000美元时，进入加速发展阶段，且文化消费占家庭总支出的比重约为30%。2012年，我国的人均GDP为6100美元，但文化消费占总体消费的比重还不到4%[⑤]。2018年我国人均

---

① 韩国政府将美国、英国、日本、德国视为排名前4位的文化产业强国。

② Rostow W. The stages of economic growth [J]. Economic History Review, 1991, 12 (1): 1-16.

③ 邵军. 中国文化产品出口贸易发展机理及政策研究 [M]. 北京：经济科学出版社，2015：10.

④ 李克强：全面建成小康社会新的目标要求 [OL]. 人民网，http://cpc.people.com.cn/n/2015/1106/c64094-27783414.html.

⑤ 刘绍坚. 文化产业：国际经验与中国路径 [M]. 中国社会科学出版社，2014：117.

GDP 接近 1 万美元，而人均教育文化娱乐支出为 2226 元，仅占人均可支配收入的 7.9%[①]。这说明我国的文化消费仍存在巨大缺口。国内文化消费水平的提高会进一步促进本国文化产业的发展。充分发挥文化优势、鼓励文化产业走出去、提升文化产品的附加值已经成为我国经济结构转型升级的必然选择。

1.1.1.2　全球视野下的中国文化产品出口

从全球范围内来看，各国在大力扶持和发展文化产业的同时，也在积极地推动本国文化产品走出去的步伐。文化产业是蓬勃发展的产业，很有可能在未来一段时间内成为出口的潜在主导部门（Bourne and Allgrove，1996；Pratt，2004；Scott，2004）。文化产品出口贸易已经成为发达国家出口贸易的重要组成部分。对于发展中国家来说，高科技产品的竞争力较低，迅速提高制造业的国际竞争力可能性不大。而发展中国家具有雄厚的人力资本和厚重的历史积淀，有条件发挥文化优势，形成特定的文化认同感，从而加快发展中国家文化产品出口。

2010 年我国超过美国成为世界第一大文化产品出口国，文化产品出口的年均增长率（13.46%）远远高于世界整体的文化产品出口增长率（2.3%）。值得注意的是，从世界范围内来看，2009 年后世界文化产品出口的年均增速明显低于危机前。2010 年虽然中国的货物出口贸易开始逐渐恢复，但随后年均增速一直处于下降的趋势[②]。相对而言，从图 1－1 中可以看出，1996～2018 年间年均增速为 12.44%。2009 年后中国的文化产品出口呈现指数型的增长，2012 年其年均增速高达 48.3%。虽然随着中美贸易冲突和国际摩擦的加剧，2017 年以来中国文化产品出口受到一定程度的影响，但是 2018 年文化产品出口规模约为 102 亿美元，年均增速为 10.51%，高于同期 GDP 增速约 4 个百分点，未来文化产品出口的潜力仍可能成为我国经济增长的引擎。此外，从图 1－2 可以看出，人均 GDP 和文化产品出口存在显著的正相关。2014 年中国的文化产品出口额为 176.25 亿美元，在其他发展中国家和转型国家中独树一帜，是印度（5.03 亿美元）的 35 倍，也高于美国（157.82 亿美元）、英国（121.09 亿美元）等发达国家，详见附表 4－1。随着世界各国人均收入水平的提高，对文化产品的潜在需求量必将进一步加大。

九层之台，起于累土。面对激烈的市场竞争，如何在国际市场中进一步加快文化产品的输出就成为一个亟须研究的重大问题。为此，必须探究中国文化产品出口的规模、结构及影响机制。

---

① 国家统计局编. 2019 中国统计年鉴［M］. 中国统计出版社，2020.

② 资料来源：联合国商品贸易统计数据库（UN COMTRADE）。

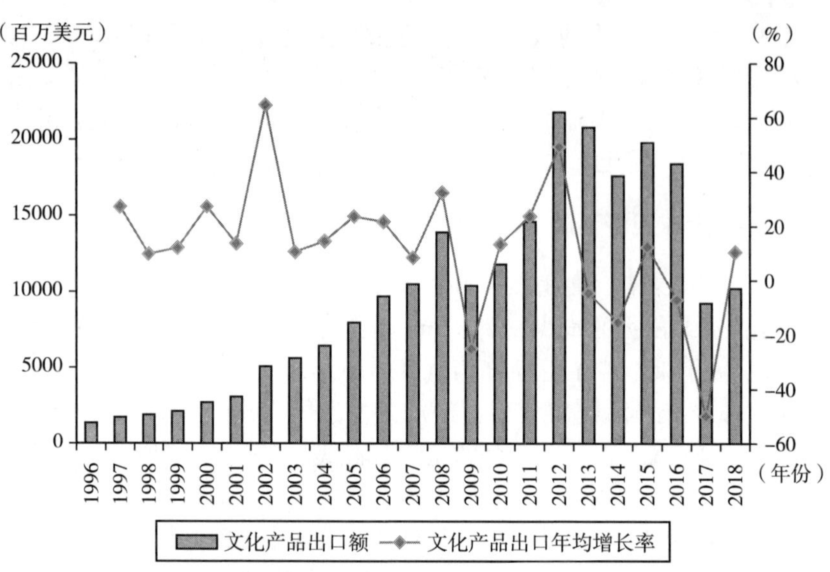

图 1－1　1996～2018 年中国文化产品出口规模和年均增长率

资料来源：根据联合国商品贸易统计数据库（UN COMTRADE）计算整理所得。

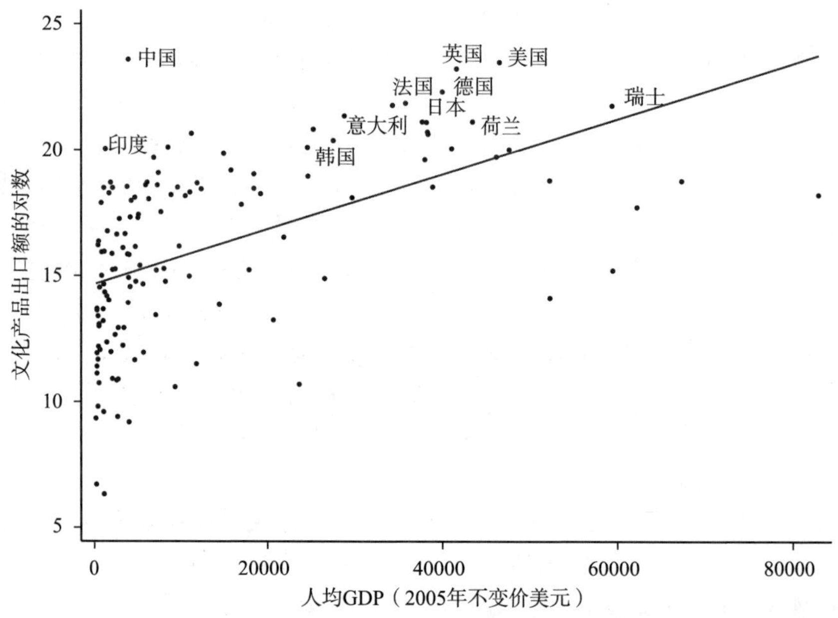

图 1－2　2014 年世界各国核心文化产品出口额

资料来源：根据联合国商品贸易统计数据库（UN COMTRADE）计算整理所得，通过 Stata 14.0 软件绘制。

1.1.2 选题的理论意义和现实意义

1.1.2.1 理论意义

自亚当·斯密以来，中外很多学者对传统产品出口贸易的成因、演进模式①等问题做了深入的研究，大多数学者从供给的视角出发，认为生产成本或者资源禀赋所赋予一国的比较优势是其贸易增长的根源，提出了绝对比较优势、相对比较优势、要素禀赋理论、规模经济等诸多学说。但是，文化产品不同于普通的货物产品，文化产品出口兼顾货物贸易和服务贸易的特性。在解释文化产品出口时，供给视角的出口贸易理论是否仍然适用呢？事实上，对于特定的、具有文化价值和象征意义的文化产品而言，同类文化产品具有互补性而非替代性，文化多样性也允许其市场竞争趋向于求异而非趋同。这在一定程度上决定了相比于供给因素而言，出口目的地的文化需求是影响文化产品出口贸易的重要因素。

考虑文化产品的特殊性，本书在传统价值理论的基础上引入文化价值，提出了扩展的价值理论，且经济价值和文化价值只有在一定的文化认同感的基础上才是统一的。这就奠定了研究的理论基础。笔者认为，相对于供给视角下的出口贸易理论而言，随着收入水平的提高而导致的出口目的地对文化产品需求量的增大，抑或对特定文化产品文化认同感的增强更容易引起一国出口贸易量的增长。因此就需要引入需求视角。在考虑文化价值和文化认同感的基础上，研究表明，中国的文化产品出口并不是由于本地的规模经济引致的，而是取决于出口目的地的文化需求。同时，需求相似理论、消费成瘾理论、二元边际理论等经典贸易理论也为探究中国文化产品出口的内在规律提供了依据。不难看出，相比于货物出口而言，文化产品出口涉及很多新的现象和新的问题，在统计框架②、结构分解及影响机制等方面尚且没有一致的结论。这些都有待我们展开进一步的理论研究。

1.1.2.2 现实意义

从经济增长的角度来看，文化产品出口贸易是开放经济的重要组成部分，对于本国经济增长和产业结构转型升级起着举足轻重的作用。随着我国经济进入“L型”增长阶段③，从数量型增长转向质量效益型增长成为我国经济发展的必然

---

① 演进模式是指贸易的规模、方向及其决定机制。

② 联合国教科文组织、联合国贸易和发展会议、世界知识产权组织以及不同的国家对文化产业和文化产品的界定不同。

③ 有学者分析未来中国经济的增长趋势不是“U”型，也不是“V”型，而是“L”型增长。

选择。自党的十八大以来我国文化产业的年均增速为 13.7%（国家统计局，2017），远远高于同期 GDP 的增长速度。2018 年，中国文化及相关产业的增加值为 4.11 万亿元，文化产业的增加值占 GDP 的比重为 4.48%，同比增长 0.22%。而北京文化产业的增加值占 GDP 的比重已超过 9%。[①] 与此同时，2010 年中国成为核心文化产品出口的第一大国。文化产业作为主要的出口部门之一，成为推动经济增长和产业结构优化的重要驱动力。

从文化的角度来看，加快文化产品的出口是一国弘扬核心价值观、塑造国家软实力的必然要求。20 世纪 90 年代中期，约瑟夫·奈（Joseph Nye）提出了国家软实力的概念。相对于经济、军事等国家硬实力而言，软实力主要是指一国的文化、价值观、生活方式、凝聚力等对其他国家的同化力、影响力和感召力。近年来，越来越多的发达国家开始试图通过文化产品和服务的出口宣传国家文化，提升国家软实力。例如，美国主推好莱坞大片，英国主推音乐产品，法国和德国主推图书产品，日本主推动漫产品，韩国主推网络游戏等[②]。但是，中国文化在以美欧等西方文明为主导的文化体系中处于失语状态。很多外国人对中国的了解只是来源于外国媒体对中国的片面报道，对中国的文化认识仍然停留于遥远的模糊不清的刻板印象中。这与中国五千多年来的文明古国的地位极不相称，在中国制造行销全球的同时，如何将中国的文化和价值观传播到世界各国，提高其文化的认同感，这是实现大国崛起、彰显国家软实力的现实要求。

1.2 相关研究对象界定[③]

1.2.1 文化产业和创意产业

文化贸易的发展离不开文化产业。1947 年，法兰克福学派霍克海默（Max Horkheimer）和阿多诺（Theodor Adorno）在其名著《启蒙的辩证法》中首次提出文化产业（cultural industry）的概念，[④] 旗帜鲜明地指出，文化产业是指工厂

---

① 国家统计局. 2018 年全国文化及相关产业增加值占 GDP 的比重为 4.48% [EB/OL]. 国家统计局官网，http://www.stats.gov.cn/tjsj/zxfb/202001/t20200121_1724242.html.

② 邵军. 中国文化产品出口贸易发展机理及政策研究 [M]. 北京：经济科学出版社，2015：14.

③ 关于主要概念的界定有两个线索，其一是从实用性上对文化产品、文化产业及文化产品出口贸易进行界定，其二是从人类学、社会学、文学等理论上来进行界定。为了方便后面对文化产品出口贸易的数据进行统计，本书对主要概念的界定更多地考虑实用性。

④ [德] 霍克海默，阿多诺. 启蒙的辩证法 [M]. 渠敬东，曹卫东，译. 上海：上海人民出版社，2003.

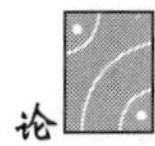

凭借现代化的科学技术，对文化产品进行批量化和标准化生产，并通过电影、电视、广播、杂志、报纸等传播媒介传递给消费者，从而使文化不再激发大众的“否定意识”，进而成为统治者维持社会稳定的工具。[①] 他们认为，产业化的生产流程使得大众文化偏离了文化的轨道，使其沦为纯粹的商品，文化特征消失殆尽，并从艺术和哲学的角度对文化产业进行了批判。与其预期相反，20 世纪 80 年代后，文化产业的概念逐渐被广为接受，而法兰克福学派对大众文化的批判成为后人对文化产业重新审视和思考的思想源泉。2001 年联合国教科文组织（UNESCO）发表了题为《文化、贸易和全球化》的主题报告，提出文化产业是指那些包含创作、生产和销售“文化内容”的产业。从本质上讲，它们作为文化象征符号的物质载体，一般通过著作权来保护，并且以产品或服务的形态出现。[②] 从实用性上来讲，文化产业是指生产文化产品或提供文化服务的产业。2009 年，联合国教科文组织提出了新的文化统计框架（FCS），明确了文化产业主要包括六个文化领域：文化和自然遗产类、表演和庆祝活动类、视觉艺术和手工艺类、书籍和报刊类、视听和交互媒体类、设计和创意服务。而旅游、体育和文化娱乐等活动虽然在过程中体现出文化属性，但是在内容上没有文化属性，因此被划分为相关领域，不属于文化产业的范畴。详见表 1 - 1 左边部分。

与文化产业密切相关的概念是创意产业[③]。二者既有相同之处，又存在一定的差别。在 20 世纪 90 年代初，澳大利亚将创意产业一词列入国家文化政策。1998 年，英国极具影响力的文化传媒与体育部（DCMS）将创意产业定位为提高其国家竞争力的坚实基础。根据《创意经济报告（2013）》可知，文化创意产业主要有 6 种分类方式：DCMS 模型、符号文本模型、同心圆模型、WIPO 版权模型、UNESCO 统计研究所模型和美国艺术协会模型[④]。其中，最为人们熟知的是同心圆模型。该模型由澳大利亚经济学教授、前国际文化经济学会主席大卫·索斯比（David Thorsby）提出[⑤]。他认为文化产业就是在生产中包含创造性，凝结一定程度的知识产权并传递象征性意义的文化产品和服务。该模型将文化价值视为是区分文化产业的重要特征。某一产品或服务的文化价值越大，文化要素密集

---

① 蔡尚伟，温洪全等．文化产业导论［M］．上海：复旦大学出版社，2006.

② 联合国教科文组织．文化、贸易和全球化［R］．2001.

③ 提起创意产业，我们会随之联想到创意经济一词。创意经济是于 2001 年由英国作家霍金斯（Hoskins）提出，据他估算，2000 年全世界范围内创意经济创造的价值为 2.2 万亿美元，并以年均增长率 5% 的速度增长。除了文化产品和文化服务，创意经济还包括了玩具、游戏及所有的研发领域。因此，创意经济涉及的范围极为广泛。

④ 联合国教科文组织，联合国开发计划署编．创意经济报告［M］．意娜，等译．北京：社会科学文献出版社，2014：4.

⑤ 大卫·索斯比所说的文化产业就是指创意产业。

度越大，生产该产品或提供该服务的产业就越有资格被视为是文化产业①。具体来说，联合国贸易和发展会议（UNCTAD）将创意产业划分为四类，分别是遗产类、艺术类、媒介类和功能创意类，详细分类见表1-1的右边。

表1-1 文化产业和创意产业的分类

文化产业	创意产业
A. 文化和自然遗产 -博物馆（包括虚拟博物馆） -考古和历史遗迹 -文化景观 -自然遗产	1. 遗产类 1.1 传统文化表现 -工艺品、节日和庆典等 1.2 文化场所 -考古遗址、博物馆、展览馆等
B. 表演和庆祝活动 -表演艺术（戏剧、舞蹈、歌剧、木偶戏等） -音乐 -节日、展览会、庙会	2. 艺术类 2.1 视觉艺术 -绘画、雕塑、照片、古董 2.2 表演艺术 -现场音乐会、剧院、舞会、歌剧 -马戏团、木偶戏等
C. 视觉艺术和工艺品 -美术 -摄影 -手工艺	
D. 书籍和报刊 -图书 -报纸和杂志 -其他印刷品 -图书馆（包括虚拟图书馆） -图书博览会	3. 媒介类 3.1 出版和印刷媒体 -书籍、出版社等 3.2 视听媒体 -电影、电视、广播等
E. 视听和交互媒体 -电影和视频 -电视和广播（包括互联网直播） -互联网在线播放 -电子游戏（包括网络游戏）	4. 功能创意类 4.1 设计 -珠宝、时尚、室内设计、平面设计、玩具设计 4.2 新媒体 -软件、视频游戏、数字创意内容等 4.3 创意服务 -建筑、广告、创意研发、文化娱乐等
F. 设计和创意服务 -时装设计 -平面造型设计 -室内设计 -园林设计 -建筑服务 -广告服务	

注：联合国教科文组织的文化统计框架包括6大文化领域和2个相关文化领域。表1-1左边汇报了6大文化领域，而2个相关文化领域分别是指G. 旅游业（包机或包车旅行和旅游服务；食宿招待和住宿）和H. 体育和娱乐（体育、身体锻炼和健身；游乐园和主题公园；博彩），并未在表中体现出来。

资料来源：联合国教科文组织．文化统计框架（2009）［R］．联合国文化统计研究所，2011：22；UNCTAD. Creative Economy Report［R］. 2010：6.

① UNCTAD. Creative Economy Report［R］. 2010.

对比表1-1的左右两边，可以发现尽管创意产业的分类更为细致，但文化产业和创意产业的内容仍然高度一致。具体来说，表1-1左边的文化和自然遗产、表演和庆祝活动与右边的传统文化表现、文化场所和表演艺术的内容高度重叠，都反映了一个国家或地区的风土人情和自然风貌。左边的视觉艺术和工艺品与右边的视觉艺术直接对应。左边的书籍和报刊与右边的出版和印刷媒体直接对应。左边的视听和交互媒体与右边的视听媒体和新媒体类产品相对应。而左边的设计和创意服务与右边的设计类和创意服务类范围一致。由此可见，文化产业和创意产业的研究对象几乎一致，创意产业的范围要略大于文化产业。例如，软件、创意研发、文化娱乐、数字创意内容等属于创意产业，但并不是文化产业的研究内容。

1.2.2 创意性产品、文化产品和文化服务

进一步地说，从产品层面上也需要理解两个容易混淆的概念：创意性产品（creative goods）和文化产品（cultural goods）。这二者有时是可以通用的，但也有细小的差别。通俗地来讲，创意性产品更侧重创意，文化产品更侧重文化。创意是把原创思维能力和想象力通过语言、声音和影像展现出来的一种独特方式[①]。而文化反映了在宗教、民族和社会等群体中可以代际相传并且相对稳定的习俗、信念和价值观（Guiso，Sapienza and Zingales，2006）[②]。

本书的研究对象是文化产品出口，这就需要明确区分文化产品和文化服务。通常人们把文化产品（cultural goods）和文化服务（cultural services）统称为文化商品（cultural products）。联合国教科文组织对文化产品的定义是“传播思想、符号和生活方式的消费品，能够提供信息和娱乐，进而形成群体认同并影响文化行为”。文化产品主要是以有偿的形式提供（UNESCO，2001）。大卫·索斯比（David Thorsby，2006）从经济学的角度明确了文化产品的性质，认为文化产品是一种体验产品，是理性的、可以上瘾的产品[③]，具有“棘轮效应”。这也就是说，其当前的消费会引致未来更高的消费，消费需求是可以积累的。与普通的货物产品不同，除了经济价值外，文化产品还具有文化价值。而联合国教科文组织对文化服务的定义是“满足人们文化兴趣和需要的行为”。具体来说，文化服务

① ［澳］大卫·索斯比．文化政策经济学［M］．易昕，译．大连：东北财经大学出版社，2013：18.

② Guiso L.，Sapienza P.，Zingales L. Does Culture Affect Economic Outcomes［J］. CEPR Discussion Papers，2006，20（2）：23-48.

③ 在一定程度上具有消费的成瘾性，类似于香烟。

是指“政府、私人机构和半公共机构为社会文化实践提供的各种各样的文化支持”[①]（UNESCO，2001）。文化服务不以货物的形式出现，它既可以是免费的，也可以是具有盈利性的。但是上述定义仍较为抽象，从实用性的角度来看，文化产品和文化服务分别是指文化产业创造、生产、销售的含有“文化内容”的产品或者服务。

2005年，联合国教科文组织按照文化内容将文化商品划分为核心文化商品和相关文化商品，这种“核心—相关法”成为研究文化产业的主流的方法论，见图1-3。核心文化产品和相关文化产品的详细内容见表1-2。与文化产品相同，文化服务也分为核心文化服务和相关文化服务。由于该部分内容不属于本书的研究范围，这里只对其进行简单说明。核心文化服务包括视听及相关服务，版权使用费和许可费；相关文化服务包括信息服务，通讯社服务，广告和建筑服务，其他个人、文化和休闲服务（UNESCO，2005）[②]。

本书的研究内容只限于核心文化产品（即传统意义上的文化产品），这主要是基于以下几点考虑。

第一，研究文化产品还是文化服务。本书的着眼点为有形的文化产品，而未涉及无形的文化服务。这是因为到目前为止，关于服务贸易的争论较多，尚且不能被精准地统计，也缺乏统一的研究框架。

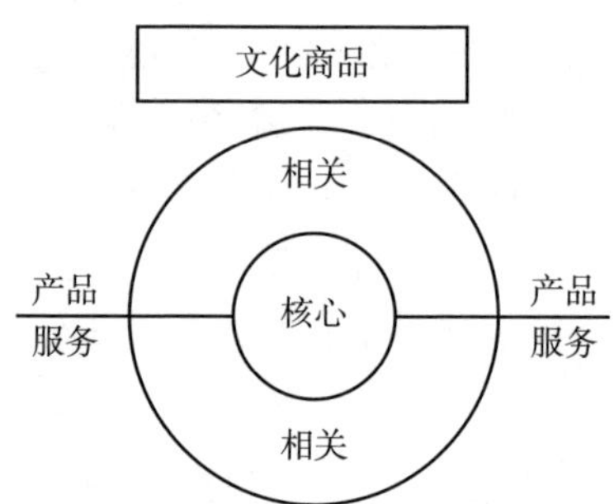

图1-3　核心—相关分类法

资料来源：UNESCO. International flows of selected cultural goods and services，1994-2003［R］. Montreal：UNESCO Institute for Statistics，2005：14.

---

① 例如举行各种演出，组织文化活动，推广文化信息以及文化产品的收藏（如图书馆、文献资料中心和博物馆）等。

② UNESCO. International flows of selected cultural goods and services，1994-2003［R］. Montreal：UNESCO Institute for Statistics，2005：15.

表1-2 核心文化产品和相关文化产品

核心文化产品（core cultural goods）	相关文化产品（related cultural goods）
一、文化遗产 -收集品和收藏家的珍藏品 -超过百年的古董	一、设备/支持材料 -乐器 -声音播放器和已记录声音的媒介 -电影摄录机和照相物资 -电视和收音机
二、图书 -印刷版读物、手册、小册子等 -儿童图画、绘制或彩色书籍	二、建筑计划、建筑图纸贸易和贸易广告材料
三、报纸和期刊	
四、其他印刷品 -音乐印刷品 -地图 -明信片 -图片、设计和照片	
五、记录媒介 -唱片 -带有激光读取系统的光盘，只能用于再现声音 -磁带 -其他记录声音的媒介	
六、视觉艺术 -绘画作品 -其他视觉艺术（如雕像、雕塑、版画）	
七、视听艺术 -带有电视接收器的视觉游戏机 -已曝光和冲洗的摄影或电影胶片	

注：其中图书、报纸和期刊以及其他印刷品被统称为出版物类产品。

资料来源：UNESCO. International flows of selected cultural goods and services，1994－2003 [R]. Montreal: UNESCO Institute for Statistics，2005：15.

第二，更侧重文化还是创意。从“核心—相关法”方法论来看，核心文化商品主要是由文化产业生产的，更侧重文化。而相关文化商品主要是由文化创意产业生产的，更侧重创意。相较于文化产业，文化创意产业主要集中在可以更加灵活地发挥创造性想法的高附加值行业，如软件、广告、建筑、商业服务、动漫等。而这些更多地体现在文化服务上。因此本书主要研究文化要素较为密集的文化产品部分。

第三，是否涉及相关文化产品。就核心文化产品和相关文化产品的具体内容来说，相关文化产品主要是指那些用以支持核心文化产品创造、生产和销售的辅助设备、材料等，详见表1-2，这部分内容无法反映某个国家或地区可以代际传递的信仰、信念和价值观，文化要素密度相对较小。

综上所述，本书的研究对象是根据联合国商品贸易统计数据库（UN COMTRADE）整理的HS96-6位数编码下的5类核心文化产品：文化遗产类、出版物类、音乐和表演艺术类、视觉艺术类以及视听艺术类。其中又被细分为38小类，具体编码和对应的文化产品见第4章的相关图表。

1.2.3 文化产品出口

2005年，联合国教科文组织（UNESCO）给出了文化贸易的定义，即以有形和无形的文化产品传递文化内容的进口和出口行为，既可以是实物产品的形式，也可以是服务的形式。例如图书、录音CD、电子游戏、印刷品或配音服务等。由此可见，文化出口的贸易对象包括文化产品和文化服务。文化产品的出口很容易理解，通俗的理解就是一种产品从一个国家出口到另一个国家，过关时通常要征税。文化服务的出口则不容易被界定。文化贸易兼顾货物贸易和服务贸易的特性，但是又不能将二者简单地相加。有学者针对文化贸易给出了更详细的定义：建立在文化产业基础上的国家或地区之间文化产品和文化服务的交易，在交易过程中会发生文化思想、社会行为方式和文化价值观的传递、碰撞和融合。而本书的研究锁定在文化产品出口贸易方面，并提出文化产品出口不仅仅是商品交换的过程，也是文化价值交换和满足消费者文化需求的过程。并以此为切入点展开论述。

1.3 研究内容和研究方法

1.3.1 研究思路和技术路线图

本书研究的核心问题是中国文化产品出口问题，围绕该问题，本书构建了如下技术路线图，详见图1-4。

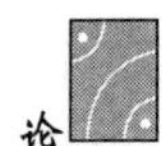

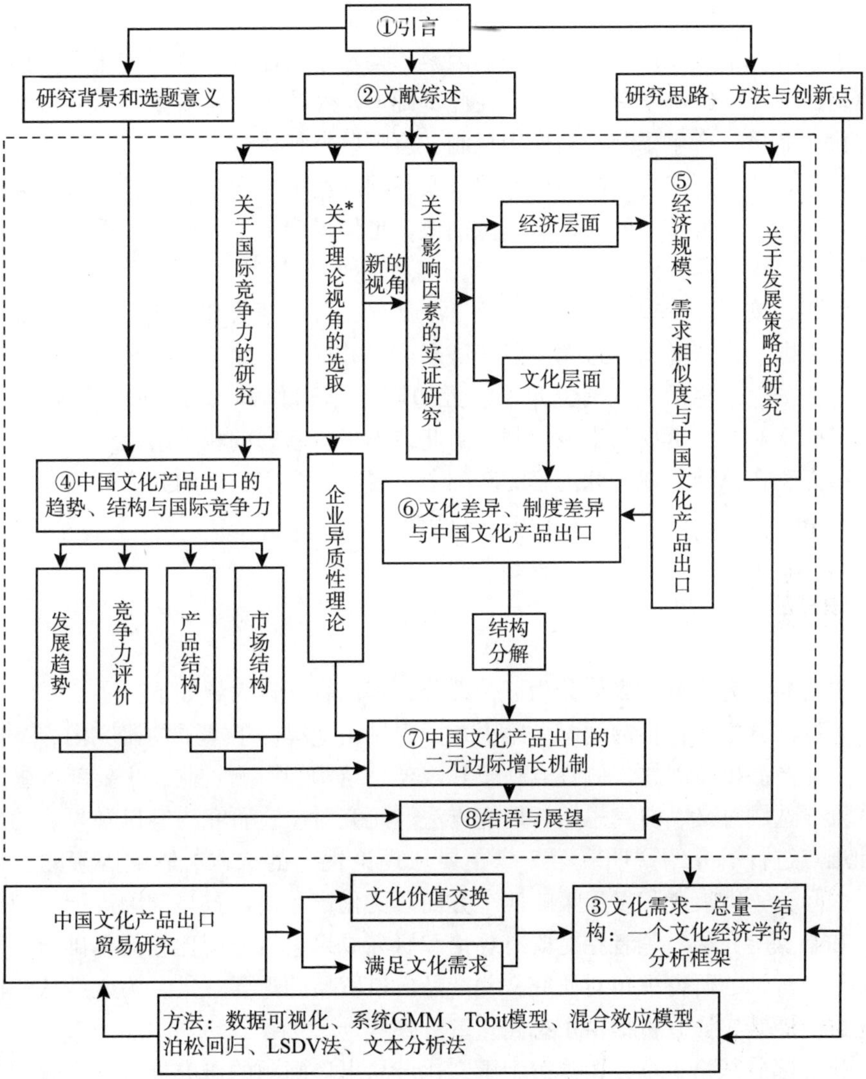

①引言

研究背景和选题意义

②文献综述

研究思路、方法与创新点

关于国际竞争力的研究

关于*理论视角的选取

新的视角

关于影响因素的实证研究

经济层面

文化层面

⑤经济规模、需求相似度与中国文化产品出口

关于发展策略的研究

④中国文化产品出口的趋势、结构与国际竞争力

企业异质性理论

⑥文化差异、制度差异与中国文化产品出口

发展趋势

竞争力评价

产品结构

市场结构

结构分解

⑦中国文化产品出口的二元边际增长机制

⑧结语与展望

中国文化产品出口贸易研究

文化价值交换

满足文化需求

③文化需求—总量—结构：一个文化经济学的分析框架

方法：数据可视化、系统GMM、Tobit模型、混合效应模型、泊松回归、LSDV法、文本分析法

图1-4 本书的技术路线

注：其中带圈的数字表示对应的章节。

第一，本书的研究对象是中国文化产品出口，侧重点在于其规模、结构和影响因素。关于该问题的研究背景、选题意义、研究方法、研究内容等诸多问题构成了本书的第1章。同时该章对主要研究对象进行了界定。同时，为了厘清该研究的来龙去脉和既有研究成果，本书从四个方面对近年来的国内外文献进行了梳理和总结，进而得出了有关该问题清晰的研究脉络。

第二，在总结既有理论模型适用性的基础上，从文化产品扩展的文化价值属性入手，着眼于文化产品出口的影响因素，构建了由需求引致的文化产品出口理论模型这一文化经济学分析框架。在此基础上从经济和文化双重视角分析其对中国文化产品出口产生了怎样的作用机制，有哪些特征体现。

第三，从中国文化产品出口的现状及其国际竞争力入手，选择中国相关数据分析中国问题，为后面的实证研究做铺垫，也使得全书的研究内容更加贴近中国现实。

第四，按照理论模型的思路，分三个部分进行实证研究。该实证研究部分在证实了中国文化产品出口遵循一般经济规律，并提出文化认同感是影响文化产品出口的关键因素之后，同时立足于二元边际（结构分解），进一步探讨了经济、文化等因素对出口贸易的影响机制，由此得出了一系列的相关结论。

第五，在总结上述研究内容的基础上，展望了数字经济的到来对文化消费模式的变革性意义，并提出了相应的几点启示。

1.3.2 研究内容

本书共分为八章，大体分为五个部分，其内容安排大致如下：

第一部分主要包括前两章。第1章开门见山地提出了本书的研究内容，即中国的文化产品出口问题，侧重点在于其规模、结构和影响机制，主要就本书的选题背景、选题意义、研究思路、研究方法、研究对象、研究内容以及可能的创新点和难点进行了介绍说明。第2章主要从理论视角的选取、影响因素的实证研究、国际竞争力表现和发展策略四个方面对文化产品出口贸易问题进行了简要的综述和必要的介绍。笔者在对既有理论和研究成果进行分析比较的基础上，得出了文化经济学的研究视角对研究文化产品出口贸易的重要意义，为之后从经济和文化层面展开实证分析提供了思路。

第二部分即第3章，构建了中国文化产品出口问题的研究框架：文化需求—总量—结构。首先，提出了中国文化产品的出口贸易是由出口目的地的文化需求引致的，而并非取决于本地市场效应；其次，分别从经济和文化的视角将市场规模和文化认同感界定为影响文化需求的主要因素，并强调各国文化产品具有互补性而非替代性，文化差异影响文化需求的机制更趋向于求异而非趋同；最后，将出口规模分解为集约边际和扩展边际，进一步探究经济因素和文化因素对出口扩张的影响机制。

第三部分即第4章，是中国文化产品出口的趋势、结构与国际竞争力，主要从发展趋势、结构特征以及竞争力评价三个方面对中国文化产品出口贸易展开了

系统的分析，为之后明确文化产品的出口市场、扩大出口规模、提升国际竞争力的相关研究提供了经验证据。同时该章对产品结构和市场结构的分解也为第7章研究文化产品出口的二元边际奠定了基础。基于此，本书的分析显示：从规模上来看，我国的文化产品出口规模增长迅速，从2010年起超越美国成为世界第一大文化产品出口国，2018年中国文化产品出口贸易额为102亿美元。从产品结构来看，视觉艺术类产品占据文化产品出口的半壁江山，其次是视听艺术类产品（主要是视频游戏）和出版物类产品。从市场结构来看，中国文化产品出口目的地主要集中在北美、欧洲、东亚和太平洋地区，且主要为高收入国家或地区。其出口目的地较为固定，市场集中度较高。在本章共15个具有代表性和可比性的样本分析中表明，增强中国文化产品出口的国际竞争力是实现文化强国目标的必由之路。

第四部分是本书的实证部分，包括第5、第6、第7章。该部分通过理论推导和一系列的实证检验打开了经济、文化和制度等因素对中国文化产品出口规模及其二元边际影响的“黑匣子”。具体来说主要分为以下几个方面：一是考察了经济规模和需求相似度对中国文化产品出口的影响。研究表明，经济规模对文化产品出口具有显著的正向影响，经济发展水平对文化产品出口存在非对称影响，且存在需求相似悖论。二是研究了由文化差异、制度差异引起的文化认同感的改变对中国文化产品出口的影响机制。其主要结论为，文化距离（反映价值观）和中国文化产品出口呈显著的正相关关系。即文化距离越大，越容易获得文化比较优势，通过文化互补来加强文化认同感，进一步提高文化产品出口规模。但是这种促进作用只存在于一定的文化距离区间内，如果超过一定的门槛，文化距离指数对文化产品出口的影响则显著为负。即文化距离指数和文化产品的出口呈非线性关系。而同一文化身份的识别（同一语言、汉文化圈等）显著地促进了文化产品出口。三是将中国文化产品出口规模进行结构分解，划分为集约边际和扩展边际，进一步探讨经济、文化、制度等因素是通过何种途径影响其文化产品出口的。主要结论为：其一，经济规模和需求相似度主要通过集约边际影响文化产品出口。其二，文化距离和制度差异主要通过集约边际影响文化产品出口，而文化身份的认同对提高扩展边际具有显著的作用。在考虑了文化资本积累的因素后，在一定的门槛内文化距离通过二元边际促进文化产品的出口。其三，文化资本积累与二元边际呈现显著的正相关。由此可见，文化认同感和文化资本积累对转变文化产品出口方式、推动文化产品出口沿着扩展边际增长至关重要。

第五部分是结论与展望部分，立足于各章的研究结论对本书的研究内容进行了简要的总结，并指出了未来中国文化产品出口的发展方向。

1.3.3 研究方法

本书的研究方法主要有以下三类。

1.3.3.1 历史唯物主义和辩证唯物主义相结合的方法

马克思在《资本论》中运用历史唯物主义和辩证唯物主义来研究资本主义方方面面的问题①。该方法论对研究中国文化产品出口问题同样具有借鉴意义。根据历史唯物主义方法论，本书从 1947 年法兰克福学派对大众文化的批判着手，审视文化产业发展的历史必然性，论证了中国文化产品出口对拉动消费需求、促进经济增长、加快供给侧结构性改革的重要意义。根据辩证唯物主义方法论，本书在马克思“经济决定论”的基础上，进一步肯定了韦伯（Weber）关于“经济决定文化，文化亦决定经济”的重要论断。进而从经济和文化的双重视角上审视中国文化产品出口问题，提出中国文化产品出口遵循一般经济规律，而文化认同感是影响其发展趋势的关键因素。

1.3.3.2 规范研究与实证研究相结合的方法

研究问题的根本在于分析事物发展的规律性，而对于这种本质规律的探究必须由表及里。规范研究侧重于回答经济运行中“应该是怎么样”的问题，而实证研究分析经济运行过程中的因果关系，回答“是怎样”的问题。因此，本书坚持规范分析和实证研究相结合的研究方法。一方面保证理论逻辑上的严谨性，通过对既有文献中关于文化产品出口的影响机制进行逻辑梳理，从文化需求的视角提炼相关影响因素，为分析中国文化产品出口问题提供了研究思路。另一方面坚持实证研究的方法，书中大量应用了线性拟合法、标准化法、指数测算法以及数据的可视化处理。此外，为了保证结果的稳健性，使用了混合 OLS、LSDV 法、Tobit 模型、泊松回归、系统 GMM 模型等多种计量方法。

1.3.3.3 文献研究和比较研究相结合的方法

任何事物的发展都具有时间和空间的延续性。文献研究法反映了在时间维度上的延续，而比较研究法是在空间维度上的延续。只有将二者结合起来才能够客观地分析问题。一方面，只有站在巨人的肩膀上才能够高瞻远瞩。这也就是说，

① 根据历史唯物主义方法论，马克思揭示了资本主义制度存在的历史暂时性和必然性，其经过产生、发展、成熟的过程后必然会走向衰亡。根据辩证唯物主义方法论，既证明了资本主义制度产生和发展的历史必然性，又证明了其终将被社会主义所取代的客观规律性。

对既有问题的研究离不开分析和审视前人的研究成果。本书着重总结了前人的研究成果，并从中厘清了研究思路和重点。另一方面，“他山之石，可以攻玉”。即对中国文化产品出口问题的研究必须与同期的一些典型国家或地区做对比，尤其是与西方发达国家进行比较研究。本书的区域研究（国家或地区）有助于及时发现问题和解决问题。

1.4 可能的创新之处与需要说明的几个问题

1.4.1 可能的创新之处

本书可能的创新之处在于以下几个方面。

第一，既有研究中对文化产品的统计并没有一致的标准。本书的实证分析部分拟采用联合国商品贸易统计数据库（UN COMTRADE）公布的1996～2013年中国与189个国家或地区的双边出口贸易数据进行实证分析。其中文化产品为HS96－6位数编码下的38小类文化产品。这不仅避免了因不同国家或地区、不同研究机构统计口径的差异而造成的偏误，也给出了关于文化产品的具体分类标准，进而构造了相应的面板数据进行国别分析、理论推导和实证检验，从而有助于得出一系列更有针对性、更可靠的结论。

第二，由于文化产品的立身之本在于其文化价值，国际贸易理论在其出口贸易的适用性上存在局限，这就需要引入文化经济学的视角。本书在重新审视了需求相似理论、引力模型、二元边际等贸易理论对中国文化产品出口的适用性的基础上，结合文化价值、理性成瘾、文化认同等文化经济学的研究视角对其展开深入分析，试图构建一个文化经济学视角下研究中国文化产品出口贸易的全面性的分析框架。

第三，立足于中国文化产品出口遵循一般经济规律，从文化认同的视角进一步研究文化产品出口贸易问题。笔者提出，与欧洲和北美洲的主要发达国家不同的是，中国的文化产品出口并不是取决于规模经济（或本土效应），而是取决于出口目的地的文化需求。目的地市场认同感的提高是推动中国文化产品出口的决定性因素。文化多样性也使得出口目的地市场趋向于求异而非趋同。为进一步验证上述理论分析，本书将文化认同感的改变以折扣度的形式引入垄断竞争模型中，考察文化差异、制度差异所带来的文化认同感的改变对文化产品出口的影响机制。在测度文化差异时，从价值观和文化身份两个方面来进行衡量。这是一个有益的尝试，也是对既有研究的有效补充。

第四，关于中国文化产品出口的实证研究严重不足，本书从经济和文化的层面上对中国文化产品出口规模及其二元边际的决定机制展开实证研究。更进一步地将出口目的地按照经济发展水平、汉文化圈和非汉文化圈、地区分布进行样本细分，将文化产品按照文化遗产类、出版物类、音乐和表演艺术类、视觉艺术类、视听艺术类5类核心文化产品进行细分，探讨不同分样本的影响因素的分布情况。此外，通过系统GMM、Tobit模型、泊松回归、LSDV法、混合效应模型等多种计量经济学方法得出了一系列较为稳健的结论。

1.4.2 本书的侧重点与基本假设

本书侧重于从文化经济学的视角来研究中国文化产品出口的规模、结构和影响机制。文化经济学的视角主要体现在文化价值、消费成瘾性、文化身份和文化认同等。此外，本书的分析也涉及了经典的国际贸易理论，如引力模型、需求相似理论、企业异质性理论等。由于数据的局限性，并没有对企业的行为机制展开专门研究。由于视角的选择，本书主要研究经济和文化因素对中国文化产品出口及其二元边际的影响。关于科技的作用机制虽然一直贯穿其中，但并未单独展开分析。由于时间和资料的局限性，对国内文化消费滞后与文化产品出口、内需和外需的关系、数字化经济对文化产品出口的冲击、2017年后国际贸易形势的新变化等与文化产品出口密切相关的其他问题没有进一步展开研究。这不得不说是笔者撰写本书时的一大遗憾。

本书的基本假设是：（1）文化产品包含文化价值。相较于使用价值、价值来说，文化价值是独立存在的、可以分离的，它是文化产品的立身之本。（2）文化需求引致文化产品出口。即中国的文化产品出口是文化需求引致的，而非取决于规模经济，国际文化消费市场是中国文化产业走出去的重要推动力。（3）经济因素和文化因素共同影响文化需求。（4）一定程度的政府干预是有效的，主张适度保护的文化产业贸易政策。

1.4.3 研究中需要突破的难点

本书在研究过程中的难点有以下几个。

第一，不同的国家或地区、不同的研究机构对文化产品的界定略有差异。基于数据的可得性和对文化产品特性的理解，参照联合国教科文组织（2005）的划分标准，本书将研究对象界定为5类核心文化产品。但是，随着世界文化产品出口贸易的发展，一些相关文化产品逐渐从边缘走向核心，对文化产品的界定需要重新审视和理解。

第二，影响文化产品出口的因素众多，不仅涉及经济层面，还涉及政治、文化、制度等多个层面。在模型的设计中需要考虑内生性问题，确保实证结果的稳健性。这不仅需要对实证方法进行熟练的应用，也需要对既有理论以及文化产品出口贸易的内在规律有足够深刻的理解。

第三，本书的研究对象是1996～2014年间中国文化产品的出口，涉及38小类文化产品、189个出口目的地，同时在第4章进行对比分析时又涉及各个国家以及世界整体水平的文化产品出口。这些数据规模庞大，需要进行手工整理和软件处理，给研究带来了一定的难度。

第四，为了全面研究中国文化产品出口的影响机制问题，需要设计逻辑自洽的理论模型，运用统计学软件进行数据可视化的处理，并通过一系列的回归分析保证实证结果的稳健性。这对笔者的逻辑分析能力和计量软件的操作水平提出了一定的挑战。

1.4.4 本书的不足之处

由于受到时间、资料和选取视角所限，本书在得出一系列研究成果的同时也存在以下不足：第一，中国文化产品出口是一个复杂且热门的研究课题，涉及国际国内两个市场，包含经济、文化、政治等诸多方面。本书只研究其规模、结构和影响机制，难免存在一定的片面性。第二，在对中国文化产品出口的影响机制进行实证研究时，侧重于经济和文化因素影响文化需求，进而需求引致了文化产品出口。在对相关机制进行论证时主要侧重于出口目的地的国别分析，并没有进一步挖掘微观企业数据库。第三，随着信息技术革命带来的第三次浪潮，数字技术的进步必将引起文化产品出口方式的巨大变革。电子商务和跨境电商的兴起也为中国文化产业出口提供新契机。第四，国际贸易摩擦的加剧和贸易保护主义的蔓延对中国文化产品出口贸易和文化输出提出了新的挑战。在不远的将来，一部手机就能实现全球贸易不再是传说。但是由于资料的获取和选取视角的局限性，并未对此展开分析。

第 2 章

文献综述

保罗·克鲁格曼（Paul Krugman，1998）曾经说过："经济学家在无法确信其构建的理论是否能够解释已经发生的贸易现象之前，是无法进一步地讨论国际贸易的决定因素及其发展策略的。"① 对文化产品出口贸易问题的探讨，也应该着眼于文化产品出口理论视角的选取、实证检验和发展策略等方面。而相较于国外研究而言，关于中国文化产品出口国际竞争力的表现是当前国内研究的热点问题。因此本章在梳理了文化产品出口理论模型的适用性及其决定因素（实证检验）之后，进一步分析了文化产品出口国际竞争力的表现，最后对文化产品出口的发展策略进行了评述。

2.1 关于文化产品出口理论视角的选取

2.1.1 供给视角的贸易理论与文化产品出口②

2.1.1.1 传统贸易理论

传统国际贸易理论中具有代表性的是李嘉图（Ricardo）的比较优势理论以及赫克歇尔（Heckscher）和俄林（Ohlin）提出的要素禀赋理论。比较优势理论提出，贸易双方在生产商品时生产技术不同，使得劳动生产率存在相对差异，进而引起生产成本的相对差别③。但是在现实中，劳动生产率只能解释部分贸易产

① ［美］保罗·克鲁格曼等．国际经济学［M］．海闻，译．北京：中国人民大学出版社，1998：4.

② 由于供给视角下的贸易理论较多，本章根据既有文献梳理出了经常用于分析文化产品出口问题的代表性理论。关于其他理论本章就不再赘述了。

③ 因而各国应该发挥相对有利的生产条件进行专业化生产，生产和出口具有比较优势的产品，进口具有比较劣势的产品。

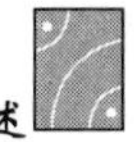

生的原因，而从生产要素禀赋①的差异来分析国际贸易的成因成为国际经济学中最具有影响力的理论之一。要素禀赋理论②认为，资源禀赋③和生产技术④之间的相互作用影响着各国的比较优势。各国应按照生产要素的稀缺程度来进行生产，发挥本国生产要素的比较优势，生产出具有价格竞争力的产品。

传统的贸易理论是否适用于文化产品贸易呢？马斯·克莱尔（Mas-Colell，1999）认为，传统贸易理论只适用于部分文化贸易，例如西班牙油画、英国莎士比亚戏剧等与其他国家相比具有比较优势的领域。但对于某些不能完全进行专业化分工的文化贸易领域，传统贸易理论失效⑤。舒尔茨（Schulze，1999）提出传统贸易理论只能解释同质产品的产业间贸易，而电影、书籍等文化产品是差异化产品，所以传统贸易理论不能解释文化产品出口⑥。

传统贸易理论从相对劳动生产率和要素禀赋的差别方面分析了不同经济体之间的产业间贸易，但是文化产品贸易经常发生在生产技术和要素禀赋差异很小、经济发展水平相近的发达国家之间。传统贸易理论对文化产品贸易的解释力很弱，主要取决于以下三个方面：第一，传统贸易理论的假设是规模报酬不变的同质产品，而电影、摄影、出版书籍等可复制的文化产品是存在规模经济的差异化产品。第二，对于绘画、雕塑等独一无二的艺术品来说，文化产品贸易取决于消费者对特定艺术品的偏好，与传统贸易理论提出的相对成本优势无关。第三，国际文化出口取决于各国的知识密集度，需要经过长时间培训的人力资本积累，而传统的国际贸易理论只强调一国的自然资源优势。

2.1.1.2 规模经济理论

1985年保罗·克鲁格曼将规模经济抽象出来作为国际贸易的决定因素，意味着传统贸易理论向新贸易理论的转变。所谓规模经济，是指当生产要素投入增加、生产规模扩大时，产出的增加量多于投入的增加量，平均成本降低。规模经济的存在打破了传统贸易理论中规模报酬不变的假设，自此形成了两种国际分工渠道：一是正如要素禀赋论所揭示的，由于资源或技术的差异而展开国际分工；二是由于规模经济所引致的相对比较优势而展开国际分工。前者更有效地解释了产业间贸易现象，后者解释了自20世纪60年代以来的产业内贸易现象。

---

① 是指天然资源在各国的供给状况，一般分为资本、劳动和土地三大类。

② 又称为赫克歇尔—俄林模型。

③ 反映了生产要素的稀缺程度。

④ 在实际生产过程中影响生产要素的相对密集度。

⑤ Mas-Colell A. Should Cultural Goods Be Treated Differently? [J]. Journal of Cultural Economics, 1999, 23 (1-2): 87-93.

⑥ Schulze G. G. International Trade in Art [J]. Journal of Cultural Economics, 1999, 23 (1): 109-136.

图 2 - 1 是结合厂商的长期成本曲线来解释规模经济的存在。

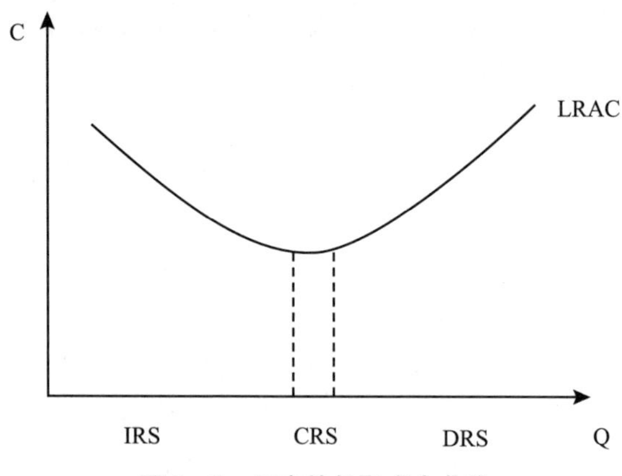

图 2 - 1　厂商的长期成本曲线

注：IRS 代表第一阶段，规模报酬递增（规模经济）；CRS 代表第二阶段，规模报酬不变；DRS 代表第三阶段，规模报酬递减（规模不经济）。

C 代表成本；Q 代表产量。

如图 2 - 1 中第一阶段所示，随着厂商的生产规模增大，长期生产成本下降，这就是规模经济的实现过程。一般可以从两个方面来衡量规模经济：一方面，从生产函数来看，规模报酬递增导致了规模经济的出现。即对于生产函数 $Q = F(L, K)$ 来说，当 $F(\lambda K, \lambda L) > \lambda F(K, L)$ 时，意味着当生产要素同比例增加 1 倍时，产出的增加幅度大于 1 倍。另一方面，比较平均成本（AC）和边际成本（MC）。当 AC > MC 时，LAC 会趋于下降。这也是规模经济的生产过程。

规模经济是否能够解释整个文化产品贸易呢？德图佐斯和特劳德曼（Dertouzos and Trautman，1990）通过实证分析证明了美国的报纸出版行业存在规模经济[①]。马瓦斯特和坎特伯雷（Marvasti and Canterbery，1992）使用 1962 ~ 1987 年间 26 年的时间序列数据基于产业内贸易理论实证分析了影响美国与加拿大两国文化产品（包括音像、杂志、图书和报纸等）双边贸易的影响因素，实证结果表明，加拿大的图书、美国的报纸和期刊生产存在规模经济，在其他行业则不存在规模经济[②]。斯托伯（Storper，1989）利用美国的电影产业说明了内部规模经济效应逐渐减弱，开始被专业化分工所取代。专业化分工的出现，使得电影厂商

① Dertouzos J. N.，Trautman W. B. Economic Effects of Media Concentration：Estimates from a Model of the Newspaper Firm. [J]. Journal of Industrial Economics，1990，39 (1)：1 - 14.

② Marvasti A.，Canterbery R. Intra-Industry Trade in Culture：The United States and Canada [J]. International Trade and Finance Association Proceeding，1992：159 - 174.

可以生产出满足不同的消费者偏好和不同的市场需求的差异化产品。厂商通过竞争与合作采用新的技术创新电影产品，降低电影制作成本①。以美国的电影出口为例，规模经济解释了美国的电影产业集中在洛杉矶好莱坞的原因。但是，为什么好莱坞这种电影制作基地出现在美国而不在其他国家？为什么美国的电影可以出口到欧洲国家，但是欧洲国家很少有电影出口到美国呢？规模经济理论未能给出解释。

2.1.1.3 产业内贸易理论

产业内贸易是指各个国家同一产业部门内进行的以生产专业化为基础的产品交换行为，揭示了自20世纪60年代以来生产要素比例相近、经济发展水平相当的国家进行产业内双向贸易的现象。其理论基石主要分为以下三个方面。

第一，产品异质性是产业内贸易理论的基础。1975年，格鲁贝尔（Grubel）和劳埃德（Lloyd）提出异质性产品是指品种相同但在功能性上有差异的产品（Grubel and Lloyd，1989）②。这些产品虽然相似，但是不能相互替代，产品的异质性满足了不同层次、不同偏好的消费者的需求，是产业内贸易的动因之一。迪克西特和斯蒂格利茨（Dixit and Stiglitz，1977）提出，消费者有多样化的偏好，即相较于消费一种商品，消费者更倾向于消费多样化产品③。兰卡斯特（Lancaster，1979）提出，消费者有理想性偏好，也就是说消费者会选择与自己理想中的消费品最相近的商品④。多样化和理想化消费偏好促使差异化产品的出现。邵军和吴晓怡（2014）提出，虽然文化产品有别于传统产品，但是文化产品作为市场交换的主体，必然遵循经济发展的一般规律。文化产品贸易是国际贸易的重要组成部分，消费者对差异化文化产品的需求是文化贸易产生的根本原因⑤。

第二，规模经济是产业内贸易的动因。根据新贸易理论，由于存在规模经济，厂商会通过扩大生产规模来获得成本优势，这分别表现为内部规模经济和外部规模经济。内部规模经济是指由于某企业生产规模扩大、产量增加，分摊到单位产品上的固定成本会越来越少，平均成本会下降。外部规模经济是指由于行业

① Storper M. The Transition to Flexible Specialisation in the U. S. Film Industry: External Economies, the Division of Labour, and the Crossing of Industrial Divides [J]. Cambridge Journal of Economics, 1989 (13): 273 – 305.

② Grubel H. G., Lloyd P. J. Intra-industry trade: the theory and measurement of international trade in differentiated products [J]. Journal of International Economics, 1975, 85 (339): 312 – 314.

③ Dixit A. K., Stiglitz J. E. Monopolistic Competition and Optimum Product Diversity [J]. American Economic Review, 1977, 67 (67): 297 – 308.

④ Lancaster T. Econometric Methods for the Duration of Unemployment [J]. Econometrica, 1979, 47 (4): 939 – 956.

⑤ 邵军，吴晓怡．文化折扣、市场规模与中国文化产品出口［J］．国际商务：对外经济贸易大学学报，2014（3）：119 – 128.

内企业数量增加，整个行业规模扩大，企业的集聚效应降低了市场的交易费用，整个行业的平均成本下降[①]。文化产品贸易也存在着内部规模经济和外部规模经济。

第三，经济发展水平也是影响产业内贸易的重要因素。对于经济发展水平较高的国家来说，需求结构和产业结构趋于相似，更容易发生产业内贸易。一方面，经济发展水平越高，生产技术越先进，分工越细化，生产异质性产品的规模越大；另一方面，经济发展水平越高，居民的消费水平和购买力越高，对异质性产品的需求规模越大。由此可见，经济发展水平越高的国家，进行产业内贸易的程度越高。

那么，产业内贸易理论是否能解释文化贸易呢？德国经济学家舒尔茨（Schulze，1999）认为产业内贸易理论只能解释以异质性和规模经济为特征的可复制文化产品（如可复制的音乐、书籍、电影等）的贸易，但对独一无二的艺术品（如绘画、雕塑等）贸易缺乏解释力。他提出文化贸易更容易受消费习惯的影响这一观点[②]。李怀亮（2003）提出文化产品贸易高度集中于少数几个国家的现象可以用产业内贸易理论来解释，规模经济是美国文化产业领先的重要原因[③]。

2.1.1.4 企业异质性理论

麦莉兹（Melitz，2003）将企业异质性引入克鲁格曼（Krugman，1979；1980）的新贸易理论中，创建了企业异质性理论（新新贸易理论的重要组成部分），填补了从微观视角上来研究出口贸易动因的空白，从而引发了贸易理论的一场革命。

这里的企业异质性主要体现在四个方面：技术选择、企业规模、工人的技能以及企业决策（Yeaple，2005），最终体现为劳动生产率的差异。麦莉兹（Melitz，2003）在其代表作《贸易对产业内资源配置及其劳动生产率的影响》中提出，由于存在固定贸易成本，并不是所有企业都能够进入国际市场。在多样化的消费偏好、规模报酬递增、垄断竞争的市场等假设条件下，企业通过自我选择效应来实现产业内“达尔文进化的过程”，出口只发生在少数劳动生产率较高的企业中[④]。在该机制下，低劳动生产率的企业收缩或者退出国内市场，高劳动生产率的企业扩张国内市场进而走向国际市场，这必然会提升行业内平均劳动生

① 李怀亮等．国际文化贸易教程［M］．北京：中国人民大学出版社，2007：69.

② Schulze G. G. International Trade in Art［J］. Journal of Cultural Economics, 1999, 23（1）：109－136.

③ 李怀亮．论国际文化贸易的现状、问题及对策［J］．首都师范大学学报（社会科学版），2003（2）：1－11.

④ Melitz M. J. The Impact of Trade on Intra-Industry Reallocations and Aggregate Industry Productivity［J］. Econometrica, 2003（71）：1695－1725.

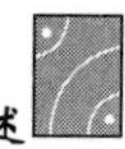

产率水平（Bernard et al.，2007）[①]。其实，异质性企业理论暗含着出口增长是沿着集约边际和扩展边际扩张的，即一方面来源于原有出口产品出口规模的增长；另一方面来源于进入新市场的产品出口规模的增长[②]。该研究成果为从企业或产品层面理解贸易结构，从理论或实证方面分解二元边际，进而研究特定因素对出口规模及结构的影响机制提供了有力支撑。但是，中国与发达国家的出口贸易事实存在一定差异，详见表2－1。为了进一步完善企业异质性理论，使其更好地解释中国文化产品出口的规模及结构，本书在进行实证检验时，引入文化需求的视角剖析多重因素，试图增强该理论的适用性。

表2－1　中国与发达国家货物出口贸易的差异

发达国家出口贸易的经验事实	中国出口贸易的典型现象
多数行业中只有少数企业出口	很多行业中有多数企业出口
行业内出口企业具有较高的劳动生产率	行业内非出口企业也具有较高的劳动生产率
企业出口密集度较低	企业出口密集度较高
出口产品的数量和价格成正比	出口产品的数量和价格成反比
出口规模的变化主要来源于扩展边际	出口规模的变化主要来源于集约边际

资料来源：笔者根据伯纳德和杰森（Bernard and Jensen，1999）、赫梅尔和克莱诺（Hummels and Klenow，2005）、钱学锋和熊平（2010）、施炳展（2011）等文献整理所得。

表2－2对前面详述的供给视角贸易理论的基本假设、主要结论、代表性文献、对文化产品出口的适用性分析等进行了总结。

表2－2　供给视角下的贸易理论梳理

供给视角下的贸易理论	基本假设	主要结论	代表性文献（理论和实证）	适用性分析
传统贸易理论	企业同质性、产品同质性、完全竞争市场、规模报酬不变	劳动生产率和要素禀赋引起的比较优势的差别是国际贸易发生的主要原因，产业间贸易是其主要形式	Ricardo（1817）；Heckscher and Ohlin（1920）	第一，文化产品出口不符合其假设，尤其是产品同质性和规模报酬不变；第二，对于独一无二的特定文化产品而言，消费者偏好是影响其出口贸易的决定性因素；第三，相对于自然资源禀赋而言，人力资源积累起着更重要的作用

① Bernard A. B.，Jensen J. B.，Redding S. J.，et al.. Firms in International Trade［J］. Journal of Economic Perspectives，2007，21（3）：105－130.

② 下面更为准确地区分了老产品老市场、新产品新市场和老产品新市场3种情况。

续表

供给视角下的贸易理论	基本假设	主要结论	代表性文献（理论和实证）	适用性分析
规模经济理论	放松了规模报酬不变、完全竞争市场的假设	规模经济所引发的比较优势的差别是国际贸易发生的主要原因，更有效地解释了产业内贸易的现象	Paul Krugman（1985）	实证研究表明，该理论适用于部分类别的文化产品出口贸易，在一定程度上解释了文化产业集聚现象
产业内贸易理论	进一步放松了产品同质性的假设	提出了多样化和理想性的消费偏好导致了产品异质性，其与规模经济、两国的经济发展水平共同影响产业内贸易	Grubel and Lloyd（1975）；Dixit and Stiglitz（1977）；Lancaster（1979）；Scott（1997）；Wildman and Siwek（1988）；Frank（1992）	该理论从产品异质性和规模经济出发，在一定程度上解释了文化产品贸易的动因。但是对于中国而言，国内文化产品消费显著滞后，推动其出口贸易的动因更主要的是发达国家的文化需求
企业异质性理论	放松了企业同质性的假设	提出由于存在固定贸易成本，通过企业的自我选择效应，出口只能发生在少数劳动生产率较高的企业中	Melitz（2003）；Yeaple（2005）；Bernard（2007）	该理论为从企业或产品层面上理解贸易结构，从理论或实证方面分解二元边际，进而研究特定因素对出口规模及结构的影响机制提供了有力支撑。但是，中国与发达国家的出口贸易事实存在一定差异，亟须引入文化需求的视角进行多重分析

资料来源：笔者根据前面内容整理得出。

2.1.2 需求视角的贸易理论与文化产品出口

2.1.2.1 相互需求理论

1848年，约翰·穆勒（John Struart Mill）在其名著《政治经济学原理》中将需求因素引入国际贸易理论，提出了相互需求理论。该理论表示，两国对贸易产品的相对需求强度决定了产品的相对价格。这也就是说，如果本国对外国进口产品的需求较强，而外国对本国进口产品的需求较弱，会导致本国的贸易条件恶化。与亚当·斯密和李嘉图对供给的强调不同，穆勒把对本国产品的消费需求作为影响国际贸易的关键因素。他认为生产者获得多少贸易利得最终取决于消费者能够以什么样的价格购买该产品。但是，相互需求理论仍然属于传统贸易理论的范畴，而严格意义上来说从需求角度上研究国际贸易的理论当属需求相似理论。

2.1.2.2 需求相似理论

1961 年，林德（Linder）在其论文《论贸易和转换》中从需求的角度探究工业制成品的产业内贸易①。他提出了著名的需求相似理论，即两个国家人均收入水平越接近，消费者的需求结构越相似，两国的贸易量越大。需求相似理论强调一国人均收入的变动导致消费者需求结构的变动，从而引起国际贸易的变动。即使是发达国家和发展中国家之间的贸易也是因为穷国中的富人与富国中的富人消费层次相近、需求偏好相似。该理论包括三类主要变量：其一，总的经济规模；其二，反映需求相似度的指标；其三，地理距离、文化距离、运输成本等反映贸易成本和贸易壁垒的指标。根据林德的结论可知，随着收入水平的提高，工业制成品，特别是奢侈品贸易的占比越来越大，并且主要发生在收入水平相近的发达国家之间，而不是发达国家和发展中国家之间。

在“林德假说”提出后，不少学者争相对其进行验证。马瓦斯特和坎特伯雷（Marvasti and Canterbery，1992）使用1962～1987 年间26 年的时间序列数据基于产业内贸易理论实证分析了影响美国和加拿大两国进行文化产品（包括音像、杂志、图书和报纸等）双边贸易的影响因素，选取资本/劳动比、人均收入、人口为自变量，净出口为因变量，证明了文化贸易符合需求相似理论②。索斯比（Throsby，1999）认为，需求偏好理论对文化产品的解释性较强③。且文化产品有“成瘾性”，当前的文化消费体验会影响未来的文化消费选择。然而，巴拉和隆（Bala and Long，2005）指出，经济实力相对较强国的选择偏好能控制经济实力相对较弱国的选择偏好④。菲波摩尔等（Felbermayr et al.，2010）也提出，文化贸易程度取决于双边文化的相似程度⑤，而不是两国的收入水平相近、需求相似。霍步刚（2008）基于林德模型分析了中国的文化贸易现状，实证结果表明中国的文化贸易偏离林德的需求相似理论，中国的文化贸易主要发生在与我国的经济发展水平差距较大的国家，而不是发展水平相近或更低的国家⑥。

---

① Linder，S. B. An essay on trade and transformation [M]. Garland Pub，1983.

② Canterbery E. R.，Marvasti A. Two Coases or Two Theorems? [J]. Journal of Economic Issues，1994，28 (1)：218 – 226.

③ Throsby D. Cultural Capital [J]. Journal of Cultural Economics，1999，23 (1 – 2)：3 – 12.
他认为，消费文化产品既能够满足当前的欲望，也积累了文化资本，进而影响消费抉择。

④ Bala V.，Long N. V. International Trade and Cultural Diversity with Preference Selection [J]. European Journal of Political Economy，2005，21 (1)：143 – 162.

⑤ Gabriel J. Felbermayr，Farid Toubal. Cultural Proximity and Trade [J]. European Eonomic Review，2010 (54)：279 – 293.

⑥ 霍步刚. 中国文化贸易偏离需求相似理论的实证检验 [J]. 财经问题研究，2008 (7)：15 – 18.

2.1.2.3 恩格尔法则

在19世纪恩格尔总结出如下规律：家庭总收入越少，用于购买食物的支出占家庭总支出的比重越大，随着收入的提高，该比重逐渐下降。推而广之可以得出如下论断，随着人均收入水平的提高，需求收入弹性较高的商品支出占家庭总支出的比重提高，需求收入替代弹性较低的商品支出占比下降。由于文化产品属于需求收入弹性较高的商品，随着人均收入水平的提高，对该类产品的需求量则越大。恩格尔法则反映了出口目的地文化产品的需求对本国出口的影响。

2.1.2.4 竞争优势理论

自20世纪80年代以来，产业内贸易、产业集聚现象受到了学术界的广泛关注。在此背景下，1990年迈克尔·波特（Michael E. Porter）在其代表作《国家竞争优势》一书中提出了竞争优势理论（又称钻石模型）。该理论从供给和需求两个方面说明了国家竞争优势形成的原因，即一国的竞争优势主要取决于生产要素，需求条件，支持性产业和相关产业，企业的组织、战略和竞争四个决定性因素，以及两个辅助条件，即政府和机遇①。并从三个方面强调了需求因素对一国出口竞争力的影响。其一，需求相似性。本国和国际市场的需求相似度越高，越有利于通过生产具有代表性需求的产品来形成本国的竞争优势。其二，国内市场需求规模。国内市场需求规模越大，越有利于通过规模经济形成成本优势，提高出口竞争力。国内消费者对高质量产品的需求也会倒逼生产者进行创新和升级。其三，国内市场需求向国际市场需求转换的能力②。

波特对供给视角下的传统贸易理论提出质疑。比较优势理论认为技术进步与生产率提高导致该国具有比较优势，但波特认为生产率提高与一国的竞争力不总是成正比。例如，一国采用保护性的贸易政策会提高该国的竞争力，但是以生产率的下降为代价。竞争优势理论将生产要素划分为基本生产要素和高级生产要素。前者主要是指要素禀赋论中的自然资源禀赋，后者是指需要经过长期培训、投资才能创造的要素，如创意、科技、人力资本等。该理论强调在整合高级生产要素基础上的创新竞争，关注产品的需求变动趋势。竞争优势可以创造出比较优势，也可将其动态转换为竞争优势。

---

① ［美］迈克尔·波特．国家竞争优势［M］．李明轩，邱如美，译．华夏出版社，2002.

② ［美］塞缪尔·亨廷顿，劳伦斯·哈里森．文化的重要作用——价值观如何影响人类进步［M］．程克雄，译．北京：新华出版社，2002. 波特从竞争优势形成的角度，提出文化的优势是最根本的、最难替代和模仿的、最持久的和最核心的竞争优势，加强国家竞争力最艰巨的任务之一是如何改变文化经济。

竞争优势理论也适用于对文化产品出口竞争力的分析，这是因为：其一，强调了国内外需求对出口竞争力的拉动作用。对于文化产品而言，消费者的认同感是影响其出口贸易的决定性因素。其二，文化产业是知识密集型产业，强调经过长期培训的人力资本积累的重要性。其三，政府政策的扶持有利于短期内整合国家力量、提高文化出口的竞争力。例如，韩国、日本“文化立国”的国家战略。其四，企业战略、结构和同业竞争有利于激发相关企业的创造力。由此可见，没有竞争和创新，就没有文化创意和文化产品的产生。

2.1.3 简要评述

综上所述，从传统贸易理论到产业内贸易理论再到产品内的国际分工，学者们无一不是在探讨一国贸易增长的驱动力及其决定机制。

大多数学者从供给的视角出发，认为生产成本或者资源禀赋所赋予一国的比较优势是其贸易增长的根源。规模经济的存在突破了传统贸易理论的局限性，揭示了不完全竞争市场条件下产业内贸易发生的合理性及必然性。竞争优势理论从整合产业竞争力的角度进一步提出由垂直专业化引起的国际价值链分工对各个国家的竞争力的影响。

但是，对于特定的、具有文化价值和象征意义的文化产品而言，同类文化产品具有互补性而非替代性，文化多样性也允许其市场竞争趋向于求异而非趋同。这在一定程度上决定了相较于供给因素而言，出口目的地的文化需求是影响文化产品出口贸易的重要因素。例如，对于冰箱、彩电、电脑等普通的货物产品而言，同类产品的差异性不明显，具有较强的可替代性，价格因素是影响其市场需求的重要因素，激烈的市场竞争使得各区域争相降低生产成本和交易成本；而对于文化遗产类、视觉艺术类、视听艺术类等各类文化产品而言，需求相似或许不是影响其出口的重要因素。随着收入水平的提高而导致的出口目的地对文化产品需求量的增大，抑或对特定文化产品的文化认同感的增强更容易引起一国出口贸易量的增长。

从需求层面来看，相互需求论、需求相似理论、恩格尔法则、竞争优势理论更加强调消费需求对一国出口贸易的影响。结合文化产品的特殊性，基于对文化价值和文化认同感的考虑，本书在经典的贸易理论的基础上，从出口目的地的市场特征和文化需求的视角①上来分析中国文化产品出口贸易。

① 详见本书第3章和第4~7章的理论模型构建部分。

2.2 关于文化产品出口决定因素的实证研究

影响文化产品出口的因素主要有以下几个方面。

2.2.1 经济因素

收入水平越高，消费者的购买能力越强，对文化产品的需求就会增加。怀尔德曼和希维克（Wildman and Siwek，1988）通过模拟市场提出市场规模对电影生产的质量和数量都有正向的影响①。马瓦斯特（Marvasti，1994）提出在电影、音乐等领域的文化贸易方面，国内的市场规模对出口贸易有显著的推动作用②。舒尔茨（Sculze，1999）基于全球49个最大贸易国的文化贸易数据，使用引力模型证明了收入水平越高的国家之间越有可能进行文化贸易。很多学者从规模经济的角度入手，认为市场规模对文化产品和文化服务的出口具有重要的作用（Wildman and Siwek，1988③；Dupagne and Waterman，1998④；Lee and Waterman，2007⑤）。例如，电影制作的成本很大程度上取决于电影生产的初始阶段，这一阶段的成本主要包括：演员和全体剧组人员的工资、设备、产地的租金、剪辑、配乐、指导等，初始阶段完成后，复制电影的成本很低。市场规模越大，分摊后的沉没成本越低。因此，文化产品原产地的市场规模越大，电影定价可能会低些（Chu - Shore，2010）⑥。臧新等（2012）选取1996～2009年间中国核心文化商品的出口作为研究对象，通过引力模型的面板数据提出中国和贸易伙伴国的国内生产总值与人均国内生产总值的提高会促进中国的文化产品出口⑦。邵军、吴晓怡（2014）提出国际文化贸易规模取决于需求因素，市场规模和收入水平等需求因

① Wildman S.，Siwek S. International Trade in Films and Television Programs [M]. Ballinger，1988.

② Marvasti A. International trade in cultural goods：A cross-sectional analysis [J]. Journal of Cultural Economics，1994，18（2）：135 - 148.

③ Schulze G. G.. International Trade in Art [J]. Journal of Cultural Economics，1999，23（1）：109 - 136.

④ Dupagne Michael，Waterman David. Determinants of U. S. television fiction imports in Western Europe [J]. Journal of Broadcasting and Electronic Media，1998，42（2）：208 - 220.

⑤ Lee Sang-Woo，Waterman D. Theatrical feature film trade in the United States，Europe，and Japan since the 1950s：An empirical study of the home market effect [J]. Journal of Media Economics，2007，20（3）：167 - 188.

⑥ Chu - Shore J. Homogenization and specialization effects of international trade：are cultural goods exceptional? [J]. World Development，2010，38（1）：37 - 47.

⑦ 臧新，林竹，邵军．文化亲近、经济发展与文化产品的出口——基于中国文化产品出口的实证研究 [J]. 财贸经济，2012（10）：102 - 110.

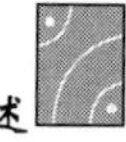

素对其有重要影响。决定贸易规模的最终因素是市场规模和消费者的购买能力，文化贸易也不例外①。一般认为，经济发展水平越高、市场规模越大的国家，文化产品的需求量和潜在供给能力越大，文化贸易量越大。其影响机制见图2－2。

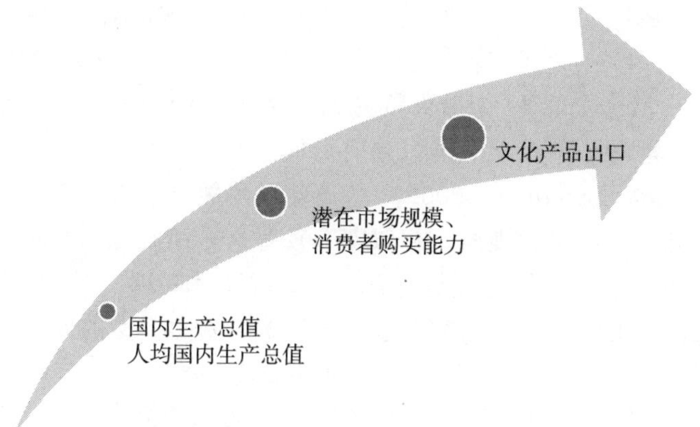

图2－2 经济发展水平对文化产品出口的影响

资料来源：笔者根据相关文献整理所得。

2.2.2 文化差异

1988年霍斯金斯和米卢斯（Hoskins and Mirus）首次提出“文化折扣”的概念。他们认为，文化折扣是指任何一种文化产品的内容都来源于某种文化，因此对生活在这种文化之中的或者对这种文化比较熟悉的民众具有很大的吸引力，而对不熟悉这种文化的民众吸引力就会大大降低。正是由于文化差异和对文化的认知程度的不同，民众在接受不熟悉的文化产品时，其理解能力和消费偏好就会大打折扣，这就是所谓的“文化折扣”②。沃格尔（Vogel，2001）在分析影响美国电影贸易时也发现文化折扣现象是影响文化产品贸易的决定性因素③。与文化折扣意义相反的概念是文化亲近④，也就是文化差异越小，文化亲近程度越高（文化折扣越小），文化产品贸易量越大。

---

① 邵军，吴晓怡．文化折扣、市场规模与中国文化产品出口［J］．国际商务：对外经济贸易大学学报，2014（3）：119－128.

② Hoskins C.，Mirus R. Reasons for the US dominance of the international trade in television programmes［J］. Media，Culture & Society，1988，10（4）：499－515.

③ Vogel，H. L. Entertainment Industry Economics：A Guide for Financial Analysis［M］. Cambridge University Press，2001.

④ Joseph D. Straubhaar. Beyond media imperialism：Assymetrical interdependence and cultural proximity［J］. Critical Studies in Media Communication，1991，8（1）：39－59.

文化差异是造成文化折扣的根源。例如，对于电视、电影、录像等影视作品来说，由于国内市场的观众的生活方式和生活习惯差别不大，该影视作品在国内就会有较大的吸引力，但是对于其他国家的观众来说，由于价值观、信仰、制度和行为方式等方面的文化差异，就会导致该国民众对此类影视作品的文化认同感下降，影视作品的吸引力也会大打折扣（Hoskins and Mirus，1988）。自 20 世纪 90 年代以来，国内外一些学者开始研究文化差异对文化贸易的影响。舒尔茨（Sculze，1999）基于全球 49 个最大贸易国的文化贸易数据，使用引力模型证明了语言越相近、地理距离越近的国家越有可能进行文化贸易①。马瓦斯特和坎特伯雷（Marvasti and Canterbery，2005）基于美国影视产品出口到 33 个国家的数据进行了实证分析，结果发现语言相似度、教育水平相似度、相同的宗教信仰对美国电影产品的出口有明显的促进作用②。臧新等（2012）选取 1996～2009 年中国核心文化商品的出口作为研究对象，通过贸易引力模型的面板数据发现使用同一语言会显著地促进文化出口；地理距离越大文化出口越小③。刘杨等（2013）通过对 2001～2010 年 11 个 OECD 国家文化产品出口的实证分析发现，传统的语言相似度、地理距离等因素对文化产品出口的影响不显著④。综上所述，共同语言、地理距离、宗教信仰、教育水平、殖民关系、移民、贸易信任程度等都可能引起文化差异进而影响文化贸易（Boisso and Ferrantino，1997⑤；Eichengreen and Irwin，1996⑥；Melitz，2008⑦；Guiso et al.，2009⑧）。但是，上述关于文化差异的指标选取也有其缺陷，主要是：指标比较单一、多为虚拟变量、容易产生内生性，不能全面地反映出国家间的文化差异。

近年来，一些学者通过构造文化距离来反映文化差异。1980 年，荷兰心理学家霍夫斯泰德通过对 1967～1973 年 72 个国家约 9 万雇佣者的抽样调查，提出

---

① Schulze G. G. International trade in art [J]. Journal of Cultural Economics, 1999, 23 (1－2): 109－136.

② Marvasti, A., Canterbery, E.. Cultural and other barriers to motion pictures trade [J]. Economic Inquiry, 2005, 43 (1): 39－54.

③ 臧新，林竹，邵军．文化亲近、经济发展与文化产品的出口——基于中国文化产品出口的实证研究 [J]. 财贸经济，2012 (10): 102－110.

④ 刘杨，曲如晓，曾燕萍．哪些关键因素影响了文化产品贸易——来自 OECD 国家的经验证据 [J]. 国际贸易问题，2013 (11): 72－81.

⑤ Boisso D, Ferrantino M. Economic Distance, Cultural Distance, and Openness in International Trade: Empirical Puzzles [J]. Journal of Economic Integration, 1997, 12 (4): 456－484.

⑥ Eichengreen B., Irwin D. A. The Role of History in Bilateral Trade Flows [J]. NBER Working Papers, 1996: 33－62.

⑦ Melitz M. J. Market Size, Trade, and Productivity [J]. Review of Economic Studies, 2008, 75 (1): 295－316.

⑧ Guiso L., Sapienza P., Zingales L. Cultural Biases in Economic Exchange? [J]. Quarterly Journal of Economics, 2009, 124 (3): 1095－1131.

文化的四个维度，即个人主义和集体主义（IND - COL）①、权力距离（PD）②、不确定性规避（UA）③、男性气质（MAS）和女性气质（FEM）④。1987 年，华人学者彭迈克（Michael Harris Bond，1988）提出中国儒家价值观会影响跨国文化交流。在此基础上，1988 年霍夫斯泰德提出文化的第五个维度即儒家精神（长期取向或短期取向⑤）⑥。2001 年，霍夫斯泰德又提出了文化的第六个维度即自我约束与放纵⑦，进而总结了文化的六个维度，即权力距离、不确定性规避、个人主义和集体主义、男性气质和女性气质、长期取向、自我约束与放纵⑧。

国外学者对文化距离的构建主要有三种方法。

第一，1988 年，美国经济学家科格特和辛格（Kogut and Singh，1988）⑨ 基于霍夫斯泰德提出的前 4 个维度之间的离差构造了文化距离的综合指数，即：

$$cd_{ijt} = \left\{ \sum_{k=1}^{4} (I_{ikt} - I_{jkt})^2 / V_{kt} \right\} / 4 \tag{2-1}$$

其中，i、j 分别代表本国（地区）和出口目的地，cd_{ijt}表示 t 时期贸易双方的文化距离指数，I_{ikt}表示 t 时期本国（地区）在 k 维度上的文化距离指数，I_{jk}表示 t 时期出口目的地在 k 维度上的文化距离指数，V_{kt}表示 t 时期 k 维度上文化距离指数的方差。

① 个人主义是指，在一个松散的社会环境中，人们只会关心他们自己和他们的直系亲属。集体主义是指，在相对团结的社会框架中，存在内群体和外群体，内群体对其范围内的个体负责，而个体对内群体绝对忠诚。

参见：Hofstede，G. Motivation. Leadership，and Organization：do American theories apply abroad？［J］. Organizational Dynamics，1980b，9（1）：42 - 63.

② 一个社会能够接受的权力在机构或组织内分配不均的程度。

参见：Hofstede，G. Motivation. Leadership，and Organization：do American theories apply abroad？［J］. Organizational Dynamics，1980b，9（1）：42 - 63.

③ 一个社会受到重大冲击感到威胁，进而实施改革而不是继续容忍维持现状的程度。这种改革包括增加职业的稳定性、建立规则、完善法规等。

参见：Hofstede，G. Motivation. Leadership，and Organization：do American theories apply abroad？［J］. Organizational Dynamics，1980b，9（1）：42 - 63.

④ 男性气质是指一个社会男性化特征占主导的程度，如自信、对金钱和物质的占有欲、不会照顾他人、不关心生活质量等。女性气质与之相反。

参见：Hofstede，G. Motivation. Leadership，and Organization：do American theories apply abroad？［J］. Organizational Dynamics，1980b，9（1）：42 - 63.

⑤ 长期取向是指更加看重未来的价值观，如有毅力、节俭。短期取向是指更加看重过去和当前的价值观，如尊重传统、履行社会义务等。

⑥ Hofstede，G. and Bond，M. H. The Confucius connection：from cultural roots to economic growth［J］. Organizational Dynamics，1988，16（4）：5 - 21.

⑦ 反映了一个社会对个体的基本需求和生活享乐的允许程度。

⑧ Hofstede G. H. . Culture's consequences：Comparing values，behaviors，institutions and organizations across nations［M］. Sage，2001.

⑨ Kogut B，Singh H. The Effect of National Culture on the Choice of Entry Mode［J］. Journal of International Business Studies，1988，19（3）：411 - 432.

第二，2005年，德国社会学家英格哈特和威尔兹（Welzel and Inglehart，2005）[①] 将文化差异从两个文化维度上进行分解来构造文化距离，即：

$$cd_{ij} = \sqrt{(I_{ik} - I_{jk})^2 + (I_{ih} - I_{jh})^2} \quad (2-2)$$

其中，i、j代表不同的国家或地区，k、h代表不同的文化维度。

第三，2010年，美国经济学家泰德塞（Tadesse）和怀特（White）基于国家全球价值观（WVS）和欧洲价值观（EVS）数据库构建了文化距离，即：

$$cd_{ij} = \sqrt{(\overline{TSR_j} - \overline{TSR_i})^2 + (\overline{SSE_j} - \overline{SSE_i})^2} \quad (2-3)$$

其中，TSR表示服从权威或者服从理性，SSE表示生存价值或者自我表达价值，i、j表示不同的国家。实证结果表明文化距离对文化产品贸易的影响为负[②]。

而国内在这方面的研究明显不足。臧新、林竹、邵军（2012）选取1996～2009年间中国核心文化商品的出口作为研究对象，通过贸易引力模型的面板数据，基于霍夫斯泰德的五大文化维度按照欧氏距离算法将文化距离指数拓展到五个方面，发现文化距离越大，文化产品出口越小[③]。刘杨等（2013）通过对2001～2010年11个OECD国家文化产品出口的实证分析发现，文化距离在文化产品中起到了主要的影响作用[④]。曲如晓等（2015）基于2000～2011年中国与41个国家间HS-6位数的国际贸易数据，并依据霍夫斯泰德对六个文化维度的划分对文化差异进行分解，采用欧式距离计算公式构造文化距离[⑤]，首次验证了不同文化维度下文化差异对中国文化产品出口二元边际的影响[⑥]。此外，除了通过欧式距离法［见公式（2-2）］来构造文化距离，曲如晓、韩丽丽（2011）通过毕达哥拉斯定理来合成文化距离[⑦]，通过引力模型对1992～2009年间中国与41个国家或地区的文化产品出口进行了实证分析，结果表明文化距离与文化产

① Inglehart R., Welzel C. Modernization, cultural change, and democracy: the human development sequence [M]. Cambridge University Press, 2005.

② Tadesse B., White R. Does cultural distance hinder trade in goods? A comparative study of nine OECD member nations [J]. Open Economies Review, 2010, 21 (2): 237-261.

③ 臧新，林竹，邵军. 文化亲近、经济发展与文化产品的出口——基于中国文化产品出口的实证研究 [J]. 财贸经济, 2012 (10): 102-110.

④ 刘杨，曲如晓，曾燕萍. 哪些关键因素影响了文化产品贸易——来自OECD国家的经验证据 [J]. 国际贸易问题, 2013 (11): 72-81.

⑤ $cd_{ij} = \sqrt{\sum_{k=1}^{6}(I_{ik} - I_{jk})^2}$，其中，$cd_{ij}$表示i、j贸易双方的文化距离，k表示第k个文化维度。

⑥ 曲如晓，杨修，刘杨. 文化差异、贸易成本与中国文化产品出口 [J]. 世界经济, 2015 (9): 130-143.

⑦ $\sqrt{(C_i^1 - C_0^1)^2 + (C_i^2 - C_0^2)^2 + (C_i^3 - C_0^3)^2 + (C_i^4 - C_0^4)^2}$，其中，i指出口目的地，0指出口地。1、2、3、4分别代表某个文化维度。

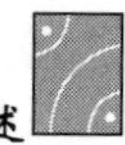

品出口呈显著的负相关①。

综上所述，文化差异对文化产品出口的影响机制见图2－3。但是，近年来国内外学者对文化的测度大多集中在对文化距离的构造上，而未对文化进行全面的测度，也未对文化和制度的交互作用深入考察。有鉴于此，如何全面测度文化，如何理解制度和文化的关系，文化因素如何影响文化产品的出口规模及其二元边际，这些就成了接下来亟须研究的问题。

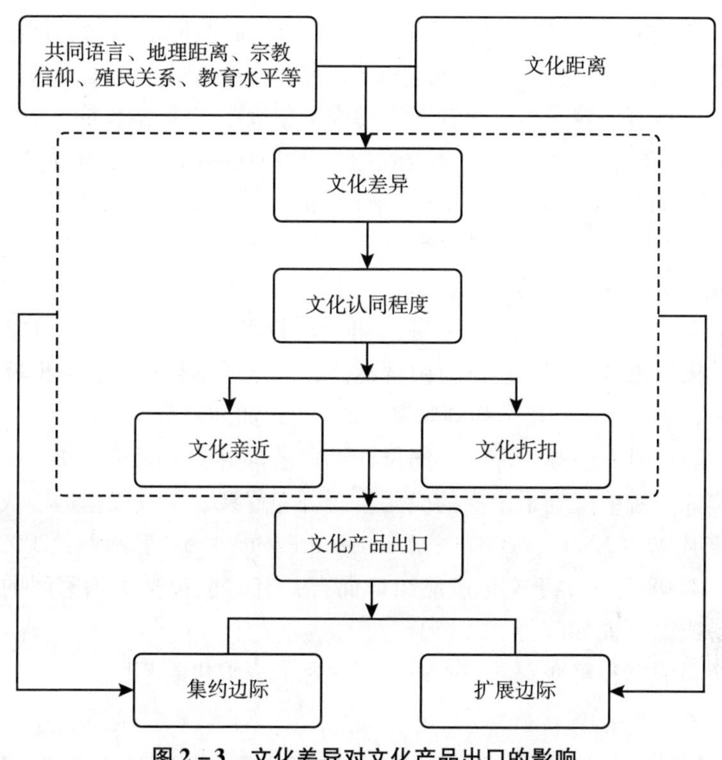

图2－3 文化差异对文化产品出口的影响

2.2.3 贸易成本和贸易壁垒

2.2.3.1 贸易成本

产品想要进入出口地的市场，必须支付进入出口市场的成本和留在出口市场

① 曲如晓，韩丽丽．文化距离对中国文化产品贸易影响的实证研究［J］．黑龙江社会科学，2011（4）：34－39.

的成本（Baldwin and Krugman，1986）[①]。贸易成本是指商品到达消费者手中所必须支付的、除生产商品的边际成本之外的所有成本，包括信息搜寻成本、运输成本、过境成本、分销成本等（Anderson and Wincoop，2004）[②]。

贸易成本可以分为固定贸易成本和可变贸易成本。一般而言，固定贸易成本包括以下一些成本：非关税贸易壁垒、国内行政干预、适应外国相关标准、商务谈判及人员往来、信息成本、多边贸易体制等（钱学锋和熊平，2010）[③]。固定贸易成本的获取存在难度，主要有以下三种方法。

第一，自2003年起世界银行开始发布《全球商业环境报告》，该报告对全球178个国家的营商规则及其执行情况进行了度量。其中有关“跨境贸易”的研究提供了有关进口和出口舱标准化货物所需的成本和程序。该指标可以很好地衡量固定贸易成本（钱学锋，2008）[④]，但是这数据从2005年后才开始被提供。为了弥补这一缺陷，有时也用该报告中“从事商业活动的成本”近似替代固定贸易成本。

第二，有些学者采用遗产基金会（The Heritage Foundation）出版发行的经济自由度指数（index of economic freedom）。该出版物提供了160多个国家和地区的9个指标（贸易、财政、投资、金融、知识产权等）来衡量各国的固定贸易成本，一国的指标得分越高，经济自由度越高，固定成本越低，贸易出口越多（钱学锋和熊平，2010[⑤]；范爱军和刘馨遥，2012[⑥]；曲如晓等，2015[⑦]）。

第三，随着研究的逐步深入，通过计算贸易自由度来间接反映固定贸易成本的方法在实证分析中得到了广泛的应用。而可变贸易成本一般指运输成本，可用双边距离来代替（Kancs，2007[⑧]；Amurgo - Pacheco and Pierola，2008[⑨]；Helpman et al.，2008[⑩]），对于文化产品出口而言，有时也包括由国家间的文化差异引致的贸易成本（曲如晓等，2015）[⑪]。

固定贸易成本和可变贸易成本对二元边际的影响机制不同。

---

① Baldwin R. E.，Krugman P. R. Market Access and International Competition：a Simulation Study of 16k Random Access Memories［J］. NBER Working Papers，1986.

② Anderson J. E.，Wincoop E. V. Trade Costs［J］. Journal of Economic Literature，2004，42（3）：691 - 751.

③⑤ 钱学锋，熊平．中国出口增长的二元边际及其因素决定［J］．经济研究，2010（1）：65 - 79.

④ 钱学锋．企业异质性、贸易成本与中国出口增长的二元边际［J］．管理世界，2008（9）：48 - 56.

⑥ 范爱军，刘馨遥．中国机电产品出口增长的二元边际［J］．世界经济研究，2012（5）.

⑦⑪ 曲如晓，杨修，刘杨．文化差异、贸易成本与中国文化产品出口［J］．世界经济，2015（9）：130 - 143.

⑧ Kancs D. A. Trade Growth in a Heterogeneous Firm Model：Evidence from South Eastern Europe［J］. World Economy，2007，30（7）：1139 - 1169.

⑨ Amurgo - Pacheco A.，Pierola M. D. Patterns of export diversification in developing countries：intensive and extensive margins［J］. Policy Research Working Paper，2008.

⑩ Helpman E.，Melitz M.，Rubinstein Y. Estimating Trade Flows：Trading Partners And Trading Volumes［J］. Quarterly Journal of Economics，2008，123（2）：441 - 487.

以麦莉兹（Melitz，2003）为代表的异质性贸易理论认为，企业的异质性和贸易成本是导致出口只能发生在少数劳动生产率比较高的企业的原因。企业进入市场的沉没成本（如运输费用、信息搜寻成本、建立分销网络、产品质量改进等）决定了出口企业劳动生产率的临界值，只有劳动生产率高于该临界值的企业才可以出口。贸易成本的下降会使得更多的企业达到劳动生产率的临界值，不仅可以促进已有企业的出口（集约边际），还会使得更多的企业进行出口贸易（扩展边际）。

钱尼（Chaney，2008）在麦莉兹（Melitz，2003）模型的基础上进行了拓展研究，证明了不同贸易成本对不同行业的影响。实证结果表明，在出口产品替代弹性较低的行业中，贸易成本降低会促进更多的企业出口，出口主要沿扩展边际进行①。

钱学锋（2008）通过借鉴坎克斯（Kancs，2007）② 的企业异质性贸易模型，采用2003～2006年的贸易数据，分析了出口固定贸易成本和可变贸易成本对中国出口二元边际的影响，提出通过多边贸易体制和双边协定削减非关税壁垒、减少国内政府干预等措施降低出口固定贸易成本会使得出口沿着扩展边际增长。通过减少企业运输成本降低可变贸易成本会使得出口沿着集约边际增长③。

在文化产品出口方面，汉森和翔（Hanson and Xiang，2009；2010）提出美国影视产品的出口主要受全球固定贸易成本的影响并沿着集约边际增长，而电影的出口销量与地理距离、语言距离等可变贸易成本呈负相关④⑤。

曲如晓等（2015）基于2000～2011年中国与41个国家间HS－6位数的国际贸易数据，实证分析了不同贸易成本对文化产品出口二元边际的影响，实证结果表明固定贸易成本的下降会促进更多发达国家的文化产品出口贸易发生，对中国文化产品出口形成挤出效应，从而阻碍其沿着扩展边际增长⑥。

2.2.3.2 贸易壁垒

臧新等（2012）选取1996～2009年中国核心文化商品的出口作为研究对象，

---

① Chaney T. Distorted Gravity: The Intensive and Extensive Margin of International Trade [J]. American Economic Review, 2008, 98 (4): 1707－1721.

② Kancs D. A. Trade Growth in a Heterogeneous Firm Model: Evidence from South Eastern Europe [J]. World Economy, 2007, 30 (7): 1139－1169.

③ 钱学锋．企业异质性、贸易成本与中国出口增长的二元边际［J］．管理世界，2008（9）：48－56.

④ Hanson G. H., Xiang C. International Trade in Motion Picture Services [M]. University of Chicago Press, 2009.

⑤ Hanson G. H., Xiang C. Trade barriers and trade flows with product heterogeneity: An application to motion pictures [J]. Journal of International Economics, 2010, 83 (1): 14－26.

⑥ 曲如晓，杨修，刘杨．文化差异、贸易成本与中国文化产品出口［J］．世界经济，2015（9）：130－143.

通过贸易引力模型的面板数据分析了贸易成本和贸易壁垒（科技应用水平①、是否加入亚太经合组织）等变量对我国文化产品出口的影响。研究表明，互联网使用率和区域经济一体化对文化出口有正向影响。不难看出，互联网使用率越高，越有利于一国的文化产品出口②。而国内外关于宽带基础设施和信息化水平对文化产品出口影响的研究严重不足。克拉克和斯科特（Clarke and Scott，2006）指出，发达国家互联网普及率的提高有利于扩大其对发达国家的出口贸易③。尽管该研究并非针对特定的文化产品而言，却也从侧面反映出了信息基础设施发达程度和信息化水平对文化产品出口的正向影响。但这方面的研究有待进一步深入。

2.2.4 制度因素

诺斯最早提出了“制度启动贸易”命题。而既有研究基本都一致认为制度通过交易效率影响一国的出口贸易。安德森和马库勒尔（Anderson and Marcouiller，2006）在分析制度差异对一国出口规模的影响时提出，腐败现象加深了贸易的不确定性，提高了交易成本，从而限制了发达国家和发展中国家的出口贸易④。伯科威茨等（Berkowitz et al.，2006）提出有效的制度使得出口国在生产复杂产品方面具有比较优势。进口国可以通过完善国内制度完成从进口复杂产品到出口简单产品的贸易转型⑤。

就文化产品出口而言，李怀亮（2007）提出，美国文化产业制度的最大优势是其高度的专业化分工（工厂化生产模式）和庞大的规模经济。中国的文化产业制度落后于产业的发展，这是电影、电视等文化产业出口的最大瓶颈，也是造成我国文化贸易逆差最重要的原因。因而想要振兴文化产业，制度创新是关键⑥。

2.2.5 其他因素

除了上述变量，还有很多因素对文化产品出口产生了影响。研究结果见表2-3。

---

① 书中用互联网使用率（信息基础设施的发达程度）来反映科技应用水平。

② 臧新，林竹，邵军．文化亲近、经济发展与文化产品的出口——基于中国文化产品出口的实证研究［J］．财贸经济，2012（10）：102-110.

③ Clarke G. R. G.，Scott J. Wallsten. Has the Internet Increased Trade? Developed and Developing Country Evidence［J］. Economic Inquiry，2006，44（3）：465-484.

④ Anderson J. E.，Marcouiller D. Insecurity and the Pattern of Trade：An Empirical Investigation［J］. Review of Economics & Statistics，2006，84（2）：342-352.

⑤ Berkowitz D.，Moenius J.，Pistor K.．Trade，Law，and Product Complexity［J］. Review of Economics & Statistics，2006，88（2）：363-373.

⑥ 李怀亮．国际文化贸易导论［M］．北京：中国传媒大学出版社，2007：152-154.

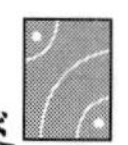

表2-3 部分学者关于影响因素的相关研究

影响因素	影响机制	主要文献
劳动生产率①	生产率越高的国家，越倾向于出口	钱尼（Chaney，2008）； 曲如晓等（2015）
多边阻力②	一国与其他国家的多边阻力越大，与特定国家的贸易往来就越频繁	诺威（Novy，2013）； 安德森和温库伯（Anderson and Wincoop，2003）
人民币汇率	对不同出口目的国的影响方向和影响力度不同，贸易双方存在非对称性影响	朱文静和李子联（2011）
文化生产效率	文化生产效率的提高促进了文化产品的出口，即文化产品供给对需求产生影响	蒙英华和黄宁（2013）； 左惠（2009）
消费成瘾性	消费者对文化产品的需求偏好通过认知获得，并随着时间的积累逐渐强化	斯蒂格勒和贝克尔 （Stigler and Becker，1977）；迈克恩 （McCain，1979；1981；1995）； 艾肯格林和欧文（Eichengreen and Irwin，1996）
进口规模	大规模的进口通过学习效应和提高决策能力促进中国文化产品的出口	张杰（2014）
海外华人华侨③	华人华侨占比越大，潜在消费市场越大，越有利于本国文化产品输出	霍步刚（2008）； 赵有广（2009）
知识产权保护	维护了创作者的合法权益，更加有效保障了文化产品创作的可持续性	马斯库斯和庞纽巴提（Maskus and Penubarti，1995）④； 奈尔赖和邓肯（Nair - Reichert and Duncan，2008）； 拉菲居扎芒（Rafiquzzaman，2002）； 余长林（2011）
产业组织优化	文化产品的出口贸易归根结底取决于文化产业的国际竞争力，尤其是大型跨国公司的发展实力	哈克特（Hackett，2000）； 圣阿加塔（Santagata，2005）

资料来源：笔者根据相关文献整理所得。

---

① 测度方法：工人工资水平；文化、体育和娱乐行业城镇集体单位的年均工资；国内生产总值/年末总就业人数。

② 测度方法：$mul_j = \left(\frac{x_{jj}/y_j}{y_j/y_w}\right)^{1/(\sigma-1)} \times t_{jj}$，其中，$x_{jj}$为产品的国内销量（总产出减去总出口）；$y_j$代表各国总产出；$y^w$表示样本国家总产出之和；$t_{jj}$为国内贸易成本。

③ 测度方法：华人华侨占比。

④ 其中，笔者提出知识产权的保护通过市场扩张和垄断势力影响产品出口，前者的影响是正向的，后者的影响为负。知识产权保护对产品出口的影响取决于二者相互抵消的程度。

2.3 关于文化产品出口国际竞争力的表现

2.3.1 国际竞争力的经济学解释

不同学科或学派对文化竞争力的界定不同，详见表2－4。本书对文化产品出口国际竞争力的界定为，一国或地区在可贸易的文化商品或相关产业所具有的国际市场开拓能力、市场占有能力以及获利能力①。

表2－4　不同角度对国际竞争力的理解

学者或理论	定义	备注
萨缪尔森	一国的商品参与国际竞争的能力，主要取决于国内外商品的相对价格	《经济学》
世界经济论坛（WEF）	一国是否能够实现经济（人均GDP）高速增长，由竞争力资产和竞争力过程共同决定	《全球竞争力报告》
迈克尔·波特	国家竞争力是由经济结构、社会、文化、制度、价值观等多种因素决定并维持的。在这个过程中，国家的作用得以体现，逐渐形成了综合性的国家竞争力	《国家竞争优势》
资源能力学派	如果一个企业能够长期占据其他企业没有的、独特的资源或能力，获得超额利润，该企业就保持了持续的竞争优势	详见图2－4
产业组织理论	竞争力取决于成本优势、产品差异和领先优势	详见图2－5
微观层面：企业或产品	企业的竞争优势体现为在扩大市场规模的同时，保持着持续盈利的能力（每单位成本能够创造出更高的价值）	裴长洪（2002）
中观层面：产业	产业竞争力是指属地企业的比较优势及其在一般市场中绝对优势的集合	裴长洪（2002）
宏观层面：国家战略	国家竞争力是指在既定的经济社会体制下，在激烈的国际竞争中，一国的国民经济表现出来的综合国力的强弱程度	《中国国际竞争力发展报告（1996）》

资料来源：笔者根据相关文献整理所得。

① 朱文静，顾江．我国文化贸易的结构与竞争力之研究［J］．国际商务：对外经济贸易大学学报，2010（4）：75－83.

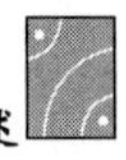

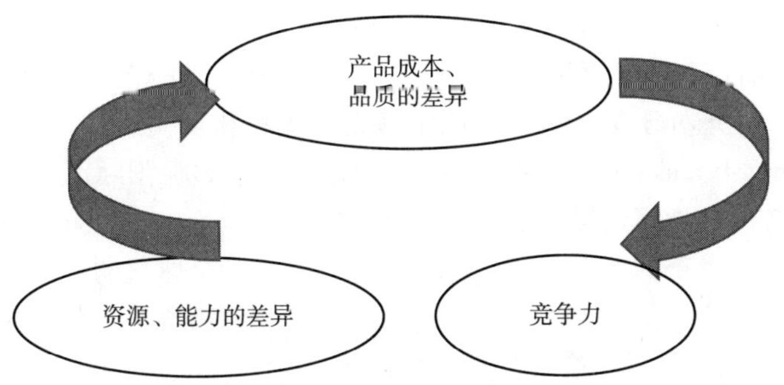

图2－4　资源能力学派对竞争力的解释

资料来源：戴钰．文化产业竞争力研究［M］．世界图书出版公司，2014：54.

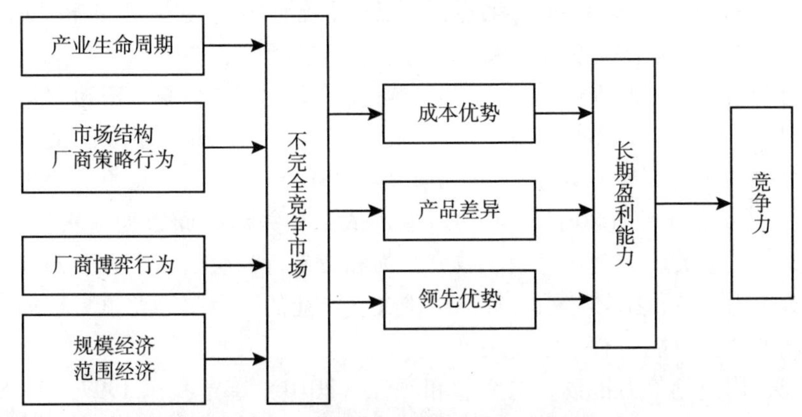

图2－5　产业组织理论对竞争力的解释

资料来源：戴钰．文化产业竞争力研究［M］．世界图书出版公司，2014：57.

2.3.2　国内外相关研究的比较分析

目前，关于文化产品出口贸易的国际竞争力的研究主要体现在构建相关指标体系，并在此基础上与其他国家或地区进行对比分析上。其中具有代表性的关于竞争力的框架体系主要有两种：一是瑞士洛桑国际管理发展学院（IMD）公布的《世界竞争力年鉴》；二是世界经济论坛（WEF）每年公布的《全球竞争力报告》。

就现有文献来看，国外学者对该问题的研究较少。弗兰克（Frank，1992）提出美国文化贸易的比较优势和国际竞争力取决于其在生产文化产品或服务过程中的内部和外部规模经济①。索斯比（Throsby，1994）使用悉尼歌剧院听众的调

① Frank B. A note On the international dominance of the U. S. in the trade in movies and television fiction［J］. Journal of Media Economics，1992，5（1）：31－38.

查数据，基于行为艺术的供给和需求函数提出公众感知程度对文化产品竞争力的重要性①。霍斯金斯和麦克法登（Hoskins and Mcfadyen，1997）提出，美国电视节目之所以在全球处于主导地位取决于其先行优势和规模经济②。马瓦斯特和坎特伯雷（Marvasti and Canterbery，2005）提出美国电影在国际市场上具有竞争力取决于明星效应、规模经济和语言优势③。杰森（Johnson，2006）指出，美国文化产业的成功是由于其拥有多样化的投资主体和坚持全球化的发展理念，吸收世界先进的文化资源和文化人才，采用高新技术，并借助贸易自由化向各国输出文化产品④。

相较而言，近年来国内学者关于文化竞争力的研究层出不穷。主要分为以下三个方面。

第一，基于钻石模型对文化竞争力进行统计性描述。祁述裕和殷国俊（2005）根据国家竞争优势理论从生产要素、需求条件、相关产业、文化发展战略、政府行为五个方面构建了文化产业国际竞争力的指标体系，对包含中国在内的 15 个具有代表性国家的文化产业竞争指数进行测算，分析了中国文化产业在国际竞争中的比较优势和劣势⑤。蓝庆新等（2012）根据国家竞争优势理论，以 2011 年世界经济排名前 20 的国家为对象，依据相关横截面数据，从生产要素、需求要素、产业关联、企业发展、政府行为和贸易行为层面六个方面构建文化产业国际竞争力的评价指标体系，提出中国文化产业的综合国际竞争力较弱，离到文化强国的地位可能尚有一定差距⑥。

第二，构建竞争力指数。朱文静和顾江（2010）基于我国 1997 ~ 2008 年的文化贸易数据，通过测算我国文化出口的国际市场占有率、贸易竞争力指数（TC 指数）、显示性比较优势指数（RCA 指数）等来衡量文化产品的出口竞争力，提出我国文化出口存在贸易逆差严重、结构不合理、文化服务贸易滞后等问题⑦。方慧和尚雅楠（2012）基于动态钻石模型，通过 TC 指数、P 指数、贸易

---

① Throsby D. The Production and Consumption of the Arts: A View of Cultural Economics [J]. Journal of Economic Literature, 1994, 32 (1): 1 - 29.

② Hoskins C., Mcfadyen S. Global Television, Film: An Introduction to the Economics of the Business [M]. Oxford University Press, 1997.

③ Marvasti A., Canterbery E. R. Cultural and Other Barriers to Motion Pictures Trade [J]. Economic Inquiry, 2005, 43 (1): 39 - 54.

④ James P. Johnson. Cross-Cultural Competitiveness of International Business [J]. Journal of International Business Studies, 2006 (37): 4.

⑤ 祁述裕，殷国俊. 中国文化产业国际竞争力评价和若干建议 [J]. 国家行政学院学报，2005 (2): 50 - 53.

⑥ 蓝庆新，郑学党，韩晶. 我国文化产业国际竞争力比较及提升策略——基于 2011 年横截面数据的分析 [J]. 财贸经济，2012 (8): 80 - 87.

⑦ 朱文静，顾江. 我国文化贸易的结构与竞争力之研究 [J]. 国际商务：对外经济贸易大学学报，2010 (4): 75 - 83.

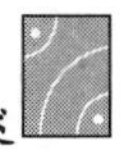

开放度、核心文化服务出口额等指标进行计量分析，结果表明中国文化贸易竞争力处于弱势地位，中短期要素对竞争力的贡献较大，长期要素的贡献率有待进一步提高①。

第三，根据统计数据建立模型分析文化竞争力。花建（2005）借鉴国外学者的研究，将中国文化产业的竞争力分为宏观、中观和微观三个层次，认为中国文化产业的竞争力包括整体创新能力、市场拓展能力、成本控制能力和可持续发展能力四大核心能力，并构建了产业实力、产业效益、产业关联、产业资源、产业能力、产业结构、产业环境七大竞争力指标，提出中国应通过发挥创意优势战略、实施资源整合战略、贯彻企业发展战略、推进双向开放战略、推进中心辐射战略五大举措来提升文化产业的竞争力②。赵彦云等（2006）基于《中国文化文物统计年鉴（2004）》和《中国统计年鉴（2004）》中的省级数据，从文化实力竞争力、文化市场竞争力、文化生产竞争力、公共文化消费竞争力、人才和研发创新竞争力、政府文化竞争力、文化资源和基础设施竞争力七个方面构建了反映文化竞争力的指标，提出中国的竞争优势呈两极化分布，上海、浙江等地文化竞争力强的原因是整合了优势要素③。

国内学术界对文化产品国际竞争力的研究虽然较多，但是有待进一步深入。

第一，关于中国文化产品在国际市场中的竞争力定位，研究结果并不统一。大多数学者认为中国文化产品的国际竞争力与文化强国尚有一定的差距。但是，不可否认的是中国在一些能够大规模生产的文化产品方面，具有较强的竞争力。

第二，之所以存在上述研究结果的差异，究其根源还在于对文化产品统计口径和对竞争力指标选取的差异。大多数学者更多地侧重宏观层面，将视角集中在政策法规、政府干预等方面，忽略了微观层面的因素，如消费者对差异化产品的需求、企业异质性等。有些文献虽然提到了企业组织结构、战略结构、资源利用率等因素的影响，但也只是泛泛而谈。

第三，文化产业是多行业、多企业的集合，不同企业生产的产品存在差异。针对整个文化产业的研究未必适用于每个行业，这样所提出的政策建议也更多考虑了文化产业的共性，而对不同行业、不同文化产品异质性的分析不够。

第四，对文化产品出口竞争力的研究更多侧重于理论的定性分析，实证分析较少。

---

① 方慧，尚雅楠．基于动态钻石模型的中国文化贸易竞争力研究［J］．世界经济研究，2012（1）：44－50.

② 花建．文化产业竞争力的内涵、结构和战略重点［J］．北京大学学报：哲学社会科学版，2005（2）：9－16.

③ 赵彦云，余毅，马文涛．中国文化产业竞争力评价和分析［J］．中国人民大学学报，2006（4）：72－82.

2.4 关于文化产品出口发展策略的研究

2.4.1 自由贸易和保护贸易

关于文化出口的贸易策略可以分为两大类：以美国为代表的自由主义贸易政策和以法国为代表的保护主义贸易政策。简单地说，自由贸易是指国家取消各种限制使文化产品在国际市场上自由流动、自由竞争。一些美国经济学家认为在全球化的背景下，文化产品应当同普通产品一样参与自由竞争，遵循市场规则。保护贸易是指一国使用各种措施限制文化产品的进出口，以保护本国的文化产业。其中最著名的观点是1993年在关贸总协定乌拉圭回合的谈判中，法国人坚决抵制美国的文化自由贸易策略，提出“文化例外”，认为文化反映一国独有的观念、价值和生活方式，不应完全市场化。在世界贸易组织（WTO）协议中，法国进一步将“文化例外”上升到“文化多样性”。

国外学者关于文化产品出口的自由贸易和保护贸易的争论一直热度不减。一些学者提倡自由贸易，认为保护性贸易政策会失效，见表2－5。

表2－5　部分学者支持文化自由贸易的观点

学者	提倡自由贸易的研究
怀尔德曼和希维克（Wildman and Siwek，1990）	通过对记录媒介（recorded media）的描述性分析发现，电影、可复制音乐等文化产品的生产不需要政府的贸易保护措施
马瓦斯特（Marvasti，1994）	提出在音像、图书、期刊等文化产品方面，美国等发达国家形成了影响其他国家文化消费的一般模式，贸易保护措施只会增加美国的净出口，建立在规模经济基础上的贸易保护措施失效。这也正是美国文化产业成功的关键所在
穆克吉（Mukherjee，2004）	以印度文化产业的发展为例，提出自由贸易政策有助于保持文化的多样性，本土的民族文化不会受到冲击，相反，外国资本的注入将有利于本国文化产业的发展

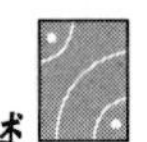

续表

学者	提倡自由贸易的研究
马瓦斯特和坎特伯雷（Marvasti and Canterbery，2005）	基于微观数据和市场特征，通过重力—冰山模型（gravity-iceberg model）研究影视产业的贸易保护政策。结果表明，随着美国影视产品出口量的增大，进口国为了发展本国的文化产业倾向于征税或者进行税收补贴。这种贸易政策是内生性的，并且会随着美国影视产品出口量的增大而加大力度，但是这种贸易保护政策基本上是失效的
其他（Adams and Goldbard，1986）；（Rothkopf，1997）	认为自由贸易政策有助于避免政府的过度干预，激发个人的创造力，增加文化产品的多样性，从而带动本国文化产业的发展

资料来源：笔者根据相关文献整理所得。

还有一些学者反对自由主义的贸易政策，从规模经济、文化认同、文化多样、文化帝国等视角提倡进行贸易保护，见图2－6。

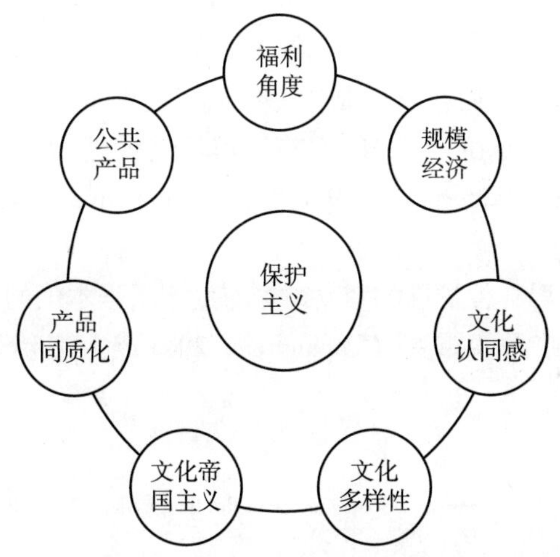

图2－6 保护主义贸易的观点

资料来源：笔者根据相关文献整理所得。

从文化多样性来看，一国选择特定的文化产品进行对外出口，但是，对于进口国的消费者来说，国外的文化产品不能完全替代本国的文化产品，因而要保护本国文化产业，增加文化产品的多样性（Pool，1977①；Falkenheim，2000②）。

① Pool I. D. S. The Changing Flow of Television [J]. Journal of Communication, 1977, 27 (2): 139－149.

② Falkenheim B. J. C. Asymmetries reconfigured: South American television flows in the 1990s [J]. Canadian Journal of Communication, 2000 (2): 285.

自由贸易对文化多样性的冲击见表2－6。

表2－6　　自由贸易对文化多样性的冲击

分类	经济	文化	人力资本
外部的	价格低廉的文化产品的倾销； 国际市场竞争	进口文化产品所含文化符号及其信息的冲击	破坏了该国艺术家在某一领域长期保持才能和技巧的能力
内部的	对本国文化产品需求不足导致其市场萎缩，生产成本较高	对本国文化的漠视，崇洋媚外	人力资本储备不足

资料来源：［澳］大卫·索斯比．文化政策经济学［M］．长春：东北财经大学出版社，2013：177.

从规模经济来看，霍斯金斯和米纳斯（Hoskins and Minus，1995）认为，文化产品在制作初期固定成本较高，自由的文化贸易政策不利于文化小国①。以电影制作为例，电影初期的制作成本较高，其成本包括例如演员和剧组人员的工资、剪辑、摄影成本等，而在电影制作完成后，复制电影的成本较低。市场规模越大，分担的沉没成本越少②。一般而言，市场规模越大的国家，电影价格很可能越低（Dupagne and Waterman，1998③；Wildman and Siwek，1988④；Lee and Waterman，2007⑤）。

从文化认同感来看，保护性的贸易政策有助于增强本国的文化认同感。爱派德（Iapadre，2004）⑥、帕潘德雷亚（Papandrea，2004）⑦、多伊尔（Doyle，2004）⑧、

① Hoskins C.，Mirus R. Reasons for US Dominance in the International Trade in Television Programmes［J］. Media Culture and Society，1995（10）：499－505.

② Chu－Shore J. Homogenization and specialization effects of international trade：are cultural goods exceptional?［J］. World Development，2010，38（1）：37－47.

③ Dupagne Michael，Waterman David. Determinants of U. S. television fiction imports in Western Europe［J］. Journal of Broadcasting and Electronic Media，1998，42（2）：208－220.

④ Wildman S. S.，Siwek S. E. International Trade in Films and Television Programs［M］. Ballinger，1988.

⑤ Lee Sang-Woo，Waterman D. Theatrical feature film trade in the United States，Europe，and Japan since the 1950s：An empirical study of the home market effect［J］. Journal of Media Economics，2007，20（3）：167－188.

⑥ Lelio Iapadre. Cultural Policies and International Economic Integration：The Case of The EU［R］. Trade and Culture Issues in 2004，www. uis. unesco. org/template/pdf/cscl/TCI EN：80－87.

⑦ Papandrea F. Trade and cultural diversity：An Australian perspective［J］. Prometheus Critical Studies in Innovation，2005，23（2）：227－237.

⑧ Gillian Doyle. Media Ownership and the UNSCEO Convention on Cultural Diversity［R］. Trade and Culture Issues in 2004，www. uis. unesco. org/template/pdf/cscl/TCI EN：76－80.

高夫和詹金斯（Goff and Jenkins，2006）① 基于各自国家的文化贸易数据进行分析，提出大量进口文化产品，尤其是进口美国的文化产品，会降低本国居民对民族文化的认同感，从而冲击国内文化产品的生产销售。杰内巴（Janeba，2007）把文化认同感作为个人消费决策相互作用的结果，提出在一定程度上自由贸易政策不会导致帕累托最优。② 因此，政府应采取保护性的文化贸易策略。

从福利角度来看，有些学者基于规模经济和文化产品的异质性提出保护性的贸易政策有助于提高贸易双方国家的福利（Snape，1977③；Curtis，1983④）。弗朗瓦索和耶普瑟尔（Francois and Ypersele，2002）提出文化产品的生产成本一般较为固定而消费者偏好却有差异，对文化商品的贸易限制（例如征收关税和限制配额等）有利于提高贸易双方国家的福利⑤。

从公共产品来看，格林（Gray，1996）提出，文化产品属于公共产品，兼具正外部性和负外部性，需要政府进行干预⑥。索韦和斯蒂芬特（Sauve and Steinfatt，2000）也认为，文化产品消费存在市场失灵区，有必要进行限制和保护⑦。

从产品同质化和文化帝国主义来看，杰西（Jesse，2010）提出开放的贸易政策会导致文化产品的同质化（也就是说文化出口只发生在少数国家），从而不利于其他国家文化产业的发展⑧。例如在电影出口方面，美国和英国占有越来越大的出口份额，而其他国家的出口占比逐渐下降（Lee，1980⑨；Fu，2006⑩）。弗里德曼（Friedman，1994）提出文化帝国主义本质上是帝国主义的一部分，是指以美国为中心的西方文化，通过文化霸权增强其影响力，使美国的价值观、消费品及其生活方式流传到世界的各个地方，消除文化差异，使民族国家服从于特定的现

---

① Patricia，Goff. & Barbara，Jenkins. The “New World” of Culture：Reexamining Canadian Cultural Policy [J]. Journal of Arts Management，Law and Society，2006（36）：181－187.

② Janeba E. International trade and consumption network externalities [J]. European Economic Review，2007，51（4）：781－803.

③ Snape R. H. Trade Policy in the Presence of Economies of Scale and Product Variety [J]. Economic Record，1977，53（144）：525－534.

④ Curtis D. C. A. Trade Policy to Promote Entry with Scale Economies，Product Variety，and Export Potential [J]. Canadian Journal of Economics，1983，16（1）：109－121.

⑤ Francois P.，Ypersele T. V. On the protection of cultural goods [J]. Journal of International Economics，2002，56（2）：359－369.

⑥ Gray H. P. Cultural and Economic Performance：Policy as an Intervening Variable [J]. Journal of Comparative Economies，1996（23）：278－291.

⑦ Sauvé P.，Steinfatt K. Towards multilateral rules on trade and culture：protective regulation or efficient protection [J]. University，2000.

⑧ Chu－Shore J. Homogenization and specialization effects of international trade：are cultural goods exceptional? [J]. World Development，2010，38（1）：37－47.

⑨ Lee Chin-Chuan. Media imperialism reconsidered：The homogenizing of television culture [M]. Beverly Hills：Sage，1980.

⑩ Fu W. W. Concentration and homogenization of international movie sources：Examining foreign film import profiles [J]. Journal of Communication，2006，56（4）：813－835.

代化轨道①。约瑟夫·奈（Joseph Nye，2004）提出，美国统治除了硬实力外，还有一种软实力，即美国的文化和价值观②。巴拉和隆（Bala and Long，2005）指出，经济实力相对较强国的选择偏好能控制经济实力相对较弱国的选择偏好。③

2.4.2 推动文化产品出口的贸易策略

制定适应本国文化出口的贸易策略，积极推动本国的文化产品出口将会大大改善本国的整体贸易条件（Disdier et al.，2010）④。舒尔茨（Sculze，1999）基于1990~1994年美国与49个主要进口国DOTS数据的研究表明，文化产品贸易具有很强的滞后性，应加强一国占主导地位的文化产品的出口⑤。戴森（Dyson，2005）从三个方面归纳了澳大利亚扶持文化产品出口的政策措施：一是制定鼓励性的出口政策和出口战略；二是进行资金扶持：三是为文化出口企业提供开拓国际市场的服务⑥。孔（Kong，2000）将20世纪90年代的英国文化产业政策划分为四个方面：增加对文化生产所需基础设施投资、发布标志性的开发项目、投资公共艺术和雕塑建设、加强商业与公共部门的合作⑦。表2-7列举了几个发达国家的文化出口贸易策略。

表2-7 部分发达国家的文化产业发展策略

国家	发展战略	具体措施
美国	自由主义（全球化扩张）	鼓励自由竞争；多元化的投融资主体；发挥国际组织（GATT、MAT等）的重要作用；重视人才和高新技术
英国	自由主义	在法律法规上，为创意产业提供相当大的政策空间；在管理体制上，坚持“一臂之距”，减少政府干预；在投资方面，对文化艺术领域给予资金支持

① 戴钰.文化产业竞争力研究［M］.世界图书出版公司，2014：30.

② Joseph Nye. Soft Power：the means to success in world politics［M］. Public Affairs，2004.

软实力的概念最早出现在1990年约瑟夫·奈的著作《谁与争锋：美国力量的转变》一书中，随后他又发表了系列论文对软实力进行了深入的论证，并在2004年出版的专著《软实力：世界政坛的成功之道》一书中完善了他的观点。

③ Bala V，Long N V. International Trade and Cultural Diversity with Preference Selection［J］. European Journal of Political Economy，2005，21（1）：143-162.

④ Disdier A. C.，Head K.，Mayer T. Exposure to foreign media and changes in cultural traits：Evidence from naming patterns in France［J］. Journal of International Economics，2010，80（2）：226-238.

⑤ Schulze G. G. International Trade in Art［J］. Journal of Cultural Economics，1999，23（1）：109-136.

⑥ Dyson Kenneth. Knowledge Management for Development Community［J］. Knowledge Management for Development，2005（1）：3.

⑦ 转引自：戴钰.文化产业竞争力研究［M］.世界图书出版公司，2014：31.

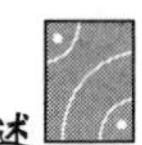

续表

国家	发展战略	具体措施
法国	保护主义（文化例外）	保护民族文化和国内市场，提倡文化多样性；从人才、资金、法律等方面扶持文化产业；公开透明、多元化的投融资机制；重视行业协会
韩国	文化立国，建设文化大国和知识经济强国，争做世界文化贸易的5强	从管理体制上，提出“文化立国”，建立“文化产业振兴院”。从市场营销的角度，以中国、日本等东亚地区为主要出口地；集中资金支持出口项目；实行出口奖励、表彰制度；实行进口配额；举办参加国际展销投资洽谈会
日本	文化立国，文化输出	发动国家力量发展文化产业；完善文化产业的法律法规；赋予行业协会更多职能；遵循市场机制，实行商业化、国际化运作

资料来源：文化和旅游部网站；李怀亮．国际文化贸易教程［M］．北京：中国人民大学出版社，2007.

国内一些学者也逐渐开始关注本国的文化出口发展策略。

张晓明等（2005）提出四种增强我国文化产业竞争力的途径：其一，推动不同所有制企业的兼并重组；其二，将投融资体制改革作为改革的重点，进行制度创新；其三，制定文化产业的发展规划；其四，建立现代文化产业和传统产业的战略联系①。

赵彦云等（2006）基于《中国文化文物统计年鉴（2004）》和《中国统计年鉴（2004）》的省级数据，提出我国文化产业竞争力提升的主要途径是：注重培养高素质的文化经营队伍；大力发展公共类和艺术类文化产业；强化协会的管理作用；加强管理体制改革；培育大型文化企业集团②。

霍步刚（2008）基于林德模型分析了中国的文化贸易现状，实证结果表明中国的文化贸易偏离林德的需求相似理论，中国的文化贸易主要发生在与我国的经济发展水平差距较大的国家③。

刘晓光和杨连星（2018）提出中国的文化贸易不存在进口引致出口的机制，文化产品进口对文化产品出口二元边际并不存在显著的引致效应，文化产品进口对集约边际甚至还有一定的抑制效应④。

由此可见，国内外学者对文化出口发展策略的研究呈现出不同特点。国外学

① 张晓明，胡惠林，章建刚．中国文化产业的现状及发展建议［J］．改革，2005（8）：30－32.

② 赵彦云，余毅，马文涛．中国文化产业竞争力评价和分析［J］．中国人民大学学报，2006（4）：72－82.

③ 霍步刚．中国文化贸易偏离需求相似理论的实证检验［J］．财经问题研究，2008（7）：15－18.

④ 刘晓光，杨连星．文化贸易存在进口引致出口吗？——基于中国文化产品出口二元边际分析［J］．经济理论与经济管理，2018（3）：27－42.

者的研究特点体现在：第一，研究领域较宽。涉及文学、电影、电视、音乐、文化遗产等多种行业。第二，不同国家研究者对文化出口发展策略的研究重点不同。如美国的很多学者关注文化产品的经济效益，而欧洲国家的很多学者侧重研究文化产品的福利及公共产品的属性。第三，研究方法不同。美国的学者更侧重于建立模型进行定量分析，而欧洲国家的研究中心是从定性的角度构建反映社会具有文化多样性特征的诠释框架。第四，对本国文化产业的研究较多，对各国差异的比较分析较少；对发达国家文化出口的研究较多，对发展中国家文化出口的研究较少。

国内文化产品出口发展策略的研究尚在起步阶段。总体来说，其对中外文化产业的比较和外国文化产业的研究较多，对本国文化产品出口的深层次的理论研究和实证研究都较少。

2.5 小　结

本章从出口贸易理论视角的选取、文化产品出口决定因素的实证研究、国际竞争力、发展策略四个方面进行了文献综述，涉及了大量国内外研究文化产品出口贸易的主要文献①。通过对既有文献的梳理总结，可能存在的研究不足之处在前面进行了详尽的阐述。这也为本书研究中国文化产品出口问题提供了切入点：一是从文化价值和文化认同入手，构建研究文化产品出口的需求引致理论模型。二是在分析中国文化产品出口现状的同时，构建软指标和硬指标判别其国际竞争力表现。三是从经济和文化的双重视角分析出口目的地的文化需求对中国文化产品出口规模及其二元边际的影响机制。上述研究点既是对分析中国文化产品出口问题进行的大胆尝试，也是对既有文献的有效补充。

① 笔者阅读了大量文化产品出口贸易的相关文献。但是由于资料的可得性和时间的局限性，有些文献并未在书中提及。

第 3 章

文化需求—总量—结构：一个文化经济学的分析框架

在既有的国际贸易理论中，无论是传统的国际贸易理论、新贸易理论还是后来的新新贸易理论，基本上都是从资源、技术、劳动力等供给因素角度来解释出口贸易，而将文化差异作为影响贸易成本的一个因素来考虑，并未涉及文化产品的扩展价值①，也未将文化认同上升到决定一国出口贸易的战略性高度上来。事实上，文化和经济的结合日益紧密，文化差异更多地是通过文化认同感来影响文化产品出口，如果脱离了文化来研究出口贸易就无法把握其扩张的本质规律。有鉴于此，本章试图构建需求②引致的文化产品出口分析框架，并在此基础上展开理论推导和实证研究。

3.1 文化语境

文化产品的基本出发点在于文化。那么什么是文化呢？文化随着文明的诞生而出现，在大多数人的印象中，文化是一个复杂而模糊的概念。在 20 世纪 70 年代之前，关于文化的定义就已经超过了 250 种③，自 20 世纪 70 年代以来，关于文化的定义也远远多于 160 种④。中国古代最早对文化进行的阐述可以追溯到《周易》：“关乎天文，以观时变；关乎人文，以化成天下。”⑤ 即以诗书礼乐来教化天下，社会才会变得井然有序。东方文明中关于文化的定义一直较为宽泛，即天地之间的所有都可以归入其范围之内。由于中国现代意义上的文化可能受西方文明的影响，接下来简要介绍西方文明的文化观。其中具有广泛影响的是 1952

① 主要是指除了经济价值之外的文化价值。

② 这里的需求主要是指文化需求，又可以细分为两个方面，一是出口目的地的经济规模和需求相似度；二是由于文化差异、制度差异引致的文化认同感的改变程度。

③ 根据法国社会学家莫尔的统计资料得出。

④ 根据美国人类学家克洛伊伯和克拉克洪的统计资料得出。

⑤ 李怀亮．国际文化贸易导论［M］．北京：中国传媒大学出版社，2008.

年美国人类学家克洛伊伯（Alfred Kroeber）和克拉克洪（Clyde Kluckhohn）在《文化：概念的批判考察》一书中对文化的界定："文化由外显的和内隐的行为模式构成，这种行为模式通过象征符号而获取和传递；文化代表了人类群体的显著成就，包括他们在人造器物中的体现；文化的核心是传统的观念，尤其是他们所带来的价值。文化体系一方面可以看作活动的产物，另一方面则是进一步活动的决定因素。"① 该定义极具有开拓性和启发意义，系统地阐述了文化是一种精神特质，对行为模式和价值观有着较为全面的描述。但是其抽象意义大于实际内容。本书试图寻找一个准确的关于文化的概念，以此为切入点理解文化产品及其出口贸易，却发现该思路是行不通的。但是，其中文化产品有区别于普通货物产品的文化属性值得进一步关注。

自20世纪以来，马克思·韦伯（Max Weber）创造性地改变了马克思关于"经济决定论"的文化观，提出工业革命的兴起取决于新教（基督教）。他承认经济因素的重要作用，也就是每一种解释都需要考虑经济状况。但是，他也认为相反的关系依然存在。这也就是说"尽管经济合理主义的发展，很可能依赖于技术的进步和法律法规的健全，但是也取决于人类适应某种合理行为的气质和能力"②。自此以后，人们开始逐渐关注经济发展和社会变革中文化因素的重要作用。而相较于基督文化而言，中国的儒家文化覆盖亚洲几十亿人口，约占全球人口数的一半，更加具有包容性、开放性和普遍性。理解中国的文化产品出口必须扎根于中华优秀文化的土壤，并从中汲取中国元素和中国智慧。

3.2 需求变动的贸易效应：一般性的分析视角③

与普通货物产品不同的是，文化产品属于发展型和享受型消费品，除了经济价值外还包含有文化价值。随着收入水平的提高，对该类产品的需求量越大。因而相较于国内市场而言，市场规模更大、经济发展水平更高的国家有可能更具有消费该产品的潜力。事实也表明，中国国内文化产品的消费能力显著滞后于文化产品的出口。从这个意义上来说，研究出口目的地的市场特征和需求特征对研究

---

① 邵军．中国文化产品出口贸易发展机理及政策研究［M］．北京：经济科学出版社，2016：2.

② ［德］马克思·韦伯．新教伦理和资本主义精神［M］．彭强，黄晓京，译．西安：陕西师范大学出版社，2002：26.

③ 本节从两个方面阐述研究框架的理论支撑，一是阐述了价值理论，二是论述了需求理论在文化经济学中的局限性。这对理解文化产品的特殊性以及文化产品出口至关重要。此外，消费成瘾理论、需求相似理论、二元边际理论、引力模型同样贯穿于全书，这些理论在第2章文献综述和第5、6、7章的理论模型构建中分别进行了详细介绍，此处不再赘述。

中国的文化产品出口问题显得更为重要。这就为本书的研究提供了一个切入点，接下来简要地从3个方面分析需求变动引致的贸易效应。

3.2.1　出口目的地的需求变动与供求均衡

路径1：出口目的地的需求增加→总需求增加→贸易大国出口规模增大。国际市场的需求变动如何影响一国的出口贸易呢？从市场供求来看，见图3－1，其中，D_w 代表市场总需求曲线，D_H 表示国内市场需求曲线，S代表总供给曲线，AB则为该国的出口贸易效应。

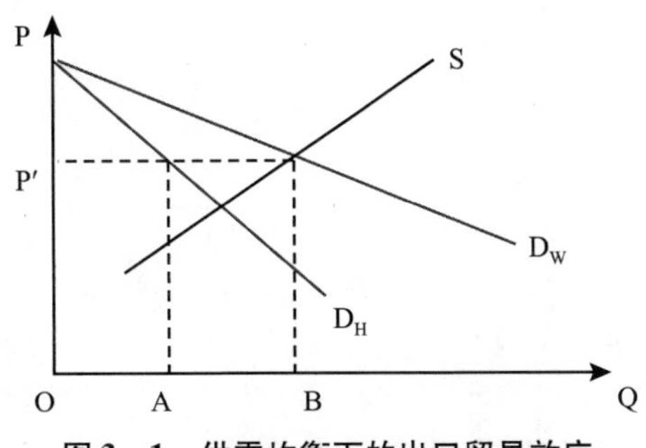

图3－1　供需均衡下的出口贸易效应

更进一步地，假设本国的生产规模和需求规模不变，出口目的地的需求变动如何影响一国的出口贸易呢？下面具体分两种情况来进行探讨。第一，当出口目的地的需求增大时，需求曲线从 D_1 向右移动到 D_2 的位置，见图3－2。这意味着国际市场对该产品的进口量增大，贸易效应从AB扩展为CD。中国作为贸易

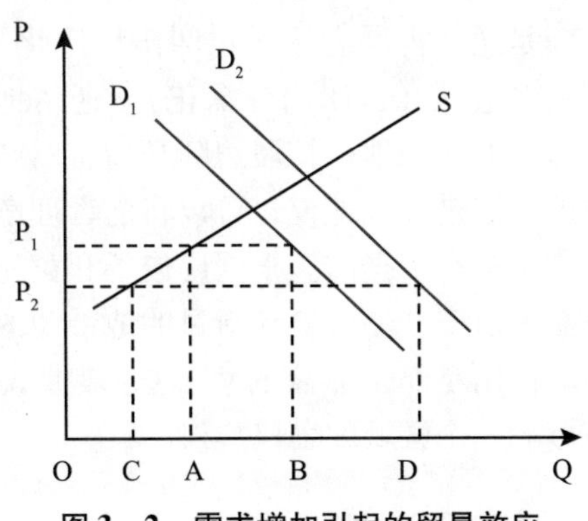

图3－2　需求增加引起的贸易效应

大国，出口量必然增加。进而会引起产品价格从 P_1 下降到 P_2，随之反过来影响出口贸易量。第二，当出口目的地的需求减少，需求曲线从 D_1 向左移动至 D_2 的位置，见图 3 - 3。这意味着国际市场对该产品的进口量减少，贸易效应从 AB 缩减至 CD。中国作为贸易大国，出口量也会减少。进而引致产品价格从 P_1 上升至 P_2，随之进一步影响出口贸易。

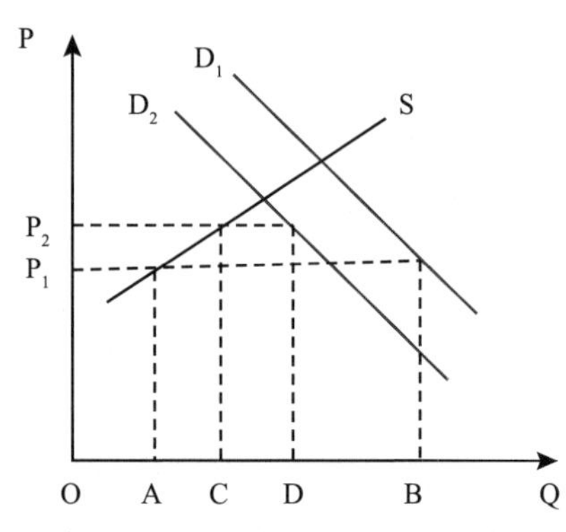

图 3 - 3　需求减少引起的贸易效应

注：图中的需求变动特指出口目的地的需求变动情况。

3.2.2　出口目的地的需求变动与创新

路径 2：出口目的地的需求增加→消费需求升级→产品创新→研发新产品或开拓新市场（扩展边际）→出口规模增大。随着出口目的地需求量的增加，必然会带动消费需求的升级。而创新的实质就是满足不断变化的消费需求。消费需求的变动使得各地区争相开辟新市场或者研发新产品，而这一领域的竞争者相对较少、需求弹性大，由此引起的贸易效应必然为创新区域带来丰厚的垄断利润。

本书所讲的产品创新是通过扩展边际（也叫出口广化）来影响出口规模的，与扩展边际相对应的是集约边际（也叫出口深化）。通俗地说（见表 3 - 1），集约边际是指将旧产品出口到旧目的地。扩展边际是指将旧产品出口到新目的地或者新产品出口到新目的地，更进一步地说，可以将前者理解为地理广化，后者为产品广化。这样的划分方法是有依据的。根据周俊子和黄先海（2015）的研究表明，地理广化的绝大份额是由旧产品出口到新目的地带动的，而新产品出口到新目的地对产品广化的拉动作用是非常显著的①。这也就是说，创新通过狭义上的地理广化和产品广化来影响一个区域的出口规模。

① 周俊子，黄先海．中国出口结构优化研究［M］．浙江大学出版社，2015：40 - 42.

表3-1　集约边际和扩展边际的划分

产品＼市场	旧目的地	新目的地
旧产品	集约边际	扩展边际
新产品	（不存在）	扩展边际

注：不存在将新产品出口到旧目的地的情况。

集约边际反映了出口产品或者出口目的地的集中程度。对于发展中国家而言，依靠本国的比较优势生产劳动密集型产品似乎是符合国际分工和贸易规律的。但是，长期来说，这种单一化的出口模式会导致其对进口地市场的过度依赖，一旦出口目的地市场需求发生突变，对本国或本地区的出口贸易的冲击是巨大的、不可估量的。此外，集约边际使本国或本地区生产的产品缺乏自主性和创意性，形成路径依赖。扩展边际不仅反映了出口目的地市场的拓展，还反映了产品维度上的突破。地理广化实现了市场范围的扩张，即某一产品不仅仅局限于某些出口市场，而是进一步拓展其潜在出口市场。产品广化意味着新产品出口规模的增大。如果说集约边际容易形成对出口目的地市场需求的过度依赖，那么扩展边际的两种形式将有助于消除因目的地市场需求突变造成的外部冲击。而扩展边际只能通过创新来推动，投入成本较高。尤其是对于产品广化而言，对劳动力和科技发展水平提出了更高的要求，也就需要巨大的研发投入和先进的高新技术作为支撑。

3.2.3　出口目的地的需求变动与国际价值链分工

路径3：出口目的地的需求增加→需求层次提升→国际价值链分工→出口规模增大。格瑞夫（Gereffi，1994）基于国际价值链的分析框架，将其分为买方驱动型和卖方驱动型两类机制，进而揭示了商品生产、交换、消费的一般模式①。需求的持续增加会导致需求层次提升，对出口产品的品质要求提高。这会倒逼生产者提高劳动生产率，引起国际价值链重新分工，进一步促进文化产品出口。在这一过程中，有些企业最先捕捉到需求端的变化加快企业的转型升级，从生产适应市场需求的产品和提高产品的品质两个方面提升企业的出口竞争力。而那些不适应市场需求变化的企业则被淘汰。企业逐渐从“加工”“制造”转向“创造”。这就会重塑原有的国际价值链分工格局。如何适应出口目的地市场需求的变化，

① Gereffi G. Organization of Buyer-driven Global Commodity Chains：How US Retail Shape Overseas Production Network［M］. In Contributions in Economics and Economic History，edited by Gereffi G. and M. Korzeniewicz eds，Westport：Prager，1994：95.

生产较高品质的出口产品，使中国制造向“微笑曲线”两端移动，是提高我国出口规模、迈向贸易强国的重要动力源。

随着中国国内生产成本上升，原有的成本优势效应已难以为继，出口贸易动力正逐渐从成本贸易效应向需求市场效应转变。以上从市场供求、需求引致的创新、需求诱发的国际再分工三个路径分析了需求变动引发的出口贸易效应。这说明了出口目的地的市场特征及需求变动对一国或地区的出口贸易影响显著。

3.3 文化需求引致的中国文化产品出口

从需求方面来看，基于规模经济理论，一国文化产品进入国际市场的前提在于其在本国具有较大的消费潜力。但是具体到中国来看，其文化产品走向国际市场并不是由该产品在国内的文化需求拉动的。朱希伟等（2005）的研究也指出，国内严重的市场分割容易扭曲企业行为，使得国内企业不能有效地发挥规模经济优势，进而只能刺激国际市场需求[①]。这或许为中国国内的文化消费滞后于文化产品出口贸易提供了一个解释。此外，美国作为世界第一大经济体，能够成功地通过技术变革引领产品创新，进而带动发达国家的消费，最后才是拉动发展中国家的出口贸易。因而，决定中国文化产品出口的根本原因在于出口目的地的市场规模以及出口目的地对中国文化产品的认同感。出口目的地的市场规模一般从三个方面来衡量：经济规模、经济发展水平以及人口规模。市场规模越大的国家对文化产品的需求量越大，而只有对中国文化产品认同感更强的国家，才能为本国文化产品的出口提供需求路径支持。由此可见，市场规模提供了潜在的需求支持，只有在一定的文化认同的基础上，这种潜在的需求支持才能转换为持久的需求推动力。

3.3.1 基于市场规模的视角

市场规模是影响文化需求的决定性因素，主要包括经济规模、消费者购买力和人口规模。文化产品属于发展型和享受型产品，属于较高层次的消费。经济规模越大、消费者购买能力越强，消费者对这种产品的需求量越大，相应地，其进口规模也越大。恩格尔法则也间接反映了这层含义。从心理学和社会学的角度来看，著名社会学家扬克洛维奇（Yankelovich）将个人需求与社会阶段联系起来，

---

① 朱希伟，金祥荣，罗德明．国内市场分割与中国的出口贸易扩张［J］．经济研究，2005（12）：68－76.

提出相比农业社会来说，在工业社会和服务业社会，消费者对文化产品的需求规模更大①。该理论逻辑与心理学家马斯洛（Maslow）的需求层次理论②不谋而合。这些都间接证明了经济规模越大、消费者购买力越强的国家或地区对文化产品的需求量越大。类似的，国际贸易实证分析中的引力模型也提出贸易双方的贸易流量是由其的吸引力和排斥力所共同决定的。吸引力是指双方的经济规模、人口规模等变量，排斥力是指双方的贸易成本。双方的贸易流量与双方的经济规模成正比，与空间距离成反比。

既有文献对该部分的研究较多，但是更多地聚焦在由规模经济而引起的本地市场效应。由于文化产品不同于普通的货物产品，其需求更多地取决于出口目的地市场的认同感，本书则更加关注出口目的地的市场特征对本国文化产品出口的影响。根据上述分析可以得出，经济规模越大、经济发展水平越高的国家或地区，文化需求越大。而根据林德的需求相似理论，经济发展水平越接近的国家或地区，需求结构越相似，贸易流量越大。中国这一典型的发展中国家文化产品的出口贸易是否符合林德假说呢？经济发展水平对中国文化产品出口是否存在不对称性影响呢？对这些问题进行进一步的实证分析，有助于理解经济发展水平对中国文化产品出口的影响机制，是趋同还是求异，是符合需求相似还是趋向于文化多样，这在本书的第5章展开了深入分析。

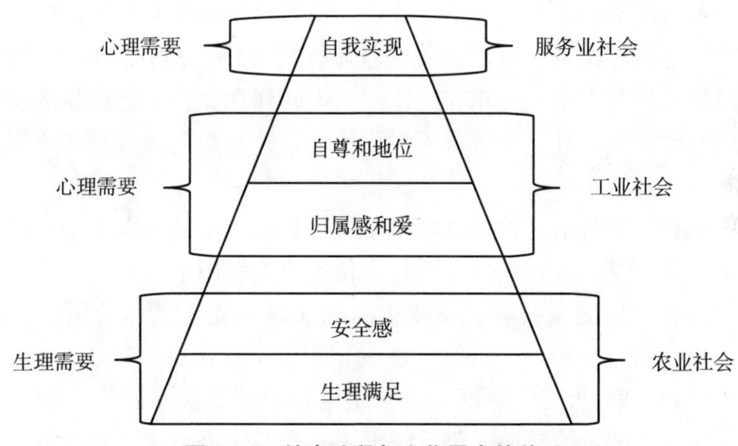

图3-4 社会阶段与文化需求的关系

资料来源：罗能生．全球化、国际贸易与文化互动［M］．北京：中国经济出版社，2006：60.

① ［美］丹尼尔·扬克洛维奇．对话力——化冲突为合作的神奇力量［M］．陈淑婷，张桂芬，译．杭州：浙江大学出版社，2015.

② ［美］亚伯拉罕·马斯洛．动机与人格［M］．许金声，译．北京：中国人民大学出版社，2007. 其中，马斯洛将个人需求层次划分为5类：生理需求、安全需求、社交需求、尊重需求和自我实现需求。随着收入水平的提高，个人需求层次也相应提高。

3.3.2 基于文化认同的视角

3.3.2.1 对文化价值的互补性需求：扩展的价值理论

与普通货物产品不同的是，同类文化产品之间具有较强的互补性而非替代性。究其根源，在于受众对不同文化产品所包含文化价值的独有的偏好。那么，文化价值如何统一在经济学的价值理论中呢？

价值理论是经济理论和文化理论研究的共同起点，是连接经济和文化的重要桥梁。在经济学领域中，商品二重性是价值理论的基础。在文化理论研究中，文化价值是其研究的起点。与经济理论中的价值概念不同的是，文化价值是指一个群体建立在其文化身份基础上的价值。由于本书的研究对象是文化产品，文化产品区别于普通货物产品的本质在于其包含了文化价值。如何看待文化价值的独立性，文化价值和价值、使用价值之间有何区别和联系呢？围绕这些问题，以下展开论述。

从亚当·斯密开始，价值理论就成为经济思想史的核心所在。马克思认为，商品的使用价值和价值是对立统一的。一方面，商品同时具有使用价值和价值，二者缺一不可。只是劳动产品而不具有使用价值，抑或只具有使用价值而不是劳动产品的都不可能被称为商品。另一方面，使用价值和价值是矛盾的。交换价值是使用价值的物质承担者，价值实现过程是在交换中通过让渡使用价值完成的。价值和使用价值的对立统一关系在文化产品中同样存在，文化产品的特殊性在于其除了使用价值和价值外，还包含了文化价值，并且文化价值是文化产品的根本所在。

文化价值和使用价值、价值既密切相关也具有一定的独立性。

其相关关系主要体现在：一方面，文化价值同使用价值一样，满足人们的某种需求，是交换价值的承担者。文化价值的实现依赖于使用价值。值得注意的是，正如比尔（Bill，1991）所说，“在一定程度上文化对象的商品化意味着其自身使用价值遭到了腐蚀。”① 笔者认为，无论是使用价值空间的压缩，还是从使用价值到文化价值的价值转向，都反映出了一个基本事实，文化价值是文化产品的立身之本，是文化产品的本质特征。另一方面，同价值一样，文化价值也是由一般人类劳动创造的，与劳动的文化创造性成正比。因此价值是文化价值的基础，文化价值是价值实现的手段。

---

① Bill Ryan. Making capital from culture：the corporate form of capitalist cultural production [M]. Berlin；New York：Walter de Gruyter，1991：51.

此外，与价值和使用价值一样，文化价值也具有独立性，其独立性表现在以下两个方面：其一，文化价值不同于使用价值，文化价值满足消费者的文化需求而不是侧重商品的有用性，是劳动者在具体劳动中自觉或不自觉地创造出来的。其二，文化价值也不同于价值，文化价值是一种特殊的一般人类劳动，取决于劳动的文化创造性水平。

文化价值也独立于经济价值。存在高经济价值、低文化价值的文化产品，如肥皂剧；也存在低经济价值、高文化价值的文化产品，如高雅的古典音乐。这是什么原因呢？本书从支付意愿的角度来解释这种现象。消费者的支付意愿可以评价经济价值，却无法评价文化价值。因为文化价值是需要体验的，无法通过文化产品的外观获得。文化价值虽然是客观存在的，但是从文化价值向经济价值的转换却需要消费者的认同，这种认同感取决于消费者的欣赏、感知以及文化体验的积累等诸多方面。并且该认同感是动态变化的，例如，毕加索（Picasso）的油画、乔伊斯（Joyce）的散文、斯特拉文斯基（Stravinsky）的音乐，都曾经被视为是有悖正统的，如今都被视为经典文化。由此可以看出，只有在消费者认同的基础上，受众才能够有较强的支付意愿，经济价值和文化价值才会呈现正相关关系。

在国际分工日益专业化、科技进步和创意经济到来的背景下，同类产品之间的物质差异越来越小，文化产品贸易从追求文化价值的可用性（或是使用价值）逐渐转换为追求文化价值密集度的交换过程。在此基础上可以更进一步地理解文化产品贸易，其不仅仅是商品的交换过程，更是文化价值的交换和满足消费者文化需求的过程。进而提出文化产品出口主要取决于文化需求，更确切地说是对不同类型文化产品所包含文化价值的差异化、互补性的独特偏好（或品味），而经济因素和文化认同对其产生了重要影响。

3.3.2.2　对文化产品的成瘾性需求：理性成瘾理论

前面主要阐述了文化价值的独立性及其与经济学的价值理论的相关性关系，要想把握文化产品出口贸易的本质还需要理解文化需求的另一大特征。在文化经济学中，理性成瘾理论较好地解释了文化产品的成瘾性需求。下面从体验产品、文化资本积累和品味（对特定文化产品的消费偏好）的形成三个方面来理解文化产品需求的特殊性，进而简要介绍理性成瘾理论。本书的第5章也对该理论进行了详细的阐释。

其一，文化产品是一种典型的体验产品。主要表现在以下三个方面：在消费文化产品时满足感和快乐感增强；只有通过体验才能判断出文化产品的质量和特点；消费者购买文化产品的目的是为了消费体验。基于此，随着消费年龄的增长、阅历的增加，对文化产品的需求提升。这也就是我们所了解的“棘轮效应”

或者“消费惯性”。

其二，对文化产品的理解和欣赏能力取决于消费者的文化资本积累[①]。消费者对某种文化的知识储备越多，对相关文化产品的感受、理解和欣赏能力越强，文化资本积累越多，越会进一步提升其消费体验……

其三，品味的形成是动态的过程。新古典主义经济学对品味的界定一直存在争议，1977 年诺贝尔经济学家斯蒂格勒和贝克尔（Stigler and Becker，1977）提出消费偏好是既定的、不变的，消费需求主要取决于价格和收入[②]。此后关于品味是动态的或是静态的争论此起彼伏。如果品味是既定不变的，政府又如何通过鼓励性的政策刺激文化产品消费呢？事实上，在成年后，消费者的品味基本形成，而后一直处于动态变化的过程中。

实证分析中如何来衡量这种成瘾性特征呢？大多数文献采用文化产品出口额的滞后 1 期作为代理变量。这种方法简单可行、应用范围广泛，但是有一个不足之处就在于只使用了一期滞后变量。为此，本书采用两种方法保证结果的稳健性：一是采取多种方法、各种样本来进行一系列的回归检验；二是在对文化产品出口规模进行动态分解后，通过对出口贸易持续期的计算对成瘾性特征进行间接检验。

3.3.2.3 文化差异对中国文化产品出口的影响机制：成本效应或认同效应

由于文化产品区别于一般商品，其不仅包含经济价值，也包含了文化价值。文化比较优势为降低贸易成本提供了有力的依据。各个国家对文化资源的开发、利用程度形成了其独特的文化资源禀赋，将文化资源与文化产品的生产结合起来又离不开创新能力的培养，因而这两方面的内容构成了文化的比较优势。笔者将文化比较优势引入比较优势理论模型中，阐明文化差异对文化产品出口贸易的促进作用。

假设国家 A 和国家 B 生产文化产品 α 出口到 Z 国，且两国生产的文化产品全部用于出口。相对于国家 A 来说，国家 B 具有生产文化产品 α 的文化比较优势。在此基础上，图 3 -2 汇报了两国的文化比较优势对文化产品出口的影响机制。其中，PPF_1 表示国家 A 的生产可能性曲线，PPF_2 表示国家 B 的生产可能性曲线。由于国家 B 具有文化比较优势，国家 Z 更偏重于进口国家 B 的文化产品，因而 PPF_2 更偏重于进口方向。U_1 和 U_2 分别表示国家 Z 消费者的两条无差异曲

---

① 值得注意的是，有些文化产品消费所需的文化资本积累的门槛较低，例如读一本书、听一段音乐。这类文化消费体验与品尝一种新鲜水果、去新的国家展开一段旅行一样，不需要较高水平的文化资本积累。

② Stigler G. J. , Becker G. S. . De Gustibus Non Est Disputandum［J］. American Economic Review，1997，67（2）：76 -90.

线；V_1 和 V_2 表示两条等价值线，见图 3 - 5。

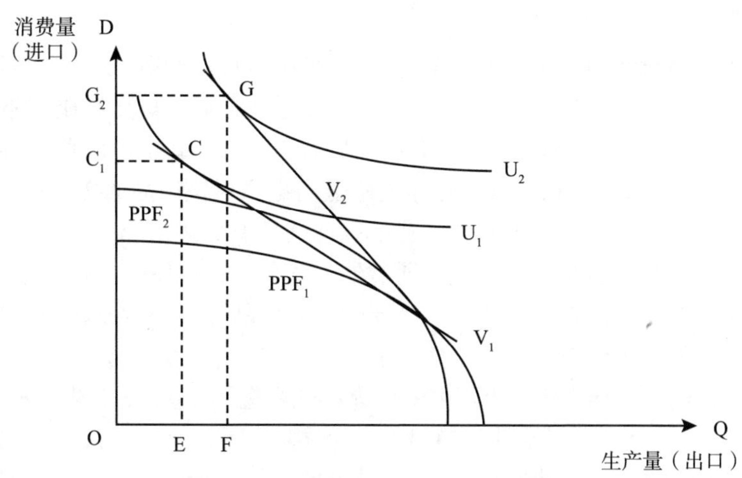

图 3 - 5 文化比较优势与文化产品贸易

资料来源：笔者根据书中内容绘制。

由于国家 B 具有文化比较优势，其生产的产品 α 出口到 Z 国后带来的消费者效用要大于国家 A。在图 3 - 5 中表现为切点 G 的位置高于切点 C，进而产生了文化需求的差额（$OG_2 - OC_1$，即 C_1G_1）。这说明文化比较优势会提高产品的文化价值量，进而提升产品的出口竞争力。此外，在理解文化差异对文化产品出口的影响机制时，不能忽略文化和制度的交互作用。早在明末顾炎武在《日知录》中就提到："自身而至家国天下，制之为度数，发之为音容，莫非文也。"这也就是说，居民的行为准则和国家的制度都属于文化的范畴。事实上，不同的文化传统会影响交易规制的形成，通过影响交易效率进而影响出口贸易效率。因此，正确处理文化、制度与出口贸易的关系对降低交易成本、提高出口贸易的规模和效率至关重要。

那么，文化差异对文化产品出口的影响机制仅仅取决于成本效应吗？大多数学者认为文化差异的存在会提高贸易成本，进而缩小本国文化产品的出口规模。即文化距离与文化产品出口呈负相关关系。也有学者从文化比较优势的角度提出文化差异的存在会加强文化比较优势，从而降低贸易成本。本书更加倾向于后一种观点，并基于文化经济学的视角提出文化认同感对出口贸易的影响。也就是说，文化差异的存在增强了出口目的地对异域文化的认同感，从而倾向于进口其文化产品。更进一步地，对于中国而言，同一汉文化圈的出口贸易更加频繁，这似乎又取决于文化的相似性而非差异性？基于此分析，本书将文化差异细分为文化距离和文化身份，文化距离意味着文化的差异性，而同一文化身份象征着文化的趋同性。对此，本书在第6章进行了更加深入的实证分析。

3.3.2.4 科技进步对文化认同感的影响

在文化产品市场中，消费者需要搜寻更多的信息以判断该文化产品是否能满足其体验的满意度和愉悦感，这就产生了信息搜寻成本。与交易成本不同的是，消费者一般通过体验、专家咨询、追逐潮流等方式来降低这种信息搜寻的成本。从更广义的视角来看①，信息搜寻成本的降低会提高对该产品的文化认同感。

其一，文化产品具有无人知晓的特征。这就是说，文化产品的生产主要以创意为主要投入要素，但是创意却无法通过外观获得，这也使得文化需求存在不确定性。例如，对于一部新电影或者一个新的文学作品，消费者无法简单通过电影胶片或者图书外观来判断其内在真实价值。

其二，供给方诱导文化需求。由于消费者缺乏完全信息，无法做出相对理性的决策，因此专家意见对消费者决策就显得尤为重要。例如，在一个艺术馆内，往往有相关专家来帮助消费者判断哪些艺术作品更具有文化价值，值得投资和收藏。

其三，评论家影响消费偏好。由于文化产品无人知晓的特征，对于文化产品而言，消费者更容易受到评论家的影响。所谓评论家是指期刊、报纸、广播节目、专家点评、微博热搜等一系列能够介绍文化产品特点的中间人角色。消费者通过选择其所信任的评论家对相关文化产品的介绍来判断其是否迎合了消费者的偏好。

其四，羊群效应或从众效应。羊群效应是指消费者的文化需求容易受到他人的影响。这也就是说，在存在信息搜寻成本时，理性消费者选择从众消费。而明星、时尚、营销策略等可观测的因素对这类从众消费起到了推动作用。

其五，网络效应。在羊群效应的影响下，某类文化产品的消费者越多，越会进一步扩张文化需求。网络效应是对羊群效应更深层次的理解，即网络系统规模的增大会提高消费者的效用。这也反映了文化产品消费的外部性。

其六，价格是判断文化价值的重要依据。在缺乏完全信息的情况下，消费者一般认为价格越高，文化价值越高。这驱动着消费者去选择价格高昂的文化产品，但是受到收入约束，这种消费模式只能存在于一定的价格区间内。

其七，需要说明的是，文化认同是文化价值向经济价值转换的唯一途径，微观经济学中价格的决定机制主要取决于消费者的支付意愿和厂商的供给，但是对于文化产品而言，在一些情况下消费者的支付意愿与未来升值空间不成正比。在认同程度不高的情况下，存在着低文化价值、高经济价值和高文化价值、低经济价值的文化产品。因此，仅以支付意愿（willing to pay）为指标的定价机制在文

① 这里也可以指除了经济、文化、制度之外的科技的推动作用。

化产品市场中失效①，而附加价值评估法（contingent valuation）更能真实体现产品的文化价值。

3.4　文化需求—总量—结构的框架构建

由上述分析可知，构建中国文化产品出口问题的分析框架既需要基于普通货物出口的一般性分析视角，也需要兼顾中国国情和中国特色。这就需要考虑以下几个方面的问题。

首先，是需求引致还是供给引致？应该说，对于出口贸易而言，出口目的地的产品需求也就对应了本国的产品供给，从根源上来说出口贸易还是由需求引致的。但是从这个角度研究出口贸易问题的文献相对较少。

其次，应该考虑，需求通过什么机制来影响一国或地区的出口贸易呢？经研究表明主要有三个路径：市场供求、产品创新以及国际再分工。但是，考虑到中国文化产品出口贸易，一个不容忽视的问题在于国内文化产品的消费显著滞后于文化产品的出口。发达国家一般是通过本地市场效应（规模经济）来推动出口贸易行为，而对于中国来说，这一渠道似乎并不存在。更多地是，其出口贸易行为是通过发达国家的文化需求拉动的。这就为研究中国文化产品的出口贸易问题提供了一个全新的视角。

再其次，文化需求又包括了什么呢，什么影响了出口目的地的文化需求呢，要进一步回答这个问题，本书从经济和文化两个方面来进行深入分析。一方面，随着经济发展水平的提高，市场规模和潜在消费需求提供了更广阔的消费市场；另一方面，由文化差异引致的文化认同感的提升是影响文化需求的关键因素。这也就是说，各国的文化产品之间具有互补性而非替代性。

最后，本书将文化产品的出口规模结构分解为集约边际和扩展边际，更进一步地研究经济、文化等因素是通过何种途径来影响中国文化产品出口扩张的。这就形成了本书“文化需求—总量—结构”的分析框架。

下面对分析框架的主体及其特征和影响机制进行简要的说明。

框架主体：框架的主体设置指的是本书的研究对象，即文化产品出口的规模和结构。这与传统研究主要选取文化产品出口规模的研究思路略有不同，本书进一步将文化产品出口规模进行了结构分解②，划分为集约边际和扩展边际。这对

① 在公共产品定价领域，该机制同样失效。

② 本书第4章的产品结构和市场结构的划分为理解文化产品出口的二元边际奠定了基础。

理解中国文化产品出口的发展机制至关重要，因此本书构建的框架主体包括规模和结构两个部分。

主体特征：理解文化产品出口的规模和结构首先要把握文化产品的文化价值。即文化产品区别于普通产品的特殊之处在于其不仅包含经济价值还包含文化价值。在此基础上，本书将文化产品出口贸易界定为其不仅是商品交换的过程，也是文化价值交换和满足消费者文化需求的过程。这也就是说，文化产品出口的规模和结构需要从两个方面来把握，其一是文化价值，其二是文化需求。

影响机制：影响文化需求的因素主要包括经济因素和文化因素。经济因素主要分为经济规模和消费者购买力两个方面。文化因素包括价值观、文化身份、制度差异等形成的无形的贸易壁垒。除此之外，地理距离、人口规模、信息基础设施的发达程度、进口成本等因素也有可能影响文化需求。该研究思路的选取基于全书的重要假设：在一定文化认同感的前提下，文化价值和经济价值是统一的，文化需求与出口规模呈现正相关关系。

经过上述分析得出本书构建分析框架的结构图，见图3－6。

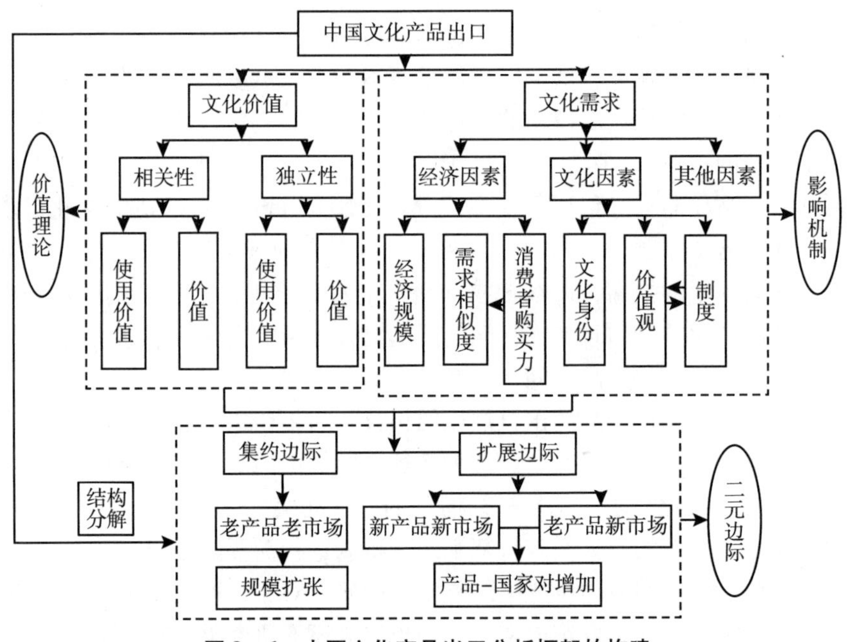

图3－6　中国文化产品出口分析框架的构建

注：笔者从对文化产品出口更深层次的理解出发，对文化产品的立身之本——文化价值进行了深入的阐述，并为第5～7章的实证分析部分做了系统的铺垫。

第 4 章

中国文化产品出口的趋势、结构与国际竞争力

在梳理总结既有研究成果的基础上，本书构建了需求引致的中国文化产品出口贸易的分析框架。在进行实证分析之前，对中国文化产品出口的发展趋势、结构特征与国际竞争力进行分析和判断是后面研究的前提和基础。

根据联合国教科文组织（UNESCO，2005）规定的定义，文化产品主要分为核心文化产品和相关文化产品。核心文化产品主要包括文化遗产类、出版物类、音乐和表演艺术类、视觉艺术类和视听艺术类，而相关文化产品主要是指那些用以支持核心文化产品创造、生产和销售的辅助设备、材料以及服务等①。根据联合国贸易统计数据库数据可知，每类文化产品都有其细分的 HS96－6 位数编码，笔者通过整理近 20 年间世界各个国家与地区的 HS96－6 位数编码下的 38 小类核心文化产品出口的 62377 条数据，试图分析中国核心文化产品出口的规模和占比、产品结构、市场结构及其国际竞争力。

4.1　中国文化产品出口的发展趋势

为了深入分析中国文化产品出口的发展趋势，笔者在对中国文化产品出口纵向对比的基础上，又选取了美国、英国、法国、德国、意大利、瑞士、土耳其、新加坡和印度 9 个国家作为参照国②。图 4－1 和图 4－2 分别汇报了世界前 10 位文化产品出口国的出口规模及其占比的变化趋势。

---

① 根据核心—相关分类法，参照联合国教科文组织的划分标准（2005），本书主要关注核心文化产品的分类情况。如未做特殊说明，本书中的文化产品就是指核心文化产品。

② 根据 2016 年 3 月联合国教科文组织（UNESCO，2016）公布的报告《文化贸易全球化：文化消费的转变》，中国、美国、英国、瑞士、印度、德国、意大利、法国、新加坡和土耳其是世界文化产品出口排名前 10 位的国家。而文化产品进口排名前 10 位的国家或地区为美国、中国香港特区、英国、瑞士、法国、德国、加拿大、中国、日本和新加坡。

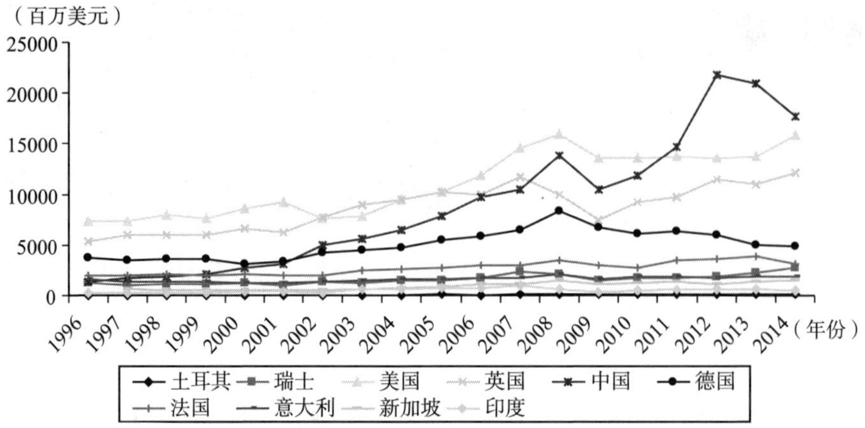

图 4-1　世界前 10 位文化产品出口国的出口规模

资料来源：笔者根据联合国商品贸易统计数据库（UN COMTRADE）整理得出。

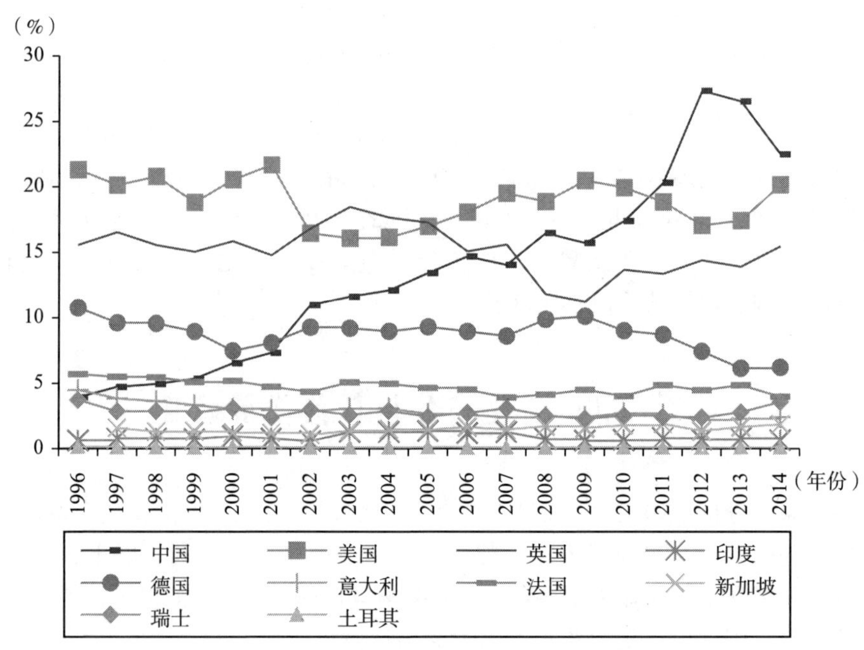

图 4-2　世界前 10 位文化产品出口国的市场占有率

资料来源：笔者根据联合国商品贸易统计数据库（UN COMTRADE）整理得出。

从中国文化产品出口规模及其国际市场占有率的变化趋势来看（分别见图 4-1 和图 4-2），1996～2014 年间中国文化产品出口规模总体上是波动上升的。综合近年来的发展，总体上大体可以分为四个阶段：1996～2001 年、2002～2008

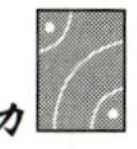

年、2009～2016年和2017年至今。

第一阶段（1996～2001年），中国文化产品出口的规模和占比呈现平稳上升的趋势。1996年中国文化产品出口的总量为13.60亿美元，市场占有率（也称占比）为3.92%。2001年其总量高达30.9亿美元，占比为7.32%，相较于1996年分别提高了1.3倍和0.9倍。

第二阶段（2002～2008年），基本呈现波动上升的趋势。这一阶段的起始年是中国加入WTO组织的第一年，全球化步伐的加快为中国文化产品出口提供了机遇。这注定是中国文化产品出口增长不平凡的7年。2002年中国文化产品出口的总量为50.22亿美元，国际市场占有率为10.96%。2008年其总量为138.66亿美元，占比为16.46%，相较于2002年分别上升了176.11%和50.18%，年均增速高达25%。截至2008年，中国成为仅次于美国的第二大文化产品出口国。

第三阶段（2009～2016年），中国文化产品出口呈指数型增长。受国际金融危机的影响，2009年中国文化产品出口的年均增长率为-25.18%，但是在1年后的2010年，中国超越美国成为世界第一大文化产品出口国。2012年中国文化产品的出口规模（218.05亿美元）是美国（136.01亿美元）的1.6倍。2009年后，中国文化产品出口的指数型增长使得中国位于文化产品出口领头羊的地位，即使在出口排名前10的国家中也以明显的优势领先于美国、英国等文化产品出口大国。总体来看，1996～2014年近20年间，中国文化产品出口额增长了12倍，年均增速为17.03%，国际市场占有率从1996年的3.92%跃升至2014年的22.49%。从文化产品出口排名第9位的国家成为排名第1位的文化产品出口大国。2015年，中国的文化产品出口额高达198亿美元，年均增速为12.5%[①]。

第四阶段（2017年至今），受到国际贸易摩擦和经济不确定性因素的影响，2017年中国文化产品出口遭到冲击，下降至92.3亿美元，同比下降49.8%。但是，中国文化产品出口贸易韧性十足，2018年出口额有所反弹，同比增长10.51%，文化产品出口贸易总量为102亿美元[②]。在未来一段时间，中国文化产品出口贸易呈现新的亮点：电子商务和跨境电商的发展为中国文化产业塑造竞争新优势提供契机；“李子柒海外视频”走红进一步展示了海外受众对中国传统文化的新奇和认可；“一带一路”建设为中国文化产品出口拓展了更加多元化的市场。

从总体趋势来看，中国文化产品出口规模逐渐增大，有多方面的原因。

第一，这是由经济发展规律决定的，即符合三次产业演进规律。“配第—克拉克定理”指出，“随着经济的发展，随着人均国民收入水平的提高，劳动力首先由第一产业向第二产业移动。当人均国民收入水平进一步提高时，劳动力便向

①② 数据来源：联合国商品贸易统计数据库（UN COMTRADE）。

第三次产业移动。”[①] 随着发达国家逐渐从工业经济演进到服务经济，世界范围内的消费者对文化产品和文化服务的需求增加。这使得文化贸易得以迅猛地发展。

第二，国内文化体制改革的深化加速了文化产品出口的步伐。从党的十六大报告、党的十八届三中全会到党的十九大报告，国家逐步完善文化产业和文化贸易方面的政策体系，鼓励文化产业的发展，培育外向型企业，坚定文化自信，增强国家软实力。这就为文化产品的有效供给提供了可能。

第三，经济全球化带动了文化全球化。随着各国经济的发展，越来越多的发展中国家参与到了文化贸易中来。这就进一步刺激了文化贸易的发展。

第四，随着数字化经济的到来，文化消费成为拉动互联网经济的重要引擎。而文化产品消费“去物质形态化”的发展趋势逐步显现出来，互联网经济的发展也为文化产品出口提供了新的贸易方式。

4.2 中国文化产品出口的结构特征

中国的文化产品出口额从1996年的13.60亿美元增长到2018年的102亿美元，增长了近7倍，成为世界文化产品出口的第一大国。但是，2014年中国文化产品出口额占货物出口额的比重仅为0.75%，见附表4－4。在过去的近20年间，这个数据一直在［0.75%，1.54%］波动，并没有发生太大的变化。即使从世界范围内来看，世界文化产品出口额占货物出口额的比重也不及1%[②]。与文化产业在世界经济增长中的重要作用相比，这个数据看起来不可思议。为了更真实地评价文化产业的地位以及中国文化产品的出口贸易，还应该涉及文化产品的生产及其市场两个方面。

4.2.1 产品结构

4.1节详细分析了中国文化产品出口的变化趋势，接下来本节主要结合2014年的数据对世界前10位的文化产品出口国的产品结构进行了对比分析。分析基于表4－1、图4－3～图4－8以及本章相关附表。

基于数据的可得性和系统性，笔者根据联合国商品贸易统计数据库（UN COMTRADE）整理了中国文化产品出口贸易的62377条数据，分析了近20年间

① 转引自：杨治．产业经济学导论［M］．中国人民大学出版社，1985：40.

② 1996～2014年世界核心文化产品出口额占货物出口额的比重在［0.41%，0.80%］的范围内波动。

中国文化产品出口的结构和趋势。根据联合国教科文组织（UNESCO，2005）的划分标准，将文化产品细分为能够较好地反映文化特征的 5 类产品：文化遗产类、出版物类、音乐和表演艺术类、视觉艺术类以及视听艺术类。根据 HS96 - 6 位数编码，这 5 类文化产品又被分为 38 小类，详见表 4 - 1。

表 4 - 1　　联合国教科文组织对文化产品的分类

文化产品种类	类别	HS96 - 6 位数编码	38 小类文化产品
文化遗产类	文化遗产	970500	收集品和珍藏品
		970600	年代超过百年的古董
出版物类	图书	490110	单页的小册子、传单等
		490191	字典和百科全书
		490199	印刷类书籍（除了字典等）
		490300	儿童图画、绘制或彩色书籍
	报纸和期刊	490210	报纸、期刊等（1 周出版期数 >3）
		490290	报纸、期刊等（1 周出版期数 <4）
	其他印刷品	490400	音乐印刷品（包括打印和手稿）
		490510	印刷的反映地理特征的图表
		490591	装订成书的地图集和各类图表等
		490599	未装订成书的其他地图、各类图表等
		490900	印刷版或带插图的明信片；贺卡
		491000	各种印刷版的日历
		491191	图片、设计图和照片
音乐和表演艺术类	已录制媒体	970400	有使用价值的邮资、集邮、首日封等
		852410	录制的唱片
		852432	用于重放声音的激光唱片
		852451	录音磁带，宽度≤4mm
		852452	录音磁带，宽度介于（4mm，6.5mm]
		852453	录音磁带，宽度 >6.5mm
		852499	其他供重放声音的录音媒介
视觉艺术类	绘画作品	970110	手绘油画、素描、蜡笔画等
		970190	拼贴画和类似的装饰板

续表

文化产品种类	类别	HS96 - 6 位数编码	38 小类文化产品
视觉艺术类	其他视觉艺术品	970200	原创雕刻、版画和石版画
		970300	任何材料的雕塑和雕像原件
		392640	小雕像和其他装饰品
		442010	木质的小雕像和其他装饰品
		691310	小雕像和瓷制装饰品
		691390	陶瓷小雕像和非瓷制的装饰品
		830621	贱金属制、外镀贵金属的小雕像和其他装饰品
		830629	贱金属制其他小雕像和装饰品
		960110	象牙制品
		960190	其他动物雕刻材料及其制品
视听艺术类	摄影	370590	已曝光和冲洗的感光片和胶片（非电影胶片，也非胶印印件和缩微胶片）
	电影	370610	已曝光和冲洗的电影胶片，宽度 > 35mm
		370690	已曝光和冲洗的电影胶片，宽度≤35mm
	新媒体	950410	连接电视接收器的电子游戏

资料来源：UNESCO，International flows of selected cultural goods and services，1994 - 2003 ［R］. Montreal，2005：91 - 92.

从世界范围内来看，图 4 - 3 分析了 2014 年世界文化产品出口的产品结构。其中，视觉艺术类产品以 338. 16 亿美元的出口规模占据了 43. 14% 的出口份额。出版物类产品出口位于第 2 位，出口规模为 268. 34 亿美元，占比为 34. 23% 。其后是视听艺术类产品，出口规模为 133. 87 亿美元，占比为 17. 08% 。而文化遗产类产品出口以及音乐和表演艺术类产品出口的占比分别为 5. 54% 和 0. 0015% 。

图 4 - 4 汇报了近年来中国的文化产品出口的产品结构的变化趋势。样本期内的音乐和表演艺术类以及文化遗产类产品出口基本可以忽略，而出版物类产品出口虽然呈现短暂的上升或下降趋势，但其变化趋势相对稳定，占比均值为 13. 97% 。视觉艺术类和视听艺术类文化产品出口处于主导地位，这两类占比之和约为 80% 。但是，在 2008 年金融危机发生前后这两类文化产品出口的发展趋势完全相反。1996 ~ 2008 年视听艺术类的出口占比呈现上升的趋势，2008 年后该比重明显回落；1996 ~ 2008 年视觉艺术类的出口占比逐渐下降，2008 年后该比重逐渐上升。与世界文化产品出口的产品结构相比，2014 年中国出版物类产品占比较低，仅为 16. 12% ，远远低于视觉艺术品（50. 50% ）和视听艺术品（33. 24% ）占比。

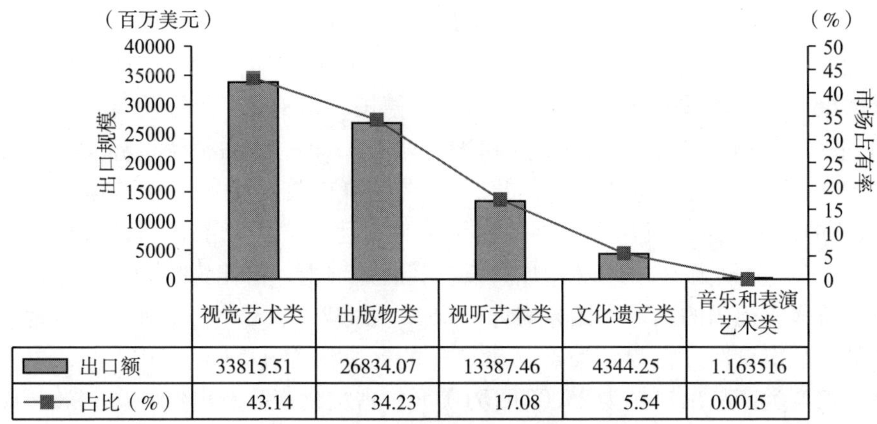

	视觉艺术类	出版物类	视听艺术类	文化遗产类	音乐和表演艺术类
出口额	33815.51	26834.07	13387.46	4344.25	1.163516
占比（%）	43.14	34.23	17.08	5.54	0.0015

图4-3　2014年世界文化产品出口的产品结构

资料来源：笔者根据联合国商品贸易统计数据库（UN COMTRADE）整理计算得出。

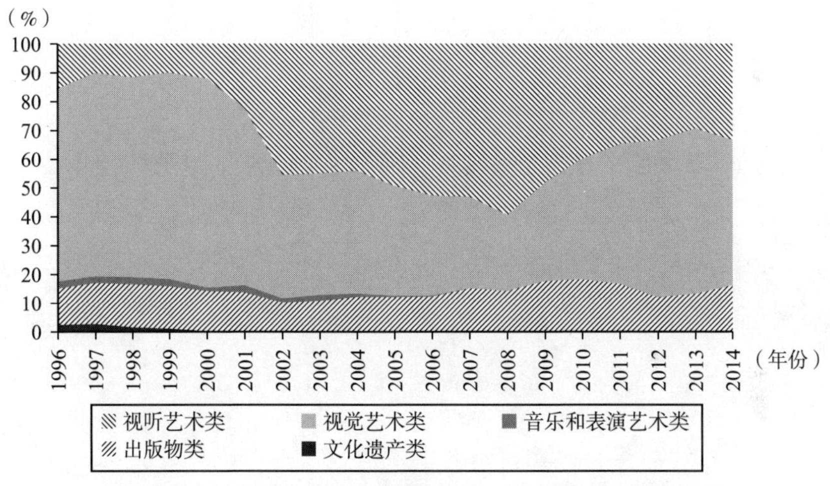

图4-4　1996～2014年中国文化产品出口的产品结构

资料来源：笔者根据联合国商品贸易统计数据库（UN COMTRADE）整理计算得出。

下面对中国5类文化产品的出口情况进行具体分析。

4.2.1.1　文化遗产类产品

文化遗产类产品包括收集品和珍藏品以及年代超过百年的古董。这两类产品并不能完全代表文化遗产类产品，且该类产品在出口贸易中一般受到严格的限制。这也就解释了文化遗产类产品出口被边缘化的原因。

从世界范围来看，2014年文化遗产类产品的出口额占文化产品出口额的比

重为5.54%，见图4－3。从图4－5可以看出，该产品出口的市场份额排名前10位的国家或地区分别为英国（34.91%）、美国（21.82%）、瑞士（8.11%）、法国（7.66%）、中国香港特区（7.37%）、德国（3.84%）、阿联酋（2.13%）、奥地利（1.9%）、印度（1.53%）和比利时（1.39%），占据了世界文化遗产类出口的90.66%。文化遗产类产品出口主要集中在前6个国家或地区，占据了83.71%的市场份额。英国和美国控制了世界文化遗产类产品出口，占比之和高达56.73%，分别为34.91%和21.82%。其后是瑞士，占比为8.11%。法国、中国香港特区、德国的出口占比分别为7.66%、7.37%、3.84%。而中国内地文化遗产类产品出口额占世界该类产品出口额的比重仅为0.58%。2014年，中国内地文化遗产类产品出口额为25.02百万美元，占文化产品总出口的0.14%，该比重在观测期内并未发生明显变化。

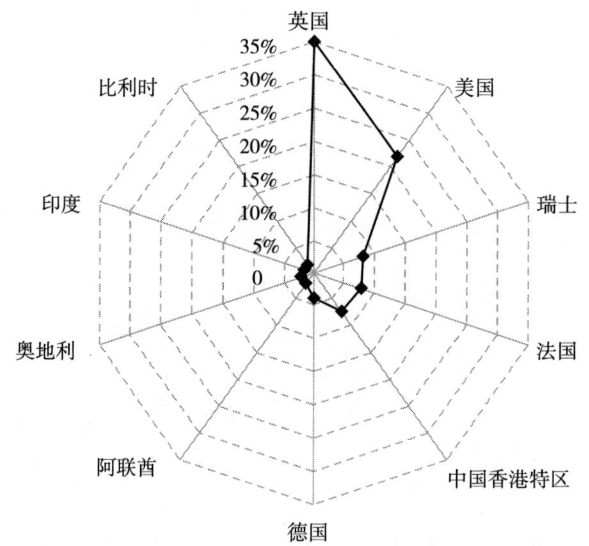

图4－5　2014年文化遗产类产品主要出口国家或地区占比分析

资料来源：笔者根据联合国商品贸易统计数据库（UN COMTRADE）整理计算得出。

4.2.1.2　出版物类产品

出版物类产品主要包括图书、报纸、期刊和其他印刷品。

从世界范围内来看，出版物类产品占文化产品出口的比重为34.23%，见图4－3。从图4－6可以看出，2014年该产品出口的市场份额排名前10位的国家或地区分别为美国（14.54%）、英国（13.92%）、德国（11.03%）、中国内地（10.59%）、中国香港特区（5.64%）、法国（5.21%）、意大利（3.89%）、荷兰（3.51%）、新加坡（3.28%）、西班牙（2.89%），其占据了该类产品出口的74.5%。其中，美国（14.54%）、英国（13.92%）、德国（11.03%）、中国内地（10.59%）是出版物类产品的主要出口国，占据了全球出口的50.08%。2004～2013年中国内地该类产品出口额占全球市场的份额从4%增长到11%（UNESCO，2016）。但是，1996～2014年中国内地出版物类产品占本国文化产品出口比重的均值为13.97%，其年均增速的均值只有2.37%，见附表4－5。该比重在观测期内一直较平稳，未发生明显波动。但是，2004～2013年间中国该类产品出口占全球市场的份额从4%增长到11%（UNESCO，2016），可见出版物类产品的主导地位有所提升。

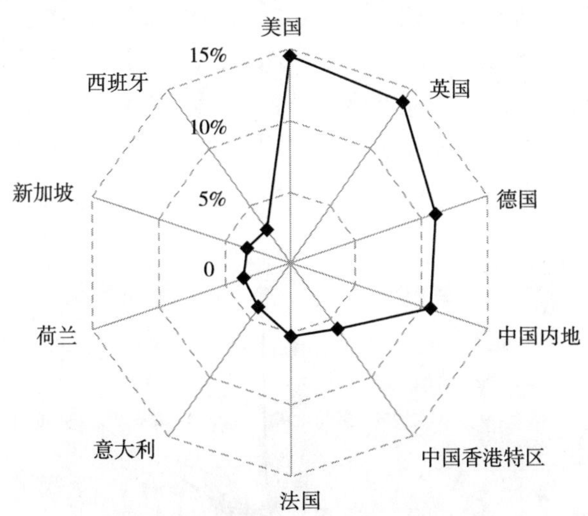

图4－6 2014年出版物类产品主要出口国家或地区占比分析

资料来源：笔者根据联合国商品贸易统计数据库（UN COMTRADE）整理计算得出。

4.2.1.3 音乐和表演艺术类

音乐和表演艺术类产品主要包括留声机唱片、仅供重放的激光阅读系统用盘、已录制的磁带、其他已录制的媒体。

从世界文化产品出口结构来看，2014年全球音乐和表演艺术类产品占比为0.0015%，见图4－3。从中国的出口结构来看，1996年，该类产品的出口额为33.29百万美元，占比为2.45%。2006年，出口规模下降到32.45百万美元，占比为0.34%。其后，该产品的出口规模一直为0，见附表4－2。统计数据显示，2014年仅有三个国家占有该类产品出口的市场份额：菲律宾（81.97%）、摩洛哥（13.48%）、巴巴多斯（4.55%）。该类产品的数据无法系统地反映出国际音乐市场的贸易方向和变化趋势。这是因为联合国商品贸易统计数据库（UN COMTRADE）的统计对象是物质形态的音乐产品。这类出口贸易是在出口目的地能够对原始母盘进行再加工，并在国内零售发行的基础上产生的。而音乐产品更多的属于去物质形态化的无形资产，无法准确估计其价值。

4.2.1.4 视觉艺术类产品

视觉艺术品主要包括绘画作品和其他视觉艺术品①。

从世界范围内来看，视觉艺术类产品占文化产品出口的比重为43.14%，见图4-3。图4-7表示，2014年该产品出口的市场份额排名前10位的国家或地区分别为美国（27.65%）、中国内地（26.32%）、英国（18.59%）、瑞士（6.18%）、法国（3.59%）、德国（2.86%）、意大利（2.1%）、中国香港特区（1.77%）、荷兰（0.88%）、新加坡（0.8%），占据了全球视觉艺术品类产品出口的90.74%。其中，美国（27.65%）、中国内地（26.32%）、英国（18.59%）是该类产品主要的出口国，占据了72.56%的市场份额。中国内地是仅次于美国的第二大视觉艺术品出口国。

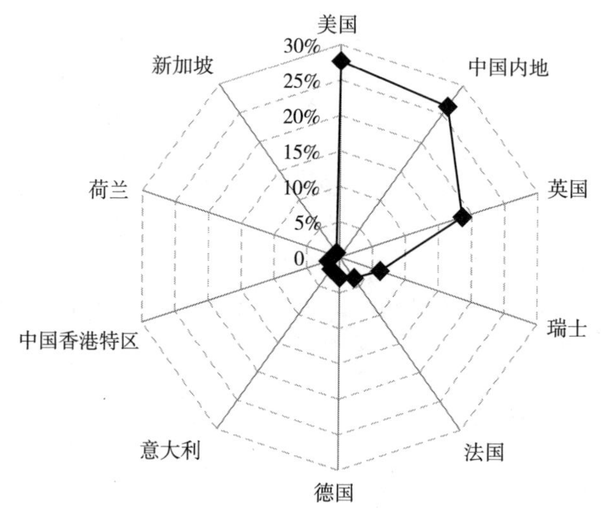

图4-7 2014年视觉艺术类产品主要出口国家或地区占比分析

资料来源：笔者根据联合国商品贸易统计数据库（UN COMTRADE）整理计算得出。

从中国的贸易结构来看，视觉艺术品几乎占据了文化产品出口的半壁江山。1996~2014年，其出口占比的均值为50.44%，年均增长率为15.28%。2008年

① 其他视觉艺术品主要包括了版画、雕像和其他装饰品等其他材料制品。

后视觉艺术类产品并未受国际金融危机的影响，反而在国际市场中的需求持续上升。这主要取决于两个因素：一是视觉艺术类产品反映了中国深厚悠久的历史文化，这种文化的内涵是独特的、不能被替代的；二是中国的视觉艺术类产品在国际市场中具有价格优势。

4.2.1.5　视听艺术类产品

该类产品主要包括已曝光和冲洗的电影胶片和摄影胶片以及使用电视机的电子游戏等。

从世界范围内来看，视听艺术类产品占文化产品出口的比重为 17.08%，见图 4－3。从图 4－8 中可以看出，2014 年该产品出口的市场份额排名前 10 位的国家或地区分别为中国内地（43.76%）、美国（11.82%）、日本（8.27%）、德国（5.78%）、英国（4.26%）、中国香港特区（3.49%）、阿联酋（2.46%）、韩国（1.91%）、新加坡（1.9%）、荷兰（1.73%），占据了全球视听艺术品类产品出口的 85.38%。其中，中国内地（43.76%）、美国（11.82%）和日本（8.27%）是主要的视听艺术类产品的出口国，占全球出口的 63.85%。2014 年中国内地视听艺术类产品的出口规模为 58.58 亿美元，成为世界第一大文化产品出口地，见附表 4－2。但是这在很大程度上是由于其电子游戏出口的规模较大。如果把电子游戏排除，中国将不再是最大的视听艺术品类产品出口地，印度则取而代之。

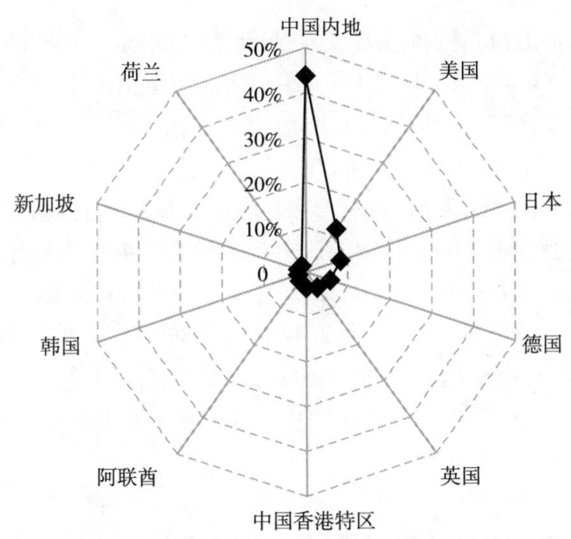

图 4－8　2014 年视听艺术类产品主要出口国家或地区占比分析

资料来源：笔者根据联合国商品贸易统计数据库（UN COMTRADE）整理计算得出。

从中国的贸易结构来看，视听艺术品类产品出口占比约为 1/3。在 1996 ~ 2014 年，该产品占比的均值为 34.13%，年均增速为 29.75%，见附表 4 – 5。2014 年该类产品以 58.58 亿美元的出口规模占据了 33.24% 的文化产品出口，见附表 4 – 3。但是，中国视听艺术类产品的出口主要为带有电视接收器的视频游戏机，电影、摄像等其他视听艺术类项目只是象征性的存在。该类产品的演变趋势主要是由电子游戏主导的。在对电影胶片的统计过程中，由于出口目的地在当地市场对电影胶片进行拷贝和发行，因而数量较少的原版电影胶片的价值几乎可以忽略不计。实际上，电影贸易更多是以版权许可费和使用费的形式进行的。以印度为例，印度是电影生产的主要国家，但是并不是全球视听艺术类出口的主要阵地，该类产品的市场份额只有 0.09%。需要认清的是，虽然中国在有限的、可以统计的视听艺术类产品的出口中崭露锋芒，但是长远来看视听艺术行业的发展仍然任重而道远。

4.2.2 市场结构

4.2.2.1 出口目的地的地区分布

图 4 – 9 汇报了中国文化产品出口在北美、欧洲、东亚和太平洋地区、中东和北非地区、中亚和南亚地区、拉丁美洲和加勒比地区、撒哈拉沙漠以南的非洲地区 7 个地区的分布情况①。

中国文化产品出口目的地主要集中在北美、欧洲、东亚和太平洋地区。从图 4 – 9 和附表 4 – 6 可以看出，1996 ~ 2014 年间中国出口到这 3 个地区的文化产品占比的均值为 92.67%。其中，北美是中国文化产品出口的主要区域。2014 年该地区占所有出口目的地份额的 34.06%。这个比重比 1996 年的 36.89% 略有下降。东亚和太平洋地区成为出口的第二大区域。该地区占比的均值为 29.22%。但是 2014 年其占比份额为 25.93%，比 1996 年的 39.44% 有所下降。欧洲地区成为第三大出口区域，从 1996 年的 23.24% 上升到 2014 年的 25.40%。该地区占比的均值为 26.2%。1996 年占比仅为 2.42% 的中东和北非地区增长到 2014 年的 7.30%。同时中亚和南亚地区 1996 年份额为 0.12%，2014 年上升到 2.47%。而拉丁美洲和加勒比地区的占比在 2012 年达到峰值，为 5.90%，2014 年又回落至 2.85%。

---

① 世界银行地图集对世界 7 大地区的划分为：北美、欧洲和中亚地区、东亚和太平洋地区、中东和北非地区、南亚地区、拉丁美洲和加勒比地区、撒哈拉沙漠以南的非洲地区。根据研究需要，笔者在世界银行分类的基础上略作了调整。

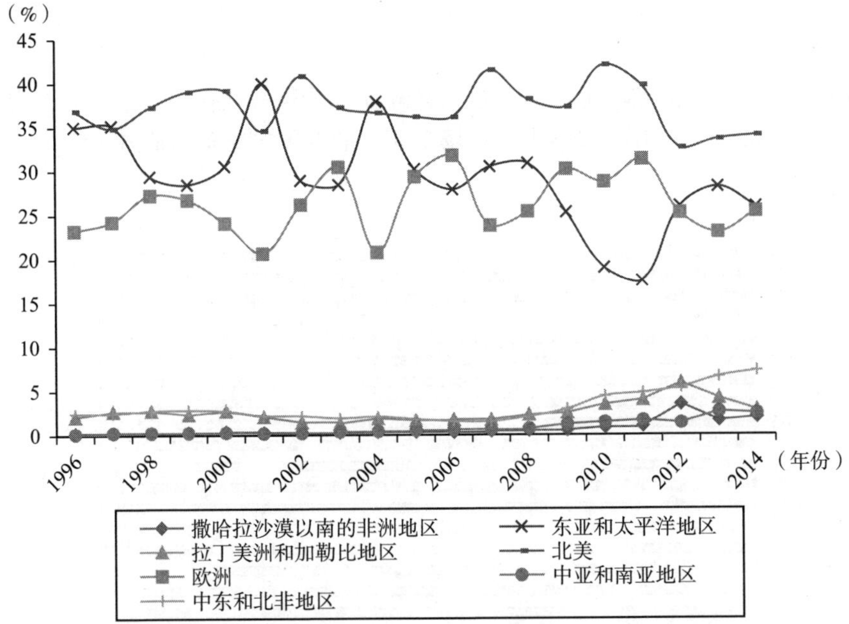

图4-9　1996~2014年按地区划分的中国文化产品出口份额

资料来源：笔者根据联合国商品贸易统计数据库（UN COMTRADE）整理计算得出。

4.2.2.2　出口目的地的经济发展水平

本部分汇报了中国文化产品出口在不同收入水平的出口目的地的分布情况，其划分标准参照了世界银行地图集（2016）的动态分类标准。

从其主要趋势来看，近20多年来高收入国家或地区是中国文化产品出口贸易的主要贸易伙伴，其市场占有率的均值为93.33%。但是该比重从1996年的96.26%下降到2014年的85.09%，转型国家和发展中国家①的比重有所提升，见图4-10。从附表4-7中可以看出，在1996~2014年间，低收入国家或地区占比年均增长率为35.5%，中等偏下收入国家或地区占比年均增长率为12.68%，中等偏上收入国家或地区年均增长率为8.24%，高收入国家或地区年均增长率为-0.67%。这些数据很大程度上显示了转型国家和发展中国家在文化产品消费市场方面的潜力。可能是中国文化产品出口市场多元化的力证，而且，从出口规模来看，1996年，中国出口到高收入国家或地区的文化产品价值为13.09亿美元，是其他所有国家（0.51亿美元）的26倍。2014年，中国出口到高收入国家的文化产品价值为149.9亿美元，是其他所有国家（26.26亿美元）

① 转型国家和发展中国家又被分成3类：低收入国家、中等偏下收入国家和中等偏上收入国家。

的6倍。由此可见，高收入国家或地区虽然在中国文化产品的进口市场中发挥着重要的作用，但是其他国家或地区（低收入国家或地区、中等偏下收入国家或地区和中等偏上收入国家或地区）的进口规模年均增速较快，占中国文化产品出口额总量的比重逐渐提升。我国出口市场多元化的发展策略初见成效。

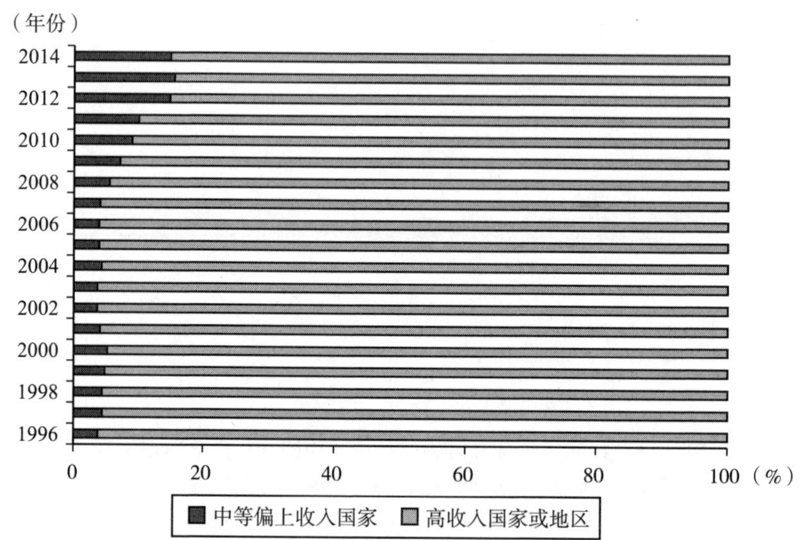

图4－10　1996～2014年按经济发展水平划分的中国文化产品出口份额

资料来源：笔者根据联合国商品贸易统计数据库（UN COMTRADE）整理计算得出。

4.2.2.3　主要出口目的地的区域特征

首先，基于图4－11可以看出，2018年中国内地的主要贸易伙伴为美国，出口额高达36.75亿美元，占文化产品出口总量的36%。除了日本、韩国、新加坡等汉文化圈国家以及中国香港特区之外，中国内地的主要贸易伙伴还包括了印度(275.61百万美元)、马来西亚（137.44百万美元）和巴西（121.53百万美元）等发展中国家。发展中国家和转型国家在中国文化产品出口市场中的地位值得进一步关注。

其次，本节分析了排名前15位的贸易伙伴占当年中国文化产品总出口比重的变化趋势，见图4－12。从图4－12中可以看出，1996～2006年，中国文化产品出口前15位国家或地区的占比之和呈现上升的趋势。2006年达到峰值92.87%，几乎涵盖了所有的文化产品出口。2006～2014年，该比重基本呈现下降的趋势。2014年，该比重仅为81.26%。这也就是说，虽然当前中国文化产品的出口贸易伙伴仍然相对集中，但是也已经开始呈现出多元化的发展趋势。

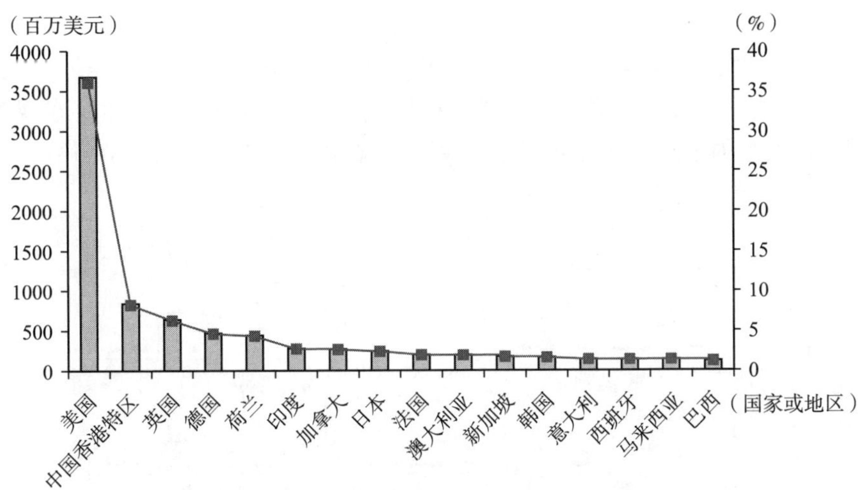

图4-11　2018年中国内地前16位出口目的地

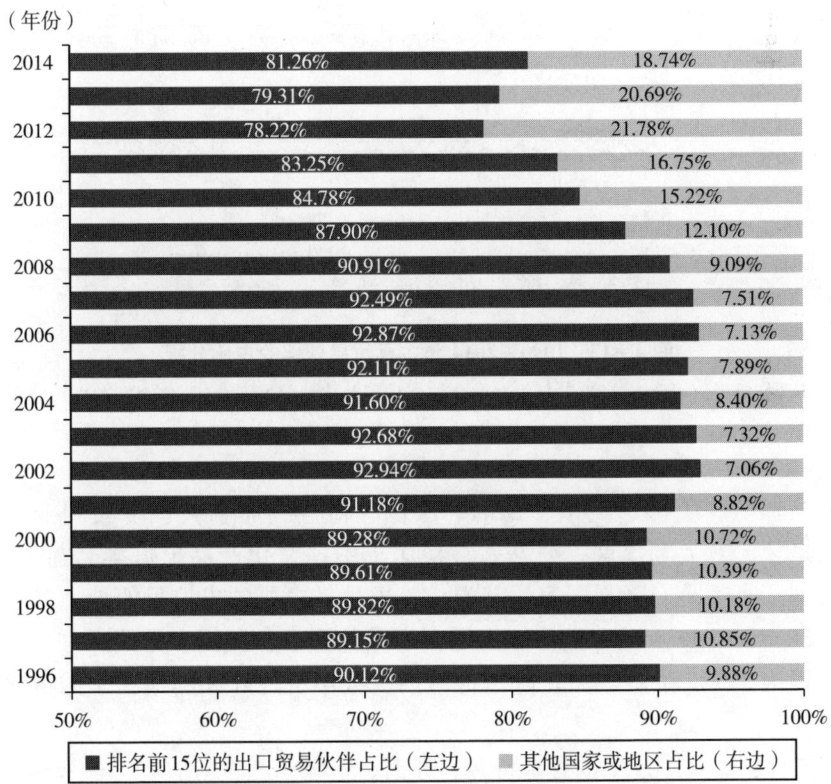

图4-12　1996~2014年前15位的出口贸易伙伴占比分析

资料来源：笔者根据联合国商品贸易统计数据库（UN COMTRADE）整理计算得出。

最后，着重分析中国文化产品出口主要贸易伙伴的分布及其贸易演变的趋势。图4－13详细汇报了1996～2014年中国文化产品出口排名前15位的国家或地区（也称为主要贸易伙伴）占当年中国文化产品出口总额的比重。在观测期内，共有24个国家或地区进入了中国文化产品出口主要贸易伙伴的行列，这些国家或地区又可以被分为4个梯队。

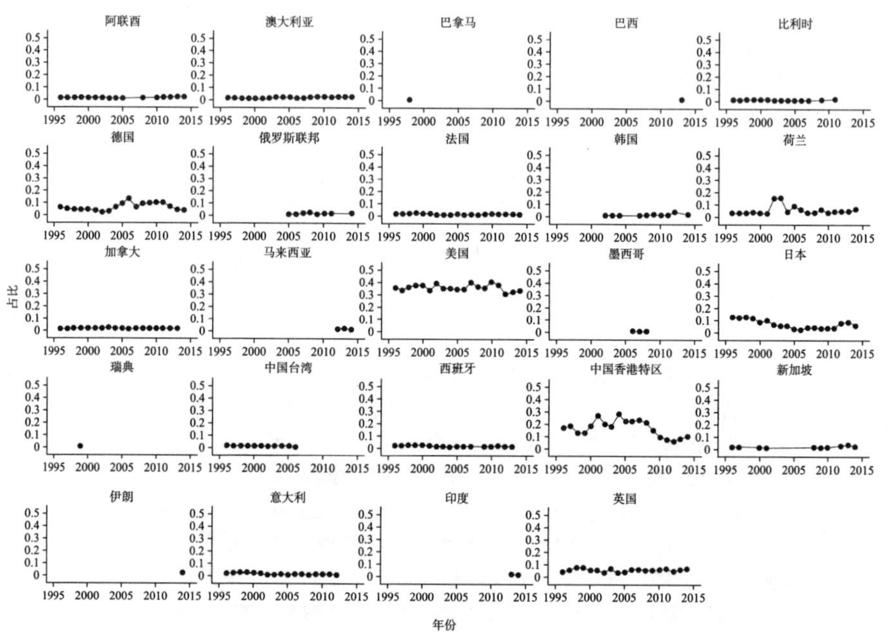

图4－13　1996～2014年主要贸易伙伴的占比分析

资料来源：笔者使用Stata 14.0软件根据联合国商品贸易统计数据库（UN COMTRADE）的相关数据绘制得出。

第一梯队，美国、英国、德国、法国、荷兰、加拿大、澳大利亚、比利时、西班牙、意大利。这些国家一直稳居于中国文化产品出口排名前15位的国家之列，且都是OECD国家。其中，美国是最主要的出口目的地，其占比一直在［30%，40%］的区间内，远远高于其他国家。英国和德国次之，其占比均值分别为5.7%和6.28%。除了荷兰的少数年份之外，其他国家的占比都小于3%。

第二梯队，日本、中国香港特区、韩国、中国台湾、新加坡、马来西亚等属于汉文化圈的国家或地区。中国香港特区和日本占比的均值分别为16.28%和6.92%，是我国文化产品主要的出口目的地。2007年前，中国台湾占比均值为

0.9%，属于我国主要的出口目的市场。近年来韩国、新加坡、马来西亚等国家的占比份额有所提升。

第三梯队，巴西、印度、伊朗等发展中国家。在2013年后，巴西、伊朗、印度等发展中国家逐步进入了中国主要的出口目的地的行列，尽管其占比均不足2%，但这也意味着中国的出口目的市场正逐渐走向多元化。

第四梯队，阿联酋、俄罗斯联邦、巴拿马、墨西哥、瑞典等其他国家。阿联酋基本上一直是出口的主要目的市场，占比均值为1.1%。在2005年后，俄罗斯联邦开始进入排名前15位的主要目的地之列，占比均值为1.33%。其他几个国家分别在少数几个年份位于主要目的地之列。

4.3　中国文化产品的国际竞争力分析

4.3.1　中国文化产品国际竞争力的指标体系构建

在研究国际竞争力的相关理论中，迈克尔·波特的钻石模型应用较为广泛。该理论从生产要素、需求要素、企业发展、相关支持产业、政府和机遇6个方面评价国家的竞争力。在该理论的基础上，瑞士洛桑国际管理发展学院（IMD）和世界经济论坛（WEF）形成了较为系统的国际竞争力的评价指标体系。这两个权威机构每年分别发布《世界竞争力年鉴》和《全球竞争力报告》，为学术界研究各国的产业竞争力提供了翔实的数据支持。在国内关于产业竞争力的研究中，金碚等（1997）提出的工业国际竞争力的评价体系具有开拓意义。他提出，评价工业的国际竞争力应从原因和结果两个方面分析。从结果来看就是指产品的价值实现指标，反映了要素产出的竞争力，如国际市场占有率，TC指数，RCA指数等。从原因来看，是指产品的价值创造指标，反映了要素投入的竞争力①。

在评价指标的分类选择上，笔者在波特的国家竞争力理论模型的基础上，结合金碚从要素投入和产出两个方面综合分析产业竞争力的思路，在生产要素、需求要素、企业发展、相关支持产业、政府行为和贸易行为6个要素层面选取了31个评价指标分析中国文化产品出口的国际竞争力，详见表4－2。

① 金碚等.中国工业国际竞争力［M］.北京：经济管理出版社，1997：55.

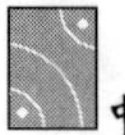

表 4－2　中国文化产品国际竞争力的评价指标体系

一级指标（目标层）	要素分类	分类原则	二级指标（要素层）	三级指标（评级指标层）
中国文化产品国际竞争力的评价指标体系	价值创造	投入要素竞争力	生产要素	1.1 世界文化和自然遗产数（个）
				1.2 人文发展指数*
				1.3 外商直接投资净流入（亿美元）
				1.4 大学生入学率（%）
				1.5 城镇人口比重（%）
			需求要素	2.1 国内生产总值（2005 年不变价美元）
				2.2 人均 GDP（2005 年不变价美元）
				2.3 人均 GNI 增长率（%）
				2.4 第三产业占 GDP 的比重（%）
				2.5 国民消费率（%）
			企业发展	3.1 劳动生产率（万美元/人）
				3.2 文化产品的质量[a]
				3.3PCT 专利申请量/百万人
				3.4 文化产业的创造性指数*
				3.5 文化产业的价值链宽度指数*
				3.6 文化产业的研发投入指数*
				3.7 行业竞争度*
			相关支持产业①	4.1 互联网用户/100 人
				4.2 公共教育支出占 GDP 的比重（%）
				4.3 年国外游客数/1000 人
			政府行为	5.1 防治腐败
				5.2 政府效率
				5.3 政治稳定性和抵制暴力
				5.4 监管质量
				5.5 法律规则
				5.6 声音和责任

① 分别从信息、教育和旅游三个方面反映相关产业对文化产业的带动作用。

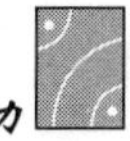

续表

一级指标（目标层）	要素分类	分类原则	二级指标（要素层）	三级指标（评级指标层）
中国文化产品国际竞争力的评价指标体系	价值实现	产出要素竞争力	贸易行为	6.1 国际市场占有率[a]
				6.2 显示性比较优势指数（RCA 指数）[a]
				6.3 竞争优势指数（TC 指数）[a]
				6.4 出口相对价值指数[a]
				6.5 显示性竞争优势指数[a]

注：* 表示软指标，a 表示客观计算的指标。其他为客观指标。基于数据的可得性，第三产业占 GDP 的比重加拿大选取了 2010 年的数据，日本和美国则为 2013 年数据。大学生入学率中巴西为 2015 年数据。其他都是 2014 年的截面数据。

其中，生产要素、需求要素、企业发展、相关支持产业和政府行为属于投入要素的竞争力，体现了价值创造过程。而贸易行为属于产出要素的竞争力，体现了价值实现过程。当前关于国际竞争力的评价方法主要有标准化法、分位数法、主成分分析法、灰色关联法、模糊综合评价法等。其中最常用的是标准化法，如人文发展指数（HDI）的构建。有鉴于此，笔者将该方法用于中国文化产品出口国际竞争力的分析。

下面对指标的选取进行详细的阐述。

（1）生产要素。生产要素的选取主要包括世界文化和自然遗产数、外商直接投资净流入、人文发展指数、大学生入学率和城镇人口的占比。这些要素分别从文化资本、资本资源、人力资本等方面反映了生产要素的国际竞争力。其中，前 2 个要素为基本生产要素，后 3 个为高级生产要素。而高级生产要素的作用日益凸显，关系着文化产品出口国际竞争力的可持续性发展。

（2）需求要素。需求要素的指标包括国内生产总值、人均 GDP、人均 GNI 增长率、第三产业占 GDP 的比重和国民消费率。对文化产品的需求可以分为国内需求和国外需求。而国内需求是保持国际竞争力的原动力。国内潜在市场需求的增大会促使文化产品不断地进行生产和创新，形成规模经济。这是文化产业走出去的基础，也是文化产品在激烈的国际竞争中保持价格优势和质量优势的重要前提。

（3）产业发展。产业发展的指标包括劳动生产率、文化产品的质量、PCT 专利申请量、文化产业的创造性指数、文化产业的价值链宽度指数、文化产业的研发投入指数和行业竞争度。其中，前 3 个为硬指标，后 4 个为软指标。劳动生产率为国内生产总值与年均就业人员数的比值。文化产品的技术复杂度用文化产品的单位价值来衡量。文化企业是文化产品的生产者，文化企业的劳动生产率、科技应用水平、创新能力、研发投入以及生产的产品质量直接影响文化产品的出口竞争力。而文化产业内的竞争激烈程度是文化企业保持国际竞争力的关键。国内文化产业的竞争程度越高，越会迫使文化企业增加研发投入，提高科技应用水平，不断地创新文化产品，延伸文化价值链。这些都有利于提高文化产品的生产质量，带动整个文化产业的国家竞争力提升。

（4）相关支持产业。相关支持产业的指标包括每100人中的互联网用户、公共教育支出占GDP的比重、年国外游客数等。文化产业的发展离不开相关产业的支撑，如信息、旅游、教育等。在这些相关产业中，信息产业的发展是拉动文化产品出口的重要引擎。一方面，随着数字化经济的到来，文化产品原有的依赖物质形态出口的传统贸易方式正在逐渐弱化，“去物质化”的电子贸易形式开始兴起。另一方面，互联网经济的发展有助于加强出口目的地对本区域文化的了解和熟悉程度，增强本区域的文化认同感，提高出口的国际竞争力。在此背景下，借助信息产业的发展拉动中国的文化产品出口就显得尤为重要。而文化产业和旅游产业的结合成为发展中国家新的战略资产。通过塑造文化品牌，旅游业直接推动了文化产业的发展。此外，教育产业通过储备人力资本在上游与文化产业形成价值链，为提高文化产品出口竞争力提供重要保障。

（5）政府行为。发达国家之所以在文化产品出口贸易中处于主导地位，与其政府职能的发挥密不可分。发达国家政府非常重视对文化产业的扶持和保护，通过制定文化产业政策和战略规划保障本国文化产品出口的国际竞争力。例如，美国联邦政府每年拨出20亿美元用于公共文化组织；英国提出了“大文化”的概念，改革政府的文化管理机构，统筹管理文化产业；20世纪80年代，法国提出“文化例外”并对文化产业进行特殊照顾；韩国和日本先后于1998年和20世纪末制定了“文化立国”的发展战略①。此外，发达国家还通过制定健全的法律法规体系健全文化市场。根据世界银行公布的全球治理指数可知，为了有效地测度政府职能的作用，本书从6个方面间接反映了政府行为的重要性。即防治腐败、政府效率、政治稳定性和抵制暴力、监管质量、法律规则以及声音和责任。

（6）贸易行为。从贸易方面来看，既有文献从5个方面度量文化产品出口的国际竞争力。

第一，国际市场占有率（张金昌，2001）②。该指数的计算公式为：

$$MS_{ik} = X_{ik}/X_{iw} \tag{4-1}$$

---

① 陈伟雄．发达国家文化产业发展的政府职能定位［N］．中国社会科学报，2016-4-28（6）．

② 张金昌．波特的国家竞争优势理论剖析［J］．中国工业经济，2001（9）：53-58．

其中，X_{ik}表示 i 国 k 类产品的出口额；X_{iw}表示世界 k 类产品出口额的总和。其衡量了一国某种产品的出口占世界该产品总出口的份额。

该值越大，出口竞争力越强。

第二，显示性比较优势指数（RCA 指数）。国际市场占有率虽然衡量了一国某产品的出口份额，但是该指数的差异很大程度上是由经济规模的差别引起的。一般而言，大国的国际市场占有率比小国更高。因此，巴拉萨（Balassa，1965）① 将经济规模引入公式，构造了显示性比较优势指数：

$$RCA_{ik} = (X_{ik}/X_i)/(X_{wk}/X_w) \quad (4-2)$$

其中，X_{ik}和X_{wk}分别表示 i 国和世界 k 类产品的出口额；X_i 和 X_w 分别表示 i 国和世界所有产品的出口额。

该指数反映了 i 国 k 类产品的出口与世界总体水平的比值。该值如果大于 2.5，说明了一国出口的国际竞争力极强；该值如果在［1.25，2.5］的范围内，说明了出口竞争力很强；该值如果在［0.8，1.25］的范围内，说明了出口竞争力较强；该值如果小于 0.8，说明了一国的出口竞争力较弱。

第三，竞争优势指数（TC 指数）。国际市场占有率指数的另一个缺陷是不能排除进口因素引起的转口贸易问题对出口竞争力的影响。即当一国存在严重的贸易逆差时，其市场占有率指数仍然可能较高。刘荣新（2002）将进口因素引入公式，使用竞争优势指数衡量出口竞争力。其计算公式为：

$$TC_{ik} = (X_{ik} - M_{ik})/(X_{ik} + M_{ik}) \quad (4-3)$$

其中，X_{ik}和 M_{ik}分别表示 i 国 k 类产品的出口额和进口额。

该指数为正时，表示 i 国 k 类产品的贸易方式以出口贸易为主，越接近于 1，竞争力越强；该指数为负时，表示 i 国 k 类产品的贸易方式以出口贸易为主，越接近于 -1，竞争力越强。当该指数趋于 0 时，说明 i 国 k 类产品的出口竞争力较弱，也说明其贸易方式以产业内贸易为主。

第四，出口相对价值指数。纳威等（Greenaway et al.，1994）② 提出可以用一国同种产品进出口单价之比反映产业内贸易的程度。其计算公式为：

$$EV = UV_{ik}^{ex}/UV_{ik}^{im} \quad (4-4)$$

其中，UV_{ik}^{ex}表示 i 国 k 产品的出口单价，UV_{ik}^{im}表示 i 国 k 产品的进口单价。

如果该值在［0.75，1.25］的区间内，说明该类产品的同质性较高，产业内贸易程度较高。该指数较好地反映了一国某产业在国际市场中参与垂直专业化分

① Balassa B. Trade Liberalisation and "Revealed" Comparative Advantage［J］. Manchester School，1965，33（2）：99－123.

② Greenaway D.，Hine R. C.，Milner C.，et al. Adjustment and the measurement of marginal intra-industry trade［J］. Weltwirtschaftliches Archiv，1994，130（2）：418－427.

工的情况，进而间接反映了一国某产业在国际价值链中的位置。

第五，显示性竞争优势指数。陈佳贵和张金昌（2002）[①] 在整合 RCA 指数和 TC 指数后，提出了显示性竞争优势指数（RC 指数）。其计算公式为：

$$RC = (X_{ik}/X_i)/(X_{wk}/X_w) - (M_{ik}/M_i)/(M_{wk}/M_w) \quad (4-5)$$

其中，X_{ik}和X_{wk}分别表示 i 国和世界 k 类产品的出口额；X_i 和 X_w 分别表示 i 国和世界所有产品的出口额；M_{ik}和 M_{wk}分别表示 i 国和世界 k 类产品的进口额；M_i 和 M_w 分别表示 i 国和世界所有产品的进口额。

该指数反映了对于世界总体水平来说一国相对密集地出口某种产品，而其出口并不由大规模的进口所引致。即该值越大，出口竞争力越强。

4.3.2 模型的构建

沿袭祁述裕（2004）[②] 和蓝庆新等（2012）[③] 的研究方法，构建评价中国文化产品出口国际竞争力的计量模型：

首先，对文化产品出口国际竞争力的三级指标进行无量纲化处理，以消除数量单位的差异对评价结果造成的影响，其计算公式为：

$$I_{ipkt} = \frac{X_{ipkt} - \min(X_{ipkt})}{\max(X_{ipkt}) - \min(X_{ipkt})} \quad (4-6)$$

其中，X_{ipkt}表示 t 时期 i 国第 p 个要素层面上第 k 个指标的原始值，$\min(X_{ipkt})$ 表示所有样本中 t 时期 i 国第 p 个要素层面上第 k 个指标原始值的最小值，$\max(X_{ipkt})$ 表示所有样本中 t 时期 i 国第 p 个要素层面上第 k 个指标原始值的最大值。经过无量纲化处理后，每个指标的取值范围都位于［0，1］的区间范围内。为了方便比较，将 I_{ipkt}乘以 100，得到 I'_{ipkt}，使其取值范围为［0，100］。

其次，构造文化产品出口竞争力的要素指数[④]。其计算公式为：

$$C_{ipt} = \sum_{p=1}^{n} W_k I'_{ipkt} \quad (4-7)$$

其中，C_{ipt}表示 t 时期 i 国第 p 个要素层面上的竞争力指数。W_k 表示三级指标在合成第 p 个层面上要素竞争力指数时的权重。

最后，文化产品出口竞争力总体指数的计算公式为：

---

① 陈佳贵，张金昌．实现利润优势——中美具有国际竞争力产业的比较［J］．国际贸易，2002（5）：21－24.

② 祁述裕．中国文化产业国际竞争力报告［M］．北京：社会科学文献出版社，2004：21.

③ 蓝庆新，郑学党，韩晶．我国文化产业国际竞争力比较及提升策略——基于 2011 年横截面数据的分析［J］．财贸经济，2012（8）：80－87.

④ 该指数是在三级指标的基础上等权合成的，在要素层面上（二级指标）反映文化产品的出口竞争力。

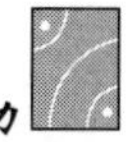

$$F_{it} = \sum_{p=1}^{n} W_p C_{ipt} \tag{4-8}$$

其中，F_{it}表示t时期i国文化产品出口的国际竞争力指数。C_{ipt}表示在t时期i国第p个要素层面上的竞争力指数，W_p表示各个要素竞争力在合成总体竞争力指数时所占的权重①。

参照瑞士洛桑国际管理发展学院（IMD）的评价标准，F_{it}越大，文化产品出口的国际竞争力越强。$F_{it} \geq 60$，文化产品出口的国际竞争力极强；$50 \leq F_{it} < 60$，国际竞争力很强；$40 \leq F_{it} < 50$，国际竞争力较强；$F_{it} < 40$，国际竞争力较弱。

4.3.3　样本的选取和数据来源

本节选取了美国、法国、英国、德国、荷兰、意大利、加拿大、澳大利亚、韩国、新加坡、日本、中国、巴西、印度和南非15个国家作为文化产品出口国际竞争力的研究对象。这是因为：第一，这些国家在地理位置上遍及北美洲（2个）、南美洲（1个）、欧洲（5个）、亚洲（5个）、非洲（1个）和大洋洲（1个）②，具有一定的普遍性。第二，样本中既有发达国家（11个），也包括了新兴经济体和发展中国家（4个）。在经济、文化和制度方面体现出了多样性，在文化产业价值链中的分工不同，比较有说服力。第三，这些国家既是文化产品出口大国，也是中国文化产品出口的主要目的地，分析结果具有一定的典型性。

在文化产品出口竞争力指标的选取方面，要兼顾硬指标和软指标。所谓硬指标，是指客观指标，其数据来源主要是联合国商品贸易统计数据库（UN COMTRADE）、世界银行（WDI）、国际劳工组织（ILOSTAT）、联合国教科文组织（UNESCO）和联合国世界旅游组织（UNWTO）等公布的相关数据。所谓软指标，是指基于文本挖掘的方法选择的某个评价指标的指数值。该类数据的来源主要是由联合国开发计划署（UNDP）出版的《人文发展报告（2015）》和世界经济论坛（WEF）公布的《全球竞争力报告（2014～2015）》。

4.3.4　中国文化产品国际竞争力指数测算

根据前面的实证模型，本节测算了2014年15个国家文化产品国际竞争力指数，结果见图4－14。参照IMD的评价标准，美国（71.61）、英国（70.16）和法国（61.56）的竞争力指数大于60，是当今的文化强国，位于第1等级。德国

① 参照祁述裕（2004）的做法，所占权重皆是按照上一级指标的个数进行等权合成的。
② 括号中的数字为位于该大洲的国家数目，下同。

(59.64)、日本（57.74）、荷兰（54.29）和新加坡（51.67）的竞争力指数位于50~60之间，其国际竞争力很强，属于第2等级。加拿大（48.90）、澳大利亚（48.43）、韩国（44.62）和意大利（43.17）的竞争力指数介于40~50之间，其国际竞争力较强，位于第3等级。而中国（36.23）、巴西（34.26）、南非（27.58）和印度（18.57）的竞争力指数小于40，其国际竞争力较弱，位于第4等级。

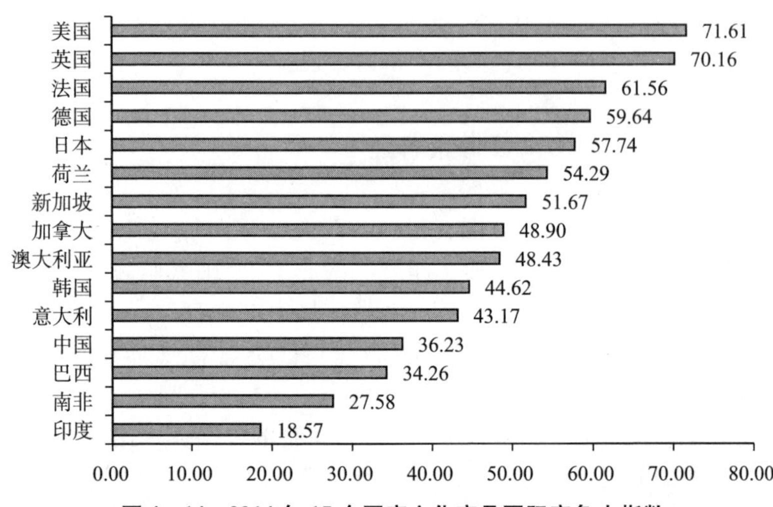

图4-14　2014年15个国家文化产品国际竞争力指数

资料来源：笔者根据前面的实证模型计算整理得出。

从经济发展水平来看，发达国家在文化产品出口中占据主导地位，新兴经济体文化产品出口的国际竞争力都处于弱势地位。从地理位置来看，北美和欧洲国家的国际竞争力较强，亚洲和非洲国家的国际竞争力相对较弱。从文化产品的出口规模来看，2004~2013年是中国文化产品出口贸易迅速崛起的10年。中国在2010年和2013年超过美国成为文化产品出口的第一大国①。但是从文化产品国际竞争力指数来看，中国在15个样本国家中位于第12位，其指数为36.23，处于第4等级。这与中国文化产品出口大国和五千年历史的文明古国的地位不相称。

4.3.5　中国文化产品出口的相对优势和劣势

根据前面选取的6大构成要素以及31个评价指标，我们对中国文化产品国

① UNESCO. The globalization of cultural trade: a shift in consumption—International flows of cultural goods and services 2004-2013 [R]. Montreal, 2016.

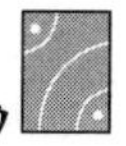

际竞争力的内部结构进行了如下分析，详细数据见表4－3和表4－4。

（1）生产要素。中国的生产要素竞争力指数为57.90（>54.18），排名第9位。排名前5位的国家分别是美国（75.55）、英国（67.91）、新加坡（65.46）、意大利（61.15）和荷兰（60.50）。其中，中国的世界文化和自然遗产数仅次于意大利位于第2位。这也就是说，中国属于文化资本密集型的国家。优美的自然景观，古朴的人文风光，悠久的历史文化，这些要素为中国文化产品的出口奠定了基础。此外，外商直接净投资位于第1位，外国资本流入较为踊跃。但是由于中国的文化产业开放程度不高，国外资本流入文化产业的比例相对较少。从高级生产要素来看，中国的人文发展指数位于第13位，大学生入学率位于第10位，城镇人口比重位于第14位。这说明我国的城市化水平、人文精神的培育和人力资本的积累还与发达国家有一定的差距，存在着对文化资源的开发利用程度不够、人力资本的质量不高、文化创意不足等问题。这些制约了中国文化产品出口竞争力的提高。相较而言，日、韩等文化强国的基本生产要素较为短缺，而高级生产要素较为丰富。

（2）需求要素。中国的需求要素指数为28.10（<50.53），处于最后1位。排名前5位的国家分别是美国（87.61）、英国（67.39）、德国（58.44）、法国（56.68）和日本（53.38）。虽然中国的经济规模较大，人均GNI增长率较快，但是其人均GDP、国民消费率和第三产业占GDP的比重却明显较低。这说明中国的文化产品需求增长较快，但是相对于发达国家而言，国内需求对文化产品出口的带动作用不明显。总体来说，中国的文化消费竞争力较弱。其内在原因是，相较于发达国家来说，中国的人均可支配收入较低，从一定程度上制约了文化消费的提高。而更为重要的是中国文化产品的供给质量和文化要素密集度有待进一步提升，供需矛盾的不均衡、不充分的发展抑制了文化需求的进一步增长。

（3）企业发展。中国的文化企业发展的竞争力指数为17.25（<41.54），排名第12位。排名前5位的国家分别是日本（92.43）、美国（73.19）、德国（69.99）、英国（61.49）和新加坡（53.31）。在评价文化企业发展的7个指标中，中国均处于劣势地位。具体来说，中国的劳动生产率指数、文化产品的质量、文化产业的创造性指数和行业竞争度均位于第12名之后，文化产业的研发投入指数和价值链宽度指数也处于中下水平，分别位于第8位和第9位。这是因为中国的文化产业起步较晚，没有形成完整的文化产业链条，且文化创意、科技、时尚等核心元素与文化产业的融合程度不高。而发达国家的文化产业之所以成为国民经济的支柱产业，原因在于其文化产业通过产品的创新、市场的运作和商品的包装，形成了从基础文化产业到现代化文化产业较为完整的产业发展链条。与之相比，中国的基础文化产品（如资源型、制造型产品）生产过剩，而体

现文化内涵的现代化文化产品（如创意型产品）生产严重不足。

（4）相关支持产业。中国相关支持产业的竞争力指数为43.19（<51.12），排名第12位。排名前5位的国家分别是法国（90.66）、英国（67.96）、美国（67.02）、荷兰（62.88）、加拿大（59.22）。在相关支持产业竞争力的3个评价指标中，2014年中国的年国外游客数为12850万人次，仅次于法国的20514万人次。但是，中国的旅游产品以观光旅游为主，与之配套的休闲娱乐设施并不完善。在信息产业方面，中国的互联网用户率为49.30%，位于第13位。这不仅与排名第1位的荷兰（93.17%）存在较大的差距，也低于同为发展中国家的巴西（57.6%）。2015年，中国的网络就绪指数（NRI）为4.2。而排名前5位的新加坡、美国、英国、日本、加拿大分别为6、5.6、5.6、5.6和5.5。这说明了中国在互联网普及率、软硬件系统的维护和科技水平方面还不及发达国家。从教育产业来看，中国的公共教育支出占GDP的比重为3.84%，低于样本的均值4.81%，位于第12位。中国公共教育支出较少，直接影响了文化创意人才的储备，抑制了文化产业的发展。

（5）政府行为。中国政府行为竞争力指数为7.89（<63.76），位于最后1位。排名前6位的国家为荷兰（94.66）、加拿大（91.55）、新加坡（91.49）、澳大利亚（90.12）、德国（86.05）、英国（83.61）。这说明相较于发达国家来说，在文化产业的发展中政府职能还未得到充分的发挥。IMD和WEF的竞争力评价体系中都强调了制度的重要作用。国际经验也表明，发达国家文化产业的发展离不开政府的扶持、产业政策的合理性和科学性以及完善的法律法规。但依然存在中国文化产业的发展缺乏充足的资金支持等，这些因素严重制约了中国文化产品出口竞争力的提高。

（6）贸易行为。中国的贸易行为竞争力指数为63.06（>30.23），仅次于美国（72.57），排名第2位。这说明中国已经成为世界文化产品出口大国。具体来看，2014年中国文化产品出口的国际市场占有率为22.49%，高于美国（20.13%），成为第一大文化产品出口国。在排除了规模效应后，RCA指数为1.75，仅次于英国（5.52）和美国（2.28），处于第3位。剔除了贸易逆差因素的影响，TC指数为0.83，位于第1位。排除了进口引致出口的因素，中国的显示性竞争优势指数为1.55，仅次于英国（2.05），处于第2位。但是，中国的出口相对价值指数为0.25，处于最后，劣势明显。这说明中国文化产品进口单价高，出口单价低，在价值链中劳动要素投入比例较高，在产业链中属于劳动密集型产业。

综上所述，从要素投入竞争力来看，除了生产要素投入外，其他4个要素在样本中的排名都位于中下游水平，竞争力处于弱势地位。而生产要素的投入虽然

位于中下游水平，但是其高级生产要素的竞争力不足。从要素产出来看，中国成为了世界文化产品出口大国，但是，中国文化产品的出口主要依赖于低成本优势，出口的质量和技术复杂度较低。与文化强国仍然存在一定的差距。

表 4－3　　2014 年 15 国文化产品国际竞争力的结构分析

国家	生产要素	需求要素	企业发展	相关支持产业	政府行为	贸易行为	综合竞争力
美国	75.55	87.61	73.19	67.02	76.53	49.77	71.61
英国	67.91	67.39	61.49	67.96	83.61	72.57	70.16
法国	60.50	56.68	51.46	90.66	74.08	36.00	61.56
德国	59.56	58.44	69.99	54.78	86.05	29.02	59.64
日本	54.93	53.38	92.43	41.48	80.06	24.18	57.74
荷兰	60.50	49.47	35.26	62.88	94.66	22.94	54.29
新加坡	65.46	44.07	53.31	29.91	91.49	25.75	51.67
加拿大	48.24	53.32	32.30	59.22	91.55	8.73	48.90
澳大利亚	52.39	51.44	32.81	53.03	90.12	10.76	48.43
韩国	58.19	39.67	45.39	48.53	58.25	17.66	44.62
意大利	61.15	50.94	28.13	43.75	46.86	28.16	43.17
中国	57.90	**28.10**	**17.25**	**43.19**	**7.89**	63.06	**36.23**
巴西	46.92	44.25	12.45	48.32	25.98	27.67	34.26
南非	20.56	36.91	12.42	48.44	36.14	10.99	27.58
印度	22.90	36.24	5.27	7.70	13.11	26.20	18.57
均值	54.18	50.53	41.54	51.12	63.76	30.23	48.56

资料来源：根据联合国商品贸易统计数据库（UN COMTRADE）、世界银行（WDI）、国际劳工组织（ILOSTAT）、联合国教科文组织（UNESCO）、联合国世界旅游组织（UNWTO）、联合国开发计划署（UNDP）出版的《人文发展报告（2015）》和世界经济论坛（WEF）公布的《全球竞争力报告（2014～2015）》等相关数据计算整理得出。其中，粗体的数值为中国文化产品出口竞争力中处于相对弱势的要素。

表 4－4　　中国文化产品出口的相对优势和劣势

要素层面	优势	指数	位次	劣势	指数	位次
生产要素	1.1 世界文化和自然遗产数	94	2	1.2 人文发展指数*	36.2	13
	1.3 外商直接投资净流入	100	1	1.4 大学生入学率	26.7	10
				1.5 城镇人口比重	32.59	14

续表

<table>
<tr><th>要素层面</th><th>优势</th><th>指数</th><th>位次</th><th>劣势</th><th>指数</th><th>位次</th></tr>
<tr><td rowspan="3">需求要素</td><td>2.1 国内生产总值</td><td>34.7</td><td>2</td><td>2.2 人均 GDP</td><td>5.82</td><td>14</td></tr>
<tr><td rowspan="2">2.3 人均 GNI 增长率</td><td rowspan="2">100</td><td rowspan="2">1</td><td>2.4 第三产业占 GDP 的比重</td><td>0</td><td>15</td></tr>
<tr><td>2.5 国民消费率</td><td>0</td><td>15</td></tr>
<tr><td rowspan="7">企业发展</td><td rowspan="7">—</td><td rowspan="7">—</td><td rowspan="7">—</td><td>3.1 劳动生产率</td><td>2.64</td><td>14</td></tr>
<tr><td>3.2 文化产品的技术复杂度[a]</td><td>1.25</td><td>12</td></tr>
<tr><td>3.3 PCT 专利申请量</td><td>3.33</td><td>12</td></tr>
<tr><td>3.4 文化产业的创造性指数*</td><td>10.53</td><td>13</td></tr>
<tr><td>3.5 文化产业的价值链宽度指数*</td><td>28</td><td>9</td></tr>
<tr><td>3.6 文化产业的研发投入指数*</td><td>37.5</td><td>8</td></tr>
<tr><td>3.7 行业竞争度*</td><td>37.5</td><td>12</td></tr>
<tr><td rowspan="2">相关支持产业</td><td rowspan="2">4.3 年国外游客数</td><td rowspan="2">61.43</td><td rowspan="2">2</td><td>4.1 互联网用户</td><td>41.64</td><td>13</td></tr>
<tr><td>4.2 公共教育支出占 GDP 的比重</td><td>26.5</td><td>12</td></tr>
<tr><td rowspan="4">贸易行为</td><td>5.1 国际市场占有率[a]</td><td>100</td><td>1</td><td rowspan="4">5.4 出口相对价值指数[a]</td><td rowspan="4">0</td><td rowspan="4">15</td></tr>
<tr><td>5.2 显示性比较优势指数（RCA 指数）[a]</td><td>30.19</td><td>3</td></tr>
<tr><td>5.3 竞争优势指数（TC 指数）[a]</td><td>100</td><td>1</td></tr>
<tr><td>5.5 显示性竞争优势指数[a]</td><td>85.13</td><td>2</td></tr>
<tr><td>合计</td><td colspan="3">9 项</td><td colspan="3">16 项</td></tr>
</table>

注：*表示软指标，a 表示客观计算的指标，其他为客观指标。

资料来源：笔者根据相关数据整理计算所得，其中关于政府行为方面内容未得到具体信息数据，故未体现。

4.3.6　实证结果

近年来，中国文化产品出口规模增长迅速，成为世界文化产品出口大国，但是离文化强国可能仍然存在一定的差距。在15个具有代表性和可比性的样本中，中国文化产品出口的国际竞争力位于第12位，处于中下游水平。这与中国文化产品出口大国的地位不相称。具体表现在以下六个方面。

第一，在生产要素配置方面，文化资源、外商投资等基础生产要素较为充裕，而人文精神的培育、人力资本的积累和城镇化水平等高级生产要素较为稀缺，生产要素的配置效率有待提高。

第二，在需求要素方面，文化消费的层次不高，以文化旅游为主。这直接制约了规模经济的形成，未能拉动文化产品出口竞争力的提升。

第三，在企业发展方面，未能形成从产品创新、市场运作到商品包装这一完整的文化产品生产链条。文化创新能力不足，研发投入和科技应用水平较低，行业竞争度不高，企业的价值链停留在基础文化产品生产上，未能延伸到现代化的具有核心竞争力的文化产品的生产方面。这使得文化产品的生产质量和技术复杂度不高，基础文化产品生产过剩而现代化文化产品供给不足，内在结构不合理，制约了其价值创造能力。

第四，在相关支持产业方面，处于文化产业上游和下游的教育、信息产业发展缓慢。旅游业虽然发展迅速，但是主要以人文景观为主，配套的休闲娱乐设施供给质量不高。这些因素制约了中国文化产业走出去的步伐。

第五，在政府行为方面，在文化产业的发展中政府职能并未得到充分的发挥。与发达国家和其他新兴经济体相比，政府在文化产业的扶持力度、文化政策的制定和相关法律法规的完善等方面还存在一定的差距。

第六，在贸易行为方面，中国是名副其实的文化产品出口大国，但是却基本上只依靠低成本优势带动文化产品的出口，产品质量和技术复杂度不高。这直接抑制了文化产品价值的实现，这种粗放型的文化产品出口方式不可持续。

4.4　结　　论

虽然中国的经济增长速度逐渐放缓，但是中国文化产品出口贸易增长势头强劲。出口规模从1996年的13.6亿美元增长到2014年的176.25亿美元，增长了近12倍，年均增速为17.03%。尤其是从2009年到2014年，文化产品出口量呈现指数型增长。其市场占有率也从1996年的3.92%跃升到2014年的22.49%。从2010年起，中国超越美国成为世界第一大文化产品出口国。为了更真实地评价中国文化产业的地位及其出口贸易的情况，还应该涉及文化产品的生产、市场和国际竞争力三个方面。

4.4.1 从出口的产品结构来看

根据联合国教科文组织的分类（UNESCO，2005）可知，能够较好地反映文化特征的有5类文化产品：文化遗产类、出版物类、音乐和表演艺术类、视觉艺术类以及视听艺术类。2014年世界文化产品出口占比依次为：视觉艺术类（43.14%）、出版物类（34.23%）、视听艺术类（17.08%）、文化遗产类（5.54%）以及音乐和表演艺术类（0.0015%）。2014年中国文化产品出口占比分别为视觉艺术类（50.50%）、视听艺术类（33.24%）、出版物类（16.12%）、文化遗产类（5.54%）以及音乐和表演艺术类（0）。

无论是从中国还是世界的产品结构来看，文化遗产类以及音乐和表演艺术类这两类文化产品出口都处于被边缘化的地位。

从文化遗产类产品的内容来看，其包括收集品和珍藏品以及年代超过百年的古董。这两类产品并不能完全代表文化遗产类产品，且该类产品在出口贸易中一般受到严格的限制。

从音乐和表演艺术类产品的内容来看，联合国商品贸易统计数据库（UN COMTRADE）的统计对象是物质形态的音乐产品，主要包括留声机唱片、仅供重放的激光阅读系统用盘、已录制的磁带、其他已录制的媒体。该类产品的数据无法系统地反映出国际音乐市场的贸易方向和变化趋势，因为音乐产品更多地属于去物质形态化的无形资产，无法准确估计其价值。

其他3类文化产品在统计方面也存在缺陷，例如，视听艺术类产品主要包括已曝光和冲洗的电影胶片和摄影胶片以及使用电视机的电子游戏等。中国该类产品的出口主要是由带有电视接收器的视频游戏机主导的，电影、摄像等其他视听艺术类项目只是象征性的存在。该类产品并不能如其字面含义那样，能够反映国际电影市场的分布情况。这是因为电影贸易更多是以版权许可费和使用费等文化服务贸易的形式进行的，而非本书研究的文化产品的范围。尽管如此，在现有的统计资料中，这5类文化产品的划分还是在一定程度上反映了世界和中国文化产品出口的贸易结构。

下面具体总结了中国视觉艺术类、视听艺术类、出版物类产品的出口在国际市场中的地位。

首先，2014 年中国视觉艺术类产品的国际市场占有率为 26. 32%，仅次于美国（27. 65%），位于世界第 2 位。即使在 2008 年后视觉艺术类产品也并未受国际金融危机的影响，反而在国际市场中的需求持续上升。在中国的贸易结构中，该类产品也占据了本国文化产品总出口的半壁江山。

其次，2014 年中国视听艺术类产品的国际市场占有率为 43. 76%，远远高于美国（11. 82%），位于世界第 1 位。这是因为从 2004 年起，中国开始大量出口视频游戏，在新媒体产品出口贸易方面处于领军地位。

最后，2014 年中国出版物类产品的国际市场占有率为 10. 59%，位于世界第 4 位。与视觉艺术类和视听艺术类产品相比，其传统意义上的主导地位正在逐渐丧失。从中国的贸易结构来看，2014 年该类产品的占比为 16. 12%，且该比重在观测期内并未发生较大的变化，提升空间不大。这与数字化技术对出版行业的冲击、文化差异以及现代化的产品生产价值链尚未形成有关。

4. 4. 2　从出口的市场结构来看

从地区分布来看，中国文化产品出口目的地主要集中在北美、欧洲、东亚和太平洋地区。1996 ~ 2014 年中国出口到这 3 个地区的文化产品占比的均值为 92. 67%。其中，北美（主要是美国）是中国文化产品出口的主要地区，2014 年该地区占所有出口目的地份额的 34. 06%。

从经济发展水平来看，近 20 年来高收入国家或地区是中国文化产品出口贸易的主要贸易伙伴，其市场占有率的均值为 93. 33%。但是该比重从 1996 年的 96. 26% 下降到 2014 年的 85. 09%，转型国家和发展中国家的比重有所提升。

从国别特征来看，中国文化产品出口的 24 个贸易伙伴主要被分为四个梯队。第一梯队包含美国、英国、德国、法国、荷兰、加拿大、澳大利亚、比利时、西班牙、意大利。这些国家一直稳居于中国文化产品出口排名前 15 位的国家之列，且都是 OECD 国家。第二梯队包含日本、中国香港特区、韩国、中国台湾、新加坡、马来西亚等汉文化圈的国家或地区。第三梯队包含巴西、印度、伊朗等发展中国家。第四梯队包含阿联酋、俄罗斯联邦、巴拿马、墨西哥、瑞典等其他国家。

4. 4. 3　从出口的国际竞争力来看

既有研究中关于中国文化产品在国际市场中竞争力的判断存在争论，本书基于“钻石模型”，兼顾软指标和硬指标、产品指标和产业指标、微观指标和宏观指标，构建了评价中国文化产品国际竞争力的指标体系。实证结果表明，在15个具有代表性和可比性的样本中，中国文化产品出口的国际竞争力位于第12位，处于下游水平。这与中国文化产品出口大国的地位极不相称，说明了中国离文化强国仍然存在一定的差距。

由此可见，虽然近年来我国文化产品出口的规模和市场份额增长较快，但是其产品结构较为单一，出口目的地较为固定，市场集中度较高，文化产品国际竞争力较弱。这与中国文化产品出口第一大国的地位不符，也与中国5000多年悠久的历史文化不相称。世界文化产业的发展为中国文化产品出口提供了战略机遇，全球5000万名海外华人也为其创造了巨大的潜在消费市场，中国文化产品出口增长的空间和潜力还很大。如何进一步扩大中国文化产品出口，改善出口结构单一的现状，提升文化产品的国际竞争力，这需要从经济、文化、制度等方面深入分析，探索中国文化产品出口的内在规律及其决定机制，使中国文化产品更好地融入全球市场，弘扬中国传统文化，为经济增长提供新的动力点。

第 5 章

经济规模、需求相似度与中国文化产品出口

如前所述，中国的文化产品出口取得了显著的成绩，但是离文化强国尚存在一定的差距。中国的文化产品出口仍然存在较大的提升空间。从本章开始，本书从经济、文化和制度的角度探索其决定机制，并通过二元边际的结构分解逐步打开这种影响机制的“黑匣子”。作为系统性分析的第一步，是从经济因素开始研究文化产品这一特殊商品是否遵循一般经济规律，其异质性又体现在哪里。这既是全书研究的基础，也对了解中国文化产品出口目的地的经济发展水平分布情况有所助益。

5.1 引　言

自改革开放以来，尤其是加入 WTO 后，中国文化产品的出口规模迅速扩张。联合国商品贸易统计数据库（UN COMTRADE）的资料显示，2000 年中国核心文化产品的出口额为 27.29 亿美元，2018 年这一数值高达 102 亿美元①。中国文化产品出口的增长速度举世瞩目。从国际环境来看，随着各国经济的发展、信息技术的进步和文化旅游业的兴起，居民文化消费占 GDP 的比重约为 5%。2005 年，美国、英国、加拿大、法国的居民文化消费占 GDP 的比重分别为 6.4%、7.7%、5.5%、5.2%。在 20 世纪 70 年代，美国、英国、加拿大、法国的这一比重仅为 4.5%、5.1%、4.9%、4.3%（OECD，2007）②。世界各国文化消费的增长直接带动了文化产品的出口。文化产品出口已经成为中国出口贸易的重要组成部分，是体现国家“软实力”的核心力量，具有很强的经济、政治和文化效应。如何挖掘和明确中国的文化产品出口市场，培养中国文化的国际认同感，加快中国文化产业走出去的步伐，成为我国文化产品贸易中的亟须解决的问题。

① 资料来源：联合国商品贸易统计数据库（UN COMTRADE）。
② 资料来源：OECD 数据库。

这就首先要对文化产品出口的影响机制有清晰的认识。早期关于文化产品出口影响因素的研究大多基于引力模型。舒尔茨（Sculze，1999）通过引力模型对1990~1994年间49个国家和地区的艺术品贸易进行实证检验，结果表明贸易双方的经济总量对艺术品出口的影响为正，地理距离的影响为负①。此后，国内外一些学者在引力模型的基础上进一步拓展，逐步引入文化差异、科技应用水平、贸易成本和贸易壁垒等因素来分析文化产品的出口（Marvasti and Canterberry，2005②；Disider，2010③；曲如晓等，2015④）。但是，上述研究只是阐明了经济因素对文化产品出口的影响方向和规模，却忽略了出口目的地的经济发展水平对文化产品出口的不对称性影响。事实上，关于经济发展水平对文化产品出口的不对称性影响的深入分析，有利于中国进一步明确文化产品的出口市场，加强自我决策能力，加快本国文化产业走出去的进程。

基于拓展的引力模型，本章验证了中国的文化产品出口偏离“林德假说”，即存在需求相似悖论。这也就是说，中国的文化产品倾向于出口到经济发展水平与本国相差较大的国家或地区。这一结论对出口目的地的经济发展水平高于本国，尤其是高收入国家或地区更加显著。但是，对于出口目的地的经济发展水平低于本国，例如低收入国家来说，经济发展水平与本国越接近，越有利于本国的文化产品出口。但是，现有文献对经济发展水平对文化产品出口的不对称性影响的研究较少。1961年，林德（Linder，1983）提出，收入水平越接近的国家，需求相似度越高，两国发生产业内贸易的可能性越大⑤。2008年，霍步刚（2008）通过对中国文化产品和文化服务的实证分析表明，中国的文化贸易偏离林德假说，即中国倾向于出口到与本国收入水平差距较大的国家⑥。与霍步刚的结论不同的是，赵有广（2009）根据林德假说提出中国应将与本国需求相似程度较高的国家作为文化产品和文化服务出口的对象⑦。

本章通过拓展的引力模型实证分析表明，文化产品消费具有“成瘾性”，贸易双方的经济规模、出口目的地的人口规模显著地正向影响着中国的文化产品出口，地理距离的影响不显著。出口目的地的经济发展水平对中国文化产品出口的

---

① Schulze G. G. International Trade in Art [J]. Journal of Cultural Economics, 1999, 23 (1): 109-136.

② Marvasti, A., Canterbery, E.. Cultural and other barriers to motion pictures trade [J]. Economic Inquiry, 2005, 43 (1): 39-54.

③ Disdier, A. C., Tai, S. H. T., Fontagné, L., et al. Bilateral trade of cultural goods [J]. Review of World Economics, 2010, 145 (4): 575-595.

④ 曲如晓，杨修，刘杨．文化差异、贸易成本与中国文化产品出口［J］．世界经济，2015（9）：130-143.

⑤ Linder, S. B. An essay on trade and transformation [M]. Garland Pub., 1983.

⑥ 霍步刚．中国文化贸易偏离需求相似理论的实证检验［J］．财经问题研究，2008（7）：15-18.

⑦ 赵有广．文化贸易中重叠需求因子的分析与设计［J］．郑州大学学报：哲学社会科学版，2009（2）：66-70.

不对称性影响呈倒“S”型。相较于以往的研究，本章的主要贡献在以下三个方面：首先，本书在基本的引力模型的基础上进行了拓展，全面考察了理性成瘾性[①]、经济规模、需求相似度、地理距离、人口规模、贸易成本和贸易壁垒、进口规模、实际有效汇率指数等影响因素，控制了出口目的地的个体效应（地理位置、收入水平等），对样本进行总量层次、产品层次、不同收入水平上的实证检验，保证模型的准确性和稳健性。其次，本书通过对出口目的地的经济发展水平对中国文化产品出口的不对称性影响进行深入研究，实证结果表明中国文化产品的出口偏离了林德假说。这是对既有文献的有效补充。最后，本书通过对文化产品出口的影响因素和经济发展水平对文化产品出口的不对称性影响的相关研究，得出了一系列具有稳健性和显著性的影响因素，为促进我国文化产品出口、提高文化产品的国际竞争力提供了经验证据。

本章接下来的安排是：5.2 节为理论分析和假说；5.3 节是计量方程与指标设计；5.4 节是数据和估计方法；5.5 节是实证分析检验；5.6 节是不对称性分析；5.7 节是结论。

5.2 理论分析和假说

基于本章的研究内容，提出以下 3 个假说。

假说 1：文化产品的出口规模是贸易双方的经济规模、地理距离、人口规模、贸易成本和贸易壁垒的综合函数。经济规模、人口规模对文化产品出口的影响显著为正，地理距离、贸易成本和贸易壁垒的影响显著为负。

自然物理科学中的万有引力定律最早揭示了两个物体之间的引力与它们的质量成正比，与两个物体之间的距离成反比。丁伯根和波贺农（Tinbergen，1962[②]；Poyhonen，1963[③]）最早将引力模型应用于国际贸易领域，即双方贸易流量与贸易双方的经济总量成正比，与地理距离成反比。1966 年，林讷曼（Linnemannn）将人口规模引入了引力模型[④]。本章借鉴彼特·艾格（Peter Egger，2002）的研究思路，用贸易双方的 GDP 之和代替各自的国内生产总值，以此来表示双方的经济规模[⑤]。伯格斯特兰（Bergstrand，1985）指出传统的引力模型因为没有考虑

① 也可以说文化消费的棘轮效应。

② Tinbergen J. Shaping the world economy：suggestions for an international economic policy [R]. 1962.

③ Pentti Poyhonen. A Tentative Model for the Volume of Trade between Countries [J]. Weltwirtschaftliches Archiv，1963 (90)：93 - 100.

④ Linnemann H. An Econometric Study of International Trade Flows [M]. Amsterdam：North-Holland Publishing Company，1966.

⑤ Egger P. An Econometric View on the Estimation of Gravity Models and the Calculation of Trade Potentials [J]. World Economy，2002，25 (2)：297 - 312.

到价格因素而存在偏差。他在局部均衡模型的基础上构建供给函数和需求函数，将价格作为外生变量引入模型①。本章为了控制价格因素采用了两种方法，一是GDP、人均GDP等变量都采用2005年不变价衡量。二是将实际有效汇率指数作为反映外部冲击的变量引入模型。此后，贝尔和伯格斯特兰（Baier and Bergstrand，2009）运用泰勒级数拓展引力模型，探究贸易流量、经济规模和贸易成本之间的关系②。笔者通过构造3个指标来反应贸易成本和贸易壁垒：（1）信息基础设施的发达程度（又称互联网使用水平、科技应用水平）；（2）是否加入区域经济一体化组织；（3）贸易双方是否加入WTO。

假说2：文化产品的出口取决于贸易双方的要素禀赋程度和需求相似度。

伯格斯特兰（Bergstrand，1989）结合林德假说，从垄断竞争和要素禀赋理论推导引力模型③。他指出传统的引力模型并没有考虑要素禀赋的差异，并试图将二者有机结合起来。为此，伯格斯特兰（Bergstrand）构造了涵盖两个产业（非工业制成品和工业制成品）和两种要素（资本和劳动）的赫克歇尔—俄林—钱伯林—林德（Hechscher-Ohlin-Chamberlin-Linder，HOCL）模型。他把人均GDP解释为劳动和资本的比值来反映贸易双方的需求相似度，提出双方的人均GDP差额越小，双方消费者的偏好程度越相似。沿袭该思路，本章也将需求相似度的指标引入模型中，进一步研究出口目的地的经济发展水平对文化产品出口的不对称性影响。

假说3：文化消费具有“成瘾性”，当期的文化消费会受到上一期文化消费的影响。其影响机制详见图5-1。

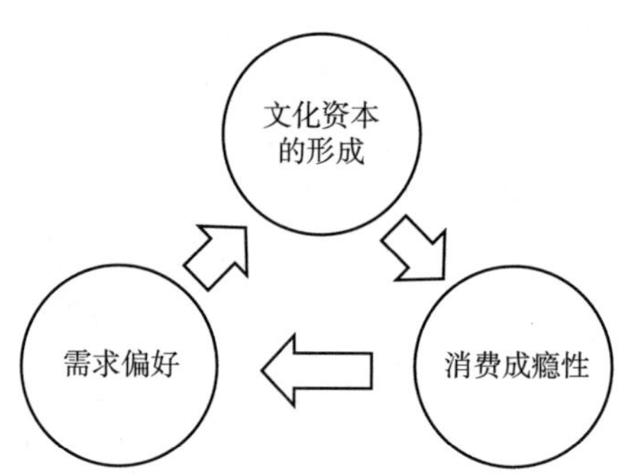

图5-1　理论成瘾的内部逻辑

资料来源：笔者根据既有文献整理所得。

---

① Bergstrand J. H. The Gravity Equation in International Trade: Some Microeconomic Foundations and Empirical Evidence [J]. Review of Economics and Statistics, 1985, 67 (3): 474-481.

② Baier S. L., Bergstrand J. H. Bonus vetus, OLS: A simple method for approximating international trade-cost effects using the gravity equation [J]. Journal of International Economics, 2009, 77 (1): 77-85.

③ Bergstrand J. H. The generalized gravity equation, monopolistic competition, and the factor-proportions theory in international trade [J]. The review of economics and statistics, 1989, 71 (1): 143-153.

文化经济学中常用理性成瘾模型来研究文化产品的消费行为。斯蒂格勒和贝克（Stigler and Becker，1977）最早提出理性成瘾模型来解释音乐品的消费行为①。此后贝克和墨菲（Becker and Murphy，1988）② 在原始模型的基础上构造两种商品的消费模型，通过资本消费函数、效用函数和相关价格的联立方程组计算出理性消费者的最优消费路径，提出了著名的 Becker－Murphy 模型。结论表明，在一定的条件下，当期消费显著地正向影响未来的消费行为。麦凯恩（McCain 1978；1981；1995）在其系列论文中引入文化资本，着重研究了理性成瘾行为③④⑤。

首先，定义两种商品｛x，y｝，分别表示文化产品和普通产品。令 $Z = kx$。其中 k 表示文化资本，即欣赏文化产品所需的鉴赏能力、理解能力和经验的积累等。Z 表示消费 x 单位的文化产品所获得的效用。因此，消费两种商品的效用函数为 U（kx，y）。

其次，文化资本的增长率为 $dk/dt = g(x, k)$。在一定的范围内，$dg(x, k)/dx > 0$；$dg(x, k)/dk < 0$。当 $g(x, k) > 0$ 时，文化资本的存量是增加的，对文化产品的需求偏好加强。x、y 和 k 都是时间 t 的函数，且 x、y 受到收入水平 m 的限制。P_x 和 P_y 分别表示商品 x 和 y 的价格。这样就构造了以下动态最优化模型：

$$\begin{cases} \max\int_0^T U(kx, y)\,dt \\ s.t.\ \int_0^T (xP_x + yP_y)\,dt \leqslant \int_0^T m\,dt \end{cases} \tag{5-1}$$

经过系统地研究，麦凯恩得出以下几点结论：第一，理性消费者试图从当前和未来的文化消费中寻找均衡点（理性成瘾内部的博弈）。第二，由于初始禀赋的差异使得模型存在多个均衡解。这也就是说，对于初始文化资本积累较高的消费者而言，随着时间的推移，对文化产品的鉴赏能力和理解能力越强，对文化产品的需求偏好越强。详见图 5－1，起始点为文化资本的形成。第三，个体的消费时间越长，对文化产品的消费体验的积累越充足，效用越高，对文化资本的积累较为充足。详见图 5－1，起始点为消费成瘾性。

---

① Stigler G. J.，Becker G. S. De Gustibus Non Est Disputandum ［J］. American Economic Review，1977，67（2）：76－90.

② Becker G. S.，Murphy K. M. A Theory of Rational Addiction ［J］. Journal of Political Economy，1988，96（4）：675－700.

③ McCain R. A. Reflections on the cultivation of taste ［J］. Journal of Cultural Economics，1979，3（1）：30－52.

④ McCain R. A. Cultivation of Taste，Catastrophe Theory，and the Demand for Works of Art ［J］. American Economic Review，1981，71（71）：332－334.

⑤ McCain R. A. Cultivation of taste and bounded rationality：Some computer simulations ［J］. Journal of Cultural Economics，1995，19（1）：1－15.

5.3 计量方程与指标设计

5.3.1 计量方程构建

引力模型最早起源于自然物理科学中的万有引力定律，即两个物体之间的引力与它们各自的质量成正比，与距离成反比。丁伯根和波贺农（Tinbergen，1962[①]；Poyhonen，1963[②]）最早将引力模型应用于国际贸易领域，即贸易双方之间的贸易流量与双方的经济总量成正比，与地理距离成反比。贸易理论中的引力模型公式为：

$$x_{ij} = G\frac{Y_i^{\alpha}Y_j^{\beta}}{D^{\theta}} \tag{5-2}$$

其中，i 和 j 分别代表本国和贸易伙伴。Y_i 和 Y_j 代表两地的经济总量，D 代表两地的地理距离。将上式进行取对数处理后，得出：

$$\ln x_{ij} = \xi + \alpha\ln Y_i + \beta\ln Y_j - \theta\ln D_i + \varepsilon_{ij} \tag{5-3}$$

有些学者将系数 θ 定义为距离效应。

随后，林讷曼（Linnemannn，1966）将人口特征引入了引力模型[③]。

本章在基本的引力模型的基础上，在彼得·艾格（Peter Egger，2002）[④] 的研究思路的基础上考虑消费成瘾性（文化产品出口的滞后 1 期），构造如下面板模型：

$$\begin{aligned}\ln cex_{ij} = {} & \beta_0 + \beta_1 L.\ln cex_{ijt} + \beta_2 \ln gdp_{ij} + \beta_3 \ln dis_{ijt} \\ & + \beta_4 \ln pop_{jt} + \beta_5 \ln gap_{ijt} + \beta_6 A_{ijt} + \lambda_t + \varepsilon_{ijt}\end{aligned} \tag{5-4}$$

其中，cex_{ij}表示 t 时期中国的文化产品出口额。根据基本的引力模型，本国和出口目的地的经济总量、两地的地理距离、人口规模都是影响文化产品出口的重要因素。借鉴林德（Linder，1961）和彼得·艾格（Peter Egger，2002）的相关研

① Tinbergen J. Shaping the world economy: suggestions for an international economic policy [R]. 1962.

② Pentti Poyhonen. A Tentative Model for the Volume of Trade between Countries [J]. Weltwirtschaftliches Archiv, 1963 (90): 93-100.

③ Linnemann H. An Econometric Study of International Trade Flows [M]. Amsterdam: North-Holland Publishing Company, 1966.

④ 彼得·艾格（Peter Egger，2002）对基本的引力模型进行了拓展，在实证模型中，以贸易双方国内生产总值之和的对数代替其各自国内生产总值的对数，以贸易双方人均 GDP 差额的绝对值的对数来反映需求相似程度。

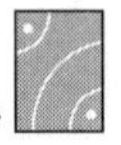

究，本章以中国与贸易伙伴的国内生产总值之和（gdp_{ijt}）代替各自的国内生产总值，用贸易双方的人均 GDP 差额的绝对值（gap_{ijt}）来间接反映其需求相似度。双方的经济发展水平差别越大，需求相似度越小。此外，为了防止遗漏变量，经济学家逐渐将科技应用水平、出口目的地的地理区位、区域贸易协定等因素引入到模型中（IMF，2002）。因此，本章的控制变量（A_{ijt}）包含了出口目的地信息基础设施的发达程度、出口目的地是否为内陆国家或地区、本国的文化产品进口成本、实际汇率指数、出口目的地是否加入了区域经济一体化组织、贸易双方是否加入了 WTO、出口目的地所在的地理区位、收入水平的划分等变量。此外，还控制了时间固定效应。因此，本书可以将式（5－4）进一步细化为如下形式：

$$\begin{aligned} lncex_{ijt} = {} & \beta_0 + \beta_1 L.\, lncex_{ijt} + \beta_2 lngdp_{ijt} + \beta_3 lndis_{ijt} + \beta_4 lnpop_{jt} + \beta_5 lngap_{ijt} \\ & + \beta_6 lnint_{jt} + \beta_7 land_{jt} + \beta_8 lnimc_{ijt} + \beta_9 RTA_{jt} + \beta_{10} gratt_{ijt} \\ & + \beta_{11} lnRER_{ijt} + b_i Z_{jt} + \lambda_t + \varepsilon_{ijt} \end{aligned} \tag{5-5}$$

其中，i 和 j 分别代表中国和文化产品出口目的地。因变量 cex_{ijt} 表示 t 时期中国与出口目的地的文化产品出口额（单位：百万美元），Z_{jt} 表示控制了出口目的地的收入水平和地理区位等变量，λ_t 表示时间固定效应，ε_{ijt} 为残差项。

5.3.2　指标设计

下面对主要解释变量的含义、预期符号进行简要的理论说明。详见表 5－1。

表 5－1　主要解释变量的含义、预期符号和理论依据

解释变量	含义	预期符号	理论依据
gdp_{it}	t 时期中国的 GDP（2005 年不变价美元）	+	反映了本国文化产品的供给能力。经济总量越大，文化产品的潜在出口能力越强，本国的文化产品出口越多
gdp_{jt}	t 时期出口目的地的 GDP（2005 年不变价美元）	+	反映了出口目的地对文化产品的需求。经济总量越大，文化产品的潜在进口能力越强，本国的文化产品出口越多
gdp_{ijt}	t 时期贸易双方的 GDP 之和（2005 年不变价美元）	+	反映了贸易双方对文化产品的潜在供求能力。双方的经济总量之和越大，本国的文化产品出口越多
gap_{ijt}	t 时期贸易双方人均 GDP 差额的绝对值（2005 年不变价美元）	−	反映了出口目的地与本国的需求相似程度，在一定程度上体现了贸易双方产业内贸易的情况。该值越小，需求相似程度越高，贸易双方发生产业内贸易的可能性越大

续表

解释变量	含义	预期符号	理论依据
dis_{ijt}	中国与出口目的地的地理距离（公里）	–	即贸易双方首都或主要城市之间的地理距离。根据引力模型，贸易双方之间的距离越大，运输成本越高，贸易流量越小。但是，文化产品的出口有其特殊性，本章将针对地理距离对文化产品出口的影响展开进一步的研究
pop_{jt}	t时期出口目的地的人口规模	+	反映了出口目的地文化产品的潜在消费市场。出口目的地的人口规模越大，对文化产品的潜在需求量越大，越有利于促进本国文化产品的出口
int_{jt}	t时期出口目的地每百人的互联网用户人数	+	反映了出口目的地的信息基础设施的发达程度。由于文化产品的出口更重“内容”，出口目的地的信息基础设施越发达，越有利于本国的文化产品出口
$land_{jt}$	t时期出口目的地是否为内陆国家（是则为1，否则为0）	–	代表了出口目的地是否为内陆国家或地区。一般而言，其所处的地理位置（内陆或临海）将影响运输成本，进一步影响双边贸易流量
imc_{ijt}	t时期中国从出口目的地进口文化产品的成本（每货柜美元）	+/–	代表了本国从出口目的地进口文化产品的规模。一般而言，进口规模越大，有利于通过“学习效应”增强对出口目的地的了解，加强自我决策能力，进一步促进出口。但是文化产品更重“内容”，轻“物质”，本章将针对进口成本对文化产品出口的影响展开进一步的研究
RTA_{jt}	t时期出口目的地是否加入了区域经济一体化组织（是则为1，否则为0）	+	代表了出口目的地是否加入区域经济一体化组织。加入区域经济一体化组织有利于降低贸易成本和贸易壁垒，增强出口目的地对文化产品的进口量
$gratt_{ijt}$	t时期贸易双方是否加入WTO（是则为1，否则为0）	+	代表了贸易双方是否为同一自由贸易区成员国。一般而言，如果贸易双方是同一自由贸易区成员国，有利于降低贸易壁垒，进一步促进文化产品的出口
RER_{ijt}	t时期贸易双方的实际有效汇率指数（2010 = 100）	–	反映了文化产品出口的外部冲击。实际有效汇率指数的变动通过影响贸易成本，进一步影响本国文化产品的出口

此外，根据相关文献，结合文化产品出口的特殊性，笔者对上述解释变量的统计指标进行较为详细的阐述。

（1）衡量经济规模指标的选取。第一，国内生产总值还是购买力平价。大多数引力模型都使用名义收入指标，如GDP、人均GDP等；也有些学者提倡用基于购买力平价（PPP）的收入指标代替名义收入（ICT，2000）。一般认为，购买力平价指标更适用于对长期贸易流量的研究，根据本书所取样本的考察期分析，本章将采用以 2005 年为基期的 GDP 衡量贸易双方的经济规模。

第二，各自的国内生产总值还是贸易双方的生产总值之和。引力模型一般将贸易双方各自的 GDP 引入模型。根据迪克西特和斯蒂格里茨（Dixit and Stiglitz，1977）的需求偏好理论①，贸易双方的贸易流量是其国内生产总值之和的函数。沿袭彼得·艾格（Peter Egger，2002）② 的研究思路，本章选取贸易双方的 GDP 之和反映两国的经济规模。

（2）需求相似度的选取。该指标作为本章的核心解释变量，采用贸易双方人均 GDP 差额的绝对值来间接表示。图 5－2 详细汇报了 1996～2013 年中国和出口目的地需求相似度的变化趋势。可以看出，随着时间的推移，贸易双方的经济距离呈现波动上升的趋势，也就是说需求相似度逐渐减弱。需求相似理论是否能够解释中国的文化产品出口贸易呢？图 5－3 汇报了 2013 年需求相似度和中国文化产品出口的散点图分布情况。从图 5－3 左边可以看出，对于人均 GDP 小于中国的样本而言，需求重叠程度越高，中国的文化产品出口越高。从图 5－3 的右边来看，对于人均 GDP 大于中国的样本而言，经济距离越大，需求重叠度越小，文化产品的出口额越高。我们可以初步判断得出，经济发展水平对文化产品出口的影响存在非对称效应。

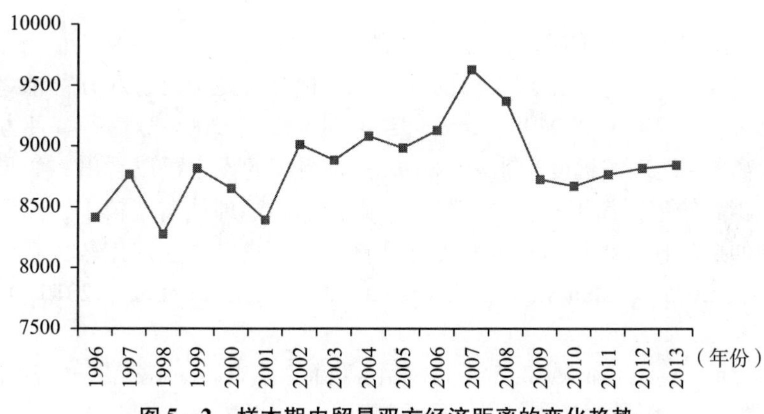

图 5－2　样本期内贸易双方经济距离的变化趋势

注：纵轴表示经济距离，即 t 时期贸易双方人均 GDP 差额的绝对值（2005 年不变价美元）。该数值越大，经济距离越大，需求相似度越小。

资料来源：由笔者计算整理所得。

---

① Dixit A. K. Stiglitz J. E. Monopolistic Competition and Optimum Product Diversity [J]. American Economic Review，1977，67（67）：297－308.

② Egger P. An Econometric View on the Estimation of Gravity Models and the Calculation of Trade Potentials [J]. World Economy，2002，25（2）：297－312.

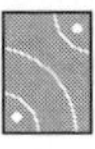

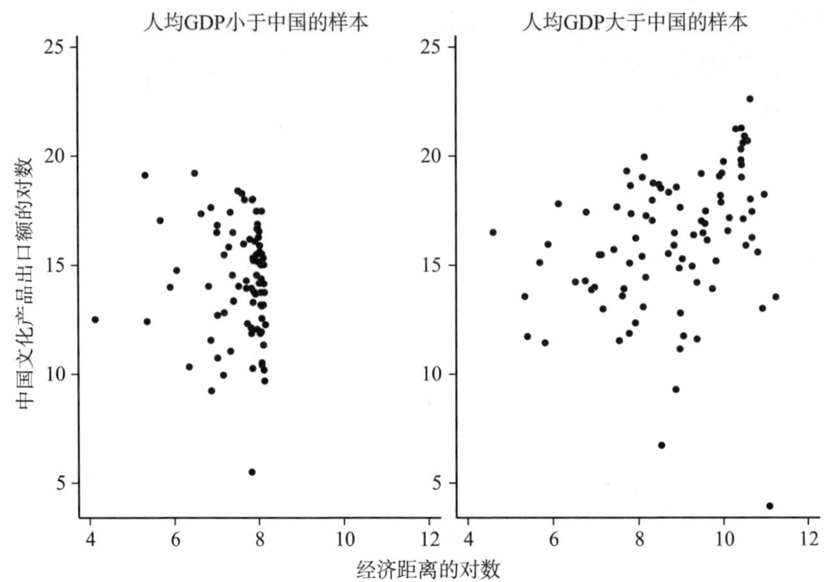

图 5-3 2013 年经济距离和文化产品出口的散点分布

资料来源：笔者根据相关数据整理所得。人均 GDP 绝对值的差额越大，经济距离越大，需求相似程度越低。

（3）地理距离指标的选取。引力模型提出，贸易双方的贸易流量与二者之间的地理距离成反比。关于地理距离的设定，一种方法是用贸易双方首都之间的绝对距离来表示（Scott，2004①；Hummels and Klenow，2005②）；另一种方法是采用相对距离③（地理偏远度）来表示。从相对距离的设定可以看出，如果本国离发达国家距离较近，离不发达国家较远，则该国的地理偏离度较小，国际文化交流将更加便捷。这种根据地理偏离度来计算相对距离的方法应用较为普遍（Harrigan et al.，2011④；Manova and Zhang，2012⑤；Harrigan et al.，2015⑥）。此外，

① Schott P. K. Across-Product versus Within-Product Specialization in International Trade [J]. Quarterly Journal of Economics，2004，119（2）：646-677.

② Hummels D.，Klenow P. J. The Variety and Quality of a Nation's Exports [J]. American Economic Review，2005，95（3）：704-723.

③ 相对距离：$rd = \frac{GDP_i}{GDP_w} * \overline{dis_{ij}}$，其中，$GDP_i$ 表示本国的国内生产总值，GDP_w 表示世界的国内生产总值之和，$\overline{dis_{ij}}$表示本国和所有出口目的地地理距离的平均值。

④ Harrigan J，Ma X，Shlychkov V. Export Prices of U. S. Firms [J]. Journal of International Economics，2015，97（1）：100-111.

⑤ Manova K，Zhang Z. Export Prices across Firms and Destinations [J]. Quarterly Journal of Economics，2012，127：379-436.

⑥ Harrigan J，Ma X，Shlychkov V. Export prices of U. S. firms [J]. Journal of Internation Economics，2015.

也可以采用经济密度（单位面积的国内生产总值）之比作为权重衡量相对距离。本章在检验绝对距离和相对距离的有效性后，发现相对距离的显著性降低。本章模型是在传统引力模型的基础上进行的拓展，因此本书关于地理距离的设定采用贸易双方之间的绝对距离这一方法。

关于地理距离的分布情况详见图 5－4 和图 5－5。可以看出，1996～2013 年间中国和出口目的地的地理距离呈现下降的趋势。但是，这种趋势可能是通过两种机制引起的。第一，地理距离越大，文化产品出口的贸易成本越高。通过逆向选择效应，本国企业倾向于出口到地理距离较近的国家或地区。第二，对汉文化认同感较强的国家一般与中国的地理位置相近。这些国家或地区更倾向于进口中国的文化产品①。但是，从图 5－5 可以看出，地理距离越大，2013 年中国文化产品出口额越多。大量文献研究表明，地理距离与一国的出口呈显著的负相关，并主要通过数量边际影响产品出口（施炳展等，2012）②。但是文化产品更加重内容，而轻物质。地理距离是否与文化产品出口有显著的线性关系呢？接下来通过实证模型进行验证。

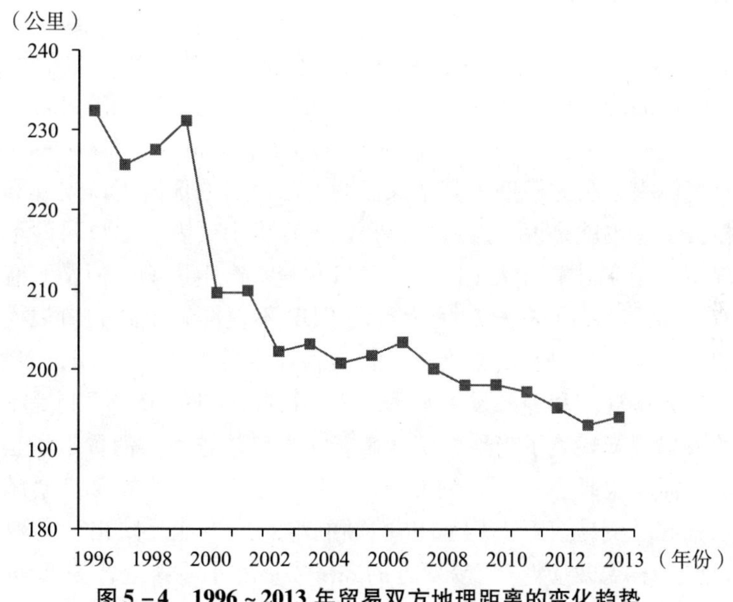

图 5－4　1996～2013 年贸易双方地理距离的变化趋势

资料来源：笔者计算整理所得。

① 关于文化认同感的影响机制将在第 6 章进行深入阐述。

② 施炳展，冼国明，逯建．地理距离通过何种途径减少了贸易流量［J］．世界经济，2012（7）：24－43.

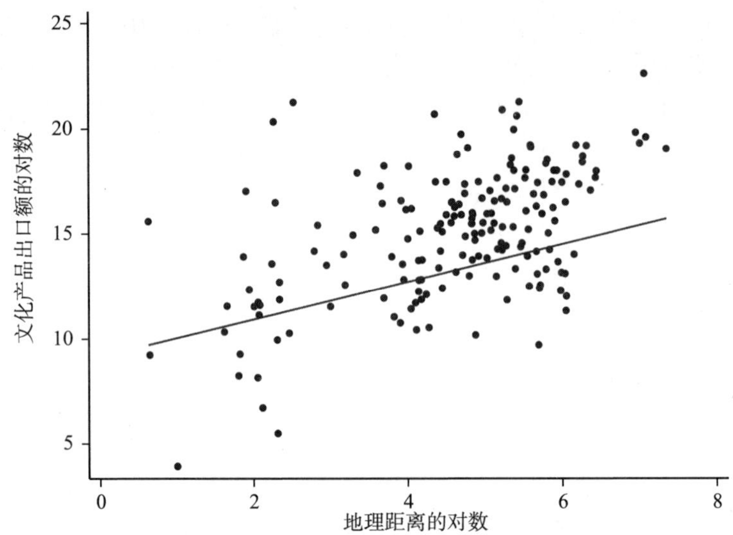

图 5－5　2013 年地理距离和文化产品出口的散点分布

资料来源：笔者计算整理所得。

（4）人口规模还是人均 GDP。厂商的生产规模取决于出口目的地的消费需求，本国文化产品的出口会受到出口目的地人口规模的影响。出口目的地的人口规模越大，消费需求越大，文化产品的出口越多。林讷曼（Linnemannn，1966）最早将人口规模引入引力模型，其结果证明了出口目的地的人口规模和出口额呈显著的正相关。这也就是说，人口规模在一定程度上反映了出口目的地的消费需求，人口规模可能会对本国文化产品的出口和消费产生影响。但是，有些学者坚持用人均 GDP 来代替人口规模，因为人均 GDP 不仅能够反映人口规模，还能够反映当地的经济发展水平、要素禀赋、代表性需求等（Bergstrand，1989）。但是出口目的地的人口规模和经济发展水平对文化产品出口的影响机制是不同的。出口目的地的人口规模代表了当地的消费市场，人口数越多，消费市场越大，对文化产品的消费需求也越多。而人均 GDP 反映了出口目的地的要素禀赋比例和消费者的需求偏好。贸易双方人均 GDP 差额的绝对值更能反映出贸易双方的需求相似度。根据“林德效应”，贸易双方的经济发展水平越接近，需求相似度越高，越有利于本国的文化产品出口。因此，本章选取需求相似度代替传统引力模型中的人均 GDP 指标。

（5）贸易成本和贸易壁垒。出口目的地的互联网使用水平、是否加入了区域经济一体化组织、贸易双方是否加入了 WTO，这些变量在一定程度上反映了双方的贸易成本和贸易壁垒。借鉴国际货币基金组织（IMF，2002）的相关研究，本章

将这些因素引入模型。其中，文化贸易的发展与信息技术的发达程度密切相关。信息技术的发展降低了文化产品的生产成本和贸易成本，刺激了消费者对文化消费的需求。总而言之，贸易成本和贸易壁垒越少，越有利于本国的文化产品出口。

（6）进口规模。根据卡萨哈拉和拉帕姆（Kasahara and Lapham，2008）的相关研究，进口行为会提高本土企业的劳动生产率，进一步通过“自我选择效应”来加强出口贸易①。张杰等（2014）用这种进口引致出口的机制来解释中国的出口奇迹之谜，进一步提出中国的本土企业更倾向于从高收入国家或地区进口②。这种进口影响出口的机制是否适用于文化产品呢？在一定程度上，文化产品的进口有助于加强本土企业对出口目的地的了解，提高企业的劳动生产率，加强企业的自我选择效应和自我决策能力，进一步促进本国文化产品的出口。

（7）外部冲击。本章选用了实际有效汇率指数来表示本国货币的对外价值，该指标也反映了外部冲击对文化产品出口的影响。

5.4 数据和估计方法

5.4.1 样本的国家范围及产品分类

本章利用1996~2013年间中国对世界189个国家或地区的核心文化产品出口的面板数据进行回归，其结果表明了一个典型的发展中国家核心文化产品出口的决定因素。按照收入水平划分，参照世界银行地图集（2016）的划分标准，样本中包括29个低收入国家，47个中等偏下收入国家，50个中等偏上收入国家，63个高收入国家或地区（34个OECD国家），共189个国家或地区。按照地域划分，撒哈拉沙漠以南的非洲地区包括南非、中非、刚果等46个国家或地区；东亚和太平洋地区包括中国内地、中国香港特区、中国澳门特区、中国台湾、澳大利亚、柬埔寨、印度尼西亚、日本、韩国、朝鲜、老挝、马来西亚、缅甸、新西兰、菲律宾、新加坡、泰国、越南、蒙古等31个国家或地区；拉丁美洲和加勒比地区包括巴西、墨西哥、阿根廷、古巴、哥伦比亚、巴拿马、委内瑞拉等36个国家；北美地区包括美国、加拿大、百慕大3个国家或地区；欧洲和中亚地区

① Kasahara H., Lapham B. Productivity and the decision to import and export: Theory and evidence [J]. Journal of International Economics, 2008, 89 (2): 297-316.

② 张杰，郑文平，陈志远等．进口是否引致了出口：中国出口奇迹的微观解读［J］．世界经济，2014（6）：3-26.

包括英国、德国、俄罗斯、葡萄牙、西班牙、奥地利、瑞典、爱尔兰、土耳其、匈牙利、卢森堡、芬兰、希腊、丹麦等46个国家；南亚地区包括阿富汗、马尔代夫、孟加拉国、斯里兰卡、巴基斯坦、不丹、尼泊尔7个国家；中东和北非地区包括埃及、科威特、伊拉克、伊朗、阿联酋、叙利亚、以色列等20个国家。鉴于部分国家某些年份没有从中国进口核心文化产品，本书的实际样本容量为3001（理论上样本容量应为189×18=3402）。

之所以选取以上出口目的地主要有以下几点考虑：

第一，所选取的189个样本国家涵盖了中国所有的主要核心文化产品出口目的地，其出口总额占当年中国核心文化产品出口总额的92.5%～97%[①]。这有利于划分和分析中国潜在的核心文化产品出口目的地。

第二，样本几乎涵盖了世界银行数据库中的所有国家或地区，进一步将其细分为低收入国家或地区、中等偏下收入国家或地区、中等偏上收入国家或地区、高收入国家或地区。2002年，中国出口到高收入国家或地区的核心文化产品总额占当年核心文化产品出口总额的96.38%。样本中包含了所有的63个高收入国家或地区，这使得样本更具有代表性。按照世界银行的划分标准，中国进入了中等偏上国家的行列。1996年，中国出口到中等偏上收入国家或地区的核心文化产品出口占比为2.89%，2014年，这一比重高达9.23%[②]。对样本按照收入水平细分，有助于进一步分析中国核心文化产品出口的区域特征，挖掘中国核心文化产品出口的潜在市场。

第三，样本涵盖了东亚和太平洋地区、拉丁美洲和加勒比地区、北美地区、欧洲和中亚地区、南亚地区、中东和北非地区、撒哈拉沙漠以南的非洲地区七大区域，这也使得样本更具有普遍性。

根据联合国教科文组织（UNESCO，2005）的阐述，本书将核心文化产品作为研究对象划分为五类：（A）文化遗产类；（B）出版物类；（C）音乐和表演艺术类；（D）视觉艺术类；（E）视听艺术类。这五大类核心文化产品都有其对应的细分的共38小类HS96－6位数编码（UNESCO，2005）。根据相应的编码，结合联合国贸易统计数据库（UN COMTRADE），笔者整理了样本期内中国核心文化产品出口的34398条数据。

5.4.2 数据来源以及统计性描述

中国与样本国家的核心文化产品进出口额等贸易数据来自联合国贸易统计数

---

① 其中，1998年，中国与样本中189个国家或地区的核心文化产品出口占当年核心文化产品出口总额的92.5%；2002年，该比重高达97%。

② 资料来源：联合国贸易统计数据库（UN COMTRADE）。

据库（UN COMTRADE）；样本国家或地区的地理特征（地理距离、是否为内陆国家或地区）来自 CEPII 数据库；世界贸易组织成员的数据来自 WTO 官方网站；人均 GDP、实际汇率指数、互联网使用率、人口规模等数据来自世界银行（WDI）数据库。

在进行变量的构造之前，先要对数据进行合并处理。其中，控制和处理数据删失是合并数据的关键问题。由于多数样本在观测期之前已经发生并持续至观测期之内，本章参照布伦顿等（Brenton et al.，2009）的处理方法，对数据进行了左侧删失样本的处理。经左侧删失处理后，笔者整理得出 31061 条数据。此外，某些变量在一些年份有可能出现 0 值，鉴于无法取对数，取对数时用 ln(1+x) 代替 ln(x)。

表 5-2 给出了产品层面上各变量的描述性统计结果。

表 5-2　产品层面上样本的描述性统计结果

变量	含义	样本量	均值	标准差	最小值	最大值
$lncex_{ijt}$	文化产品出口额的对数	31061	10.49	3.257	0	21.89
$lngdp_{it}$	中国 GDP 的对数	31061	28.57	0.472	27.67	29.22
$lngdp_{jt}$	出口目的地 GDP 的对数	30158	25.00	2.158	16.99	30.30
$lngdp_{ijt}$	贸易双方 GDP 之和的对数	30158	28.72	0.512	27.67	30.59
$lngap_{ijt}$	贸易双方人均 GDP 差额的绝对值的对数	30198	8.455	1.685	-1.534	11.34
$lndis_{ijt}$	地理距离的对数	30292	4.978	1.277	0.632	7.349
$lnpop_{jt}$	人口规模的对数	31061	16.26	1.758	9.193	19.57
$lnint_{jt}$	科技应用水平的对数	30675	2.826	1.312	0	4.580
$land_{jt}$	是否为内陆国家或地区	30292	0.105	0.307	0	1
$lnimc_{ijt}$	文化产品进口成本的对数	18352	6.958	0.491	5.991	9.065
RTA_{jt}	是否为 OECD 成员国	31061	0.315	0.464	0	1
$gratt_{ijt}$	贸易双方是否加入 WTO	31061	1.682	0.513	0	2
$lnRER_{ijt}$	实际汇率指数的对数	17551	4.575	0.143	3.696	5.607

资料来源：笔者计算整理所得。

从表 5-2 中可以看出，1996~2013 年，中国文化产品出口额的均值为 4643968 美元。中国和出口目的地的 GDP 均值分别为 2840 亿美元和 580 亿美元。中国和出口目的地的人均 GDP 差额的绝对值的均值为 12946.15 美元。贸易双方的地理距离的均值为267.04公里。10.5%的样本出口目的地为内陆国家或地区。出口目的地的人口规模的均值为3610万人。

从能够反映贸易成本和贸易壁垒的相关解释变量来看：出口目的地每100人的互联网用户均值为30.29人。31.5%的样本出口目的地加入了区域经济一体化组织。t时期贸易双方WTO成员的均值为1.68。

从进口规模来看：贸易双方进口成本的均值为1204.428美元/货柜。

从外部冲击来看：中国和出口目的地的实际汇率指数的均值为97.98。

表5-3汇报了产品层面上样本的分布情况。如表5-3所示，从出口目的地的收入划分和地理区位来看：样本中出口目的国为高收入国家或地区、中等偏上收入国家或地区、中等偏下收入国家或地区、低收入国家或地区的平均占比分别为48%、25%、19.5%、7.5%。撒哈拉沙漠以南的非洲地区、东亚和太平洋地区、拉丁美洲和加勒比地区、北美地区、欧洲和中亚地区、南亚地区、中东和北非地区的平均占比分别为14.1%、21.2%、16.4%、3.5%、28.2%、3%、13.6%。

表5-3　　产品层面上样本的分布情况

地区	样本量	占比	年份	样本量
撒哈拉沙漠以南的非洲地区	4372	14.08%	1996	914
东亚和太平洋地区	6588	21.21%	1997	962
拉丁美洲和加勒比地区	5090	16.39%	1998	988
北美地区	1089	3.51%	1999	1043
欧洲和中亚地区	8745	28.15%	2000	1396
南亚地区	939	3.02%	2001	1422
中东和北非地区	4238	13.64%	2002	1520
经济发展水平	样本量	占比	2003	1600
低收入国家	2334	7.51%	2004	1804
中下收入国家	6037	19.44%	2005	1875
中上收入国家	7776	25.03%	2006	1973
高收入国家或地区	14914	48.02%	2007	2013
产品类别	样本量	占比	2008	2087
文化遗产类	510	1.64%	2009	2156
出版物类	11856	38.17%	2010	2221
音乐和表演艺术类	993	3.20%	2011	2347

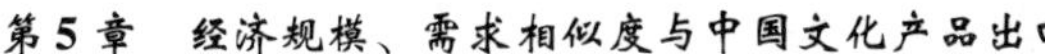

续表

地区	样本量	占比	年份	样本量
视觉艺术类	15763	50.75%	2012	2373
视听艺术类	1939	6.24%	2013	2367
合计	31061	100%	合计	31061

资料来源：笔者计算整理所得。限于篇幅，关于出口目的地的划分及样本量详见本章附表。

文化遗产类、出版物类、音乐和表演艺术类、视觉艺术类与视听艺术类所占样本容量的比重分别为 1.6%、38.2%、3.2%、50.8%、6.2%。其中，视觉艺术类和出版物类文化产品结成的产品—出口地—出口目的地的贸易关系占到 88.9%。也就是说这两类文化产品出口的种类更加多元化。

此外，本书将 189 个样本划分为低收入国家或地区、中等偏下收入国家或地区、中等偏上收入国家或地区以及高收入国家或地区，通过数据的可视化处理，汇报了中国与其他各个国家或地区文化产品出口贸易的变化趋势，详见图 5－6～图 5－9。

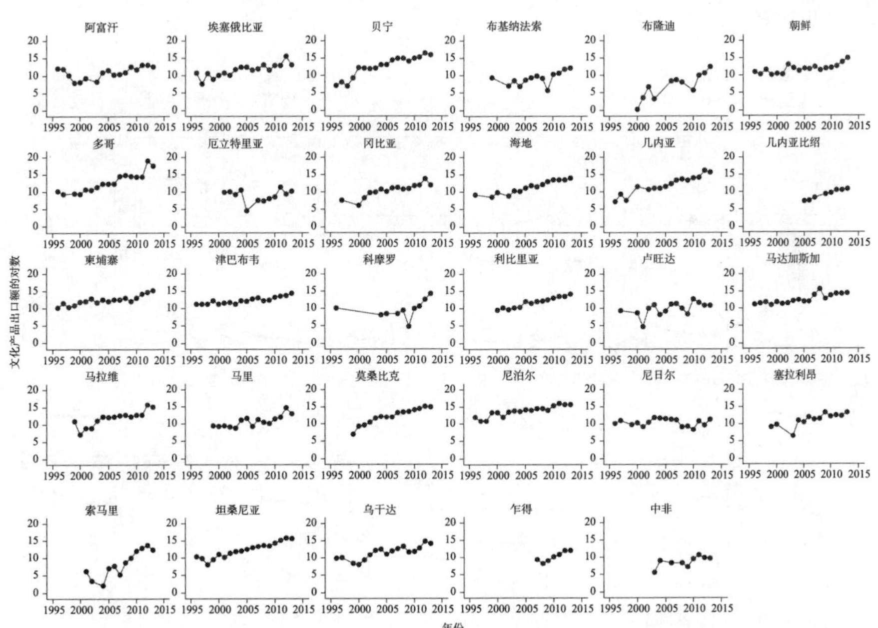

图 5－6　1996～2013 年向低收入国家或地区出口文化产品的变化趋势

资料来源：笔者根据联合国商品贸易统计数据库（UN COMTRADE）的相关数据计算整理得出，并通过 Stata 14.0 软件绘制。

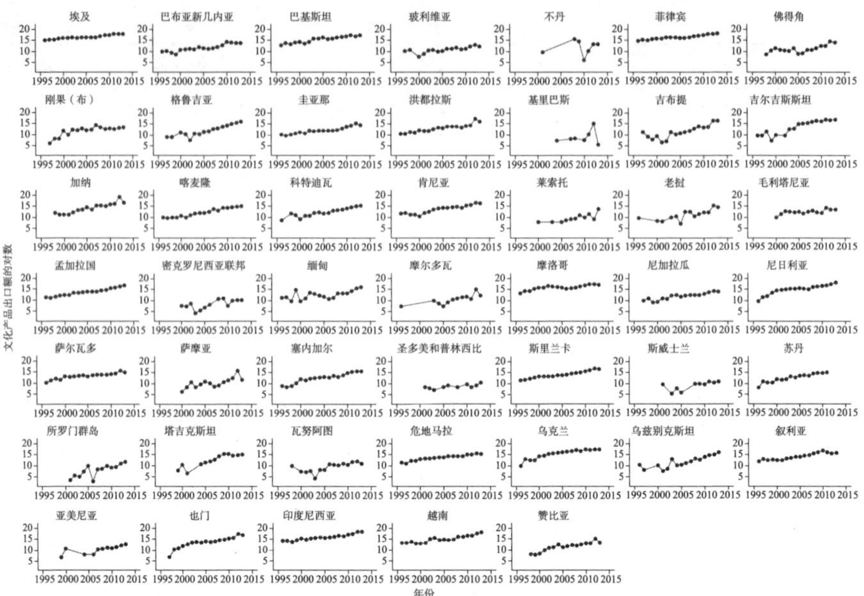

图 5-7　1996~2013 年向中等偏下收入国家或地区出口文化产品的变化趋势

资料来源：笔者根据联合国商品贸易统计数据库（UN COMTRADE）的相关数据计算整理得出，并通过 Stata 14.0 软件绘制。

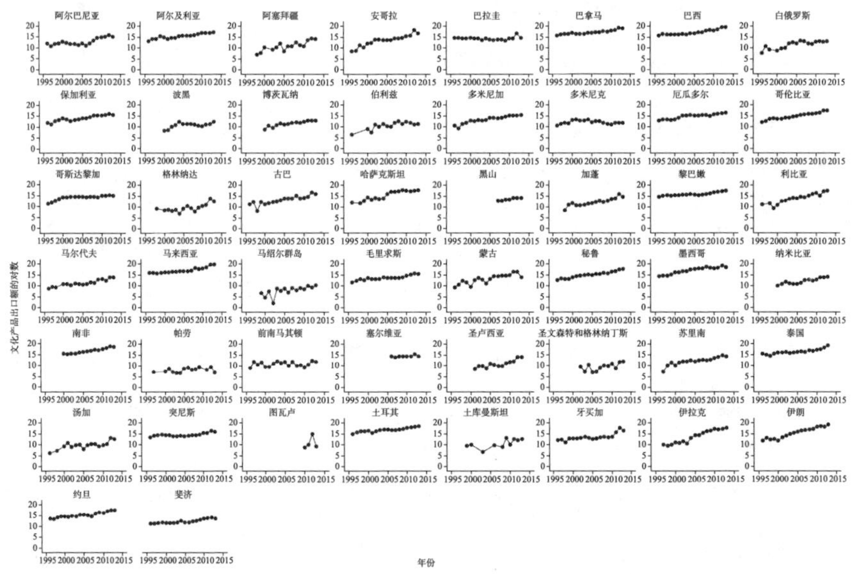

图 5-8　1996~2013 年向中等偏上收入国家或地区出口文化产品的变化趋势

资料来源：笔者根据联合国商品贸易统计数据库（UN COMTRADE）的相关数据计算整理得出，并通过 Stata 14.0 软件绘制。

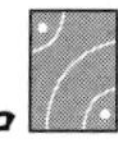

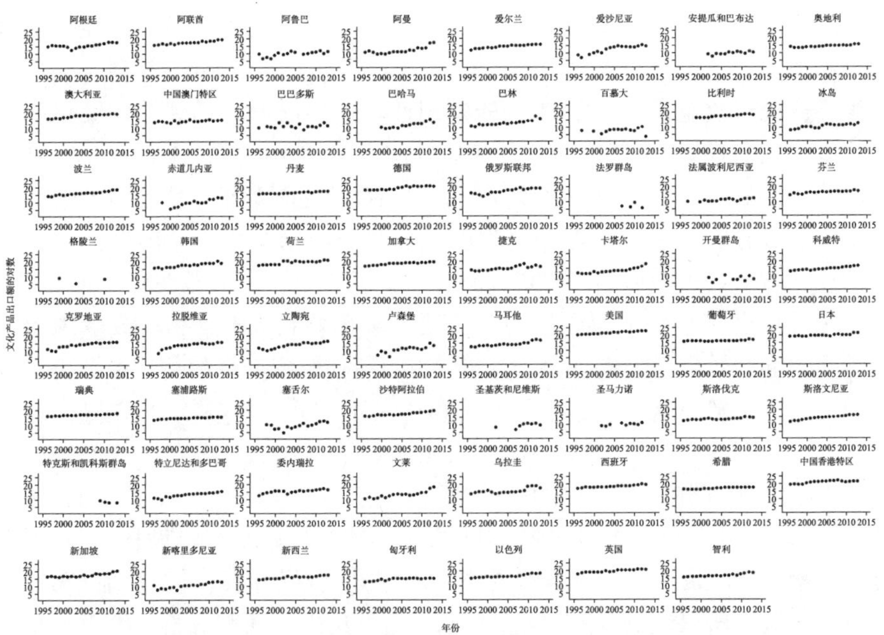

图5-9　1996~2013年向高收入国家或地区出口文化产品的变化趋势

资料来源：笔者根据联合国商品贸易统计数据库（UN COMTRADE）的相关数据计算整理得出，并通过Stata 14.0软件绘制。

从图5-6~图5-9可以看出，中国与各个贸易伙伴文化产品出口贸易的变化趋势不尽相同，同一类别的各个国家（地区）之间也存在差异。有些国家（地区）呈现逐渐上升的发展趋势，如新加坡、巴西、巴拿马等；有些国家（地区）波动较大，时而上升时而下降，如中非、老挝等，这些国家（地区）大部分为低收入国家（地区）和中等偏下收入国家（地区）；有些国家（地区）非常平稳，如英国、葡萄牙等，大部分为高收入国家（地区）。这种差异有助于深入研究文化产品出口的决定机制。

5.4.3　估计方法

关于基准模型实证方法的选择主要从以下几点考虑。

第一，固定效应模型和随机效应模型的适用性。由于公式（5-5）中豪斯曼（Hausman）检验拒绝随机效应模型（Hausman值为65.12，且在1%的水平上显著①），而在固定效应模型中，地理距离、是否为内陆国家或地区等解释变量不

① 笔者根据Stata 14.0软件得出。

随时间的变化而变化，这些变量的系数无法计算。因此，固定效应模型和随机效应模型不适用。

第二，混合效应模型（POLS）的适用性。正如假说3提到的，文化产品的消费具有“成瘾性”。为了度量这种滞后效应，最常用的方法是在解释变量中加入被解释变量的滞后项。如果滞后变量的回归系数显著为正，就证明了这种“成瘾行为”的存在。该系数也在一定程度上反映了中国文化产品出口的贸易依存度。因此，该节在扩展模型，即式（5－5）的基础上，加入被解释变量的滞后1期。由于计量模型考虑了因变量的滞后项，这有可能带来自相关或者内生性问题。若采用混合效应模型进行回归分析，有可能使解释变量的估计系数是有偏和不一致的。为了解决这一问题，我们采用广义矩估计（GMM）的方法进行回归分析。

第三，差分GMM和系统GMM的适用性。广义矩估计（GMM）的方法可以分为系统GMM和差分GMM两种，但是差分GMM不能估计不随时间变化而发生改变的解释变量的回归系数，且容易产生弱工具变量的问题。而系统GMM可以弥补这些缺陷，所以该部分采用系统GMM的方法进行回归分析。综上，采用系统GMM的方法主要有以下考虑：（1）文化产品消费具有“成瘾性”，即当期的文化产品出口可能受到上一期的文化产品出口的影响。系统GMM可以识别这种文化产品出口的贸易惯性。（2）经济因素和文化产品的出口可能存在反向因果关系，这会导致内生性问题。系统GMM的方法较好地控制了内生性问题。（3）鉴于数据的可得性，模型中可能存在贸易开放程度等遗漏变量，系统GMM经过差分转换，可以克服由遗漏变量引起的随机扰动项和解释变量相关引起的内生性问题。

第四，从模型的适用性上来看，扩展模型即式（5－5）加入全部的解释变量（包括滞后1期）后，可决系数大大增加，解释变量之间的相关系数的绝对值小于0.4，方差膨胀因子（VIF）的值约为3.37，远远小于10，因此模型的解释变量不存在多重共线性。此外，模型回归时采用了稳健标准误，排除了异方差对回归系数及其显著性的影响。可能出现的问题是，贸易双方的人均GDP对中国文化产品出口的影响可能存在内生性（Cyrus，2002）①。鉴于书中已经引入了大量的控制变量，这种内生性应该主要来自反向因果关系。即不仅贸易双方的人均GDP会对本国核心文化产品的出口产生影响，文化产品的出口也会促进贸易双方的经济增长。为了消除这种反向因果关系对回归结果造成的偏差，本书采用两步系统动态GMM的方法来消除部分内生性。

① Cyrus T. L. Income in the Gravity Model of Bilateral Trade: Does Endogeneity Matter? [J]. The International Trade Journal, 2002, 16 (2): 161－180.

5.5　实证分析检验

5.5.1　总量层次上的估计结果

表 5 - 4 汇报了基于中国核心文化产品出口总量层次上的估计结果。列（1）汇报了引入经济距离后的引力模型的回归结果。其中，除了地理距离外，其他解释变量全部在较高的水平上显著，这表明引力模型较好地拟合了中国核心文化产品出口的决定因素。与原始的引力模型不同的是，模型中用贸易双方国内生产总值之和代替双方各自的国内生产总值（Peter Egger，2002），引入贸易双方人均 GDP 差额的绝对值（经济距离）来反映双方相对要素禀赋的差异和需求相似度（Bergstrand，1989）。列（2）对列（1）基本的引力模型进行了扩展，引入了信息基础设施的发达程度、进口规模、是否为内陆国家或地区、外部冲击等因素。由于实际汇率波动并未对文化产品出口产生影响，列（3）在剔除了该影响因素后，在列（2）的基础上引入了贸易双方有一个 WTO 成员、有两个 WTO 成员、区域经济一体化、是否相邻、多边阻力（lnmres）、经济自由度（lnfc）等一系列的控制变量①。列（4）采用了反向剔除法，在经济规模、地理距离、经济距离（需求相似度）、人口规模等传统的引力模型解释变量的基础上，控制了信息基础设施的发达程度、贸易双方是否加入 WTO 组织、区域经济一体化、是否为内陆国家或地区、进口规模、外部冲击等变量。此外，列（1）~ 列（4）都考虑了文化产品的消费成瘾性，且控制了时间固定效应和个体固定效应。

表 5 - 4　　　　总量层次的回归结果（两步系统动态 GMM 方法）

解释变量	被解释变量：中国文化产品出口额			
	(1)	(2)	(3)	(4)
L. lncex	0. 499 *** (10. 56)	0. 390 *** (5. 37)	0. 339 *** (5. 72)	0. 386 *** (5. 44)
$lngdp_{ijt}$	1. 384 *** (3. 01)	1. 368 * (1. 75)	0. 959 *** (3. 45)	1. 831 ** (2. 16)

① 其中关于多边阻力和经济自由度的构造方法详见本书第 7 章。这里只是为了控制有可能影响核心文化产品出口的因素，以保证核心解释变量估计结果的稳健性。

续表

解释变量	被解释变量：中国文化产品出口额			
	（1）	（2）	（3）	（4）
$lngap_{ijt}$	0.274*** （5.28）	0.194*** （3.24）	0.171*** （2.99）	0.170** （2.16）
$lndis_{ijt}$	-0.0772 （-0.66）	-0.0700 （-0.46）	0.00444 （0.04）	-0.0207 （-0.14）
$lnpop_{jt}$	0.506*** （5.75）	0.608*** （3.74）	0.555*** （5.19）	0.534*** （3.11）
$lnint_{jt}$		0.366** （2.36）	0.424*** （3.77）	0.278* （1.78）
$lnimc_{ijt}$	—	0.0000170** （2.20）	0.0000297*** （4.37）	0.0000198** （2.42）
$land_{jt}$	—	-0.906*** （-3.23）	-0.924*** （-5.23）	-0.772*** （-2.58）
$lnRER_{ijt}$	—	0.253 （0.44）		0.122 （0.21）
gratt1	—	—	0.177 （0.61）	0.571 （1.19）
gratt2	—	—	0.613 （1.49）	0.786 （1.46）
RTA_{ijt}	—	—	0.0687 （0.31）	0.0128 （0.04）
adj	—	—	-0.283 （-1.14）	—
lnmres	—	—	0.294* （1.82）	—
lnfc	—	—	-0.204 （-1.37）	—
_cons	-43.06*** （-3.30）	-44.32** （-2.00）	-30.43*** （-3.86）	-56.82** （-2.37）

续表

解释变量	被解释变量：中国文化产品出口额			
	(1)	(2)	(3)	(4)
地区效应	YES	YES	YES	YES
时间效应	YES	YES	YES	YES
AR (1)	0.000	0.000	0.000	0.000
AR (2)	0.154	0.162	0.794	0.158
Hansen/Sargan	0.139	1.000	0.376	1.000
N	2555	1283	1939	1283

注：*、**、*** 分别表示在 10%、5% 和 1% 的统计水平上显著。括号内为 t 值。该表汇报了总量层次上的回归结果。

从表 5-4 中可以看出以下几点。

5.5.1.1　消费成瘾性对中国文化产品出口的影响

列（1）~列（4）的回归结果中文化产品出口滞后 1 期的估计系数在 1% 的水平上显著为正，且在［0.339，0.499］的范围内波动。这表明了上一期的文化产品出口会显著地影响当期的出口水平，这与假说 3 的分析相符，文化产品消费具有“理性成瘾性”。从消费者行为理论来看，文化产品的消费存在“棘轮效应”。即消费者的消费行为不仅受当期收入的影响，还受上一期消费习惯的影响。

5.5.1.2　贸易双方的经济因素对中国文化产品出口的影响

第一，经济规模。从列（1）~列（4）可以看出，贸易双方国内生产总值之和的回归系数分别为 1.384、1.368、0.959 和 1.831，且基本上都在 1% 的水平上显著为正。这些都验证了假说 1，即贸易双方的经济规模越大，本国对文化产品的潜在供给能力越强，出口目的地的潜在需求量越大，越有利于促进本国的文化产品出口。这说明了虽然文化产品有区别于普通货物产品的文化属性，但是也遵循基本的经济规律，经济规模仍然是文化产品出口的决定性因素。因此，经济实力雄厚、市场规模较大的国家或地区（例如北美和欧洲等发达国家）依然是中国文化产品出口的主要市场。这为我国文化产品出口市场的选择提供了重要借鉴。

第二，需求相似度。从列（1）~列（4）可以看出，中国和出口目的地人均 GDP 差额的系数显著为正，且在［0.17，0.274］的范围内波动。即中国和出口目的地的经济发展水平相差越大，需求重叠度越小，越有利于中国的文化产品出口。这与前面的理论预期符号相反。

根据林德假说可知，贸易双方的收入水平差别越小，需求相似程度越高，越有利于双方的出口贸易（Linder，1961）。中国的文化产品出口偏离了林德假说，即中国的文化产品倾向于出口到与本国经济发展水平差别较大的国家或地区。但是，中国的文化产品是流向了比本国人均 GDP 更低的亚非国家呢，还是流向了人均 GDP 远高于中国的高收入国家或地区呢？为什么会出现这种现象呢？结合图 5 - 3，我们可以做出初步判断：经济距离和文化产品出口的正相关关系似乎更加适用于人均 GDP 高于中国的样本国家或地区。需求相似度与文化产品出口之间存在非对称效应①。中国的文化产品出口存在需求相似悖论，更趋于流向比本国经济发展水平更高的高收入国家或地区。

这不难理解，一方面，从马斯洛的需求层次理论来看，文化消费属于较高层次的消费需求，只有当基本的生理需求得以满足后才会发生。文化产品消费属于发展型和享受型消费，人均收入水平越高的国家购买能力越强，对其需求量越大。这不同于普通的生存型产品消费。

另一方面，这与中国文化产品消费群体的地理分布密不可分。中国文化产品的输出对象主要可以划分为两大消费群体：一是需要了解中国文化的海外消费者。高收入国家或地区既是中国文化产品出口的主要目的地，同时也是向中国出口文化产品的主要贸易伙伴。要想加强对华文化产品贸易，就必须了解中国。而了解中国的文化是加强对华贸易的必要条件。当然，也有些海外消费者是被中国博大精深的文化魅力所吸引。二是中国的移民及其后代。“君自故乡来，应知故乡事”，移民的乡土情结是中国独特的文化现象。因此，移民的分布情况在一定程度上影响了中国文化产品出口的区域结构。北美是中国移民增长最快的地区，其中美国和加拿大的中国移民占比高达 14%。大洋洲也是中国移民分布较多的地区，主要集中在新西兰和澳大利亚。2006 年，集中在大洋洲的华人华侨数约为 90 万人。在 20 世纪 90 年代，欧洲的中国移民开始显著增加，华人华侨数为 148 万人。相比之下，非洲的中国移民较少（霍步刚，2008）②。总体来说，中国移民的 90% 流向西方国家。这正好同中国文化产品出口的区域结构相对应。从这个意义上来说，中国的文化产品会流向较高经济发展水平的国家或地区也就不难理解了。

5.5.1.3 地理空间因素和人口规模对中国文化产品出口的影响

第一，地理空间因素。在列（1）~列（4）的解释变量中，地理空间因素主

① 该论断在下面进行详尽的阐述。

② 霍步刚．中国文化贸易偏离需求相似理论的实证检验［J］．财经问题研究，2008（7）：15 - 18.

要涉及3个变量：地理距离、是否相邻、是否为内陆国家或地区。除了是否为内陆国家或地区外，地理距离和是否相邻均不显著。这与理论预期不符。但这体现了文化产品的特殊性，文化产品的本质在于其拥有文化价值，轻物质而重内容。因此地理空间因素并未通过贸易成本来限制文化产品出口。而如果出口目的地为内陆国家或地区，则可能通过文化交流的便利程度和贸易开放度限制本国文化产品出口。

第二，人口规模。从列（1）~列（4）可以看出，人口规模的回归系数显著为正，波动区间为［0.506，0.608］。这与本书的理论预期相符。即出口目的地的人口规模越大，消费市场越大，有利于本国的文化产品的出口。

5.5.1.4　贸易成本和贸易壁垒对中国文化产品出口的影响

第一，信息基础设施的发达程度。本书通过互联网使用率来反映出口目的地信息基础设施的发达程度。从列（2）~列（4）可以看出，互联网使用率的回归系数显著为正，且在［0.278，0.424］的范围内波动。出口目的地信息基础设施的改进对出口地的影响机制可能包括以下两点：一是出口目的地的信息基础设施越发达，越有利于出口地文化产品的推广、扩散和传播，贸易成本和贸易壁垒越低，越有利于文化产品的出口；二是出口目的地信息基础设施越发达，在一定程度上意味着其知识经济越发达，对文化产品的潜在需求量越大。

第二，是否加入WTO组织和区域经济一体化组织。从列（3）、列（4）可以看出，二者的估计系数均未体现出一致的显著性。这与本章的理论预期不同。这也就是说，在经济规模和需求相似度一定的情况下，出口目的地是WTO成员或者OECD国家并没有显著地提高中国的文化产品出口额。中国文化产品出口主要取决于经济规模和消费者购买力。但是，不能否认的是，中国加入WTO组织确实极大地促进了本国的文化产品出口①。而模型中的控制变量主要侧重于考察出口目的地是否为WTO成员。这说明类似于WTO或者OECD的经济合作组织成员并没有因为一定程度上贸易壁垒的降低而增大对中国文化产品的进口，中国的文化产品出口有可能主要取决于经济因素和文化认同②。

5.5.1.5　文化产品进口规模对中国文化产品出口的影响

从列（2）、列（3）、列（4）可以看出，文化产品进口对文化产品出口的影响在至少5%的水平上显著为正，这与张杰等（2014）的研究一致。这也就是

---

① Li Y. Cultural Products and the World Trade Organization［J］. Social Science Electronic Publishing, 2008, 100（2）：387－388.

② 详见第6章的分析。

说，通过从出口目的地进口文化产品，有助于了解其国际文化环境和消费需求，进一步生产出能够满足当地消费者需求的文化产品。进口规模引致文化产品出口的机制还可能包括：增强本国的自我决策能力、出口的逆向选择效应等。

5.5.1.6 外部冲击对中国文化产品出口的影响

从回归结果可以看出，实际汇率指数的回归系数并不显著。这也就是说外部冲击对文化产品的出口影响并不显著。

5.5.2 产品层次上的估计结果

参照总量层次上的式（5-5）（表5-4的列4）可以进一步在产品层面上进行检验，进而得出表5-5。区别在于，按照UNESCO（2005）的划分标准，用5类文化产品的出口额代替总的出口额，其他解释变量保持不变。回归结果表明大部分解释变量的显著性和符号与表5-4中的一致，产品层次上的回归结果见表5-5。

表5-5　产品层次的回归结果（两步系统动态GMM方法）

解释变量	A类产品	B类产品	C类产品	D类产品	E类产品
	(1)	(2)	(3)	(4)	(5)
L. lncex	0.429*** (5.01)	0.0978 (1.64)	0.416*** (8.09)	0.237*** (3.39)	0.283*** (4.26)
$lngdp_{ijt}$	-0.371** (-1.99)	2.559 (1.04)	3.198* (1.82)	0.364 (0.47)	-0.183 (-0.05)
$lngap_{ijt}$	0.117 (1.25)	0.460** (2.28)	0.0447 (0.50)	0.165** (2.16)	0.373 (1.51)
$lnpop_{jt}$	0.346 (1.37)	1.332*** (3.66)	0.408** (2.21)	0.815*** (4.32)	1.668*** (3.47)
$lndis_{ijt}$	-0.0891 (-0.21)	0.427 (1.48)	-0.102 (-0.54)	-0.156 (-0.79)	-0.276 (-0.63)
$lnint_{jt}$	0.521 (1.28)	0.496* (1.77)	0.441* (1.72)	0.687*** (3.97)	0.788 (1.43)
$lnimc_{ijt}$	0.0000425** (2.52)	-0.00000994 (-0.39)	-0.0000483*** (-2.90)	0.0000237** (2.16)	0.0000324 (1.34)

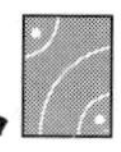

续表

解释变量	A 类产品	B 类产品	C 类产品	D 类产品	E 类产品
	(1)	(2)	(3)	(4)	(5)
$land_{jt}$	-0.844* (-1.76)	-0.998** (-2.17)	-0.321 (-1.29)	-1.531*** (-3.32)	-1.784** (-2.02)
$lnRER_{ijt}$	0.875 (0.80)	1.259 (0.46)	0.194 (0.17)	-0.241 (-0.60)	-0.698 (-0.29)
gratt1	-0.404 (-0.61)	4.694** (2.42)	1.317* (1.90)	0.288 (0.52)	-2.686 (-0.98)
gratt2	-0.946 (-1.29)	6.534*** (2.96)	0.681 (0.92)	0.429 (0.65)	-3.007 (-0.97)
RTA_{ijt}	1.597* (1.93)	-0.666 (-0.67)	0.140 (0.36)	0.201 (0.58)	1.006 (1.42)
_cons	-5.156 (-0.53)	-104.0 (-1.41)	-101.5** (-2.00)	-14.48 (-0.69)	-16.18 (-0.16)
地区效应	YES	YES	YES	YES	YES
时间效应	YES	YES	YES	YES	YES
AR（1）	0.000	0.000	0.000	0.007	0.000
AR（2）	0.789	0.194	0.103	0.965	0.117
Hansen/Sargan	0.823	1.000	1.000	1.000	1.000
N	1283	1283	1283	1283	1283

注：*、**、*** 分别表示在 10%、5% 和 1% 的统计水平上显著。括号内为 t 值。

在针对产品层次上的回归估计中，重点分析体现产品异质性的估计结果。

（1）从文化遗产类产品（A 类产品）的出口来看。经济规模的影响在至少 5% 的水平上显著为负，而需求相似度的影响不显著。这主要是由于文化遗产类产品的出口取决于其供给量。因为该类产品并不是当期制造出来的，而是在历史中长期沉淀的结晶。其出口也必然不会受到当期经济因素的影响。此外，具有文化价值的遗产类产品的出口受到严格的限制和管制，从需求偏好来讲，对该类产品的需求主要取决于投机动机。从上述两个方面来考虑，人口规模、信息基础设施的发达程度影响不显著也就可以理解了。值得说明的是，OECD 国家对中国文化遗产类产品的需求量较大，这主要是由该地区投机者的投资偏好所致。

（2）从出版物类产品（B 类产品）的出口来看。经济规模的影响不显著，而需求相似度在 5% 的水平上显著为正。这说明出版物类产品的出口并不取决于市场规模，而双方加入 WTO 组织却对其有显著的影响。进口引致出口的影响机制在该类产品中失效。

(3) 从音乐和表演艺术类产品（C 类产品）的出口来看。市场规模是其决定性的影响因素。这主要因为不同地区对音乐旋律的感知差异不大。优美的旋律和精彩绝伦的表演能够得到一致的认同，并不像出版物类产品那样体现了当地的文化传统和价值观。

(4) 从视觉艺术类产品（D 类产品）的出口来看。消费者的购买力水平是其主要的影响因素。与列（2）的估计结果相似。这主要是因为该类产品文化内容的表达主要借助视觉而非文字。

(5) 从视听艺术类产品（E 类产品）的出口来看。经济因素并没有起到主要作用，与列（1）的估计结果相似。这主要是因为视听艺术类产品的出口主要是视频游戏，该类产品的娱乐性较强，文化内容的属性较弱。

综上所述，无论是从总量层次上还是产品层次上，经济因素是文化产品出口的主要决定因素，地理空间距离的影响不显著。而在产品层面的分析中，不同分类样本的估计结果体现了产品的异质性。由于产品的文化密集度不同，使得经济因素对不同产品的影响机制有所差异。

5.5.3 稳健性检验

在总量层次上，表 5 - 4 列（1）~ 列（4）已经汇报了一系列的稳健性结果。经济规模、需求相似度、地理距离、人口规模、信息基础设施的发达程度、进口规模等解释变量的符号和显著性基本未发生改变。此外，笔者还基于扩展模型式（5 - 5）在产品层面上对计量模型展开进一步的检验，以观察主要解释变量的系数、符号和显著性是否发生明显改变，来确保回归结果的准确性和稳健性。

5.6 不对称性分析

经过前面的研究，可以得出初步的判断，中国的文化产品出口偏离了需求相似理论。即中国更倾向于出口到与本国消费结构差别较大的国家或地区。但是需求相似度如何影响文化产品出口呢？在多大程度上是由于出口目的地的经济发展水平高于本国引起的（即需求相似度的偏效应）呢？经济发展水平对文化产品出口的影响机制可能存在以下几种情况①：线性关系、“U 型”关系、“S 型”关系

① 由于需求相似度的系数显著为正，首先排除了经济发展水平与文化产品出口的倒“U”型关系。

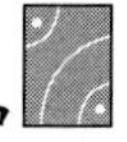

或倒“S型”关系。为了研究经济发展水平对文化产品出口的影响机制，进一步检验经济发展水平是否对文化产品出口存在非对称性影响，笔者将总体样本按照经济发展水平的差异进行细分，分别对总量层次上的样本进行系统GMM估计，以保证模型的准确度和稳健性。表5-6的列（1）~列（5）分别报告了出口目的地的人均GDP低于中国、人均GDP高于中国、低收入国家或地区、中等收入国家或地区、高收入国家或地区5个分样本的回归结果。AR（1）、AR（2）、Hansen/Sargen检验统计量结果显示，模型中工具变量的选择和表5-6的估计结果是合理的。

表5-6　按照经济发展水平细分的估计结果（两步系统动态GMM方法）

解释变量	被解释变量：文化产品出口额				
	(1)	(2)	(3)	(4)	(5)
L. lncex	0.244*** (4.39)	0.535*** (5.12)	0.271*** (4.80)	0.381*** (5.20)	0.369*** (4.67)
$lngdp_{ijt}$	8.718 (0.40)	1.075* (1.74)	1.782** (2.35)	1.854** (2.25)	2.353 (1.56)
$lngap_{ijt}$	-0.0380 (-0.31)	0.151* (1.86)	-4.474* (-1.73)	0.163** (2.24)	0.179** (2.44)
$lnpop_{jt}$	0.379** (2.15)	0.415*** (2.72)	-0.104 (-0.43)	0.526*** (3.03)	0.561*** (2.79)
$lndis_{ijt}$	0.355* (1.68)	0.0240 (0.24)	0.459 (1.48)	-0.0146 (-0.09)	0.281 (0.87)
$lnint_{jt}$	0.581** (2.11)	0.109 (0.52)	0.205 (1.10)	0.284* (1.87)	0.286* (1.72)
$lnimc_{ijt}$	0.0000362*** (3.99)	0.00000441 (0.68)	-1.358*** (-3.73)	0.0000196** (2.50)	-0.00000171 (-0.17)
$land_{jt}$	-1.112*** (-3.80)	-0.503* (-1.71)	0.0517 (0.11)	-0.771*** (-2.67)	-0.669** (-2.55)
gratt1	-0.561 (-1.10)	0.572 (1.16)	0.450 (0.81)	0.501 (0.93)	1.003* (1.84)
gratt2	-0.277 (-0.41)	0.915* (1.70)	0.703 (1.09)	0.729 (1.21)	1.265* (1.89)
RTA	-0.340 (-1.01)	-0.0749 (-0.29)	0.00119 (0.00)	0.0810 (0.26)	-0.690* (-1.69)

续表

解释变量	被解释变量：文化产品出口额				
	(1)	(2)	(3)	(4)	(5)
$lnRER_{ijt}$	0.795 (0.88)	-0.0708 (-0.07)	-0.0634 (-0.11)	-0.0461 (-0.08)	0.0515 (0.15)
_cons	-58.77** (-2.01)	-54.81** (-2.28)	-50.36** (-2.02)	-56.46** (-2.43)	-73.71* (-1.70)
地区效应	控制	控制	控制	控制	控制
时间效应	控制	控制	控制	控制	控制
AR（1）	0.000	0.000	0.000	0.000	0.000
AR（2）	0.744	0.963	0.436	0.160	0.223
Hansen/Sargan	1.000	1.000	0.167	1.000	1.000
N	1283	1283	1283	1283	1283

注：两步系统动态 GMM 估计采用“Xtabond2”程序完成，均为 Two-step。五个模型中都采用了 lncex(-1)、$lngdp_{ij}$作为内生变量，括号中为 Z 统计量。*、**、*** 分别表示在10%、5%和1%的统计水平上显著。

列（1）~列（5）的回归结果中文化产品出口滞后1期的估计系数在1%的水平上显著为正，且在［0.244，0.381］的范围内波动，表明了上一期的文化产品出口会显著地影响当期的出口水平。这符合假说3的理论逻辑，文化产品消费具有“成瘾性”。从消费者行为理论来看，文化产品的消费存在“棘轮效应”。即消费者的消费行为不仅受当期收入的影响，还受上一期消费习惯的影响。下面主要说明各个分样本估计结果的异质性。

样本1：人均 GDP < 中国人均 GDP。

对于出口目的地的经济发展水平小于中国的样本而言，经济规模的系数虽然为正，但是不显著。需求相似度的系数为负，也不显著。而地理空间变量的影响却显著。地理距离的影响显著为正，是否为内陆国家或地区的影响显著为负。这也就是说，对于经济发展水平低于中国的出口目的地而言，经济因素的影响远远没有地理区位的影响重要。人口规模、信息基础设施的发达程度、进口规模的影响机制同样显著：人口规模在5%的水平上显著为正，即潜在消费市场越大，文化产品出口规模越大；信息基础设施的发达程度在5%的水平上显著为正，即出口目的地的信息化程度越高，文化交流越便利，中国文化产品出口量越大；进口规模在1%的水平上显著为正，即中国可以通过进口文化产品了解其文化环境，进而强化对该区域的出口。

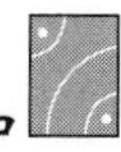

样本2：人均GDP > 中国人均GDP。

与样本1相比，出口目的地的经济发展水平高于中国的样本体现出了明显的异质性。贸易双方的经济规模每增加1%，文化产品出口增加1.075%。需求相似度每降低1%，文化产品出口增加0.151%。即需求相似悖论更显著地存在于经济发展水平较高的样本。综合列（1）和列（2）的研究结果可以得出：需求相似度对文化产品出口存在不对称性影响。这种影响机制在列（3）~列（5）得到进一步的验证。就其他变量而言，人口规模的影响显著为正。双方都加入WTO组织的影响显著为正，因为这在一定程度上减少了双方的贸易成本和贸易壁垒。

样本3：低收入国家或地区。

对于低收入国家或地区而言，与样本1相比，经济规模的估计系数显著为正，需求相似度的系数显著为负。双方经济规模每增加1%，文化产品出口增加1.782%。需求相似度每增加1%，文化产品出口增加4.474%。这与样本2该变量的估计结果相反。

样本4：中等收入国家或地区。

对于中等收入国家或地区而言，经济规模的估计系数显著为正，经济规模每增加1%，文化产品的出口增加1.854%。需求相似度每增加1%，文化产品的出口降低0.163%。人口规模和信息基础设施发达程度的影响显著为正。值得说明的是，进口引致出口的机制在中等收入国家或地区的样本中更为显著。这主要是由于，相较于低收入国家或地区和高收入国家或地区而言，中国与中等收入国家或地区的消费结构更为相近，通过对其文化产品的进口，能够更加熟悉其消费结构和文化风俗，有针对性地加强出口贸易。

样本5：高收入国家或地区。

对于高收入国家或地区而言，经济发展水平起着更加显著的作用。需求相似度每增加1%，文化产品出口会降低0.179%（明显大于样本3的估计系数0.163%）。而人口规模和信息基础设施发达程度的影响依然显著为正。

综上所述，需求相似悖论更显著地存在于经济发展水平高于本国的样本中，尤其是中等收入国家或地区和高收入国家或地区中。经济发展水平对文化产品出口存在显著的倒“S型”关系，需求相似度对文化产品出口存在不对称性影响。

5.7　结　　论

以中国核心文化产品的出口为例，本章实证研究了经济规模、需求相似度、地理距离、人口规模、贸易成本和贸易壁垒、外部冲击等因素对文化产品出口的影响。在分析需求相似度对文化产品的影响机制时，本章采用了文献中普遍采用的人均 GDP 差额的绝对值来反映需求相似度，但并未仅仅停留在最粗的总体样本的层面上，而是力图揭示不同经济发展水平国家或地区对这种影响机制可能产生的异质性影响。在回归分析中，本章从总量层面和产品层面上依次对经济规模、需求相似度、地理距离、人口规模、贸易成本和贸易壁垒、外部冲击等因素对文化产品出口的影响进行了实证分析。为了反映文化消费的“棘轮效应”、消除文化产品出口反向影响经济发展水平的内生性问题，模型主要采用两步系统动态 GMM 的方法进行了回归分析。同时，为了深度刻画经济发展水平对文化产品出口的不对称性影响，还考察了不同收入水平的国家或地区对文化产品出口的影响机制。实证结果表明：

（1）经济规模和需求相似度是影响文化产品出口的决定性因素。本国和出口目的地的经济规模越大，潜在供给和需求能力越强，越有利于本国的文化产品出口。实证结果表明，贸易双方的经济规模每增加 1%，文化产品的出口增加 1.831%。从产品层面上的回归情况来看，贸易双方的经济规模对文化产品的出口不总是显著为正，这说明本国经济规模的增大对不同种类的文化产品出口的影响程度不同。可以进一步推断出，相较于本国的经济规模来说，因出口目的地经济规模增大而带来的潜在消费需求的提升更能促进本国的文化产品出口。中国的文化产品更倾向于出口到与本国需求重叠度低的国家或地区。实证结果表明，中国的需求相似度每增加 1%，文化产品的出口会降低 0.170%。为了进一步检验经济发展水平对文化产品出口的不对称性影响，本章对出口目的地的收入水平进行细分，通过两步系统动态 GMM 的回归分析结果表明，对于经济越发达的国家或地区来说，需求相似度越高，本国的文化产品出口越低，经济发展水平对文化产品出口的影响呈倒“S 型”。

（2）与经典的引力模型的结论不同，地理距离的影响不显著。这主要是由于文化产品的立身之本在于其文化价值，更重内容而轻物质，地理距离通过交易成本来影响文化产品出口的机制失效。这一结论在总量层次、产品层次以及细分收入水平的分析中得到了进一步的验证。但是，出口目的地为内陆国家或地区会增加文化交流和文化产品输出的成本，降低本国的文化产品出口量。

（3）出口目的地的人口规模是影响文化产品出口的重要因素，这与经典引力模型的结论一致。从总量层次上的回归分析结果表明，出口目的地的人口规模每增加 1%，文化产品的出口增加 0.534%。从产品层次上来看，人口规模对除文化遗产类之外的文化产品出口的影响更加显著。从不同经济发展水平的样本来看，其对中等收入国家或地区和高收入国家或地区的影响更加显著。

（4）贸易成本和贸易壁垒越低，越有利于文化产品的出口。其一，信息基础设施的发达程度是影响文化产品出口的重要因素。总量层次上的回归分析结果表明，信息基础设施的发达程度每增加1%，文化产品的出口增加0.278%。从产品层次上来看，信息基础设施的发达程度对除文化遗产类之外的文化产品出口的影响更加显著。从不同经济发展水平的样本来看，其对中等收入国家或地区和高收入国家或地区的影响更加显著。其二，出口目的地是否加入区域经济一体化组织或加入WTO组织对文化产品出口的影响不显著。但是从异质性分析来看，其对出版物类产品的出口和出口目的地为高收入国家或地区的样本影响显著。

（5）文化产品的进口规模会显著地影响文化产品出口。通过对文化产品的进口，可以加强对出口目的地的了解，增强企业的自我决策能力，促进本国文化产品的出口量。从产品层面上来看，该影响机制对文化遗产类和视觉艺术类文化产品出口的影响更为显著。但是对于音乐和表演艺术类文化产品来说，进口规模会显著地降低该类文化产品的出口量。从不同经济发展水平的样本来看，进口引致出口的机制更显著地存在于中等收入国家或地区。

第 6 章

文化差异、制度差异与中国文化产品出口

到目前为止，第 5 章讨论了经济规模、需求相似度、地理距离、人口规模、贸易成本和贸易壁垒等传统因素对中国文化产品出口的影响，研究结论表明，与普通商品相同，文化产品的出口也遵循一般经济规律。但是，可观测的贸易成本和贸易壁垒并不能全部解释文化产品贸易（Deardorff，2004）①，贸易双方之间也存在无形的文化壁垒和制度壁垒。本章将在第 5 章引力模型的基础上引入无形的贸易成本和贸易壁垒，例如文化距离、制度距离等。

6.1 引　　言

关于文化差异如何影响文化产品出口的文献相对较少且一直存在争论。如前所述②，大部分学者停留在构建虚拟变量（如共同语言、宗教信仰、殖民关系等）来研究文化因素对文化产品出口的影响。结果表明，上述变量对文化产品出口具有显著的促进作用。其可能的解释是，拥有共同语言、宗教信仰或者殖民关系会增强对异文化的熟悉程度，较好地进行文化交流，进而促进文化产品出口（Rauch，2001；2010）③。但是，该机制只是指出了文化熟悉程度对文化产品出口的影响，并没有考虑文化认同、行为模式、价值观的影响。吉索等（Guiso et al.，2009）通过 15 个欧洲国家的调查数据，从双边信任的角度来解释文化差异对文化产品出口的影响。结果表明，行为模式和价值观的差异会形成文化壁垒，

① Deardorff A. V. Local comparative advantage: Trade costs and the pattern of trade [C]. Research Seminar in International Economics Discussion Paper, University of Michigan Nr 500, Ann Arbor, 2014: 9 – 35.

② 详见第 2 章文献综述。

③ Rauch J. E. Business and Social Networks in International Trade [J]. Journal of Economic Literature, 2001, 39 (4): 1177 – 1203.

Rauch J. E. Networks versus markets in international trade [J]. Journal of International Economics, 2010, 48 (1): 7 – 35.

降低贸易双方的信任程度，减少双边贸易量①。波斯特福尔德和罗格夫（Obstfeld and Rogoff，2001）提出信息不对称和文化壁垒的存在会提高交易费用，降低文化产品贸易量②。与上述结论不同，有些学者从文化比较优势③、文化互补论、出口贸易替代的角度来解释文化差异对文化产品出口的促进作用（季羡林，1990④；Linders et al.，2005⑤；Lankhuizen et al.，2011⑥）。这与本章的研究结论一致。本章发现在一定的文化距离区间内文化差异和文化产品出口存在正相关关系，超过一定的门槛后，文化差异和文化产品出口呈显著的负相关。事实上，文化差异和文化产品出口的关系是非线性的。

除了文化差异，制度因素也会影响双边贸易流量（cf. Kostova，1997）。诺斯（North，1990）从历史演进的角度提出了“制度推动贸易”的命题，认为较为复杂的组织结构的内部联系启动了欧洲的跨国贸易⑦。与文化差异相似，制度距离也通过信息不对称和双边信任形成无形的制度壁垒，增大交易费用，降低文化产品出口量（Wei，2000⑧；Jansen and Kyvik Nordas，2004⑨；Anderson and Marcouiller，2006⑩）。其他影响文化产品出口的机制包括：贸易双方对财产权的重视程度、对知识产权的保护程度、对贸易合约的遵守情况，经济政治环境的稳定性等制度质量也可能引起贸易摩擦，进而降低贸易流量（Achrol et al.，1983⑪；Skarmeas et al.，2002⑫；Zhang et al.，2003⑬）。此外，制度差异可能通过社会

---

① Guiso L.，Sapienza P.，Zingales L. Cultural Biases in Economic Exchange [J]. Quarterly journal of economics，2009，124：1095 - 1129.

② Obstfeld M.，Rogoff K. The Six Major Puzzles in International Macroeconomics：Is There a Common Cause? [J]. Nber Macroeconomics Annual，2001，15（4）：339 - 412.

③ 在第3章进行了详细的阐述。

④ 转引自：季羡林. 季羡林谈文化［M］. 人民日报出版社，2011.

⑤ Linders G. M.，Slangen A. H. J.，de Groot，H. L. F.，Beugelsdijk S. Cultural and institutional determinants of bilateral trade flows [R]. Tinbergen Institute Discussion Paper，No. 05 - 074/3，Amsterdam - Rotterdam，2005.

⑥ Lankhuizen M.，De Groot H. L. F.，Linders G. M. The Trade - Off between Foreign Direct Investments and Exports：The Role of Multiple Dimensions of Distance [J]. World Economy，2011，34：1395 - 1416.

⑦ North D. C. Institutions [J]. Journal of Economic Perspectives，1991，5（1）：97 - 112.

⑧ Wei S. J. Natural openness and good government [R]. NBER Working Paper，2000.

⑨ Jansen M.，Kyvik H. Institutions，Trade Policy and Trade Flows [J]. International Journal of Psychology，2004，39：276 - 289.

⑩ Anderson J. E，Marcouiller D. Insecurity And The Pattern Of Trade：An Empirical Investigation [J]. Review of Economics & Statistics，2006，84（84）：342 - 352.

⑪ Achrol R. S.，Stern L. W. The Environment of Marketing Channel Dyads：A Framework for Comparative Analysis [J]. Journal of Marketing，1983，47（4）：55 - 67.

⑫ Skarmeas D.，Katsikeas C. K.，Schlegelmilch B. Drivers of Commitment and its Impact on Performance in Cross-Cultural Buyer - Seller Relationships：The Importer's Perspective [J]. Journal of International Business Studies，2002，33（4）：757 - 783.

⑬ Zhang C.，Cavusgil S. T.，Roath A. S. Manufacturer governance of foreign distributor relationships：Do relational norms enhance competitiveness in the export market? [J]. Journal of International Business Studies，2003，34（6）：550 - 566.

信任和消费者的行为方式影响文化产品出口（Rodrik，2000）①。格鲁特等（Groot et al.，2004）提出政府治理能力相似的国家文化产品贸易量较大②。与该结论不同的是，兰克辉森等（Maureen Lankhuizen et al.，2011）认为由于制度距离越大，具有负外部性的个人寻租空间就越大，因此外商倾向于用出口贸易来代替对外直接投资，文化产品的贸易量提高③。这与本书的研究结论一致，制度距离显著地促进了中国的文化产品出口。

基于上述分析，文化差异和制度差异都是通过无形的贸易壁垒来影响文化产品出口。那么，文化差异和制度差异之间有无联系呢？霍夫斯泰德（Hofstede，2011）从一个国家或地区历史根源的视角阐明了文化身份、价值观和制度的区别和联系。文化身份体现在语言或宗教派系的不同，拥有同一文化身份的归属者对某一文化的感知和理解能力较强。通过行为模式（符号、英雄、仪式等）的变化，文化身份是可以转换的。价值观却根植于国家内部，不会轻易发生变化，同时会影响文化身份的识别，见图6-1④。价值观构成了文化的核心。而国家制度与价值观的关联性较高，与文化身份的相关性较弱。我们认为，制度差异从更广义的视角反映了文化差异。因为制度的本质在于政府治理的行为模式，体现了整个社会的行为准则，而文化的核心是价值观和行为模式的差异。

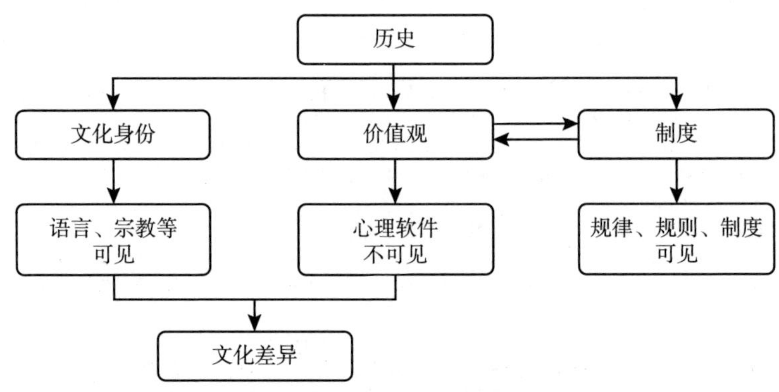

图6-1　文化身份、价值观和制度的区别和联系

资料来源：吉尔特·霍夫斯泰德等. 文化与组织：心理软件的力量［M］. 北京：中国人民大学出版社，2010：340.

---

① Rodrik D. How Far Will International Economic Integration Go? ［J］. General Information，2000，14（1）：177-186.

② Groot H. L. F. D.，Linders G. J.，Rietveld P. et al. The Institutional Determinants of Bilateral Trade Patterns［J］. Kyklos，2004，57（1）：103-123.

③ Lankhuizen M.，De Groot H. L. F.，Linders G. M. The Trade-Off between Foreign Direct Investments and Exports：The Role of Multiple Dimensions of Distance［J］. World Economy，2011，34：1395-1416.

④ 在霍夫斯泰德看来，相对于个人主义来说，集体主义的个体更容易发生身份的转换；相对于弱不确定性规避来说，强不确定性规避的群体认为其他群体都是危险的，不容易发生身份的转换。

本章基于文化差异、制度差异和文化产品出口异质性的视角，通过构造相关理论模型和实证模型表明，文化差异和制度差异显著地促进了中国的文化产品出口。文化差异越大的国家或地区越容易获得更多的文化认同感，因而更容易输出文化产品；制度距离较大的国家或地区更倾向于通过文化产品贸易而不是对外直接投资来拓展国际市场。而且这种正向促进作用显著地存在于非汉文化圈样本中。

相较于既往研究，本章的主要贡献体现在以下三个方面：第一，将文化差异和制度差异引入回归模型，试图从价值观差异和文化身份两个方面来全面测度文化差异。本书基于霍夫斯泰德的国家文化维度构造文化距离指数来反映国家之间价值观的差异。鉴于既有文献通过语言、殖民关系、教育水平、宗教信仰等来反映文化身份的差异，笔者在文化距离指数的基础上也选取了共同语言指标，更进一步地，本章通过细分汉文化圈和非汉文化圈两个样本来识别这种文化身份的差异。此外，模型中还构造了中外制度距离变量来反映制度差异对中国文化产品出口的影响。第二，本书从更全面的角度揭示了文化差异对中国文化产品出口的促进作用。即文化差异和文化产品出口间存在非线性关系，上述的正相关关系只存在于一定的文化距离区间内，超过这一门槛，文化差异与文化产品出口呈显著的负相关。第三，除了研究文化差异和制度差异对文化产品出口的影响外，本章还深入分析了文化差异和制度差异的交互作用。

本书接下来的安排是：6.2 节为理论模型的构建；6.3 节为计量模型、数据和方法；6.4 节为静态面板数据模型实证分析；6.5 节为动态面板数据模型实证分析；6.6 节为异质性分析；6.7 节是结论。

6.2 理论模型的构建

饶驰和迟娜德（Rauch and Trindade，2005）在基于消费者偏好对文化多样性和国际贸易的一般均衡分析中，将文化差异以折扣度的形式引入消费者效用方程①。借鉴该思路，笔者在迪克西特·斯蒂格利茨（Dixit - Stiglitz）的垄断竞争模型的基础上，用 c_{ij} 表示文化认同感的改变程度，并以乘积的形式引入效用函数，但与狭义上的文化折扣的含义不同，c_{ij} 代表了因贸易双方的文化差异和制度差异所带来的文化认同感的改变程度。但是，随着文化差异和制度差异增大，文化认同感是增强还是减弱，文化产品的出口是增加还是减少呢？该影响机制尚不

① Rauch J. E. , Trindade V. Neckties in the tropics：a model of international trade and cultural diversity ［J］. Canadian Journal of Economics，2005，42（3）：809 - 843.

明确，有待在实证部分进行深入研究。尽管文化差异、制度差异与文化认同感的改变程度（c_{ij}）密切相关，但是该值的取值范围不明确，本章的实证模型部分会对该参数进行初步估计。

假设效用方程为不变替代函数（CES），文化产品的生产满足规模报酬递增，出口目的地 j 的消费者效用函数取决于 i 国生产并出口到目的地 j 的文化产品的数量（x_{ij}）和文化认同感的改变程度（c_{ij}）的乘积。即：

$$u_{ij} = \left[\iint_D (c_{ij}x_{ij}(h))^{\rho} dhdi\right]^{1/\rho} \tag{6-1}$$

其中，$\{(h, i) \mid 0 \leq h \leq z, 0 \leq i \leq n\}$，h 表示中国出口的文化产品的种类。$u_{ij}$ 表示出口目的地的消费者效用。ρ 表示消费者对某种文化产品的偏好程度，且 $0 \leq \rho \leq 1$。当 $\rho = 0$ 时，表示消费者对文化产品多样化的偏好较强；当 $\rho = 1$ 时，表示文化产品可以完全替代。更进一步地，设定产品之间的替代弹性 $\sigma = \frac{1}{1-\rho}$。在消费者均衡状态下，i 国出口到出口目的地 j 的文化产品数量相同，式（6－1）可以简化为：

$$u_{ij} = \left[\int_0^n (c_{ij}x_{ij})^{\frac{\sigma-1}{\sigma}} di\right]^{\frac{\sigma}{\sigma-1}} \tag{6-2}$$

假设给定文化产品数量集合 $\{X \mid 0 \leq x_{ij} \leq X, i = 1, 2, \cdots n\}$，每种文化产品的价格为 P_i。选定一个 x_{ij}，使得整个文化产品集合内的成本最低。上述问题就可以简化为求解既定效用水平下（X）① 的厂商成本最小化问题：

$$\begin{cases} \min \int_0^n p_i x_{ij} di \\ s.t.\ \left[\int_0^n (c_{ij}x_{ij})^{\frac{\sigma-1}{\sigma}} di\right]^{\frac{\sigma}{\sigma-1}} = X \end{cases} \tag{6-3}$$

对于任意一组 $x_{ij} \in X$，$x_{\beta j} \in X$，上述问题的一阶条件为：

$$\frac{P_i}{P_\beta} = \left(\frac{c_{ij}x_{ij}}{c_{\beta j}x_{\beta j}}\right)^{-\frac{1}{\sigma}} \tag{6-4}$$

将式（6－4）整理后得出：$x_{ij} = (c_{\beta j}x_{\beta j}/c_{\alpha j}) * (P_i/P_\beta)^{-\sigma}$，将其代入式（6－3）的方程组中的约束条件中，可以得出文化产品 β 的补偿性需求函数：

$$x_{\beta j} = \frac{P_\beta^{-\sigma}}{c_{\beta j}\left(\int_0^n P_i^{1-\sigma} di\right)^{\frac{\sigma}{\sigma-1}}} X \tag{6-5}$$

将式（6－5）代入成本函数，可以推导出单位数量集合的文化产品的支出函数：

① 在假设各国只生产文化产品的前提下，文化产品数量的连续集合即为效用函数。

$$\int_0^n P_\beta x_{\beta j} d_\beta = \int_0^n \left(P_\beta \frac{P_\beta^{-\sigma}}{c_{\beta j} (\int_0^n P_i^{1-\sigma} di)^{\frac{\sigma}{\sigma-1}}} X \right) d_\beta$$

$$= X \frac{(\int_0^n P_i^{1-\sigma} di)^{\frac{1}{1-\sigma}}}{c_{\beta j}} \quad (6-6)$$

式（6－6）为价格函数与数量集合的乘积，当数量集合为1时，式（6－6）中的价格函数表示了单位文化产品集合的最小成本。因此，价格函数被认为是支出函数，即：

$$G_{ijt} = \frac{(\int_0^n P_i^{1-\sigma} di)^{\frac{1}{1-\sigma}}}{c_{\beta j}} \quad (6-7)$$

将式（6－7）代入式（6－5），得出文化产品的出口额：

$$cex_{ijt} = \frac{n}{c_{ij}^{1-\sigma}} \cdot G_{ijt}^{\sigma} \cdot P_{ijt}^{1-\sigma} \quad (6-8)$$

P_i 为文化产品的价格，本章进一步将价格 P_{ijt} 分解为出口离岸价 P 和冰山贸易成本 τ_{ijt}，则有 $P_{ijt} = (1 + \tau_{ijt}) P$。将该式代入式（6－8）可得：

$$cex_{ijt} = \underbrace{nP^{1-\sigma}}_{\text{经济规模}} \cdot \underbrace{G_{ijt}^{\sigma}}_{\text{购买力}} \cdot \underbrace{c_{ijt}^{\sigma-1}}_{\text{文化认同感的改变程度}} \cdot \underbrace{(1+\tau_{ijt})^{1-\sigma}}_{\text{贸易成本和贸易壁垒}} \quad (6-9)$$

从式（6－9）可以看出，文化产品的出口额取决于以下四个部分：一是经济规模。经济规模越大，潜在文化产品的进出口能力越强。二是消费者购买能力。经济发展水平越高的国家或地区消费者购买能力越强，对文化产品的潜在需求量越高。三是文化差异和制度差异。本章对文化差异的测度指标为文化距离指数、共同语言等，对制度差异的测度指标为制度距离指数。四是贸易成本和贸易壁垒。例如，信息基础设施的发达程度、是否加入 WTO、是否加入区域经济一体化组织、地理距离、是否为内陆国家或地区、是否相邻等。此外，从式（6－9）中可以直观地看出，c_{ij} 越大，文化认同感越强，文化产品的出口贸易越多。此外，当出口目的地对某一特定文化产品形成了理性成瘾性时，这必然会降低信息搜寻成本，提高文化认同感，使得 c_{ij} 增大。

6.3　计量模型、数据和方法

6.3.1　计量模型的构建

本章对文化差异和制度差异对文化产品出口的影响效应进行分析，对式（6－9）

进行对数化处理后，构造如下面板模型进行实证分析：

$$\ln cex_{ijt} = \beta_0 + \beta_1 cd_{ijt} + \beta_5 Chinese_{jt} + \beta_2 inst_{ijt} + \beta_3 \ln gdp_{ijt} + \beta_4 \ln gap_{ijt} + \beta_6 A_{ijt} + \lambda_t + \eta_{ij} + \varepsilon_{ijt} \quad (6-10)$$

其中，cex_{ijt}表示 t 时期中国的文化产品出口额。从式（6－9）中可以看出，经济规模、经济发展水平、文化差异、制度差异、贸易成本和贸易壁垒等都是影响文化产品出口的重要因素。借鉴林德（Linder，1961）和彼得·艾格（Peter Egger，2002）的相关研究，本章以贸易双方国内（地方）生产总值之和（gdp_{ijt}）代替各自的经济规模，用双方人均 GDP 差额的绝对值（gap_{ijt}）反映双方购买力水平的差异。根据科格特和辛格（Kogut and Singh，1988）的计算方法[①]，本章分别构造了文化距离指数（cd_{ijt}）和制度距离指数（$inst_{ijt}$）来反映文化差异和制度差异，为了更全面地测度文化差异，除了沿袭吉索等（Guiso et al.，2009）的相关研究，还引入了变量——是否拥有共同语言（$Chinese_{jt}$）。

为了防止遗漏变量，本章的控制变量（A_{ijt}）包括出口目的地的信息基础设施发达程度、是否为内陆国家或地区、是否加入了区域经济一体化组织、本国的文化产品进口成本、实际汇率指数、贸易双方是否加入了 WTO、贸易双方是否相邻、出口目的地所在的地理区位。尽管模型控制了一系列的变量来防止遗漏变量可能带来的内生性问题，但是仍然可能遗漏一些无法观测的个体效应和时间趋势。

既有文献对固定效应的处理主要有三个方法：第一，在面板数据模型中直接加入本国的固定效应（i）、出口目的地的固定效应（j）和时间固定效应（t）（Matyas，1997）[②]。第二，引入贸易双方（i－j）和时间固定效应（t）（Egger and Pfaffermayr，2003[③]；Cheng and Wall，2005[④]）。第三，采用本国—时间固定效应（i－t）和出口目的地—时间固定效应（j－t）（Baltagi et al.，2003）[⑤]。由于第一种方法更加符合本章的理论模型，本章从本区域、出口目的地、时间三个维度控制个体固定效应，以保证结论的稳健性[⑥]。

---

① Kogut B.，Singh H. The Effect of National Culture on the Choice of Entry Mode [J]. Journal of International Business Studies，1988，19（3）：411－432.

② Matyas L. Proper Econometric Specification of the Gravity Model [J]. World Economy，1997，20（3）：363－368.

③ Egger P.，Pfaffermayr M. The proper panel econometric specification of the gravity equation：A three-way model with bilateral interaction effects [J]. Empirical Economics，2003，28（3）：571－580.

④ Cheng I. H.，Wall H. J. Controlling for Heterogeneity in Gravity Models of Trade and Integration [J]. Federal Reserve Bank of St Louis Review，2005，87（1）：49－63.

⑤ Baltagi B. H.，Song S. H.，Koh W. Testing panel data regression models with spatial error correlation [J]. Journal of Econometrics，2003，117（1）：123－150.

⑥ 值得说明的是，在本章的第 6 部分更进一步的分析中，面板数据模型涉及了四个维度：本区域（i）、出口目的地（j）、时间（t）和产品（c）。笔者进一步控制了产品个体固定效应。

6.3.2　核心变量的构造

结合本章的研究内容，对核心统计指标的详细阐述如下。

6.3.2.1　文化差异指标的选取，文化身份还是价值观

早期学者通过构造共同语言、宗教信仰、殖民关系等虚拟变量来反映文化差异（Geraci and Prewo，1977；Guiso et al.，2004；Frankel and Rose，2002）。但是上述指标更多地是从对贸易伙伴文化的了解和熟悉程度的角度来解释对文化产品出口的促进作用，反映了一种身份差别。而对文化的熟悉和了解程度并不能全面测度文化差异，文化差异更多地体现在贸易双方的价值观方面。一般来说，贸易双方消费者的行为标准和价值观差别越大，越不易理解、掌握、预测对方的消费行为。

霍夫斯泰德（Hofstede，1980）通过文化差异的四个维度计算相关的文化距离指数来反映双方价值观的差别：

（1）权力距离。在一个国家或地方的机构或组织中，弱势成员对权力不平等的期待和接受程度①。

（2）个人主义—集体主义。个人主义指的是人们只关心自己，照顾家庭，但是人与人之间的社会联系松散。集体主义指的是居民从出生开始就进入了一个强大且紧密相连的内群体中，该群体给居民提供终身保障，居民要对该群体绝对忠诚②。

（3）阳刚气质—阴柔气质。一个社会中的男性群体更加果断、坚定、重视事业成就，而女性群体则比较谦逊、温柔、追求生活质量，这样的社会被认为是具有阳刚气质。一个社会中的男性和女性都比较谦逊、追求生活质量，并没有明显的区别时，这个社会被认为是具有阴柔气质③。

（4）不确定性规避。某种文化的受众在面对未知的、不确定性突发事件时感

---

① Boisso D.，Ferrantino M. Economic Distance，Cultural Distance，and Openness in International Trade: Empirical Puzzles [J]. Journal of Economic Integration，1997，12（4）：456－484.

Luigi Guiso，Paola Sapienza，Luigi Zingales. The Role of Social Capital in Financial Development [J]. American Economic Review，2004，94（3）：526－556.

Frankel J. A.，Rose A. K. Is Trade Good or Bad for the Environment? Sorting Out the Causality [J]. Review of Economics & Statistics，2005，87（1）：85－91.

② ［荷兰］吉尔特·霍夫斯泰德等．文化与组织：心理软件的力量（第二版）．［M］张炜，王烁，译．北京：中国人民大学出版社，2010：81.

③ ［荷兰］吉尔特·霍夫斯泰德等．文化与组织：心理软件的力量（第二版）．［M］张炜，王烁，译．北京：中国人民大学出版社，2010：126.

到受威胁的程度。[①] 针对四个国家文化维度设计的相应问题详见表6－1。

表6－1　霍夫斯泰德对国家文化维度的衡量

国家文化维度	考察方面	IBM员工调查数据的对应问题
权力距离指数（PDI）	权力不平等	1. 下级害怕向上级表达自己不同意见的频繁程度
		2. 下级对上级真实决策风格的感知
		3. 下级对上级决策风格的偏好
个人主义指数（IDV）	个人主义	1. 工作中能拥有个人时间的重要性
		2. 按自己方式完成工作的重要性
		3. 拥有挑战性工作的重要性
	集体主义	4. 工作中有培训机会的重要性
		5. 有良好的工作环境的重要性
		6. 在工作中能充分发挥自己技术的重要性
阳刚气质指数（MAS）	阳刚气质	1. 在工作中有机会获得高收入的重要性
		2. 在工作中能够得到赏识的重要性
		3. 有机会升职的重要性
		4. 拥有挑战性的工作的重要性
	阴柔气质	5. 在工作中和上级相处融洽的重要性
		6. 与有团队意识的同事合作的重要性
		7. 居住于自己和家人喜欢的地区的重要性
		8. 工作有保障的重要性
不确定性规避指数（UAI）	工作压力	1. 在工作中感到紧张或焦虑的频率
	规则导向	2. 对公司规章制度的认可程度
	风险规避	3. 愿意在本公司工作的时间期限

注：调查问卷中的回答都可以用1、2、3、4、5的得分来表示。权利距离指数和不确定性规避指数的计算方法为：分别计算出相关问题的平均得分，将若干平均得分分别乘以固定值后，进行简单的加减运算，然后再加上一个固定值。个人主义指数和阳刚气质指数的计算方法为：对14个工作目标的相关因素进行因子分析，将因子得分乘以20，再加50。这样一来，使每个问题都被赋予了相同的权重，且每个维度上的距离指数的波动区间为［0，100］。以权力距离指数和不确定性规避指数为例，分值为0代表某国（地区）该文化维度处于较低的水平。而对于个人主义指数和阳刚气质指数来说，分值为0代表该社会更偏重集体主义和阴柔气质。

资料来源：［荷兰］吉尔特·霍夫斯泰德等．文化与组织：心理软件的力量（第二版）［M］．北京：中国人民大学出版社，张炜，王烁，译，2010.

① ［荷兰］吉尔特·霍夫斯泰德等．文化与组织：心理软件的力量（第二版）．［M］张炜，王烁，译．北京：中国人民大学出版社，2010：177.

随后，作为对前四个文化维度的重要补充，霍夫斯泰德和邦德（Hofstede and Bond，1984；1988）[①] 添加了文化的第五个维度即长期导向指数（也被称为儒家精神），即一个社会更注重鼓励和培育以追求未来回报为导向的品格，例如节俭、坚韧、奉献等。但是，很多学者对该指数提出质疑，认为个人主义指数能够反映出长期导向指数（Barkema and Vermeulen，1997）[②]。因此，本章基于前四个文化维度，借鉴科格特和辛格（Kogut and Singh，1988）的计算方法构造文化距离指数：

$$cd_{ijt} = \frac{\sum_{k=1}^{4}[(I_{ikt} - I_{jk})^2 / V_{kt}]}{4} \tag{6-11}$$

其中，i、j 分别代表本区域和出口目的地，cd_{ijt}表示 t 时期贸易双方的文化距离指数，I_{ikt}表示 t 时期本区域在 k 维度上的文化距离指数，I_{jk}表示 t 时期出口目的地在 k 维度上的文化距离指数，V_{kt}表示 t 时期 k 维度上文化距离指数的方差。

有些学者认为文化反映了在宗教、民族和社会等群体中可以代际相传并且相对稳定的习俗、信念和价值观（Guiso、Sapienza and Zingales，2006）[③]。这也就是说文化是相对稳定的，文化距离指数基本上不随时间的变化而变化。此外，为了全面反映贸易双方之间的文化差别，模型中同时选取了语言的同一性、文化圈等来反映文化身份的差别。

6.3.2.2 制度距离的构造

国家或者地区不仅在身份、价值观上有差异，这种差异还表现在制度方面（霍夫斯泰德，2010）[④]。这三类差异的产生根源在于不同国家或地区历史的积淀和社会发展的进程。价值观差异和身份差异构成了文化差异，而制度差异反映出了国家治理能力的差别。

2003 年，考夫曼（Kaufmann）创建了制度数据库[⑤]，整合了 18 个研究机构 25 个数据库的相关数据，构造了反映制度距离的六个维度。

（1）声音和责任（voice and accountability）。该指标反映了当地公民参与政

---

① Hofstede G，Bond M. H. Hofstede's Culture Dimensions [J]. Journal of Cross-cultural Psychology，1984，15：417－433.

② Barkema H. G.，Vermeulen F. What Differences in the Cultural Backgrounds of Partners Are Detrimental for International Joint Ventures? [J]. Journal of International Business Studies，1997，28（4）：845－864.

③ Guiso L.，Sapienza P.，Zingales L. Does Culture Affect Economic Outcomes [J]. Journal of Economic Perspectives，2006，20（2）：23－48.

④ ［荷兰］吉尔特·霍夫斯泰德．文化与组织：心理软件的力量（第二版）［M］. 张炜，王烁，译．北京：中国人民大学出版社，2010.

⑤ 即世界银行的全球治理指数。

府大选的能力，表达以及追求自由的能力和媒体的独立性。

（2）政治稳定性和抵制暴力（political stability and absence of violence）。该指标反映了政府对不稳定因素的感知程度，或者处理侵犯公民人身财产安全的暴力行为的可能性。

（3）政府效率（government effectiveness）。该指标反映了政府机构的服务质量、独立程度，政策的制定和实施质量以及政府承诺的可信度。

（4）监管质量（regulation quality）。该指标反映了政府制定健全的法律法规和相关政策鼓励私营企业发展的能力。

（5）法律规则（rule of law）。该指标反映了代理人遵守社会规则的能力和执行合约的情况。此外还包括对公民财产权的保护，法院和公安机关的质量，犯罪和发生暴力的可能性。

（6）防治腐败（control of corruption）。该指标是对监管质量和法律规则的重要补充，代表了公共权力与私人利益之间的博弈。

上述六个指标的取值范围为［-2.5，2.5］，且都服从于标准正态分布。某个维度的指标得分较低代表了政府的该项治理能力较弱。本章借鉴科格特和辛格（Kogut and Singh，1988）的计算方法构造制度距离指数：

$$inst_{ijt} = \frac{\sum_{k=1}^{6}[(I_{ikt} - I_{jkt})^2/V_{kt}]}{6} \tag{6-12}$$

其中，i、j 分别代表本区域和出口目的地，$inst_{ijt}$表示 t 时期贸易双方的制度距离指数，I_{ikt}表示 t 时期本区域在 k 维度上的制度距离指数，I_{jkt}表示 t 时期出口目的地在 k 维度上的制度距离指数，V_{kt}表示 t 时期 k 维度上制度距离指数的方差。

6.3.3 数据来源以及统计性描述

中国与样本国家（地区）文化距离的原始数据来自霍夫斯泰德的个人网站；制度距离的原始数据来自世界银行的全球治理指数（World Governance Indicators）数据库；文化距离指数和制度距离指数的构造借鉴了科格特和辛格（Kogut and Singh，1988）的计算方法，详见之后介绍；是否具有共同语言、是否相邻来自 CEPII 数据库；出口目的地的劳动生产率数据来自国际劳工组织数据库（LABORSTA），其计算方法为出口目的地的 GDP/年末总就业人数。在数据库合并的过程中，本书参照布兰顿等（Brenton et al.，2009）的处理方法，笔者对数据进行了左侧删失样本的处理，整理得出 31061 条数据。

表 6-2 给出了产品层面上的本节相关变量的描述性统计结果。

表6-2　　产品层面上的描述性统计

变量名称	变量含义	样本数	均值	标准差	最小值	最大值
PDI	权力距离指数	23114	61.69	21.63	11	100
IDV	个人主义指数	23114	41.84	23.94	6	91
MAS	阳刚气质指数	23114	49.11	18.55	5	100
UAI	不确定性规避指数	23114	64.06	22.65	8	100
cd	文化距离指数	23114	2.373	1.457	0.155	5.564
con	防治腐败	27426	0.245	1.106	-1.924	2.586
gov	政府效率	27426	0.318	1.033	-2.450	2.430
pol	政治稳定性和抵制暴力	27467	0.0167	0.960	-3.324	1.668
regu	监管质量	27426	0.306	1.011	-2.675	2.247
rule	法律规则	27453	0.207	1.035	-2.669	2.000
voi	声音和责任	27453	0.113	0.991	-2.284	1.826
inst	制度距离指数	27411	1.777	1.654	0.0633	6.547
lnlp	劳动生产率的对数	11553	17.23	1.058	12.83	18.96
adj	是否相邻	31061	0.114	0.318	0	1
Chinese	是否具有共同语言	31061	0.0596	0.237	0	1

从文化距离指数的相关数据来看：不确定性规避指数的均值最高，为64.06；个人主义指数的均值最低，为41.84；阳刚气质指数和权力距离指数的均值分别为49.11和61.69。基于这四个维度构造的文化距离指数的均值为2.373。从制度距离指数的相关数据来看：政府效率得分的均值最高，为0.318；政治稳定性和抵制暴力的均值最低，为0.0167；监管质量、防止腐败、法律规则、声音和责任的平均得分依次为0.306、0.245、0.207、0.113。制度距离指数的均值为1.777。11.4%的样本国家（地区）与中国相邻，5.96%的样本国家（地区）与中国有共同语言，出口目的地劳动生产率对数的均值为17.23。

6.3.4　估计方法

本章首先采用混合效应模型（POLS方法）控制所有变量对基准模型进行多元线性回归。由于控制变量中含有众多非时变的变量，模型进一步采用双向面板固定效应（LSDV法）进行回归分析。作为稳健性检验的一部分，泊松回归

(POISSON)进一步验证了本章的结论不受回归方法的影响。为了减少遗漏变量的影响，基本模型中控制了贸易双方的经济规模、经济距离（又称为需求相似度）、地理距离、文化距离、制度距离、进口规模；出口目的地的人口规模、劳动生产率、信息化水平、是否加入区域经济一体化组织；双方是否相邻、是否拥有共同语言、是否加入WTO、实际汇率指数；地理位置和收入水平划分等变量。尽管如此，模型中仍然遗漏了个体异质性因素，如创新能力、人力资本积累等。这些因素很有可能显著地影响中国文化产品的出口。此外，文化产品消费的“成瘾性”（即文化资本积累）也没有被考虑进来。且文化产品出口和文化距离有可能存在反向因果关系。这些因素都可能引起基本模型的内生性问题。为了消除这种内生性问题对回归结果造成的偏差，本章进一步采用两步系统动态GMM的方法进行估计。

6.4 静态面板数据模型实证分析

6.4.1 实证检验及结果分析

表6-3汇报了主要变量对中国文化产品贸易的影响。

表6-3 **基准回归结果**

解释变量	POLS		LSDV		POISSON	
	(1)	(2)	(3)	(4)	(5)	(6)
$lngdp_{ijt}$	1.847*** (7.54)	1.354*** (4.44)	1.362** (2.54)	—	-0.105 (-0.47)	—
cd_{ijt}	0.222** (2.10)	0.221* (1.93)	0.231** (2.14)	0.781*** (2.74)	0.309*** (7.41)	0.710*** (6.65)
cd_{ijt}^2	—	—	—	-0.0822* (-1.75)	—	-0.0721*** (-4.18)
$inst_{ijt}$	0.226** (2.11)	0.206** (2.06)	0.227** (2.09)	0.345*** (2.98)	0.166*** (3.75)	0.253*** (6.07)

续表

解释变量	POLS		LSDV		POISSON	
	(1)	(2)	(3)	(4)	(5)	(6)
$Chinese_{jt}$	1.615 ** (2.39)	4.273 *** (7.48)	1.528 ** (1.99)	1.424 *** (2.69)	1.482 *** (5.89)	1.761 *** (9.16)
adj_{ijt}	-1.030 ** (-2.15)	-1.506 * (-1.95)	-1.010 ** (-2.08)	-0.697 (-1.42)	-0.799 *** (-5.32)	-0.561 *** (-3.48)
$lngap_{ijt}$	0.173 (1.37)	-0.0710 (-0.27)	0.221 * (1.69)	—	0.149 ** (2.03)	—
$lnpop_{jt}$	1.263 *** (7.55)	1.379 *** (9.18)	1.316 *** (6.79)	1.539 *** (11.78)	1.481 *** (18.13)	1.401 *** (32.19)
$lndis_{ijt}$	-0.277 (-1.56)	-0.504 ** (-2.42)	-0.353 ** (-1.98)	-0.610 *** (-3.42)	-0.304 *** (-4.85)	-0.388 *** (-6.64)
$lnRER_{ijt}$	-0.460 (-0.91)	-0.485 (-0.91)	-0.363 (-0.67)	-0.308 (-0.55)	0.187 (0.39)	-0.513 (-1.40)
$lnint_{jt}$	0.154 (1.63)	0.167 (1.18)	0.0669 (0.50)	0.193 (1.52)	0.0894 (0.86)	0.419 *** (4.75)
$lnimc_{ijt}$	0.00000814 * (1.70)	0.0000151 ** (2.46)	0.0000125 (1.49)	0.00000661 (0.86)	-0.00000831 (-1.35)	-0.000000398 (-0.08)
$land_{jt}$	-1.235 *** (-4.00)	-1.658 *** (-5.94)	-1.267 *** (-4.08)	-1.363 *** (-4.74)	-1.316 *** (-9.00)	-1.463 *** (-10.63)
gratt1	1.418 ** (2.45)	—	1.235 * (1.89)	1.328 * (1.82)	2.187 *** (3.40)	1.574 ** (2.16)
gratt2	1.200 * (1.92)	—	0.641 (0.79)	0.842 (0.89)	2.291 *** (3.65)	1.615 ** (2.31)
RTA_{jt}	-0.528 (-1.44)	—	-0.416 (-1.11)	-0.528 (-1.44)	-0.494 *** (-3.29)	—
lntd	—	0.0432 (0.10)	—	—	—	—
_cons	-59.69 *** (-8.87)	-42.27 *** (-5.64)	-48.16 *** (-3.93)	-70.34 *** (-3.79)	—	—

续表

解释变量	POLS		LSDV		POISSON	
	(1)	(2)	(3)	(4)	(5)	(6)
收入阶层	YES	YES	YES	YES	YES	NO
地区效应	YES	YES	YES	YES	YES	YES
时间效应	NO	NO	YES	YES	YES	YES
R^2	0.8843	0.9136	0.8901	0.8753	0.0788	0.0775
N	737	392	737	737	737	737

注：*、**、*** 分别表示在10%、5%和1%的统计水平上显著。括号内为t值。泊松回归直接汇报了模型的边际效应（dy/dx）。

前2列采用混合效应模型（POLS）进行了回归分析。列（1）加入了所有的控制变量，通过贸易双方的GDP之和、人均GDP之差的绝对值分别控制经济规模和经济距离①，结果表明文化距离、制度距离对中国文化产品出口的影响显著为正，并在5%的水平上显著。即中国与出口目的地的文化距离和制度距离越大，中国的文化产品出口额越多。对于中国这样一个典型的发展中国家来说，文化差异对文化产品的出口贸易有促进作用，这似乎与理论预期不符。列（2）进一步控制了出口目的地的劳动生产率，文化距离和制度距离的估计系数和显著性并未发生明显改变。文化距离在5%的置信区间内显著为正，文化距离每增加1%，中国的文化产品出口增加0.221%。制度距离的回归系数在5%的水平上显著为正，制度距离每增加1%，中国的文化产品出口增加0.206%。考虑到众多因素影响了中国的文化产品出口，本章不再赘述。

值得研究的是，文化距离和制度距离的增大对中国文化产品出口的促进作用。该结论是否受研究方法的影响呢？由于基准模型中包含了众多非时变的解释变量，列（3）和列（4）采用控制时间固定效应的LSDV方法做进一步的验证。列（3）在回归（1）的基础上进一步控制了时间效应，大部分年份的估计系数显著，回归系数进一步提高。这说明在样本期内，不可观测的时间趋势影响了文化产品出口，模型对时间趋势的控制是得当的。在控制了时间效应后，文化距离和制度距离的显著性和回归系数并没有明显的变化。

列（4）在列（3）的基础上反向剔除经济规模、经济距离等变量，引入文化距离的平方。结论表明文化距离的回归系数显著为正，但其平方的回归系数显著为负。即随着文化距离增大，对“异文化”的兴趣和认同感增强，文化产品的

① 第5章中也称为需求相似程度。

出口额增加。但是当文化距离超过一定的门槛后，文化产品的出口额又会显著下降。这可能要归因于如果这种文化差异超过了受众[①]可以接受的程度就可能带来矛盾的、毫无结果的认同。这种认知过程有可能是变化的、遥遥无期的，成为“移动的盛宴”（Stuart Hall，1987）[②]。桑托斯和泰瑞欧（Santos and Tenreyro，2006）指出在引力模型取对数的过程中可能出现詹森（Jesen）不等式以及零贸易量的问题[③]。因此，列（5）和列（6）采用泊松回归进一步验证本章的结论。为了使不同回归方法的系数具有可比性，列（5）和列（6）汇报了泊松回归的边际效应。与列（3）相比，列（5）中文化距离和制度距离的估计系数和显著性并未发生改变。与列（4）相比，列（6）中文化距离的回归系数显著为正，其平方的回归系数依旧显著为负。这进一步说明了文化距离对文化产品出口的影响是非线性的。

综上，文化距离对文化产品的出口有促进作用，这与林德（Linders et al.，2005）[④]、兰克辉森（Lankhuizen et al.，2011）[⑤]的研究结论相同。对其原因的解释主要有以下几种：一是文化比较优势论，即文化差异在一定程度上反映了文化的比较优势。文化差异比较优势带来的利润远远超过了文化距离所引起的贸易成本和贸易壁垒（Linders et al.，2005）[⑥]。二是文化互补论。文化互补论存在两个前提，即不同的民族和地区之间的文化是有差异的；消费者具有好奇心和探知欲。一定程度上的文化互补会提高消费者对“异文化”的认同感（季羡林，1990）[⑦]。三是贸易替代论。外商直接投资（FDI）对政府治理能力和文化差异的敏感度较高，当贸易双方的制度距离和文化距离较大时，跨国公司倾向于通过出口贸易来代替直接投资（Lankhuizen et al.，2011）[⑧]。

在控制变量方面，从列（1）~列（3）可以看出，贸易双方的经济规模对文化产品出口的作用显著为正，回归系数在［1.354，1.847］的区间内。在引入了文化差异和制度差异的因素后，经济距离的解释力有所下降。在控制了时间固定效应后，其回归系数基本上显著为正。这也就是说，中国的文化产品更倾向于出

---

① 在文化经济学中，文化产品或文化服务的消费者一般被称为受众。这是由于他们更加侧重文化产品或文化服务的消费体验。

② 邹威华．斯图亚特·霍尔的文化理论研究［M］．中国社会科学出版社，2014.

③ Santos S. J. M. C. and Tenreyro S. The Log of Gravity［J］. Review of Economics & Statistics，2006，88（4）：641－658.

④⑥ Linders G. M.，Slangen A. H. J.，de Groot，H. L. F.，Beugelsdijk S. Cultural and institutional determinants of bilateral trade flows［R］. Tinbergen Institute Discussion Paper，No. 05－074/3，Amsterdam－Rotterdam，2005.

⑤ Lankhuizen M.，De Groot H. L. F.，Linders G. M. The Trade－Off between Foreign Direct Investments and Exports：The Role of Multiple Dimensions of Distance［J］. World Economy，2011，34：1395－1416.

⑦ 季羡林．季羡林谈文化［M］．人民日报出版社，2011.

⑧ Lankhuizen M.，De Groot H. L. F.，Linders G. M. The Trade－Off between Foreign Direct Investments and Exports：The Role of Multiple Dimensions of Distance［J］. World Economy，2011，34：1395－1416.

口到与本国需求层次差别较大的国家或地区。地理距离仍然未体现出一致的显著性，这与文化产品的特性相关。共同语言对文化产品的出口体现出一致的显著性，即出口目的地与中国有共同语言有助于贸易双方的国际文化交流，增强对本国文化的熟悉度和认同感。邻国效应对中国文化产品出口的作用显著为负，这与本章的理论预期相反。其可能的解释是，根据马斯洛需求层次理论可知，文化产品需求属于更高层次上的需求。与欧美等发达国家相比①，越南、巴基斯坦、菲律宾、马来西亚、印度尼西亚等邻国属于中等收入国家，对文化产品的需求量相对较少。出口目的地的人口规模的估计系数显著为正，其原因可能是出口目的地的人口越多，潜在的消费市场规模越大，本国文化产品的出口量越多。其他控制变量在第 5 章已经做过详细的阐述，这里不再赘述。

6.4.2 稳健性检验

列（2）在列（1）的基础上剔除了贸易双方是否加入 WTO 组织、区域经济一体化组织的影响因素，进而控制了出口目的地的劳动生产率。结果表明文化距离、制度距离等核心解释变量的估计系数和显著性并未发生改变。列（3）在列（1）的基础上采用控制时间固定效应的 LSDV 方法进一步进行回归估计。列（4）在列（3）的基础上剔除了经济总量、经济距离等自变量，引入文化距离的平方。列（5）和列（6）分别在列（3）、列（4）的基础上用泊松回归的方法进行估计。通过这一系列的稳健性检验结果，该节证明了文化距离对文化产品出口的促进作用，且这种影响是非线性的。接下来基于动态模型对该结论展开进一步的验证分析。考虑到基本回归结果中的某些变量 t 值过低，动态回归模型采用“反向剔除法”剔除了外部冲击，双方是否加入了 WTO、区域经济一体化组织等变量。

6.5 动态面板数据模型实证分析

6.5.1 动态面板数据估计方法

前面的分析已经得到了基本的回归结果，并且也尝试采用 LSDV、泊松回归等

① 此处欧美等发达国家是指欧洲与北美的部分发达国家。

不同的方法来保证回归结果的稳健性。考虑到可能出现的内生性问题，表6－2中的列（3）~列（6）控制住了时间固定效应（λ_t）来防止世界范围内文化的演变和文化贸易的发展对中国文化产品出口可能带来的影响。其后模型中对可能影响文化距离和文化产品出口路径的因素加以控制：（1）出口目的地的信息化程度。出口目的地的信息化程度越高，对中国文化的了解和熟悉程度越高，文化差异和文化距离越小，越有利于促进本国的文化产品出口。（2）贸易双方的经济距离（第5章也称为需求相似度）。经济距离越小、经济发展程度越相近的两个国家（地区），不仅意味着需求相似度和需求重叠度高、需求结构相似，也意味着双方的行为方式和价值观相近，文化差异和文化距离较小。（3）制度距离。制度距离越大的两地，无形中导致的贸易壁垒和贸易障碍越多，贸易双方进行文化交流的可能性越小，文化差异和文化距离越大。

但是，基本回归模型无法解决以下几个问题。

第一，未被考虑到的、无法观测的个体异质性因素（例如创新能力、人力资本积累等）。这些未被观测到的个体异质性因素可能能够较好地解释文化产品的出口贸易。为了解决这一问题，并且更好地利用面板数据中的信息，笔者将随机误差项（u_{ijt}）进一步分解为不随时间而变的个体固定效应（η_{ij}）和其他误差项（ε_{ijt}）。但是在此分析方法下，前面的基准回归结果不再无偏且有效。

第二，文化消费具有“成瘾性”。即消费者有独特的“品味”，会对某种文化产品产生依赖性，并且持续消费。例如，对陶瓷艺术品的鉴赏、对摇滚音乐的执着、对泰格尔诗歌的欣赏等。考虑到这一因素，应该在基准模型回归的解释变量中加入文化产品出口的滞后1期。但是，加入滞后项后模型中可能会出现内生性和序列相关等问题，估计结果不再有效且有偏。

第三，文化距离和文化产品出口的反向因果关系。文化距离的改变会影响文化产品的出口，而文化产品的出口也可能会促进贸易双方的国际文化交流，缩小文化差异和文化距离，增加文化认同感。这种反向因果关系也是可能出现内生性问题的原因之一。因此，本节通过两步动态系统GMM的方法解决上述问题。而回归结果是否受到衡量指标和样本选取的影响呢？列（2）的因变量中用“中国—某地的文化产品出口额/中国文化产品总出口额”来刻画文化产品出口的相对比例；而列（6）则采取剔除异常样本的方法。

此外，为了研究文化距离和制度距离的交互作用，列（5）引入了制度距离和文化距离的交互项in · cd。引入交互项主要出于以下三点考虑：第一，文化距离和制度距离的估计系数分别反映了文化差异和制度差异对文化产品出口的影响，但是并没有反映出文化和制度的交互作用。第二，通过交互项可以刻画出在文化差异对文化产品出口的影响中，在多大程度上是由于制度差异引起的，即文化距离的偏效应。第三，该模型的估计结果作为稳健性检验的一部分，进一步证明了文化距离对文化产品出口的非线性关系。

6.5.2 实证检验及结果分析

从表6－4的列（1）~列（6）可以看出，与表6－3的基准回归结果相比，本节所关注的文化距离等核心变量的显著性和弹性系数并未发生明显改变。同时，该模型在选择了合适的内生变量和工具变量后，通过了 Hansen/Sargan 检验以及 AR（1）、AR（2）的检验，符合该方法的统计检验要求。

表6－4　动态模型回归结果（两步系统动态 GMM 方法）

解释变量	(1)	(2)	(3)	(4)	(5)	(6)
L. lncex	0.431*** (5.92)	—	0.451*** (6.32)	0.428*** (6.16)	0.437*** (6.03)	0.392*** (5.24)
L. lnpercent	—	0.445** (2.26)	—	—	—	—
cd_{ijt}	0.0900* (1.75)	0.170*** (4.35)	0.311** (1.99)	0.320** (2.32)	0.143* (1.95)	0.155* (1.93)
cd^2_{ijt}	—	—	−0.0429 (−1.56)	−0.0430* (−1.75)	—	—
$inst_{ijt}$	0.0831 (1.56)	−0.253 (−0.62)	0.0904 (1.62)	0.0853 (1.63)	0.362*** (2.85)	0.0599 (0.88)
in · cd	—	—	—	—	−0.0698** (−2.02)	—
$Chinese_{jt}$	1.583*** (2.76)	2.199 (1.43)	1.164** (2.14)	1.289** (2.36)	—	1.771*** (3.13)
$lngdp_{ijt}$	0.720** (2.17)	1.584 (0.82)	0.321 (0.62)	—	0.419 (1.38)	0.883* (1.73)
$lngap_{ijt}$	0.0698 (1.50)	0.163 (0.94)	0.0886* (1.87)	0.112*** (2.70)	0.0817** (1.99)	0.113** (2.21)
adj_{ijt}	0.0411 (0.18)	−4.239 (−1.30)	0.0721 (0.24)	0.0659 (0.27)	—	0.0183 (0.08)

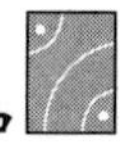

续表

解释变量	(1)	(2)	(3)	(4)	(5)	(6)
$lnpop_{jt}$	0.519*** (5.48)	0.215 (0.18)	0.553*** (5.22)	0.517*** (4.22)	0.558*** (6.27)	0.494*** (5.13)
$lndis_{ijt}$	-0.0875 (-0.77)	0.530 (0.44)	-0.162 (-1.16)	-0.0667 (-0.46)	-0.149 (-1.43)	-0.0603 (-0.59)
$lnint_{jt}$	0.342*** (3.93)	0.196 (0.28)	0.316*** (3.86)	0.329*** (3.99)	0.376*** (4.37)	0.337*** (3.63)
$lnimc_{ijt}$	0.0000106** (2.24)	-0.00000659 (-0.66)	0.00000937* (1.83)	0.0000103* (1.95)	0.00000920* (1.94)	0.0000110** (2.00)
$land_{jt}$	-0.833*** (-3.69)	-0.327 (-0.77)	-0.848*** (-4.26)	-0.915*** (-3.79)	-0.866*** (-3.71)	-0.950*** (-3.22)
地区效应	YES	YES	YES	YES	YES	YES
时间效应	YES	YES	YES	YES	YES	YES
AR (1)	0.001	0.003	0.001	0.001	0.001	0.002
AR (2)	0.355	0.141	0.321	0.347	0.327	0.392
Hansen/Sargan	0.910	1.000	1.000	0.972	0.848	0.967
N	1218	1218	1218	1218	1218	1092

注：*、**、*** 分别表示在 10%、5% 和 1% 的统计水平上显著。括号内为 t 值或 z 值。

具体来说，从列（1）和列（2）可以看出，文化距离指数每增加 1%，文化产品出口额增加 0.09%，文化产品出口的相对比例增加 0.17%。列（3）在列（1）的基础上引入了文化距离指数的平方项，文化距离的估计系数为 0.311，且在 5% 的水平上显著为正。文化距离的平方项系数为负，但是并不显著，列（4）在列（3）的基础上剔除经济总量这个因素，文化距离的估计系数依旧显著为正，文化距离平方的系数显著为负。为了进一步验证文化距离和文化产品出口的非线性关系，列（5）引入文化和制度的交互项，列（6）采取剔除异常样本点的方法。列（5）文化距离和制度距离的估计系数显著为正，而二者交互项的回归系数显著为负。这说明制度差异越大，文化距离对文化产品出口的促进作用越小。为了剔除异常文化距离的影响，列（6）将文化距离指数大于 4 的样本点剔除，采用两步系统动态 GMM 的方法进行重新估计。文化距离的估计系数和显著性并未发生明显改变。综上所述，一方面进一步说明了文化距离的增大对文化产品出口具有促进作用，另一方面说明了该影响机制有可能只在一定范围内存在。文化距离指数超过一定的门槛后，其估计系数就有可能不显著或者显著为负了。

就控制变量而言，文化产品出口的滞后项显著为正。对于文化产品出口额有限的国家或地区来说，由于不能积累足够的文化资本（David Thorsby，1999）①，无法建立出口目的地对本区域的文化认同感，这会进一步抑制未来的文化产品出口。考虑文化产品的"成瘾性"特征后，出口目的地的信息化水平的影响显著为正。这说明了在文化资本一定的情况下，中国的文化产品会出口到信息化水平更高的国家。相似的是，进口规模的影响也显著为正。在引入了文化产品出口的滞后项后，地理距离的影响不再显著。即在文化资本一定的情况下，地理距离并不会影响中国的文化产品出口。这不难理解，因为文化产品出口与普通的货物出口不同，文化产品更重"内容"，而轻"物质"。相较于距离增大和贸易成本提高而言，文化认同感是文化产品出口的决定性因素。同理而言，制度距离的影响也不再显著。其他控制变量的显著性和估计系数与静态面板数据的回归结果相似，这里不再赘述。

6.6 异质性分析

前面对中国文化产品出口的影响因素进行了实证分析。本节在控制了出口目的地的信息化水平、出口目的地的人口规模、出口目的地是否为内陆国家或地区、本区域的文化产品进口成本、双方的地理距离、出口目的地所在的地理区位等变量的基础上，分别基于文化身份的识别和文化产品异质性的角度分门别类地研究经济、文化、制度等主要解释变量对其出口贸易的影响。

6.6.1 不同文化圈的进一步检验

前面证实了文化距离会显著地促进文化产品的出口，且二者是非线性关系，这与我们传统观念的认识不同。前面采用是否拥有共同语言来反映文化身份的差异，相较而言，是否属于同一文化圈这一指标更能显著地识别这种身份的差异。

从地理位置来看，世界各国被划分成五大文化圈：西方文化圈（拉丁文化圈）、东亚文化圈（汉文化圈）、伊斯兰文化圈、印度文化圈、东欧文化圈。这五大文化圈又可以分为两大文化体系，一个是西方文化体系，也就是从古希腊、古罗马到今天的欧美文化；另一个是东方文化体系，指的是以印度和中国为代表

---

① Throsby D. Cultural Capital [J]. Journal of Cultural Economics, 1999, 23 (1): 3-12.

的东方文化体系。基于本书的研究需要，本节进一步划分了汉文化圈和非汉文化圈①，研究文化差异视角下文化距离对文化产品出口的影响效应。其中汉文化圈不仅包括了受中国传统文化影响较深的日本、朝鲜、蒙古国等东亚国家或地区，也包括了华人华侨人数较多的东南亚国家和少数的南亚国家。

与出口目的地位于同一个文化圈，意味着贸易双方的文化认同感较强，文化距离对文化产品出口的影响减弱。在同一个文化圈内，文化交流较为频繁，文化认同感较强，本国文化产品的出口贸易通过“消费成瘾性”积累文化资本，进一步促进未来一段时期的文化产品出口。因此，笔者认为对于位于汉文化圈内的出口目的地，文化距离对文化产品出口的正向传导机制减弱或者消失。相反，对于位于非汉文化圈的出口目的地而言，东西方的文化差异使得本区域文化具有比较优势，东西方两大文化体系互补，文化距离的增大会显著地提高其对中国文化产品的进口量。

本节根据法国著名汉学家汪德迈先生的研究划分汉文化圈，估计结果见表 6 - 5。

表 6 - 5　不同文化圈的回归结果（两步系统动态 GMM 方法）

解释变量	汉文化圈				非汉文化圈			
	(1)	(2)	(3)	(4)	(5)	(6)	(7)	(8)
L. lncex	0.575*** (9.40)	0.568*** (9.27)	0.581*** (9.60)	0.595*** (9.81)	0.353*** (10.03)	0.351*** (9.98)	0.350*** (9.97)	0.351*** (9.98)
cd_{ijt}	-0.423*** (-2.92)	-0.397*** (-2.72)	-0.766* (-1.84)	0.151 (0.75)	0.104*** (2.87)	0.0680* (1.72)	0.351*** (2.89)	0.138*** (2.88)
cd^2_{ijt}	—	—	0.139 (0.94)	—	—	—	-0.0496** (-2.36)	—
inst	—	0.190 (1.48)	0.191 (1.48)	0.596*** (2.92)	—	0.0712* (1.92)	0.0895** (2.38)	0.231** (2.55)
in · cd	—	—	—	-0.312*** (-2.94)	—	—	—	-0.0404* (-1.94)
$lngdp_{ijt}$	1.948*** (3.11)	1.429** (2.08)	0.771 (0.82)	2.137*** (2.97)	1.010*** (3.44)	1.002*** (3.48)	0.923*** (3.26)	0.954*** (3.36)

① ［法］汪德迈．新汉文化圈［M］．陈彦，译．北京：中国人民大学出版社，2007：3.

续表

解释变量	汉文化圈				非汉文化圈			
	(1)	(2)	(3)	(4)	(5)	(6)	(7)	(8)
$lngap_{ijt}$	0.0266 (0.45)	-0.00158 (-0.02)	-0.0235 (-0.35)	0.0752 (1.20)	0.152*** (4.62)	0.127*** (3.66)	0.123*** (3.55)	0.122*** (3.50)
$lnpop_{jt}$	-0.248 (-1.30)	-0.308 (-1.57)	-0.246 (-1.24)	-0.284 (-1.48)	0.464*** (7.23)	0.476*** (7.36)	0.499*** (7.74)	0.488*** (7.56)
$lndis_{ijt}$	-0.00149 (-0.01)	0.217 (0.98)	0.198 (0.91)	0.576** (2.32)	-0.0207 (-0.26)	-0.0241 (-0.30)	-0.0687 (-0.85)	-0.0305 (-0.38)
$lnint_{jt}$	0.188 (1.35)	0.207 (1.42)	0.258 (1.61)	0.129 (0.91)	0.310*** (4.20)	0.293*** (4.01)	0.299*** (4.15)	0.290*** (3.99)
$lnimc_{ijt}$	1.095*** (3.52)	1.175*** (3.64)	1.127*** (3.49)	0.905*** (2.92)	-0.00540 (-0.05)	-0.00246 (-0.02)	-0.0130 (-0.13)	-0.0256 (-0.25)
$land_{jt}$	—	—	—	—	-0.848*** (-5.61)	-0.858*** (-5.64)	-0.875*** (-5.78)	-0.879*** (-5.77)
地区效应	YES	YES	YES	YES	YES	YES	YES	YES
目的地×产品种类	YES	YES	YES	YES	YES	YES	YES	YES
产品种类×年份	YES	YES	YES	YES	YES	YES	YES	YES
AR(1)	0.005	0.000	0.000	0.000	0.000	0.000	0.000	0.000
AR(2)	0.158	0.151	0.148	0.152	0.105	0.305	0.106	0.106
Hansen/Sargan	1.000	1.000	1.000	1.000	1.000	1.000	1.000	1.000
N	2064	2064	2064	2064	9158	9158	9158	9158

注：*、**、*** 分别表示在10%、5%和1%的统计水平上显著。括号内为t值或z值。

与动态模型的回归方法一致，表6-5的列（1）~列（8）采用了两步系统动态GMM方法进行回归分析，为了固定住无法观测的个体效应，回归模型中控制住了4位编码的产品种类。列（1）~列（4）汇报了出口目的地为汉文化圈的估计结果。列（2）在列（1）的基础上控制了制度距离，列（3）在列（2）的基础上引入了文化距离的平方项，列（4）在列（2）的基础上引入了文化和制

度的交互项。列（5）~列（8）汇报了出口目的地为非汉文化圈的估计结果。变量选取分别与列（1）~列（4）相对应。

从表6-5来看，不同文化圈中文化距离的估计系数存在显著的差异。

对于汉文化圈的样本来说，文化距离的系数显著为负，波动区间为［-0.766，-0.397］；制度距离越大，文化距离对文化产品出口的负向影响越大。这进一步说明了文化距离的正向传导机制对汉文化圈样本失效，因为同一文化圈内的双边信任程度更高，文化交流更频繁，文化认同感较强，这些都会促进双边文化产品贸易。

对于非汉文化圈的样本来说，文化距离的系数显著为正，波动区间为［0.068，0.351］；在一定的范围内，制度距离越大，文化距离对文化产品出口的促进作用越小。这是因为：一方面，制度差异较大的国家更倾向于通过文化产品贸易而不是对外直接投资来拓展国际市场；另一方面，与中国制度距离较大的国家主要是北美和欧洲的一些发达国家，这些国家本身对文化产品的需求量较大，受文化距离的影响相对较小。

从文化产品消费"成瘾性"的角度来看，对于汉文化圈的样本来说，文化资本积累对文化产品出口的影响显著为正，且该弹性的波动区间为［0.568，0.581］。而在非文化圈的样本中，文化资本的弹性系数变小，波动范围为［0.350，0.353］。这也进一步验证了上述推论。即在同一文化圈内文化距离越大，文化产品的出口量越少。而在一定范围内非同一文化圈内文化距离和文化产品的出口依旧是显著的正相关关系。

同理，制度距离对文化产品出口的影响只有在非汉文化圈的样本中才显著为正。为了说明文化距离和文化产品出口的非线性关系，列（3）和列（6）分别引入了文化距离的平方项，列（3）中该指标的估计系数为正，但是不显著；列（6）的回归系数在5%的水平上显著为负。这进一步验证了文化距离和文化产品出口的非线性关系。即文化距离对文化产品出口的促进作用只有在一定的文化距离范围内才显著。本节基于汉文化圈的划分对个体进行的异质性分析既是对前面结论的进一步的验证和拓展，也是对既有文献的有效补充。

在其他变量的估计中，贸易双方的经济规模对文化产品出口的影响显著为正。这与基本模型的回归结果一致。值得关注的是，经济距离、出口目的地的人口规模、信息化水平，是否为内陆国家或地区等变量的估计系数在非汉文化圈的样本中体现出一致的显著性，而在汉文化圈的样本中不显著。进口规模的估计系数在汉文化圈的样本中体现出一致的显著性，在非汉文化圈的样本中影响不显著。这进一步说明了对于汉文化圈这一独特的样本而言，文化资本的积累、文化身份的识别和文化的认同感是贸易双方进行国际文化交流和双边文化贸易的决定性因素。

6.6.2 产品层面上的进一步检验

从第4章的相关内容可以看出，我国文化产品出口的两极分化现象严重。在1996~2014年间，视觉艺术品类、视听艺术品类和出版物类产品的出口贸易占文化产品总出口的96%以上。音乐和表演艺术类、文化遗产类产品的出口占比之和不超过4%。

这主要是因为，文化遗产类产品的供给受历史因素的影响，不是当期就能够制造出来的，大部分具有较高文化价值的文化遗产类产品都被限制出口，极少部分文化遗产类产品的出口只能出于投机动机。而音乐和表演艺术类产品的出口主要包括磁带、激光视盘、唱片等，中国这类产品的国际市场占有率极低。相对而言，视觉艺术类、视听艺术类和出版物类产品更能够体现中国悠久的传统文化，传递中国的核心价值观。因此，本节重点研究经济、文化和制度等因素对视觉艺术类、视听艺术类和出版物类产品影响的异质性。由于本节没有引入新的变量，且前面对各个变量做了详尽的说明，这里直接汇报基于产品异质性分析的系统动态GMM的回归结果，详见表6-6。

从表6-6的列（1）~列（12）可以看出，是否相邻、贸易双方的地理距离等空间距离变量都没有体现出一致的显著性。这清晰地说明了不同于普通的货物贸易，文化产品的出口更加重内容而轻物质。随着互联网和数字技术的发展，文化产品的出口逐渐突破了空间距离的限制，因此空间距离变量也就不那么显著了。

与之相对应的是，文化产品消费的“成瘾性”特征（也可以称为文化资本积累）的影响极为显著。该弹性系数体现出一致的显著性，且估计系数在[0.147，0.429]的区间内波动。

从产品异质性来看，经济和文化因素是决定视觉艺术类产品出口的决定因素。经济规模、经济距离和文化距离的估计系数显著为正。从列（1）~列（4）来看，双方的经济规模每增加1%，视觉艺术类产品出口增加[0.607%，1.096%]。经济距离每增加1%，视觉艺术类产品出口增加[0.084%，0.151%]。文化距离每增加1%，该类产品出口增加[0.0952%，0.126%]。出口目的地与中国拥有共有语言，该类产品出口增加[1.123%，1.455%]。

针对视听艺术类产品的估计结果同样表明了经济距离是影响文化产品出口的重要因素。该估计系数显著为正，且在[0.313，0.433]的范围内波动。与列（1）~列（4）的估计结果不同，文化距离的估计系数虽然为正，但是并不显著。是否拥有共同语言也未体现出一致的显著性。这可能是由于消费者对“视听盛宴”的欣赏和认知差异并不像价值观和文化身份的差异那么显著。视听艺术类产品所带来的视觉震撼和感官刺激往往能得到消费者的普遍偏好和一致认同。例如，美国的电影产业通过规模经济、明星效应和英语语言的结合在世界范围内得到认同（Marvasti and Canterberry，2005）。而我国对视听艺术类产品的出口限制较多，有很多具有较高文化价值的影视作品往往不允许出口。视听艺术类产品的出口往往出于投资动机而不是宣传其文化价值。这进一步阐明了经济距离变量影响作用显著，而文化距离和是否拥有共同语言等反映文化差异的变量并未体现出一致的显著性。此外，从列（8）可以看出，经济规模对该类文化产品出口的影响并不显著。这一结果不难理解，视觉艺术类产品的供给主要取决于当期的投资收益，而与当期的经济规模无关。

作为对照，列（9）~列（12）汇报了出版物类产品出口的回归结果。经济距离、地理距离和制度距离是影响出版物类产品出口的重要因素。而文化距离、是否拥有共同语言、经济总量的影响不显著。相较于第（5）~第（8）列，经济距离每增加1%，出版物类产品的出口额增加［0.155%，0.362%］；制度距离每增加1%，出版物类产品的出口额增加0.217%；地理距离每增加1%，出版物类产品的出口额减少0.31%。相较于视觉艺术类和视听艺术类，出版物类产品还受到制度距离和地理距离的影响。这也就是说，虽然相较于普通的货物贸易，文化产品具有重内容、轻物质的特性，但是该类产品的出口仍然受到空间距离和实物运输的限制，地理距离的增大引起的交易成本的上升会抑制出版物类产品的出口。制度距离越大，出版物类产品的出口量越多。良好的制度保障会降低资源的扭曲程度，防治腐败，减少贸易摩擦，降低寻租成本和交易成本。与中国制度距离较大的国家主要为北美、欧洲和东亚的一些发达国家。这些国家良好的制度保障有助于促进出版物类产品的出口。

从其他变量来看：人口规模的估计系数显著为正，波动区间为［0.432，1.835］。即出口目的地的人口规模越大，潜在消费市场规模越大，视觉艺术类、视听艺术类和出版物类产品的出口量越多。信息化水平的影响显著为正，估计系数的波动区间为［0.33，1.435］。出口目的地的信息化程度越高，对异域文化的熟悉程度和认同感越强，对视觉艺术类、视听艺术类和出版物类等产品的潜在需求量越大。进口规模基本体现出了一致的显著性，其估计系数在［0.0000106，0.0000604］这一范围内显著为正。这也就是说，中国通过进口他国或地区的视觉艺术类、视听艺术类和出版物类等文化产品增强对他国或地区的国际文化环境的了解，进而有针对性地促进该类文化产品的出口。是否为内陆国家或地区这一变量显著为负，波动区间为［-2.898，-0.971］。出口目的地为内陆国家或地区大大增加了文化产品的交易成本，进而降低了视觉艺术类、视听艺术类和出版物类等产品的出口。

表 6－6　不同产品分类的回归结果（两步系统动态 GMM 方法）

解释变量	视觉艺术类				视听艺术类				出版物类			
	(1)	(2)	(3)	(4)	(5)	(6)	(7)	(8)	(9)	(10)	(11)	(12)
L. lncex	0.241*** (6.63)	0.429*** (6.20)	0.188*** (4.64)	0.282*** (4.48)	0.210*** (4.99)	0.218*** (3.41)	0.169*** (3.70)	0.197*** (3.01)	0.199*** (4.25)	0.361*** (5.63)	0.147*** (2.91)	0.266*** (3.28)
cd_{ijt}	—	0.0952* (1.83)	—	0.126* (1.65)	—	0.273 (1.20)	—	0.110 (0.45)	—	0.143 (1.53)	—	0.0648 (0.60)
$inst_{ijt}$	—	—	0.0857 (0.90)	0.0454 (0.66)	—	—	0.384* (1.73)	0.207 (0.91)	—	—	0.184 (1.59)	0.217** (1.98)
$Chinese_{jt}$	—	1.123*** (2.99)	—	1.455*** (2.78)	—	3.458** (1.99)	—	2.533 (1.49)	—	1.609 (0.99)	—	1.329 (1.19)
adj_{ijt}	—	−0.136 (−0.64)	—	−0.124 (−0.48)	—	−0.178 (−0.26)	—	−0.597 (−0.71)	—	−0.359 (−0.77)	—	0.134 (0.23)
$lngdp_{ijt}$	1.096** (2.14)	1.135** (2.41)	1.008* (1.78)	0.607* (1.69)	1.570 (1.43)	3.061 (1.14)	2.135* (1.66)	1.175 (0.92)	0.712 (0.68)	0.791 (0.69)	0.153 (0.15)	0.927 (1.06)
$lngap_{ijt}$	0.151*** (2.62)	0.0840** (2.09)	0.140** (1.98)	0.0777 (1.42)	0.313** (2.27)	0.397** (2.12)	0.166 (1.03)	0.433** (2.23)	0.362*** (4.37)	0.155* (1.84)	0.342*** (3.71)	0.196** (2.27)
$lnpop_{jt}$	0.629*** (7.06)	0.432*** (4.36)	0.603*** (5.52)	0.646*** (6.22)	1.693*** (8.93)	1.469*** (3.82)	1.835*** (8.48)	1.740*** (6.05)	1.226*** (7.58)	0.832*** (4.89)	1.261*** (6.58)	0.958*** (5.43)
$lndis_{ijt}$	0.0792 (0.57)	−0.0306 (−0.30)	0.191 (1.12)	−0.124 (−1.13)	−0.388 (−1.39)	−0.265 (−0.68)	−0.601* (−1.93)	−0.474 (−1.15)	−0.106 (−0.46)	−0.163 (−0.84)	−0.149 (−0.54)	−0.310* (−1.70)

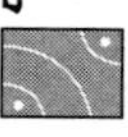

续表

解释变量	视觉艺术类				视听艺术类				出版物类			
	(1)	(2)	(3)	(4)	(5)	(6)	(7)	(8)	(9)	(10)	(11)	(12)
$lnint_{jt}$	0.725*** (6.68)	0.330*** (3.24)	0.671*** (4.74)	0.492*** (4.26)	1.435*** (6.28)	0.665** (2.10)	1.367*** (5.32)	0.799** (2.40)	0.873*** (5.70)	0.603*** (3.72)	0.762*** (4.81)	0.411** (2.50)
$lnimc_{ijt}$	0.0000304*** (3.64)	0.0000106* (1.78)	0.0000328*** (3.53)	0.0000126** (2.03)	0.0000581*** (3.73)	0.0000264 (1.33)	0.0000604*** (3.29)	0.0000283 (1.53)	0.0000414*** (3.48)	0.000000387 (0.03)	0.0000425*** (3.86)	0.00000920 (0.97)
$land_{jt}$	-1.296*** (-4.70)	-0.972*** (-4.03)	-1.578*** (-5.23)	-1.381*** (-4.82)	-2.334*** (-3.71)	-2.880*** (-4.57)	-2.746*** (-3.77)	-2.898*** (-3.95)	-0.971*** (-3.46)	-1.156*** (-3.01)	-1.050*** (-3.79)	-1.214** (-2.52)
地区效应	YES	YES	YES	YES	YES	YES	YES	YES	YES	YES	YES	YES
时间效应	YES	YES	YES	YES	YES	YES	YES	YES	YES	YES	YES	YES
AR (1)	0.000	0.009	0.000	0.034	0.000	0.000	0.000	0.000	0.000	0.000	0.000	0.005
AR (2)	0.161	0.137	0.975	0.309	0.107	0.101	0.140	0.155	0.126	0.176	0.193	0.432
Hansen/Sargan	0.184	1.000	0.111	0.714	0.226	1.000	0.130	0.787	0.106	0.999	0.229	0.850
N	2511	1459	2145	1218	2511	1459	2145	1218	2511	1459	2145	1218

注：*、**、*** 分别表示在10%、5%和1%的统计水平上显著。括号内为 t 值或 z 值。

6.7 结　　论

本章基于 HS96 - 6 位数编码的联合国贸易统计数据，通过构造文化距离指数和制度距离指数实证研究了文化差异和制度差异对中国文化产品出口的影响效应，实证结果表明：

（1）本章从文化身份和价值观的角度全面测度了文化差异，结果表明文化距离（反映价值观）和中国文化产品出口呈显著的正相关关系。即文化距离较大的国家，较容易获得文化比较优势，通过文化互补来加强文化认同感，进一步提高文化产品出口量。但是这种促进作用只存在于一定的文化距离区间内，超过一定的门槛后，文化距离指数对文化产品出口的影响则显著为负。文化距离指数和文化产品的出口呈非线性关系。而文化身份的识别（同一语言、汉文化圈等）显著地促进了文化产品出口。

（2）制度差异与文化产品出口之间存在显著的正相关关系，且制度差异越大，文化距离对文化产品出口的促进作用越弱。一方面，制度差异较大的国家或地区更倾向于通过文化产品贸易而不是对外直接投资来拓展国际市场；另一方面，与中国制度距离较大的国家主要是北美、欧洲和东亚的一些发达国家，这些国家本身对文化产品的需求量较大，受文化距离的影响相对较小。

（3）进一步从不同文化圈的分类样本来看，上述结论显著地存在于非汉文化圈的样本中。对于汉文化圈这一独特的指标而言，文化资本的积累、文化的认同感和信任程度是贸易双方进行文化交流和双边文化贸易的决定性因素。

（4）从产品的异质性来看，经济和文化因素是决定视觉艺术类产品出口的决定因素。而文化差异对视听艺术类产品的影响不显著。这可能是由于消费者主要通过视觉效果而非文字符号来欣赏和认知该类产品。这一认知渠道受价值观和文化身份的影响相对较小。此外，经济距离、地理距离和制度距离是影响出版物类产品出口的重要因素，文化距离、是否拥有共同语言、经济总量的影响不显著。这主要是由于该类产品的出口仍然受到空间距离和实物运输的限制，地理距离的增大引起的交易成本的上升会抑制出版物类产品的出口。同时良好的制度保障有助于促进出版物类产品的出口。

这些结论对拓展中国文化产品的国际市场，加快中国文化产业“走出去”的步伐具有重要的指导意义。

第 7 章

中国文化产品出口的二元边际增长机制

第 5 章和第 6 章系统地分析了经济和文化因素对中国文化产品出口的影响机制，但是研究的着眼点主要集中在理解中国文化产品出口规模的扩张上，并没有对出口规模进行结构性分解。在前面研究的基础上，本章将文化产品出口分解为集约边际和扩展边际，进一步探索中国文化产品出口增长的决定机制。

7.1 引　　言

在探究贸易增长的源泉问题时，各个学派都各抒己见。古典主义和新古典主义强调比较优势，认为现有产品出口数量的扩张是贸易增长的唯一途径。在产品异质性、需求相似、规模经济的理论基础上，新贸易理论提出的扩展边际有可能成为出口增长的新渠道。而近年来以企业异质性为研究对象的新新贸易理论框架则成为贸易增长理论的新前沿。该理论将传统贸易理论和新贸易理论结合起来，认为一国出口贸易的增长是沿着集约边际和扩展边际（简称二元边际）来实现的。集约边际是指现有出口企业或出口产品在单一方向上数量的扩张。扩展边际是指由于新产品或者新市场的增加而引起的一国贸易量的变化。基于此可以对出口贸易规模进行结构性分解。这就为研究中国出口贸易增长的结构和机制问题提供了有效的分析方法。

既有文献关于二元边际的研究主要分为三个方面。

第一，二元边际的分解及其对贸易增长的贡献率。这方面的文献按照研究方法可以分为三类：其一，企业视角。即基于微观数据库，从老企业的退出和新企业的进入来定义扩展边际。该类研究对数据的要求较高，相关研究成果较少。伊顿等（Eaton et al.，2008）通过研究 1996～2005 年哥伦比亚企业的进入和退出情况，得出该国的出口贸易是沿着集约边际而不是扩展边际扩张的①。伯纳德（Bernard et al.，2009）通过对美国企业出口贸易的结构分解表明，短期内美国的贸易量主要沿着集约边际增长，但是长期内主要受到扩展边际的影响②。阿尔博诺兹等（Albornoz et al.，2010）通过对阿根廷企业数据的研究，提出较为成功的企业出口贸易是同时沿着集约边际和扩展边际增长的③。其二，产品视角。即从产品层面上将扩展边际定义为新的产品种类。基于数据的可得性，该种方法的使用较为普遍。胡梅尔斯和克莱诺（Hummels and Klenow，2005）采用 HS96-6 位数编码的产品数据，实证分析了 1995 年 59 个进口国家和 110 个出口国家的非对称贸易，结论表明对于经济规模较大的国家而言，扩展边际对进口的贡献率为 1/3，而对出口的贡献率高达 2/3④。艾默阁·帕彻科和毕罗拉（Amurgo-Pacheco and Pierola，2008）通过研究 1990～2005 年 24 个发达国家以及发展中国家的贸易数据，结论表明出口贸易的增长 86% 是由集约边际推动的，而在发展中国家，扩展边际的贡献率在逐步提升⑤。此外，钱学锋和熊平（2010）等国内学者对二元边际的分解基本上也是在产品层面上进行的⑥。其三，贸易伙伴关系视角。即从双边或多边贸易关系的建立来看，将扩展边际定义为建立了新的贸易伙伴关系。菲薄米尔和科勒（Felbermayr and Kohler，2004）提出 1950～1997 年集约边际对世界贸易总量的增长起到了显著的推动作用，而扩展边际尚未得到充分的挖掘⑦。白塞德和普鲁萨（Besedes and Prusa，2011）从生存率和深化率两个方面来考察集约边际，此外还从贸易持续期的角度对集约边际进行了拓展⑧。

第二，二元边际的影响因素。大多数文献主要从贸易成本的角度考察其对二元边际的影响。基于对消费者偏好的假定，传统贸易理论认为一国的贸易量仅由集约边际来决定（Helpman and Krugman，1985）⑨。而可变贸易成本的下降会进

---

① Eaton J.，Eslava M.，Kugler M.，Tybout J. The Margins of Entry into Export Markets：Evidence from Colombia［M］. The Organization of Firms in a Global Economy，Cambridge，MA：Harvard University Press，2008.

② Bernard A. B.，Schott P. K. The margins of US trade［J］. American Economic Review，2009，99（2）：487-493.

③ Albornoz-Crespo F，Calvo Pardo H. F.，Corcos G.，et al.. Sequential Exporting［J］. Cepr Discussion Papers，2010，88（1）：17-31.

④ Hummels D.，Klenow P. J. The Variety and Quality of a Nation's Exports［J］. American Economic Review，2005，95（3）：704-723.

⑤ Amurgo-Pacheco A.，Pierola M. D. Patterns of Export Diversification in Developing Countries：Intensive and Extensive Margins［J］. Policy Research Working Paper，2008.

⑥ 钱学锋，熊平. 中国出口增长的二元边际及其因素决定［J］. 经济研究，2010（1）：65-79.

⑦ Felbermayr G. J.，Kohler W. Exploring the Intensive and Extensive Margin of World Trade［J］. Review of World Economics，2006，142（4）：642-674.

⑧ Besedes T.，Prusa T. J. The role of extensive and intensive margins and export growth［J］. Journal of Development Economics，2011，96（2）：371-379.

⑨ Helpman B. E.，Krugman P. Market Structure and Foreign Trade［M］. Cambrideg：MIT Press，1985.

一步推动集约边际的增长（Anderson and Wincoop，2004）①。新新贸易理论在考虑了企业异质性和固定贸易成本后提出，“新企业”或“新产品”的增加通过扩展边际影响一国贸易量的增长。而固定贸易成本的下降进一步推动了出口的扩展边际。钱尼（Chaney，2008）在麦莉兹（Melitz，2003）模型的基础上，分析了不同的贸易成本对不同行业出口贸易量的影响。结果表明，对于那些产品替代弹性较低的行业来说，贸易成本的下降使得更多的企业倾向于进行出口贸易。这使得贸易量沿着扩展边际增长②。汉森和翔（Hanson and Xiang，2009；2011）提出，受到全球固定贸易成本的影响，美国的影视产品的出口主要沿着集约边际增长。而随着地理距离和语言距离等可变贸易成本的增大，每部电影的平均出口量逐渐下降③。

第三，二元边际对其他变量的影响。二元边际对出口国劳动生产率的提高、贸易条件的改善以及产品出口竞争力的提升具有重要的作用。其一，对劳动生产率的影响。低生产率企业的退出、高生产率企业的扩张以及出口目的市场的开拓共同推动了出口国企业劳动生产率的进步。显而易见的是，这种推动作用主要是依靠出口的扩展边际来实现的（Bernard et al.，2006）④。其二，对贸易条件的影响。加尔斯强和莱恩（Galstyan and Lane，2008）以贸易不平衡的国家为研究对象，提出如果一国的贸易量主要靠集约边际推动，则产品的价格会被压低，贸易条件会恶化；如果一国贸易量的增长主要依靠扩展边际，那么贸易条件不会发生显著的变化⑤。其三，对出口竞争力的影响。宗毅君（2012）通过1992～2009年中国和美国的双边贸易数据实证研究了二元边际对一国出口竞争力的影响。结果表明，扩展边际对美国的出口竞争力的贡献率高达47%，而中国的这一比重不及27%。同时，为了拓展新的出口市场和开发新产品，中国面临着巨大的准入成本和研发投入。这在短期内降低了中国的出口竞争力。但是，长期来看，贸易结构的改善可能会提升中国的竞争优势⑥。

---

① Anderson J. E., Wincoop E. V. Trade Costs [J]. Journal of Economic Literature, 2004, 42 (3): 691－751.

② Chaney T. Distorted Gravity. The Intensive and Extensive Margins of International Trade [J]. American Economic Review, 2008, 98 (98): 1707－1721.

③ Hanson G., Xiang C. International Trade in Motion Picture Services [M]. International Services and Intangibles in the Era of Globalization, University of Chicago Press, 2009: 11－26.

Hanson G., Xiang C. Trade barriers and trade flows with product heterogeneity: An application to US motion picture exports [J]. Journal of International Economics, 2011, 83 (1): 14－26.

④ Bernard A. B., Jensen J. B., Schott P. K. Trade costs, firms and productivity [J]. Journal of Monetary Economics, 2006, 53 (5): 917－937.

⑤ Galstyan V., Lane P. R. External Imbalances and the Extensive Margin of Trade [J]. Economic Notes, 2008, 37 (3): 241－257.

⑥ 宗毅君．出口二元边际对竞争优势的影响——基于中美1992～2009年微观贸易数据的实证研究[J]．国际经贸探索，2012 (1)：24－33.

综上所述，一方面，大多数文献对一国的贸易总量进行了二元边际的分解，但是对特定行业的研究明显不足，对中国文化产品出口贸易领域的研究更是几近空白。另一方面，关于二元边际的影响因素，传统文献着重研究不同贸易成本对二元边际的影响，但是并未全面测度二元边际的影响因素（例如多边阻力、劳动生产率、信息基础设施的发达程度等），也未深入研究文化差异、制度差异及二者的交互作用对文化产品二元边际的影响。

相较于既往的研究，本章可能的贡献在以下三个方面。

第一，在产品层面上对中国文化产品出口的二元边际进行分解，通过产品—出口目的地对的对数占比和价值量占比的变化来研究二元边际对中国文化产品出口贸易的贡献率，揭示了中国的文化产品出口是沿着集约边际增长的，但是扩展边际的贡献率也在逐渐提高。更进一步地，笔者通过构造存活率和深化率来测度集约边际，构造出口关系增长率和贸易关系利用率来测度扩展边际。选取美国、韩国、日本、新加坡、中国香港特区、英国、德国、巴西、加拿大和澳大利亚10个主要的出口贸易市场作为研究对象，从双边贸易的视角来考察中国对主要贸易伙伴文化产品出口增长的二元边际的结构差异。

第二，在一个更加全面的角度上构建理论模型实证分析了中国文化产品出口二元边际的影响机制，比较分析了经济规模、贸易成本、多边阻力和劳动生产率等因素对二元边际的影响，这是对既有文献的有效补充。

第三，在考虑了文化资本积累的因素后，深入分析文化差异、制度差异及二者的交互作用对二元边际的影响机制。由此得到了一系列具有稳健性的影响因素，对中国文化产品出口贸易结构的改善、文化产品贸易的国际竞争力的提升提供了经验证据。

本章接下来的安排是：7.2 节是框架和事实；7.3 节是模型、数据和估计方法；7.4 节是二元边际的影响因素；7.5 节是动态面板数据实证分析；7.6 节是结论。

7.2 框架和事实

7.2.1 概念和框架

根据既有文献的相关研究可知，具体地说，学者们对二元边际的定义主要基于以下两种视角。一种是基于企业或者产品的视角。根据企业异质性理论，假设每个企业垄断性地生产一种产品，企业即代表产品（Kancs，2007）[①]。该视角下对集约边际的定义较为一致，即现有出口企业和产品在单一方向上数量的扩张。但是对扩展边际含义的界定尚不统一。赫梅尔斯和克莱诺（Hummels and Klenow，2005）通过对贸易量的分解将扩展边际定义为产品种类的增加[②]。坎克斯（Kancs，2007）认为扩展边际是指由于老企业退出市场或者新企业进入市场所导致的贸易量的变化。另一种是基于双边贸易关系或者多边贸易关系的视角，也可以称之为国家层面的视角。该视角下集约边际是指原有贸易关系的进一步深化。而扩展边际是指建立新的贸易伙伴关系。二元边际定义的视角和内涵直接导致了研究结果的差异。

鉴于本书搜集整理了翔实的中国文化产品出口的HS96－6位数编码下的贸易数据，沿袭艾木阁·帕切科和毕罗拉（Amurgo－Pacheco and Pierola，2008）、钱学锋和熊平（2010）的定义方法，本章从产品的角度对集约边际和扩展边际进行如下界定。集约边际是指上一时期已经出口的产品继续出口到原市场，即老产品老市场。扩展边际是指上一期未出口的产品出口到新的市场（新产品新市场），或者上一期已经出口的产品出口到新的市场（老产品新市场）[③]。但是，由于本章涉及中国 i、出口目的地 j、时间 t、产品 α 等四个维度，因而不能简单地假定一个国家或地区垄断性地生产一种文化产品，所以本章在产品层面的基础上建立产品—出口目的地对来进行深入分析。

7.2.2 特征事实

7.2.2.1 中国文化产品出口二元边际的特征分析

既有研究中对二元边际的测度有1年期比较判别法（Freund，2008；钱学锋和熊平，2010）[④] 和多年期比较判别法（Amurgo－Pacheco and Pierola，2008）[⑤]。结合数据样本的区间，本章以1996年为基期，对二元边际的测度如下。

（1）集约边际。如果 t 时期文化产品 α 从 i 地出口到目的地 j，出口额为

---

① Kancs D. Trade Growth in a Heterogeneous Firm Model: Evidence from South Eastern Europe [J]. World Economy, 2007, 30 (7): 1139－1169.

② Hummels D., Klenow P. J. The Variety and Quality of a Nation's Exports [J]. American Economic Review, 2005, 95 (3): 704－723.

③ 不存在新产品老市场的情况。

④ Freund C. L. The Anatomy of China's Export Growth [J]. Social Science Electronic Publishing, 2008, 199 (5): 1－29.

⑤ Amurgo－Pacheco A., Pierola M. D. Patterns of Export Diversification in Developing Countries: Intensive and Extensive Margins [R]. Policy Research Working Paper, 2008.

$cex_{ij-t\alpha}$，并且（t+k）时期文化产品 α 依然从 i 地出口到目的地 j，出口额为 $cex_{ij-tk\alpha}$。则第（t+k）时期文化产品出口的集约边际为：

$$\sum_{\alpha=1}^{n} cex_{ij-tk}\ (k=1,\ 2,\ 3,\ \cdots,\ z;\ \alpha=1,\ 2,\ 3,\ \cdots,\ n) \tag{7-1}$$

（2）扩展边际。如果 t 时期文化产品 α 从 i 地出口到目的地 j，出口额为 cex^{α}_{ij-t}，并且（t+k）时期文化产品 α 从 i 地出口到目的地 m，出口额为 cex^{α}_{im-tk}。或者（t+k）时期文化产品 β 从 i 地出口到目的地 s，出口额为 cex^{β}_{is-tk}，但是不存在 cex^{β}_{is-t}，即 t 时期文化产品 β 未从 i 地出口到目的地 s。那么第（t+k）时期文化产品出口的扩展边际为：

$$\sum_{\alpha=1}^{n} cex^{\alpha}_{im-tk} + \sum_{\beta=1}^{n} cex^{\beta}_{is-tk} \tag{7-2}$$

$$(k=1,\ 2,\ 3,\ \cdots,\ z;\ \alpha=1,\ 2,\ 3,\ \cdots,\ n;\ \beta=1,\ 2,\ 3,\ \cdots,\ n)$$

基于上述测度方法，表 7-1 汇报了 1997~2013 年中国文化产品出口的二元边际。从表 7-1 中可以看见，除了 2009 年和 2013 年中国文化产品的出口额相较于前一年分别减少了 34.60 亿美元和 11 亿美元外，中国文化产品的出口额基本上一直处于正向增长的态势。其中，2012 年文化产品的增长量最多，为 68 亿美元。从二元边际的增长额来看：集约边际与文化产品出口额的变化趋势一致，2009 年和 2013 年分别减少 34.90 亿美元和 8 亿美元，其余年份基本保持着增长的趋势。但是，与集约边际的变化趋势不同，扩展边际波动较大。2012 年扩展边际增长额最多，为 8 亿美元。值得注意的是，2009 年文化产品出口的扩展边际不仅没有受到金融危机的影响，反而增加了 0.30 亿美元。这说明与一般制造品的消费趋势不同，文化产品的消费受到外界冲击的影响较小，具有逆向增长的特征。

表 7-1　1997~2013 年中国文化产品出口的二元边际

年份	集约边际占比（%）		扩展边际占比（%）		增长额（百万美元）		
	产品—目的地对数	价值量	产品—目的地对数	价值量	集约	扩展	总出口
1997	74.84	99.38	25.16	0.62	—	—	—
1998	70.34	99.43	29.66	0.57	150	0	150
1999	66.44	98.00	33.56	2.00	220	30	250
2000	52.44	98.05	47.56	1.95	560	10	570
2001	52.04	98.30	47.96	1.70	370	0	370

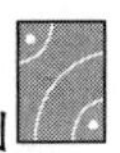

续表

年份	集约边际占比（%）		扩展边际占比（%）		增长额（百万美元）		
	产品—目的地对数	价值量	产品—目的地对数	价值量	集约	扩展	总出口
2002	49.34	98.77	50.66	1.23	1920	10	1930
2003	47.88	98.53	52.13	1.47	550	20	570
2004	43.74	98.23	56.26	1.77	730	30	760
2005	42.19	98.29	57.81	1.71	1370	20	1390
2006	40.09	98.17	59.91	1.83	1680	40	1720
2007	37.85	97.72	62.15	2.28	730	60	790
2008	36.51	97.76	63.49	2.24	3230	70	3300
2009	35.90	96.68	64.10	3.32	-3490	30	-3460
2010	35.12	95.54	64.88	4.46	1090	170	1260
2011	33.49	95.68	66.51	4.32	2600	100	2700
2012	33.29	93.24	66.71	6.76	6000	800	6800
2013	32.02	94.39	67.98	5.61	-800	-300	-1100

资料来源：笔者根据联合国商品贸易统计数据库（UN COMTRADE）的相关数据计算所得。

从产品—出口目的地对数来看：在1997~2013年间，集约边际包含了12879个产品—目的地对，占总体产品—目的地对的42.72%；扩展边际包括了17268个产品—目的地对，占总体产品—目的地对数的57.28%。在1997~2013年间，以产品—目的地对衡量的集约边际占比呈现下降的趋势，1997年集约边际占比最高，为74.84%；2013年占比最低为32.02%。与该趋势截然相反的是，扩展边际的占比逐渐上升。1997年以产品—目的地对测度的扩展边际的占比为25.16%，2013年该比重高达67.98%。从产品价值量的角度来看：集约边际在文化产品出口中处于绝对优势，一直维持在93%以上。而扩展边际占比近年来虽然略有提升，但从未超过7%。因此，中国文化产品出口主要是沿着集约边际增长的，但扩展边际的占比在逐年提升。

7.2.2.2 中国文化产品出口二元边际的国别或地区差异

本节选取美国、韩国、日本、新加坡、中国香港特区、英国、德国、巴西、加拿大和澳大利亚10个出口目的地作为研究对象，从双边贸易的视角来考察中国对10个国家或地区的二元边际结构。选取以上10个国家或地区的主要依据是：第一，都曾位于中国文化产品排名前15位的出口目的地之列，是中国主要的贸易伙伴。第二，既包括了发达国家也包括了发展中国家与地区，在经济、文化和制度方面呈现出多样性，基本上可以反映全球文化价值链的低、中、高端。第三，在地理位置上遍及了美洲、欧洲、大洋洲和亚洲，具有一定的代表性。

（1）集约边际。现有文献大多数从产品价值量扩张的角度来研究集约边际，对集约边际的界定一般以观测期的起点为样本的基期，而产品—目的地对的变化是持续的、动态的。这也就是说，如果某种文化产品的出口关系持续到了第2年（或者更长），其对一国文化产品出口的影响方式将转换为集约边际。而仅仅以样本的基期为对照单位则容易对集约边际产生高估。本节在动态框架下进一步对集约边际进行界定，沿袭白塞德和普鲁萨（Besedes and Prusa，2011）① 的测度方法，从存活率（survival）和深化率（deepening）的角度深入研究集约边际的动态变化对一国文化产品出口的影响机制。

第一，存活率。为了科学严谨地界定存活率，笔者使用数学公式表达如下。

首先，从1年期的角度来定义文化产品 α 在（t+h）时期从i地出口到目的地j的可能性：

$$P_{ij-th}^{\alpha}=\begin{cases}1 & ij\in R;\ \alpha\in C;\ h=0,\ 1,\ 2,\ \cdots,\ 17\\0 & ij\in R;\ \alpha\in C;\ h=0,\ 1,\ 2,\ \cdots,\ 17\end{cases} \tag{7-3}$$

其中，P_{ij-th}^{α}表示（t+h）时期i地是否向目的地j出口了文化产品 α，如果是，则为1；否则为0。R表示所有进出口目的地对的集合；C表示（t+h）时期i地向目的地j出口的所有文化产品种类的集合。

其次，从持续动态的角度定义文化产品 α 在（t+n）时期从i地出口到目的地j的可能性为：

$$A_{ij-tn}^{\alpha}=\begin{cases}1 & \prod_{h=0}^{n}P_{ij-th}^{\alpha}=1,\ n\in h\\0 & \prod_{h=0}^{n}P_{ij-th}^{\alpha}=0,\ n\in h\end{cases} \tag{7-4}$$

其中，A_{ij-tn}^{α}表示在特定的（t+n）时期i地是否向目的地j出口了文化产品 α，如果是，则为1；否则为0。那么，存活率可以表示为：

$$U_{ij-tn}^{C}=\frac{\sum_{\alpha\in c}A_{ij-tn}^{\alpha}}{\sum_{\alpha\in c}A_{ij-t0}^{\alpha}} \tag{7-5}$$

① Besedes T.，Prusa T. J. The role of extensive and intensive margins and export growth［J］. Journal of Development Economics，2011，96（2）：371-379.

其中，U^{C}_{ij-tn}表示第（t+n）时期 i 地向目的地 j 出口文化产品集合 C 的存活率。

表 7－2 汇报了中国与 10 个主要的贸易伙伴文化产品出口的存活率。

表 7－2　1997～2013 年中国内地与 10 个贸易伙伴文化产品出口的存活率

单位：%

存活年数	美国	韩国	日本	新加坡	中国香港特区	加拿大	澳大利亚	巴西	英国	德国	总体
1 年	91.43	81.82	94.12	100.00	100.00	91.30	95.83	100.00	80.95	92.00	78.77
2 年	91.43	68.18	91.18	84.00	94.44	82.61	79.17	83.33	80.95	92.00	69.15
3 年	88.57	68.18	88.24	84.00	88.89	69.57	70.83	83.33	76.19	80.00	63.46
4 年	85.71	68.18	88.24	80.00	88.89	69.57	70.83	75.00	76.19	80.00	61.27
5 年	82.86	68.18	85.29	76.00	88.89	69.57	70.83	75.00	76.19	76.00	59.96
6 年	80.00	63.64	85.29	76.00	88.89	69.57	70.83	75.00	71.43	76.00	58.53
7 年	80.00	63.64	85.29	76.00	88.89	69.57	70.83	75.00	71.43	76.00	58.42
8 年	80.00	63.64	85.29	76.00	88.89	69.57	70.83	75.00	71.43	76.00	57.99
9 年	80.00	63.64	79.41	76.00	88.89	69.57	66.67	75.00	71.43	76.00	57.33
10 年	80.00	63.64	79.41	76.00	86.11	69.57	66.67	75.00	71.43	76.00	56.89
11 年	65.71	63.64	70.59	68.00	69.44	65.22	58.33	75.00	66.67	76.00	54.49
12 年	65.71	63.64	70.59	68.00	69.44	65.22	58.33	75.00	66.67	76.00	54.38
13 年	65.71	59.09	64.71	68.00	69.44	65.22	58.33	75.00	66.67	76.00	54.05
14 年	65.71	59.09	64.71	64.00	69.44	65.22	58.33	75.00	66.67	76.00	53.83
15 年	65.71	59.09	61.76	64.00	69.44	65.22	58.33	75.00	66.67	76.00	53.61
16 年	62.86	59.09	61.76	64.00	66.67	65.22	58.33	75.00	66.67	76.00	53.28
17 年	60.00	59.09	58.82	60.00	66.67	65.22	54.17	75.00	66.67	68.00	52.41
平均年限	6.35	5.57	6.42	6.24	6.82	6.04	5.59	6.79	6.20	6.80	5.01

资料来源：笔者根据联合国商品贸易数据库（UN COMTRADE）的相关贸易数据计算得出。

从总体样本来看，新建立的产品—出口目的地对中有 21.23% 在第 1 年内结束出口关系，约有 40.04% 和 43.11% 在出口后的第 5 年和第 10 年结束，随后逐渐趋于稳定。截至 2013 年（出口后的第 17 年），新建立的产品—出口目的地对仅存 52.41%。

从文化产品的平均生存年限来看，在样本观测期内，中国对巴西文化产品的出口情况较为稳定，平均持续期为6.79年。这说明了我国文化产品出口市场多元化的发展策略已经开始初见成效。

由于篇幅的限制，本节没有详细列出中国对印度、俄罗斯等其他新兴市场的文化产品存活率，但是相关计算结果也佐证了上述结论。除了韩国（5.57年）之外，中国香港特区、新加坡、日本出口产品的平均存活年限分别为6.82年、6.24年和6.42年。基本上与美国（6.35年）不相上下。这说明汉文化圈对文化产品出口的影响显著。双方处于同一个文化圈内，文化身份和价值观较为相似，双边信任程度较高，文化产品贸易比较稳定。而韩国在样本初期持续存活的产品—出口目的地对就显著下降，在出口后第2年，持续存活的产品—国家对仅占68.18%。远远低于其他出口市场的同期存活率。这主要是受到样本基期的影响，并不影响整体结论。

美国和德国、英国等欧洲国家文化产品的平均生存年限较高，分别为6.35年、6.8年和6.2年。美国和欧洲国家一直是中国文化产品出口的主要出口市场。这主要是由于欧美文化更加开放和包容，对汉文化的兴趣较为浓厚。相比之下，加拿大等其他北美洲国家和澳大利亚等大洋洲国家文化产品的平均生存年限较低，分别为6.04年和5.59年。由于文化产品的平均生存年限是基于存活时间和存活概率进行加权平均计算得出的，能够反映整体观测期内出口到各个国家的文化产品持续期。

对于1997~2013年10个样本国家或地区各自的文化产品存活率变化情况，这里就不再赘述了，具体数值可在表7-2中查找。

第二，深化率。表7-3汇报了1997~2013年中国与10个主要国家或地区持续存活的产品—目的地对的对数和价值量分别占当年双边出口贸易总对数和总出口额的比重（简称深化率）。

表7-3　　1997~2013年中国与10个主要贸易伙伴文化产品出口的深化率

单位：%

年份	美国		韩国		日本		新加坡		中国香港特区	
	对数	出口额	对数	出口额	对数	出口额	对数	出口额	对数	出口额
1997	94.12	99.83	81.82	99.01	100	100	80.65	100	100	100
1998	91.43	100	75	98.82	96.88	100	91.3	100	100	100
1999	93.94	100	60	98.29	96.77	100	84	99.17	100	100
2000	88.24	100	62.5	98.52	85.71	100	66.67	99.18	91.43	100
2001	85.29	100	60	97.66	87.88	100	61.29	98.82	88.89	100

续表

年份	美国		韩国		日本		新加坡		中国香港特区	
	对数	出口额	对数	出口额	对数	出口额	对数	出口额	对数	出口额
2002	80	100	51.85	85.04	82.86	99.69	65.52	99.49	88.89	100
2003	82.35	100	50	98.89	82.86	100	65.52	99.26	88.89	100
2004	77.78	100	51.85	95.55	82.86	100	57.58	98.79	91.43	100
2005	80	100	56	96.84	84.38	99.62	57.58	98.75	88.89	100
2006	80	100	51.85	95.73	84.38	100	59.38	99.2	88.57	100
2007	79.31	100	56	96.18	82.76	100	62.96	99.44	86.21	100
2008	79.31	100	53.85	99.26	85.71	100	62.96	99.37	83.33	100
2009	76.67	100	56.52	100	81.48	100	60.71	99.08	83.33	99.33
2010	76.67	100	54.17	98.6	78.57	100	64	100	86.21	100
2011	79.31	100	59.09	99.29	80.77	100	59.26	100	86.21	100
2012	75.86	100	54.17	99.75	80.77	99.42	61.54	99.81	85.71	100
2013	77.78	99.85	56.52	99.48	83.33	100	65.22	99.85	80	98.81
均值	82.24	99.98	58.31	97.47	85.76	99.93	66.24	99.42	89.29	99.89

年份	加拿大		澳大利亚		巴西		英国		德国	
	对数	出口额	对数	出口额	对数	出口额	对数	出口额	对数	出口额
1997	84	100	85.19	98.84	75	100	70.83	99.77	85.19	100
1998	73.08	98.33	82.61	99.54	66.67	97	60.71	99.3	88.46	99.77
1999	76.19	99.74	77.27	99.62	66.67	99.62	66.67	100	76.92	99.77
2000	64	99.06	58.62	99	64.29	100	59.26	100	66.67	100
2001	55.17	99.24	54.84	99	52.94	98.75	55.17	100	73.08	100
2002	59.26	99.59	62.96	99.78	64.29	99.09	53.57	99.42	63.33	99.15
2003	55.17	99.27	56.67	100	56.25	99.01	57.69	99.73	70.37	99.25
2004	51.61	100	53.13	100	40.91	98.81	57.69	99.04	65.52	98.47
2005	57.14	99.36	66.67	99.38	52.94	98.3	50	99.43	65.52	99.72
2006	50	99.33	59.26	100	47.37	97.11	53.57	99.66	65.52	100
2007	60	100	56	98.63	50	97.74	53.85	99.53	73.08	99.7
2008	62.5	99.63	53.85	99.21	45	98.82	51.85	99.46	73.08	100
2009	60	99.47	53.85	99.21	40.91	98.57	58.33	99.51	73.08	99.01
2010	60	99.51	51.85	98.66	40.91	98.51	53.85	99.45	73.08	100
2011	60	99.64	56	99.06	42.86	99.01	53.85	99.03	73.08	100

续表

年份	加拿大		澳大利亚		巴西		英国		德国	
	对数	出口额	对数	出口额	对数	出口额	对数	出口额	对数	出口额
2012	60	99.73	56	98.84	45	98.41	51.85	99.07	70.37	100
2013	62.5	99.69	54.17	98.76	36	98.33	53.85	98.32	70.83	99.89
均值	61.8	99.51	61.11	99.27	52.24	98.65	56.62	99.45	72.19	99.69

资料来源：笔者根据联合国商品贸易数据库（UN COMTRADE）的相关贸易数据计算得出。

首先，从持续存活的产品—目的地对的对数占比来看。基于全样本的分析，持续存活的产品—目的地对的对数占比的均值为34.15%（低于表6－1的均值46.09%），约为总体产品—目的地对的1/3。但是从不同的出口目的市场来看该数值呈现出较大的差异性。本节选取的主要的10个出口贸易伙伴对数占比的均值都远高于全部样本。巴西对数占比的均值最低，为52.24%（>34.15%）。在同一汉文化圈的样本国家或地区中，除了韩国的对数占比的均值较低，为58.31%。中国香港特区、日本、新加坡的持续存活的对数占比均值分别高达89.29%、85.76%、66.24%。美国和英国、德国等欧洲国家对数占比的均值分别为82.24%、56.62%和72.19%。即使是北美洲的加拿大和大洋洲的澳大利亚等国家持续存活的文化产品对数占比的均值也分别高达61.8%和61.11%。这也就是说，从总体样本来看，虽然以产品—目的地对对数占比来衡量的集约边际只占总的产品—目的地对对数的34.15%。但是，细分国别或地区具体从中国主要的文化产品贸易伙伴来看，以产品—目的地对的对数占比来衡量的集约边际的贡献率仍然占到50%以上。

其次，从持续存活的产品—目的地对的价值量占比来看。基于全样本的分析，持续存活的产品—目的地对的价值量占比的均值为92.44%（低于表7－1的均值97.42%）。从细分国别或地区来看，除了韩国的价值量占比的均值为97.47%，巴西的价值量占比的均值为98.65%，其他8个国家或地区价值量占比的均值都高于99%。2002年，韩国持续存活的产品—目的地对的价值量占比为85.04%，这是导致样本在观测期内的平均值较低的主要原因。而巴西作为样本中唯一的发展中国家，集约边际的贡献率略低于高收入国家或地区。由于表7－3中分别列出了10个国家或地区持续存活的文化产品的对数占比和价值量占比的均值，能够反映整体观测期内出口到各个国家或地区的文化产品集约边际的贡献率。对于1997～2013年10个样本每一年持续存活的文化产品集约边际的变化情况，这里就不再赘述了，具体数值可在表7－3中查找。

综上所述，无论是基于总体样本或者10个文化产品主要出口目的地的细分国别或地区的分析，无论是基于固定基期还是持续变化的动态分析方法，都表明了中国文化产品的出口是沿着集约边际变动的。

（2）扩展边际。扩展边际对一国文化产品出口的影响主要通过两种途径：一是向新的市场出口新种类的文化产品，二是向新的市场出口曾经出口过的文化产品①。为了全面测度上述扩展边际对文化产品出口的影响，本章基于产品层面从持续的、动态的视角选取出口关系增长率和贸易关系利用率两个指标来进行深入的分析。

第一，出口关系增长率。表7－4用1996～2013年10个主要贸易伙伴的文化产品种类的年均增长率、产品—目的地对的总增长率、产品—目的地对的对数占比和产品—目的地对的出口额占比的均值来反映其出口关系的增长率，并与文化产品出口额的年均增速和总增长率进行对比分析。

表7－4　1996～2013年10个主要贸易伙伴扩展边际的增长率　单位：%

国家或地区	产品种类年均增速	产品—目的地对总增长率	产品—目的地对对数占比	产品—目的地对出口额占比	出口额年均增速	出口额总增长率
美国	－1.37	－22.86	17.76	0.02	18.58	1266.46
韩国	0.63	4.55	41.69	2.53	50.62	2436.68
日本	－1.87	－29.41	14.24	0.07	23.03	917.54
新加坡	0.27	－8.00	33.76	0.58	53.63	4154.78
中国香港特区	－0.9	－16.67	10.71	0.11	17.91	643.36
加拿大	0.87	4.35	38.2	0.49	22.28	1715.64
澳大利亚	0.79	0.00	38.89	0.73	25.93	2409.32
巴西	5.68	108.33	47.76	1.35	33.12	4718.10
英国	1.69	23.81	43.38	0.55	25.36	2013.68
德国	0.09	－4.00	27.81	0.31	25.82	1005.66
总体	5.99	158.97	65.85	7.56	18.9	1422.06

注：表7－4中的产品种类年均增速、出口额年均增速、新建立的产品—目的地对对数占比、新建立的产品—目的地对出口额占比的数据是1997～2013年相关数据的均值。产品—目的地对总增长率＝（2013年的产品—目的地对的对数－1996年的产品—目的地对的对数）/1996年的产品—目的地对的对数。出口额总增长率的计算方法同上。

资料来源：笔者根据联合国商品贸易数据库（UN COMTRADE）的相关贸易数据计算得出。

① 值得说明的是：新产品老市场的情况并不存在，即新产品就应该没有老市场；如果有老市场就不是新产品了。

从第2~第5列可以看出，全部样本中产品种类的年均增速为5.99%，远小于出口额的年均增速为18.9%；产品—目的地对的总增长率为158.97%，远远小于文化产品出口额的总增长率1422.06%。这说明了扩展边际对文化产品出口的贡献率较小。10个主要贸易伙伴的国别或区域差异也证明了上述观点。美国、日本、中国香港特区产品种类的年均增速为负值，分别为-1.37%、-1.87%、-0.9%；产品—目的地对的总增长率也为负值，分别为-22.86%、-29.41%、-16.67%。而巴西产品种类的年均增速最高，为5.68%；产品—目的地对的总增长率也高达108.33%。但是从文化产品出口额的年均增速来看，除了中国香港特区（17.91%）之外，新加坡、韩国、日本等汉文化圈的国家增速较快，分别为53.63%、50.62%和23.03%。巴西作为样本中唯一的发展中国家，文化产品出口额的年均增速高达33.12%，出口额总增长率高达4718.10%。其他5个国家文化产品出口额的增速（年均增速和总增长率）也远高于总体样本对应的均值。但是从产品种类的年均增速和产品—目的地对的总增长率来看，除了巴西与总体样本均值较为接近（分别为5.68%和108.33%）之外，其他9个贸易伙伴的该数值远远小于总体样本的均值，甚至为负值。这进一步说明了中国的文化产品出口主要沿着集约边际增长，虽然中国文化产品出口市场多元化的策略初见成效，但是对文化产品出口总量的贡献率并不高。

表7-4第4、第5列的相关数据也佐证了上述结论。总体样本中新建立的产品—目的地对的对数占比高达65.85%，远远高于出口额占比的数值7.56%。细分国别来看，巴西、英国和韩国的产品—目的地对对数占比较高，分别为47.76%、43.38%和41.69%。但是出口额占比非常小，仅为1.35%、0.55%和2.53%，其他7个贸易伙伴的相关数据也显示出了相似的规律性。

第二，贸易关系利用率。上述一系列的研究结果初步表明了中国的文化产品出口不是通过扩展边际推动的。但是与发达国家相比，发展中国家表现出了更大的扩展边际。这主要是因为发达国家与中国已经建立了成熟的产品—目的地对的出口关系，扩展边际增长的空间不大。钱学锋等（2010）通过新建立的产品—目的地对的对数占比和价值量占比说明了中国对发展中国家的扩展边际高于对发达国家的扩展边际。沿袭白塞德和普鲁萨（Besede and Prusa，2011）的思路，本章构建了贸易关系利用率来说明10个主要的出口目的地文化产品出口关系的利用情况，进一步探索扩展边际的国别或区域差异。

下面开始构建贸易关系利用率指标，贸易关系利用率=每个国家或地区实际出口的文化产品种类数/潜在的文化产品出口种类数。对于每个国家或地区而言，潜在的文化产品出口种类数不等于总的38小类文化产品数。这是因为该地区不一定具有出口所有文化产品的潜力，所以将潜在的文化产品出口种类数界定为样本观测

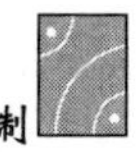

期内所出口的文化产品种类数之和。那么某个地区潜在出口的文化产品种类数也不应该简单设定为该地区所有国家和38类文化产品的排列组合，而应该计算出每个国家或地区在观测期内可能出口的文化产品种类数，然后进行加总。根据上述计算公式，表7-5汇报了1996~2013年10个主要贸易伙伴的贸易关系利用率。

表7-5　　1996~2013年10个主要贸易伙伴的贸易关系利用率　　单位：%

年份	美国	韩国	日本	新加坡	中国香港特区	加拿大	澳大利亚	巴西	英国	德国	总体
1996	94.59	62.86	91.18	52	97.22	62.16	66.67	38.71	58.33	71.43	26.62
1997	91.89	62.86	84.37	80.65	97.22	67.57	75	51.61	66.67	77.14	29.62
1998	94.59	57.14	84.37	39.13	91.18	70.27	63.89	48.39	77.78	74.29	34.38
1999	89.19	71.43	80.65	52	84.37	56.76	61.11	48.39	66.67	74.29	32.02
2000	91.89	68.57	94.29	76.67	94.29	67.57	80.56	45.16	75	85.71	38.95
2001	91.89	71.43	87.88	80.65	97.22	78.38	86.11	54.84	80.56	74.29	40.87
2002	94.59	77.14	94.29	72.41	97.22	72.97	75	45.16	77.78	85.71	41.32
2003	91.89	80	94.29	72.41	97.22	78.38	83.33	51.61	72.22	77.14	42.79
2004	97.3	77.14	94.29	87.88	94.29	83.78	88.89	70.97	72.22	82.86	48.24
2005	94.59	71.43	84.37	87.88	97.22	75.68	66.67	54.84	83.33	82.86	49.84
2006	94.59	77.14	84.37	84.37	94.29	86.49	75	61.29	77.78	82.86	52.28
2007	78.38	71.43	72.41	62.96	72.41	67.57	69.44	58.06	72.22	74.29	58.25
2008	78.38	74.29	67.86	62.96	76.67	64.86	72.22	64.52	75	74.29	60.93
2009	81.08	65.71	62.96	67.86	76.67	67.57	72.22	70.97	66.67	74.29	62.38
2010	81.08	68.57	67.86	52	72.41	67.57	75	70.97	72.22	74.29	64.27
2011	78.38	62.86	57.69	62.96	72.41	67.57	69.44	67.74	72.22	74.29	69.62
2012	78.38	68.57	57.69	57.69	67.86	67.57	69.44	64.52	75	77.14	68.43
2013	72.97	65.71	45.83	39.13	76.67	64.86	66.67	80.65	72.22	68.57	70.66
均值	87.54	69.68	78.15	66.2	86.49	70.42	73.15	58.24	73	76.99	49.53
增长率	0.00	0.01	0.01	0.06	0.00	0.01	0.01	0.04	0.02	0.01	0.04

注：最后1列增长率是指贸易关系利用率年均增长率的均值。

资料来源：笔者根据联合国商品贸易数据库（UN COMTRADE）的相关贸易数据计算得出。

从总体样本来看，1996~2013年间贸易关系利用率呈现上升的趋势，年均增速为0.04%，均值为49.53%。巴西的贸易关系利用率的变化趋势与总体样本一致，年均增速为0.04%，均值为58.24%。除了新加坡（年均增速为0.06%，均值为66.2%）与巴西之外，其他8个贸易伙伴的贸易关系利用率的均值基本上都大于70%，而其年均增速却非常缓慢，甚至有所下降。发达国家和发展中国家的贸易关系利用率存在显著的差异，发展中国家的贸易关系利用率较低，但是上升空间较大。而美国和欧洲的一些发达国家的贸易关系利用率相对较高，上升空间较小，甚至有下降的趋势。相对于其他发达国家而言，韩国、日本和新加坡等汉文化圈的国家贸易关系利用率呈现上升的趋势，而美国和中国香港特区的贸易关系利用率有所下降。

由此可见，中国对主要贸易伙伴的出口贸易主要源于集约边际（均值为92.44%），这不仅同我国与世界总体的文化产品出口贸易的情况相同，而且说明了我国对主要的贸易伙伴的出口贸易呈“粗放型”增长且容易受到外部冲击。此外，除了美国和欧洲的一些发达国家之外，中国与新加坡、韩国、日本等汉文化圈国家或地区以及巴西等发展中国家或地区的文化产品出口贸易的扩展边际呈现上升的趋势。

这说明我国文化产品出口市场多元化的发展策略已经开始初见成效。究其原因，主要体现在以下两个方面：

一方面，从世界范围内来看，提升扩展边际的难度要远远大于集约边际。这是由于新产品或者新市场的扩大意味着较高的研发投入和巨大的市场准入成本，而市场的不确定性加剧了资本投入的风险，对于文化资本积累较小的国家而言，无法承担这样巨额的沉没成本。这种客观条件决定了目前我国的文化产品出口只能主要依赖集约边际。

另一方面，这种粗放型的文化产品出口增长模式必然无法持续且较容易受到外部冲击，因此我国开始实施出口市场多元化的发展策略。

但是，该发展策略有可能受到以下几个方面的局限：

第一，中国的主要贸易伙伴基本上都是高收入国家或地区，其文化产品的市场规模和潜在的消费者需求较大。同时，由于文化产品的“成瘾性”特征，随着人均可支配收入的提高，相较于新种类的产品而言，这些国家的消费者更倾向于消费曾经接触过的文化产品，推动了集约边际的增长。

第二，自改革开放30多年来，中国的经济增长奇迹已经使得文化产品出口的扩展边际提升到了一个相对较高的绝对水平上，随着经济增速的放缓，其在未来一段时间内的增长空间有限。

第三，随着移民数量的增加，华人华侨遍及世界各地。这对缩小国家之间的文化差异，提升中国的文化认同感，促进中国文化产品的出口贸易具有重要的意义。但是文化差异对扩展边际的影响机制尚不明确，有待深入研究。

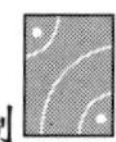

7.3 模型、数据和估计方法

7.3.1 模型的设定

钱尼（Chaney，2008）[①] 构建了一个多国非对称贸易的企业异质性模型：

$$x_{ijt}^{c}(\varphi)=\begin{cases}u^{c}\times\left(\dfrac{Y_{it}\times Y_{jt}}{Y_{wt}}\right)\times\left(\dfrac{w_{it}\times\tau_{jit}^{c}}{\theta_{jt}^{c}}\right)^{-\gamma^{c}}\times(f_{ijt}^{c})^{-\left(\frac{\gamma^{c}}{\sigma^{c}-1}-1\right)} & \text{if}\quad \varphi\geqslant\bar{\varphi}_{ijt}\\ 0 & \text{if}\quad \varphi<\bar{\varphi}_{ijt}\end{cases}\tag{7-6}$$

其中，x_{ijt}^{c}表示t时期i地的部门c生产的产品出口到目的地j的总价值量；Y表示经济总量；w_{it}表示出口地的劳动生产率；τ_{jit}^{c}和f_{ijt}^{c}分别表示t时期i地的部门c生产的产品出口到目的地j的可变贸易成本和固定贸易成本；θ_{ijt}^{c}代表t时期i地的部门c生产的产品出口到目的地j所面临的多边阻力；u^{c}、σ^{c}、γ^{c}分别表示三个外生参数：产品c的消费份额、产品的可替代弹性、企业的异质性参数。此外，当企业的劳动生产率（φ）大于门槛劳动生产率（$\bar{\varphi}_{ijt}$）时，i地部门c的产品才会出口到目的地j；否则，出口量为0。

根据企业异质性模型，沿袭相关测度方法，可以将贸易双方之间的贸易量分解为集约边际和扩展边际。其中，集约边际e_{ijt}是指单位企业出口量的均值，扩展边际N_{ijt}表示出口企业的数量（Anderson and Wincoop，2003[②]；Kancs，2007[③]；Hummels and Klenow，2005[④]）。钱尼（Chaney，2008）在式（7-4）的基础上，分解出了二元边际的函数，集约边际的函数表达式为：

$$e_{ijt}=x_{ijt}(\varphi)=\lambda_{3}\times\left(\frac{Y_{jt}}{Y_{wt}}\right)^{\frac{\sigma-1}{\gamma}}\times\left(\frac{\theta_{jt}}{\tau_{ijt}}\right)^{\sigma-1}\times\left(\frac{\varphi}{w_{it}}\right)^{\sigma-1}\tag{7-7}$$

其中，$\{\varphi\mid\varphi\geqslant\bar{\varphi}_{ijt}\}$，$\lambda_{3}$为常数，其他变量与式（7-4）中相同。由此可见，集

① Chaney T. Distorted Gravity: The Intensive and Extensive Margins of International Trade [J]. American Economic Review, 2008, 98 (98): 1707-1721.

② Anderson J. E., Van Wincoop E. Gravity with Gravitas: A Solution to the Border Puzzle [J]. American Economic Review, 2003, 93 (1): 170-192.

③ Kancs D. A. Trade Growth in a Heterogeneous Firm Model: Evidence from South Eastern Europe [J]. World Economy, 2007, 30 (7): 1139-1169.

④ Hummels. D., Klenow P. J. The Variety and Quality of a Nation's Exports [J]. American Economic Review, 2005, 95 (3): 704-723.

约边际取决于经济总量、多边阻力、可变贸易成本和企业的劳动生产率。

结合式（7-4）和式（7-5），可以推导出扩展边际 N_{ijt} 的函数表达式：

$$N_{ijt}=\frac{x^{c}_{ijt}(\varphi)}{x_{ijt}(\varphi)}=\left(\frac{\sigma}{\sigma-1}\right)^{\sigma-1}\times\left(\frac{Y_{it}Y_{jt}}{Y_{wt}}\right)\times f_{ijt}-\frac{Y}{\sigma-1}\times\left(\frac{w_{it}\tau_{ijt}}{\theta_{jt}}\right)^{-\gamma} \quad (7-8)$$

由此可见，扩展边际除了受到经济总量、多边阻力、可变贸易成本和企业的劳动生产率等因素的影响，还受到固定贸易成本的影响。这也就是说，固定贸易成本只影响了贸易量的扩展边际，而对集约边际没有产生影响。这与坎克斯（Kancs，2007）的理论预期相符。

根据式（7-5）和式（7-6），本章构建了影响中国文化产品出口二元边际的计量模型：

$$\begin{aligned}\ln IM_{ijt}=&\beta_0+\beta_1\ln gdp_{ijt}+\beta_2\ln gap_{ijt}+\beta_3\ln\tau_{ijt}+\beta_4\ln mres_{ijt}\\&+\beta_5\ln prod_{it}+\beta_6A_{ijt}+\lambda_t+\eta_{ij}+\varepsilon_{ijt}\end{aligned} \quad (7-9)$$

$$\begin{aligned}\ln EM_{ijt}=&\beta_0+\beta_1\ln gdp_{ijt}+\beta_2\ln gap_{ijt}+\beta_3\ln\tau_{ijt}+\beta_4\ln fc_{ijt}+\beta_5\ln mres_{ijt}\\&+\beta_6\ln prod_{it}+\beta_7A_{ijt}+\lambda_t+\eta_{ij}+\varepsilon_{ijt}\end{aligned} \quad (7-10)$$

其中，IM_{ijt} 和 EM_{ijt} 分别表示集约边际和扩展边际；τ_{ijt} 为可变贸易成本，是模型的核心解释变量，包括由文化差异和制度差异引起的贸易成本、传统的运输成本以及由信息发达程度的差异引起的贸易成本的变化；gdp_{ijt} 和 gap_{ijt} 分别表示贸易双方的经济总量之和及其经济距离；fc_{ijt} 表示固定贸易成本；$mres_{ijt}$ 表示多边贸易阻力；$prod_{it}$ 表示以工资衡量的出口地企业的劳动生产率；A_{ijt} 为控制变量，包括了出口目的地的人口规模、出口地文化产品的进口成本等；因为无法观测固体效应和时间趋势带来的内生性问题，笔者进一步使用进出口贸易伙伴对（η_{ij}）来控制不同的出口目的地进口的文化产品的固定效应，在实际操作中，还控制了出口目的地的地理位置；使用了时间虚拟变量（λ_t）来控制时间趋势上文化产品的不同特征。

7.3.2 变量构造和统计性描述

结合本章的研究内容，本书的核心统计指标详细阐述如下：

第一，集约边际和扩展边际。安德森和温库伯（Anderson and Wincoop，2003）[①] 以及坎克斯（Kancs，2007）[②] 对二元边际进行了分解，即 i 地对出口目

---

① Anderson J. E.，Van Wincoop E. Gravity with Gravitas：A Solution to the Border Puzzle［J］. American Economic Review，2003，93（1）：170－192.

② Kancs D. A. Trade Growth in a Heterogeneous Firm Model：Evidence from South Eastern Europe［J］. World Economy，2007，30（7）：1139－1169.

的地j的出口贸易量等于i地出口到目的地j的所有产品的平均出口量乘以产品种类数。因此，笔者将i地出口到目的地j的所有产品的平均出口量设定为集约边际，而产品种类数代表了扩展边际。以1996年为基期，本章从双边贸易的角度对中国与189个贸易伙伴的文化产品出口的二元边际进行了测度。原始数据来源于联合国商品贸易统计数据库（UN COMTRADE）。

第二，固定贸易成本。关于固定贸易成本的测度，学术界尚未形成一致的观点。但是，一般来说，固定贸易成本主要受国内行政干预、多边贸易体制、非关税贸易壁垒等因素的影响（钱学锋和熊平，2010）①。一国的贸易自由度越高，固定贸易成本越低，双方的贸易往来就越密切。因此，学术界通过构造贸易自由度来间接反映双方的固定贸易成本。借鉴黑德和梅耶（Head and Mayer，2004）②的相关研究，本章将贸易自由度定义为：

$$fc_{ijt} = \sqrt{\frac{E_{ijt} * E_{jit}}{E_{iit} * E_{jjt}}} \tag{7-11}$$

其中，i表示本地，j表示出口目的地，t表示时间。E_{ijt}表示t时期从i地出口到目的地j的文化产品总量；E_{jit}表示t时期从j地出口到目的地i的文化产品总量。E_{iit}和E_{jjt}分别表示t时期贸易双方的总销售量。其值等于当地的总产出分别减去各自的总出口。③ 双边文化产品进出口数据来源于联合国商品贸易统计数据库（UN COMTRADE），总产出采用2005年不变价美元的国内生产总值，该数据来自世界银行数据库。

第三，可变贸易成本。本节研究的可变贸易成本主要包括三个部分：

一是文化差异和制度差异引起的贸易成本的变化（曲如晓等，2015）④。本节主要从文化距离和共同语言两方面来衡量文化差异引起的可变贸易成本。关于文化距离的测度主要沿袭了霍夫斯泰德（Hofstede，2001）⑤ 对于国家文化维度的研究，采取欧式距离法计算出文化距离指数。关于制度差异的测度，主要根据世界银行的全球治理指数测算出贸易双方之间的制度距离指数。文化距离的原始数据来自霍夫斯泰德的个人网站，制度差异的原始数据来自世界银行的全球治理指数，是否拥有共同语言来自CEPⅡ数据库。

二是由出口目的地所在的地理位置所引起的传统运输成本的变化，采用双边

① 钱学锋，熊平．中国出口增长的二元边际及其因素决定［J］．经济研究，2010（1）：65－79.

② Head K.，Mayer T. The empirics and agglomeration and trade［M］. Handbook of Regional and Urban Economics，2004.

③ 基于数据的可得性，本节在计算国内总销量时利用所有种类产品的出口值代替文化产品的出口值。

④ 曲如晓，杨修，刘杨．文化差异、贸易成本与中国文化产品出口［J］．世界经济，2015（9）：130－143.

⑤ Hofstede G. H.. Culture's consequences：Comparing values，behaviors，institutions and organizations across nations［M］. Sage，2011.

地理距离、共同边界和是否为内陆国家或地区来反映（Kancs，2007[①]；Helpman et al.，2008[②]；Amurgo－Pacheco and Pierola，2008[③]）。其中，双边地理距离采用两国首都之间的地理距离。共同边界和是否为内陆国的数据来源于 CEPⅡ数据库。

三是对于文化产品而言，出口目的地的信息发达程度也是导致贸易成本变化的重要因素之一。笔者采用出口目的地的互联网使用率来反映其信息化的发达程度，数据来源于世界银行数据库。

第四，多边阻力。一般来说，一国或地区与其他国家的多边阻力越大，与特定国家或地区的文化产品贸易就越频繁。更进一步地说，双方的文化产品出口贸易取决于或地区的贸易成本与该国和所有出口目的地贸易成本均值的相对水平。在双边贸易成本一定的情况下，多边阻力越大，越会推动双方之间的贸易往来。沿袭诺威（Novy，2013）的测度方法，对多边阻力的定义如下：

$$mres_{ijt} = \left(\frac{E_{jjt}/Y_j}{Y_{jt}/Y_{wt}}\right)^{\frac{1}{\sigma-1}} * \phi_{ijt} \tag{7-12}$$

其中，i 表示本地区，j 表示出口目的地，t 表示时间。E_{jjt}表示 t 时期出口目的地的国内总销量，等于该地的总产出减去总出口，出口目的地的总产出为 2005 年不变价美元的 GDP。Y_{jt}和 Y_{wt}分别表示 t 时期出口目的地的生产总值和世界各国（地区）的国内生产总值之和。ϕ_{ijt}代表了国内（地区）贸易的经济成本。各地总产出和出口贸易的相关数据分别来自世界银行数据库和联合国商品贸易统计数据库（UN COMTRADE）。国内贸易的经济成本采取出口目的地的贸易自由度指数。该指数经过了对数化和标准化处理。在 σ 的取值方面，借鉴安德森和温库伯（Anderson and Wincoop，2003）[④] 以及诺威（Novy，2013）[⑤] 的做法，将该参数设定为 8。

第五，劳动生产率。一般来说，劳动生产率水平越高的国家或地区，出口贸易量越多。钱尼（Chaney，2008）的模型中用工人平均工资来衡量企业的劳动生产率水平[⑥]。因此，本节选取 2000～2013 年中国文化、体育和娱乐业城镇单位就

---

① Kancs D. A. Trade Growth in a Heterogeneous Firm Model: Evidence from South Eastern Europe [J]. World Economy，2007，30（7）：1139－1169.

② Helpman E.，Melitz M.，Rubinstein Y. Estimating Trade Flows: Trading Partners And Trading Volumes [J]. Quarterly Journal of Economics，2008，123（2）：441－487.

③ Amurgo－Pacheco A.，Pierola M. D. Patterns of Export Diversification in Developing Countries: Intensive and Extensive Margins [J]. Policy Research Working Paper，2008.

④ Anderson J. E.，Van Wincoop E. Gravity with Gravitas: A Solution to the Border Puzzle [J]. American Economic Review，2003，93（1）：170－192.

⑤ Novy D. Gravity Redux: Measuring International Trade Cost with Panel Data [J]. Economic Inquiry，2013，51（1）：101－121.

⑥ Chaney T. Distorted Gravity: The Intensive and Extensive Margins of International Trade [J]. American Economic Review，2008，98（98）：1707－1721.

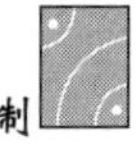

业人员的平均工资（元）来代替本国文化产业的劳动生产率①，数据来源于《中国统计年鉴（2015)》。

基于本节构建的计量模型和对核心解释变量的详细阐述，各变量的含义、描述性统计具体见表7-6。

表7-6　　变量的描述性统计

变量	含义	样本量	均值	标准差	最小值	最大值
$lnIM_{ijt}$	集约边际	31061	12.90	2.289	0	19.31
$lnEM_{ijt}$	扩展边际	31061	2.607	0.633	0	3.584
$lnprod_{ijt}$	出口国劳动生产率	27154	10.26	0.552	9.141	10.99
$lnfc_{ijt}$	固定贸易成本	24616	0.217	1.343	-0.222	33.79
$lnmres_{ijt}$	多边阻力	24545	0.252	1.331	-0.283	28.78

资料来源：笔者计算整理所得。由于其他变量的统计性描述在第5章和第6章已经做了详细的阐述，这里就不再汇报了。其中，固定贸易成本和多边阻力已经做了标准化处理。

图7-1～图7-6汇报了基于2013年截面数据绘制的文化距离、制度距离与文化产品出口的二元边际的散点分布情况。

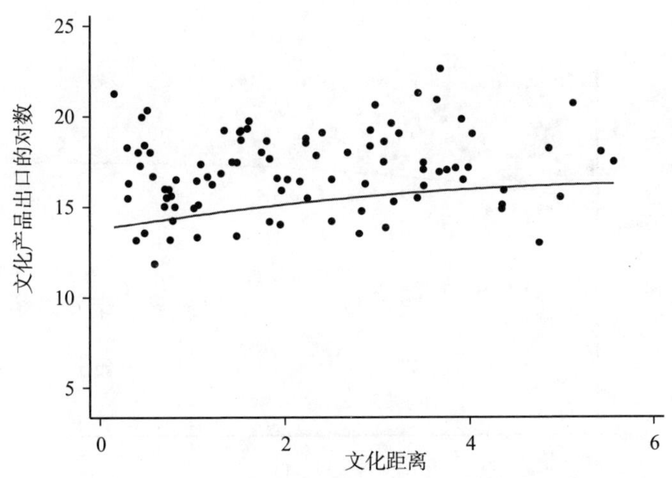

图7-1　2013年文化距离和文化产品出口的散点分布

资料来源：笔者计算整理所得。

① 由于该数据在2000年、2001年和2002年有所缺失，这三年的相关数值采用当年的城镇单位就业人员的平均工资（元）来替代。

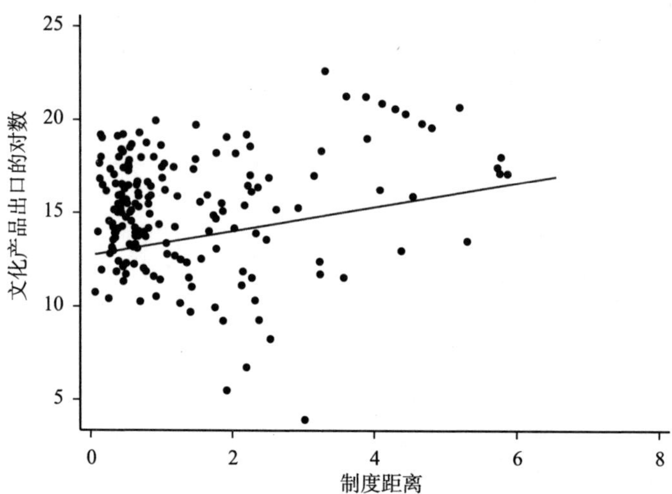

图 7－2　2013 年制度距离和文化产品出口的散点分布

资料来源：笔者计算整理所得。

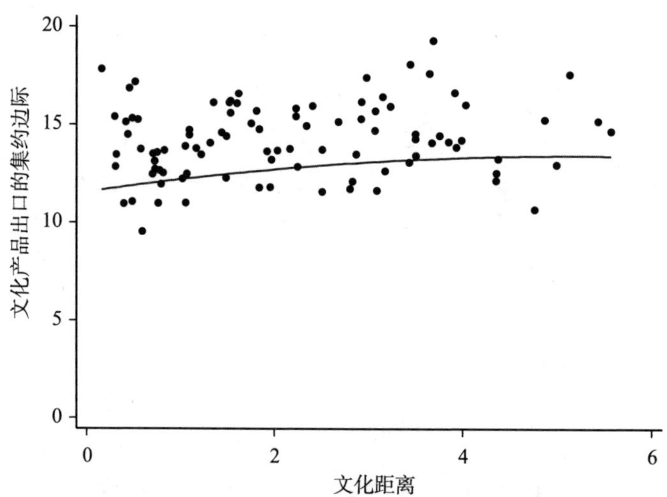

图 7－3　2013 年文化距离和集约边际的散点分布

资料来源：笔者计算整理所得。

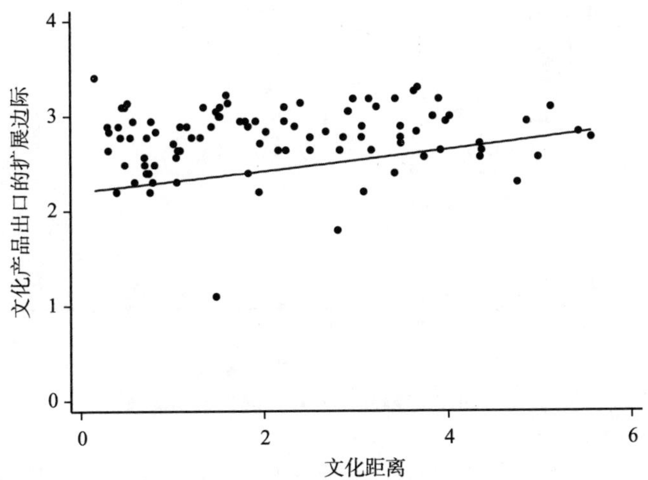

图7－4　2013年文化距离和扩展边际的散点分布

资料来源：笔者计算整理所得。

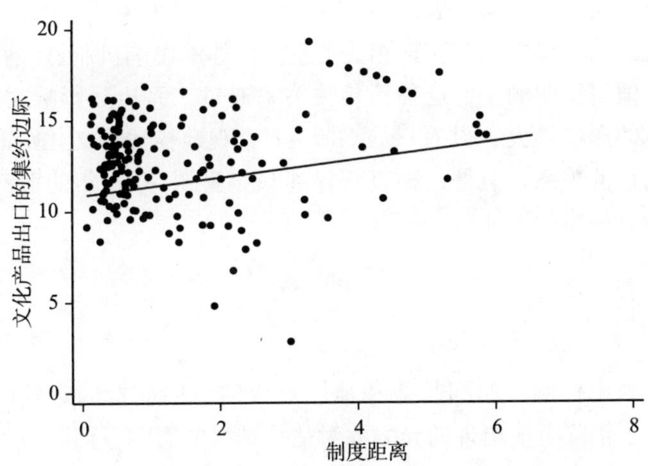

图7－5　2013年制度距离和集约边际的散点分布

资料来源：笔者计算整理所得。

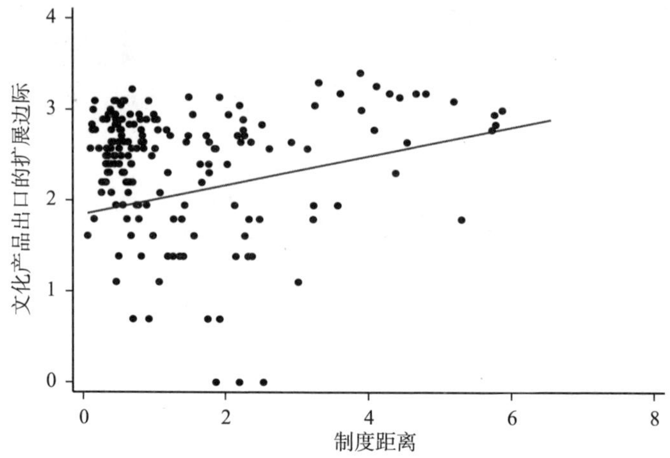

图 7-6　2013 年制度距离和扩展边际的散点分布

资料来源：笔者计算整理所得。

注：图 7-1 至图 7-6 使用了 2013 年的截面数据，被解释变量都经过了对数化处理。

其中，图 7-1 和图 7-3 的散点分布表明，文化距离和文化产品出口存在非线性关系，且该机制主要通过集约边际影响文化产品出口。图 7-4 表明，尽管弹性系数较小，文化距离与扩展边际之间也存在正相关关系。图 7-2 表明，制度距离和文化产品出口之间存在正相关关系。具体的影响机制已经在第 6 章做了详细的阐述。值得说明的是，这种正相关关系通过二元边际影响文化产品出口，且对集约边际的影响较大。图 7-1 至图 7-6 直观地描述了文化距离、制度距离与文化产品出口的关系，但是这种直观描述只是针对 2013 年的截面数据，其拟合关系也有待进一步的论证。

7.3.3　估计方法

本章首先采用控制了时间趋势和地区效应的双向面板固定效应法（LSDV）进行回归，为了消除可能出现的异方差对估计结果的影响，回归模型采用了稳健标准误。此外，考虑到二元边际的对数形式中可能存在的零贸易或者詹森（Jansen）不等式问题，本节还采用 Tobit 模型进行了回归估计。由于 Tobit 模型原始的估计系数没有特定的经济含义，笔者在使用 Tobit 回归后计算出了对应的偏效应，赋予二元边际的估计系数特定的经济意义。为了保证结果的稳健性，本节将文化距离指数进行了不同文化维度的分解，考察了多个文化维度下文化距离对二元边际的影响。

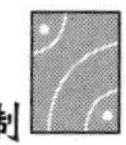

7.4　二元边际的影响因素

7.4.1　集约边际的影响因素

从表7-7中可以看出，列（1）采用控制了时间趋势和地区效应的双向面板固定效应法（LSDV），列（2）在列（1）的基础上引入了文化距离指数的平方项，列（3）和列（4）分别在前2列的基础上使用左设限的Tobit模型进行回归估计。最后2列在列（3）的基础上对文化距离指数进行分解，分别考察权力距离和个人主义、阳刚气质和不确定性规避维度下文化差异对集约边际的影响，该结果同时也可以作为稳健性检验的一部分。

表7-7　集约边际的影响因素

解释变量	（1）	（2）	（3）	（4）	（5）	（6）
$lngdp_{ijt}$	0.975*** (2.78)	0.873** (2.40)	0.953*** (2.64)	0.866** (2.41)	0.966*** (2.66)	0.977*** (2.71)
$lngap_{ijt}$	0.132** (2.52)	0.130** (2.50)	0.131*** (3.32)	0.130*** (3.31)	0.133*** (3.34)	0.136*** (3.46)
$inst_{ijt}$	0.164** (2.23)	0.186** (2.42)	0.167** (2.44)	0.187*** (2.73)	0.196*** (2.65)	0.228*** (3.71)
cd_{ijt}	0.169* (1.96)	0.685*** (2.64)	0.170* (1.75)	0.687*** (2.61)	0.00388 (0.63)	0.00982* (1.72)
cd_{ijt}^2	—	-0.0973* (-1.85)	—	-0.0976** (-2.11)	—	—
$lnprod_{jt}$	-2.997*** (-3.45)	-2.909*** (-3.34)	-2.972*** (-2.92)	-2.901*** (-2.85)	-2.961*** (-2.91)	-2.957*** (-2.91)
$lnmres_{ijt}$	0.0778** (2.47)	0.0745** (2.35)	0.0774* (1.77)	0.0744* (1.71)	0.0833* (1.90)	0.0847* (1.95)
$lnpop_{jt}$	0.639*** (4.20)	0.662*** (4.54)	0.640*** (6.83)	0.663*** (7.17)	0.621*** (6.60)	0.635*** (6.81)

续表

解释变量	(1)	(2)	(3)	(4)	(5)	(6)
$lndis_{ijt}$	-0.0290 (-0.17)	-0.0685 (-0.40)	-0.0290 (-0.20)	-0.0685 (-0.48)	-0.0179 (-0.12)	-0.0234 (-0.16)
$lnint_{jt}$	0.139 (1.30)	0.134 (1.26)	0.135** (2.03)	0.133** (2.01)	0.136** (2.05)	0.137** (2.06)
$lnimc_{ijt}$	0.0000102** (2.11)	0.00000982** (2.04)	0.0000102*** (2.66)	0.00000982** (2.57)	0.0000102*** (2.66)	0.0000102*** (2.67)
$land_{jt}$	-1.141*** (-3.09)	-1.159*** (-3.21)	-1.141*** (-3.97)	-1.158*** (-4.12)	-1.240*** (-4.22)	-1.130*** (-3.93)
adj_{ijt}	-0.0926 (-0.27)	-0.0865 (-0.27)	-0.0892 (-0.21)	-0.0856 (-0.20)	-0.0485 (-0.11)	-0.206 (-0.47)
$Chinese_{jt}$	0.964*** (3.21)	1.177*** (3.90)	0.967 (1.09)	1.179 (1.35)	0.773 (0.87)	1.015 (1.14)
地区效应	YES	YES	YES	YES	YES	YES
时间效应	YES	YES	YES	YES	YES	YES
N	992	992	992	992	992	992

注：*、**、***分别表示在10%、5%和1%的统计水平上显著。括号内为t值或z值。由于篇幅的限制，上表中直接汇报了Tobit模型的偏效应。在Tobit模型中，估计值的选取不是为了达到R^2最大化，而是使得对数似然函数实现最大化（Wooldridge，2003）。

从列（1）~列（4）可以看出，与第5章的经济规模、需求相似度与中国文化产品出口的相关结论相同，经济规模、经济距离对集约边际的影响显著为正，即贸易双方的经济总量越大，经济发展程度的差别越大，越有利于推动集约边际的出口。这也就是说，双方经济规模的扩张提供了较大的消费潜力以及市场容量，有助于推动老产品的出口。而与中国经济距离较大的地区更多地集中于北美和欧洲的发达国家，其经济发展水平越高，越有助于引导本国文化产品的出口。

但是在可变贸易成本方面，地理距离、共同边界等反映传统运输成本的变量对文化产品集约边际的影响不显著。这与第6章的相关分析相似，文化产品的出口更加重内容而轻物质，相较于距离增大和传统的运输成本提高而言，文化认同感是文化产品出口的决定性因素。文化距离和制度距离对集约边际的影响显著为正，且文化距离的平方项显著为负。这进一步说明了文化距离和文化产品出口集约边际的非线性关系。在考虑了零贸易和詹森（Jansen）不等式问题后，出口目

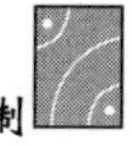

的地的信息基础设施的发达程度对集约边际的影响显著为正，这说明出口目的地的信息化程度越高，对中国文化的熟悉程度越高，越有利于中国文化产品出口沿着集约边际增长。劳动生产率对集约边际的影响显著为负，这与钱学锋和熊平（2010）① 的研究结论不同。这说明与其他产业不同，中国的文化产业的劳动生产率并未对出口的集约边际产生推动作用，也反映出了当前中国的文化产业缺少高科技的技术支持，缺乏文化创意。多边阻力对集约边际的影响显著为正，这与理论预期相符。即中国与其他贸易伙伴的贸易成本越高，多边阻力越大，越有助于和特定国家的文化产品出口集约边际的增长。

在其他变量方面：出口目的地的人口规模对集约边际的影响显著为正，即出口目的地潜在的消费市场越大，越有利于文化产品出口在单一方向上量的扩张。进口规模对集约边际的影响体现出一致的显著性。即对某种文化产品的进口规模越大，越有助于了解出口目的地的风土人情和文化传统，从而增加对该地区某类文化产品的出口额。在考虑了零贸易和詹森（Jansen）不等式问题后，是否拥有共同语言对集约边际的影响不显著。这说明相较于文化身份而言，价值观方面的差异更能够促进集约边际的增长。是否为内陆国家或地区对集约边际的影响显著为负，即出口目的地为内陆国家或地区不利于文化产品出口集约边际的增长。

为了保证结果的稳健性，沿袭英格尔哈特和威尔兹（Inglehart and Welzel，2005）② 的测算公式，本节在霍夫斯泰德（Hofstede，2001）③ 国家文化维度的基础上，从两个层面对文化距离指数进行分解：

$$cd_{ijt} = \sqrt{(I_{ikt} - I_{jkt})^2 + (I_{ilt} + I_{jlt})^2} \tag{7-13}$$

其中，i、j、t 分别代表本地、出口目的地和时间。k 和 I 分别代表经过分解的两个文化维度，权力距离和个人主义、阳刚气质和不确定性规避。列（5）汇报了以权力距离和个人主义为文化距离指数的回归结果，列（6）汇报了以阳刚气质和不确定性规避为文化距离指数的回归结果。从细分文化维度来看，列（5）文化距离的回归系数不显著，而列（6）的回归系数显著为正，且估计结果远大于列（5）。这说明以阳刚气质和不确定性规避为文化维度的文化距离对中国文化产品出口集约边际的促进作用更为显著，权力距离和个人主义文化维度所反映的文化距离并未显著地提高出口的集约边际。此外，其他变量的回归估计结果都显著地支持了前面的相关结论。

---

① 钱学锋，熊平．中国出口增长的二元边际及其因素决定［J］．经济研究，2010（1）：65－79.

② Inglehart and Welzel. Modernization，cultural change，and democracy：The Human Development Sequence［M］. Cambridge University Press，2005.

③ Hofstede G. H.，Culture's consequences：Comparing values，behaviors，institutions and organizations across nations［M］. Sage，2001.

7.4.2 扩展边际的影响因素

与表7－7相似，表7－8中列（1）采用控制了时间趋势和地区效应的LSDV方法，列（2）在列（1）的基础上引入了文化距离指数的平方项，列（3）和列（4）分别在前2列的基础上使用左设限的Tobit模型进行回归估计。最后2列在列（3）的基础上对文化距离指数进行分解，分别考察权力距离和个人主义、阳刚气质和不确定性规避维度下文化差异对扩展边际的影响，该结果同时也可以作为稳健性检验的一部分。

表7－8 扩展边际的影响因素

解释变量	(1)	(2)	(3)	(4)	(5)	(6)
$lngdp_{ijt}$	0.469*** (2.95)	0.493*** (2.98)	0.590*** (4.24)	0.606*** (4.35)	0.600*** (4.30)	0.586*** (4.25)
$lngap_{ijt}$	0.0247 (1.11)	0.0250 (1.11)	0.0208 (1.49)	0.0213 (1.52)	0.0218 (1.55)	0.0209 (1.50)
$inst_{ijt}$	0.0386 (1.60)	0.0341 (1.42)	0.0457** (2.02)	0.0412* (1.79)	0.0570** (2.31)	0.0465** (2.33)
cd_{ijt}	0.00723 (0.30)	−0.0729 (−1.03)	−0.000411 (−0.01)	−0.0881 (−1.10)	−0.00152 (−0.79)	0.00110 (0.65)
cd^2_{ijt}	—	0.0151 (1.33)	—	0.0166 (1.19)	—	—
$lnprod_{jt}$	−0.445** (−2.08)	−0.466** (−2.10)	−0.537 (−1.44)	−0.552 (−1.48)	−0.539 (−1.45)	−0.534 (−1.43)
$lnfc_{ijt}$	−0.0141** (−2.25)	−0.0140** (−2.25)	−0.0149** (−2.21)	−0.0148** (−2.19)	−0.0149** (−2.21)	−0.0149** (−2.22)
$lnmres_{ijt}$	−0.0434*** (−2.72)	−0.0430*** (−2.66)	−0.0358** (−2.18)	−0.0357** (−2.17)	−0.0340** (−2.07)	−0.0363** (−2.24)
$lnpop_{jt}$	0.229*** (5.40)	0.224*** (5.28)	0.224*** (7.79)	0.220*** (7.62)	0.222*** (7.73)	0.227*** (7.95)

续表

解释变量	(1)	(2)	(3)	(4)	(5)	(6)
$\ln dis_{ijt}$	-0.0710 (-1.55)	-0.0647 (-1.38)	-0.0717 * (-1.66)	-0.0649 (-1.50)	-0.0677 (-1.55)	-0.0735 * (-1.71)
$\ln int_{jt}$	0.147 *** (3.71)	0.148 *** (3.69)	0.141 *** (5.96)	0.142 *** (6.01)	0.142 *** (6.00)	0.141 *** (5.95)
$\ln imc_{ijt}$	0.00000319 (1.28)	0.00000329 (1.33)	0.00000336 ** (2.44)	0.00000344 ** (2.50)	0.00000337 ** (2.45)	0.00000336 ** (2.44)
$land_{jt}$	-0.472 *** (-3.73)	-0.469 *** (-3.72)	-0.481 *** (-5.62)	-0.478 *** (-5.62)	-0.467 *** (-5.37)	-0.473 *** (-5.53)
adj_{ijt}	-0.191 ** (-2.15)	-0.193 ** (-2.15)	-0.195 (-1.52)	-0.196 (-1.54)	-0.205 (-1.58)	-0.209 (-1.61)
$Chinese_{jt}$	0.502 *** (6.18)	0.469 *** (5.59)	0.529 ** (1.98)	0.491 * (1.84)	0.531 ** (1.99)	0.556 ** (2.08)
地区效应	YES	YES	YES	YES	YES	YES
时间效应	YES	YES	YES	YES	YES	YES
N	992	992	992	992	992	992

注：*、**、*** 分别表示在10%、5%和1%的统计水平上显著。括号内为t值或z值。由于篇幅的限制，上表中直接汇报了Tobit模型的偏效应。在Tobit模型中，估计值的选取不是为了达到 R^2 最大化，而是使得对数似然函数实现最大化（Wooldridge，2003）。

表7-8汇报了扩展边际的影响因素。同上，本节仍然以左设限区间估计的Tobit回归结果为主展开分析，并与集约边际的回归结果进行比较。

从经济规模和经济发展水平来看，贸易双方的经济规模对文化产品出口扩展边际的影响显著为正，该估计系数的弹性范围为［0.469，0.606］。其值明显低于集约边际的弹性范围［0.866，0.977］。这说明经济规模对文化产品扩展边际的促进作用显著地小于集约边际。而经济距离对扩展边际的影响不显著。出现这种截然不同的结果的可能原因是，就集约边际来说，经济发展水平高的国家或地区潜在的文化产品的消费需求较大，市场容量较大，因此对于已经出口的老产品来说有正向促进作用。但是，从扩展边际来说，在本国（地区）文化产业不发达，缺乏文化创意和一定的资金支持，且劳动生产率较低的情况下，文化产品进入经济发达国家或地区也意味着要付出巨大的市场准入成本（Akerman and

Forslid, 2009)①。而对于尚不成熟的新种类的文化产品而言，这无疑于是面临了较高的进入门槛。因此，对于新产品而言，文化产品的出口市场不应当锁定在经济发展水平高的发达国家，或许另辟蹊径，输出到与中国经济发展水平更为相似的市场更为可行。

从可变贸易成本来看，在考虑了零贸易和詹森（Jansen）不等式问题后，文化距离的影响变得不显著了。而共同语言对扩展边际的影响则显著为正。这说明对于扩展边际而言，相较于价值观差异来说，文化身份的认同更能够显著地促进扩展边际的增长。可能的解释是，对于新种类的文化产品而言，面临着较高的进入门槛。文化距离的存在不利于当地去捕捉出口目的地随着时间而逐渐发生变化的文化消费需求，难以紧追潮流设计出迎合出口目的地消费者文化需求的文化产品。这使得中国的文化产品输出很难在种类上进行创新，只能继续出口原有种类的文化产品，阻碍了文化产品出口扩展边际的增长。但是，拥有共同语言意味着对文化身份的高度认同。出口地可以通过了解当地消费者文化需求的变化来设计出符合消费者文化需求的产品。这些文化产品在一定程度上也会迎合同一文化身份消费者的文化需求。制度距离的影响显著为正，估计系数的区间为［0.0412，0.0570］，显著地小于集约边际的弹性范围［0.164，0.228］。与集约边际的估计结果相似，出口目的地的信息发达程度依然显著为正。这说明信息化程度的提高有助于当地消费者对新兴事物的了解，提高对新种类文化产品的接受程度，促进扩展边际的增长。从列（3）可以看出，地理距离对扩展边际的影响显著为负。这也就是说，对于新种类的文化产品来说，与出口地地理位置较近的目的地市场的进入门槛较低。而对于持续出口的老产品而言，地理距离的影响并不显著。

从固定贸易成本来看，固定贸易成本不会影响集约边际，但是对于扩展边际来说，固定贸易成本的降低却阻碍了文化产品出口沿着扩展边际增长。即贸易自由度越高，固定贸易成本越低，扩展边际越小②。这与企业异质性理论模型的预期相左。可能的解释是，传统文献的研究对象大多数是制造业产品。与制造业产品不同，我国文化产业的发展尚不成熟，文化产品缺乏创意创新，科技含量不高，国际竞争力较弱。固定贸易成本的降低意味着更多发达国家或地区的文化产品可以进入目的地市场，这对本身市场竞争力较弱的中国文化产品，尤其是新种类的文化产品来说，无疑是一个巨大的冲击。这种挤出效应不利于中国文化产品种类的创新和扩展边际的增长。

---

① Akerman A., Forslid R. Country Size, Trade, and Productivity: An Analysis of Heterogenous Firms and Differential Beachhead Costs [J]. Research Papers in Economics, 2007.

② 这里 $\ln fc_{ijt}$ 通过贸易自由度来间接反映固定贸易成本。该值显著为负的意义是，$\ln fc_{ijt}$ 越大，贸易自由度越高，固定贸易成本越低，扩展边际越小。即固定贸易成本的提高促进了扩展边际的增长。

从多边阻力来看，与集约边际不同，多边阻力对扩展边际的影响显著为负。即对于文化产品来说，安德森和温库伯（Anderson and Winccop，2003）[①] 对多边阻力和双边贸易呈正相关的论断，很大程度上可能是通过集约边际而不是扩展边际来实现的。就文化产品而言，与普通的制造品贸易不同，文化产品的出口主要取决于出口目的地对当地文化的认同感。文化产品种类的丰富程度，多边阻力的大小，都无法影响目的地对出口地文化的认同感，从而无法提高文化产品出口的扩展边际。最后，在考虑了零贸易和詹森（Jansen）不等式问题后，劳动生产率对扩展边际的影响变得不显著了。这进一步反映出当前中国的文化产业缺乏文化创意、创新不足、科技含量低等问题。对于新的出口目的地或者新产品来说，中国文化产业的劳动生产率尚没有达到冲破市场准入成本的水平，这成为未来一段时间内难以逾越的障碍。

从其他变量来看，出口目的地的人口规模对扩展边际的影响显著为正。这说明人口规模越大，潜在的市场需求越大，对新种类文化产品的接受程度有可能越高。出口目的地为内陆国家或地区阻碍了文化产品出口的扩展边际。这可能是由贸易的便利程度和运输成本所致。

为了保证结果的稳健性，沿袭英格尔哈特和威尔兹（Inglehart and Welzel，2005）的测算公式，本章在霍夫斯泰德（Hofstede，2001）[②] 国家文化维度的基础上，从两个层面对文化距离指数进行分解。最后2列分别汇报了以权力距离和个人主义、阳刚气质和不确定性规避为维度的文化距离对中国文化产品出口扩展边际的影响。相关估计结果显著地支持了前面的结论。

7.5　动态面板数据实证分析

7.5.1　动态面板数据估计方法

章节7.4中的表7－7和表7－8通过一系列的稳健性结果分别汇报了影响中国文化产品出口二元边际的因素，并且尝试采用左设限的Tobit模型来解决零点贸易、詹森（Jansen）不等式以及可能出现的内生性问题。但是，文化产品消费

① Anderson J. E.，Van Wincoop E. Gravity with Gravitas：A Solution to the Border Puzzle［J］. American Economic Review，2003，93（1）：170－192.

② Hofstede G. H.，Culture's consequences：Comparing values，behaviors，institutions and organizations across nations［M］. Sage，2001.

具有"成瘾性"，需要引入二元边际的滞后 1 期作为文化资本积累的代理变量。这就可能会引起序列相关性，并加剧内生性问题。为了保证结果的稳健性，进一步有效地控制内生性问题，本节使用两步系统动态 GMM 方法进行回归检验。同时，该模型在选择了合适的内生变量和工具变量后，通过了 Hansen/Sargan 检验以及 AR（1）、AR（2）的检验，符合该方法的统计检验要求。

7.5.2 实证结果分析

表 7－9 的列（1）汇报了将集约边际的滞后 1 期作为文化资本积累代理变量的估计结果。为了进一步研究文化距离与集约边际的关系，列（2）在考虑了制度差异后，将文化距离指数的平方项（cd_{ijt}^2）引入回归方程。结果发现，列（2）文化距离的估计系数显著增大，这可能是由于制度差异的变化引起的。为了进一步验证上述论断，列（3）引入了文化距离指数和制度差异的交互项（in · cd）。

表 7－9　二元边际影响因素的稳健性检验结果（两步系统动态 GMM 方法）

解释变量	(1)	(2)	(3)	(4)	(5)	(6)
$L.\ lnIM_{ijt}$	0.523*** (24.47)	0.499*** (22.88)	0.513*** (24.48)	—	—	—
$L.\ lnEX_{ijt}$	—	—	—	0.222*** (7.92)	0.221*** (7.74)	0.223*** (7.97)
$lngdp_{ijt}$	0.996*** (13.29)	0.912*** (12.72)	0.939*** (13.14)	0.0663*** (2.79)	0.0500** (2.16)	0.0697*** (2.81)
$lngap_{ijt}$	0.106*** (8.76)	0.0700*** (5.39)	0.0689*** (5.42)	0.0317*** (12.05)	0.0269*** (9.48)	0.0272*** (9.46)
$inst_{ijt}$	—	0.0844*** (7.48)	0.189*** (7.45)	—	0.0118*** (5.04)	0.00291 (0.66)
cd_{ijt}	0.0276** (2.28)	0.235*** (6.42)	0.0559*** (3.60)	0.0235*** (9.38)	0.0315*** (4.26)	0.0152*** (4.81)
cd_{ijt}^2	—	−0.0408*** (−6.59)	—	—	−0.00239** (−2.04)	—
in · cd	—	—	−0.0320*** (−6.02)	—	—	0.00185* (1.91)

续表

解释变量	(1)	(2)	(3)	(4)	(5)	(6)
$lnprod_{ijt}$	-2.779 (-0.25)	-2.443*** (-12.75)	-2.508*** (-13.35)	-0.198*** (-3.43)	-0.151*** (-2.66)	-0.214 (-0.05)
$lnmres_{ijt}$	0.0601*** (15.58)	0.0600*** (14.34)	0.0608*** (14.99)	-0.0177*** (-7.29)	-0.0152*** (-6.48)	-0.0170*** (-6.72)
$lnfc_{ijt}$	—	—	—	0.000678 (0.79)	0.000410 (0.49)	0.000424 (0.51)
$lnpop_{jt}$	0.294*** (13.17)	0.336*** (14.69)	0.316*** (13.93)	0.110*** (21.10)	0.112*** (21.52)	0.110*** (20.78)
$lndis_{ijt}$	0.0230 (1.14)	-0.0186 (-0.85)	0.0161 (0.78)	-0.0129*** (-2.93)	-0.0161*** (-3.53)	-0.0142*** (-3.22)
$lnint_{jt}$	0.226*** (9.50)	0.204*** (8.97)	0.200*** (8.80)	0.0756*** (9.89)	0.0721*** (9.54)	0.0739*** (9.73)
$lnimc_{ijt}$	0.0126 (0.28)	-0.00458 (-0.09)	-0.00662 (-0.14)	0.000307 (0.04)	-0.00243 (-0.28)	0.00255 (0.30)
$land_{jt}$	-0.745*** (-14.67)	-0.774*** (-14.85)	-0.761*** (-14.99)	-0.181*** (-10.62)	-0.176*** (-10.13)	-0.175*** (-10.04)
Chinese	-0.0770 (-1.24)	0.0569 (0.86)	-0.0368 (-0.56)	0.193*** (15.10)	0.198*** (15.65)	0.194*** (15.32)
adj_{ijt}	-0.0736* (-1.83)	0.0399 (0.91)	-0.0169 (-0.42)	-0.0792*** (-8.16)	-0.0644*** (-6.21)	-0.0685*** (-6.59)
目的地×产品种类	YES	YES	YES	YES	YES	YES
产品种类×年份	YES	YES	YES	YES	YES	YES
AR (1)	0.000	0.000	0.000	0.000	0.000	0.000
AR (2)	0.959	0.990	0.928	0.455	0.463	0.460
Hansen/Sargan	1.000	1.000	1.000	1.000	1.000	1.000
N	9674	9674	9674	9708	9708	9708

注：*、**、*** 分别表示在10%、5%和1%的统计水平上显著。括号内为t值或z值。

下面对列（1）~列（3）集约边际的估计结果进行简要分析：

从文化资本积累来看，集约边际的滞后1期显著为正，在一定程度上表明了文化资本积累对集约边际具有正向促进作用。这主要是由于文化产品消费具有成瘾性，上一期的文化产品价值会增加当期的文化资本的积累。一国或地区对特定出口市场的文化产品具有成瘾性，并通过增加其文化资本的积累促进该出口地文化产品贸易的发展。这也解释了“文化强国恒强”的普遍现象。

从文化差异来看，文化距离指数对集约边际的影响显著为正，但是其平方项却显著为负。这说明文化距离与集约边际呈非线性关系，在一定的门槛内，文化距离促进了集约边际的扩张。但是，是否拥有共同语言对集约边际的影响并不显著。这说明文化身份的认同并未显著地促进集约边际的增长。

从文化和制度的交互作用来看，文化和制度的交互项显著为负。这说明制度差异确实会对文化产生影响，它的变化在一定程度上解释了文化距离指数弹性变化的原因。既有文献中对文化和制度的双向关系的研究较少。这一类研究显示出：一个国家（地区或种族）的特定需求（例如巴西的渔民等）和特殊环境（经济冲击、战争等）孕育的社会准则被内化为特定的价值观或信念（文化），这种价值观或信念进一步形成了特定的制度，不同的制度环境又产生了多样化的社会准则（Tabellini，2007）①。从列（3）可以看出，制度距离指数每增加1%，文化距离对集约边际的促进作用就减少0.032%。文化差异和制度差异的双向关系对集约边际的影响显著为负。这说明文化和制度的交互作用进一步增强了国家或地区之间的差异，进而抑制了文化产品出口的集约边际。制度差异越大，文化距离对集约边际的促进作用越小。

从其他变量来看，与表7-7的基准回归结果相同，在控制了文化资本积累的影响因素后，经济规模和经济距离对集约边际的影响显著为正；出口地的劳动生产率对集约边际的影响未呈现出一致的显著性；多边阻力对集约边际具有正向促进作用；出口目的地的信息化水平在一定程度上降低了贸易壁垒，促进了集约边际的扩张；人口规模越大，潜在的文化产品需求越大，集约边际越大。其他变量的影响分析在表7-7的回归结果分析中做了详细的阐述，这里就不再赘述了。

接下来分析列（4）~列（6）扩展边际的估计结果：

从文化资本的积累来看，扩展边际的滞后1期显著为正。这说明了文化资本积累对扩展边际同样具有促进作用。对特定出口国文化产品的消费成瘾性加速了出口国文化资本的积累。这在一定程度上促进了“新产品老市场”的形成，使得

① Guido Tabellini. Institutions and Culture [J]. Social Science Electronic Publishing, 2007, 6 (2-3): 255-294.

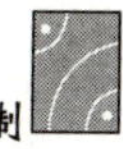

文化产品出口沿着扩展边际增长。

从文化差异来看，与表7-8的基准回归结果不同，在控制了文化资本积累的变量之后，文化距离指数显著为正。即在一定的文化资本积累的条件下，文化距离对扩展边际具有正向促进作用。这进一步说明了对于文化产品出口及其分解的二元边际而言，文化认同感起着决定性的作用。列（5）引入了文化距离的平方项，该系数显著为负。这也就是说，无论是对于同种文化产品出口量的扩张，或者“新产品新市场”和“新产品老市场”的形成而言，在一定范围内文化距离的存在有利于提高文化认同感，促进文化产品出口二元边际的扩张。

从文化和制度的交互作用来看，与集约边际不同，文化和制度的交互项显著为正。制度差异每增加1%，文化距离对扩展边际的促进作用提高0.00185%。这也就是说，就新种类的文化产品而言，制度差异的存在提高了文化认同感对文化距离的敏感程度，促进了新种类文化产品的输出，推动了扩展边际的增长。但是，文化和制度的交互作用对扩展边际的促进效应远远小于对集约边际的抑制效应。这进一步验证了第6章的相关结论，文化和制度的交互作用对文化产品出口规模的影响仍然显著为负。

从其他变量来看，在表7-8的基准回归结果中，固定贸易成本的估计系数显著为负，而在考虑了文化资本积累的影响因素后，该系数就不再显著了。这可能是由于考虑了动态结构后更偏重于长期分析。短期来看，固定贸易成本的降低阻碍了扩展边际的扩张。这是因为固定贸易成本的降低意味着更多发达国家的文化产品可以进入目的地市场，这对本身市场竞争力较弱的中国文化产品，尤其是新种类的文化产品来说，无疑是一个巨大的冲击。但是从长期来看，随着文化资本积累的增大，中国逐渐从“文化大国”转变为“文化强国”。这种挤出效应会逐渐减小甚至为零，更进一步地说，国际竞争的加剧可能会激发出口地的创新意识，进一步提高新产品的技术含量，体现本国的文化魅力。与表7-8的基准回归结果相似，在控制了文化资本积累的影响因素后，经济规模和经济距离对扩展边际的促进作用显著为正。但是该系数的弹性范围远远小于集约边际的系数范围。出口国的劳动生产率对扩展边际的影响未体现出一致的显著性。这说明中国文化产业的劳动生产率未对扩展边际产生影响。多边阻力对扩展边际的影响显著为负。地理距离的估计系数显著为负，这符合麦莉兹（Melitz，2003）[①] 模型的预期，地理距离越大，贸易成本和贸易壁垒越多，进而抑制了新产品开拓国际市场的潜力。其他变量的影响分析在表7-8的回归结果分析中已经做了详细的阐

① Melitz M. J. The Impact of Trade on Intra-Industry Reallocations and Aggregate Industry Productivity [J]. Econometrica, 2003 (71): 1695-1725.

述，此处不再赘述了。

7.6 结　论

本章基于企业异质性理论，使用详实的联合国商品贸易统计数据库（UN COMTRADE）中1996~2013年HS96-6位数编码下的文化产品贸易数据，一方面，描述了中国文化产品出口二元边际的特征事实。结果表明，中国的文化产品出口主要源于集约边际的推动，但是扩展边际的占比在逐步提高。更进一步地说，通过中国和10个主要贸易伙伴国（或地区）的双边文化产品贸易研究发现，为了提高扩展边际对文化产品贸易的贡献率就必须重视文化产品出口市场多元化的发展策略。北美和欧洲国家文化产品贸易的增长率逐渐放缓，而对于新加坡、韩国等汉文化圈内的国家以及巴西等发展中国家或地区而言，无论是贸易额增速还是扩展边际的贡献率都处于较高的水平。

另一方面，通过双向面板固定效应模型、Tobit模型和两步系统动态GMM方法分析了中国文化产品出口二元边际影响机制的差异，得出以下几点主要结论：

第一，经济规模对集约边际的推动作用远远大于扩展边际。经济距离对集约边际的影响显著为正，对扩展边际的影响不显著。但是在考虑了文化资本积累的影响后，经济距离对扩展边际的影响显著为正，但是该系数远远小于集约边际。这说明经济规模和经济距离主要通过集约边际影响文化产品的出口，要想提高扩展边际的贡献率，就必须进一步拓展国际市场。

第二，制度差异与二元边际的增长呈显著的正相关，但是对扩展边际的影响远远小于集约边际。文化距离显著地促进了集约边际，但是对扩展边际的影响不显著。是否拥有共同语言对集约边际的影响不显著，但是对扩展边际呈现出了一致的显著性。这说明文化距离和制度差异主要通过集约边际影响文化产品出口，而文化身份的认同对提高扩展边际具有显著的作用。但是在文化资本一定的情况下，文化距离对扩展边际的影响显著为正。这说明在考虑文化资本积累的因素后，在一定的门槛内文化距离通过二元边际促进文化产品的出口。

第三，文化资本积累与二元边际呈现显著的正相关。对于文化资本较充足的国家来说，一方面通过继续出口老产品增加销售份额来促进集约边际的增长；另一方面通过研发新产品、拓展国际市场来增加扩展边际的贡献率。同时，扩展边际的贡献率是逐渐增大的。这也是解释“文化强国恒强”的重要原因。

第四，文化和制度的交互作用对二元边际的影响差异。在一定的文化资本积累的情况下，文化和制度的交互作用抑制了集约边际的增长，却促进了扩展边际的增长。总体来看，其对扩展边际的促进效应远远小于对集约边际的抑制效应。这也就是说，由于文化的互补性，对于新种类的文化产品而言，文化距离越大、制度越大的国家对该产品的认同感越强，从而促进了扩展边际的增长。这进一步表明了文化出口市场的多元化策略是提高扩展边际的重要途径。

第五，多边阻力对集约边际的影响显著为正，对扩展边际的影响显著为负。因此，对于文化产品出口贸易而言，企业异质性理论关于多边阻力与出口贸易额呈正相关的结论主要依靠集约边际来实现。这与曲如晓等（2015）的研究结论一致。

第六，固定贸易成本的下降对扩展边际的促进作用不显著，这主要是由于我国的文化产业发展尚不成熟，文化产品缺乏创意创新，科技含量不高，国际竞争力较弱。固定贸易成本的降低意味着更多发达国家的文化产品可以进入目的地市场，这对市场竞争力较弱的中国文化产品，尤其是新种类的文化产品来说，无疑是一个巨大的冲击。

第七，出口地的劳动生产率的提高并未显著地促进中国文化产品出口的二元边际。这主要是由于我国文化产业的产品技术含量低，国际竞争力不足。因此，如何提升产品的技术含量，提高文化产业的劳动生产率，增强其出口竞争力是政府在制定对外文化贸易策略中应该重点考虑的问题。

第 8 章

结语与展望

8.1 结　　语

斯科特（Scott，2006）对文化经济的到来给出了以下评价：“历史上从来没有这样一个机会，使经济和文化等层面回归到某种符合现实和人类理性的和谐。”① 目前文化产业成为世界上增长最迅速的部门之一，在增加国民收入、创造就业机会和扩大出口等方面具有变革性的意义。

从世界范围内来看，受 2008 年国际金融危机的影响，与其他货物产品出口一样，文化产品出口同样受到冲击。而在后危机时代，全球贸易增速显著低于经济增长速度。文化产品出口成为拉动世界出口贸易强有力的驱动力。其中，中国、马来西亚、土耳其等发展中国家在全球视觉艺术类产品出口市场上起着举足轻重的作用（UNESCO，2016）。发展中国家试图借助南南合作来进一步增强经济实力、扩大出口贸易。本书基于中国的经验证据表明，南南合作在一定程度上受到限制，南北合作仍然是中国文化产品出口的主要途径。

在文化产品出口的研究方面，传统的国际贸易理论存在一定的局限性。而基于文化经济学视角来研究中国出口贸易问题的相关研究也非常匮乏。因此，加强从文化经济学的视角来研究中国文化产品出口问题不仅有其必要性，也是加强文化产业的支柱性地位、孕育新的经济增长点的内在要求。本书从研究框架制定、研究对象选取、实证检验等多个方面为研究中国文化产品出口问题提供了全新的思路。

首先，研究框架。在简要介绍了国际贸易理论对文化产品出口问题研究的适用性的基础上，本书提出了结合文化经济学的视角来研究中国文化产品出口的重

① Scott A. J. Creative cities：conceptual issues and policy questions ［J］. Journal of Urban Affairs，2006，28（1）：15.

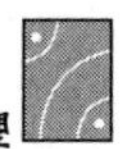

要意义。基于此，笔者将文化产品出口界定为文化价值的交换和满足消费者文化需求的商品交换过程，并提出了研究的理论支撑。一方面，文化价值是文化产品的立身之本。本书探讨了文化价值、价值和使用价值的关系，并提出了只有在文化认同的条件下文化价值和经济价值才会呈正相关关系。另一方面，消费成瘾理论、信息搜寻成本、支付意愿或是附加价值评估等需求理论都揭示了文化需求不同于新古典主义的消费者需求。本书进一步将影响文化需求的因素细分到经济和文化层面上，认为经济因素是决定文化需求的主要因素，而将文化认同视为一种具象的、灵动的能够影响文化产品出口的重要特征。这样就形成了需求引致的中国文化产品出口贸易的分析框架。

其次，研究对象。相对于1966年鲍莫尔和波恩（Baumol and Bowen）对行为艺术的开拓性研究而言①，如今对文化产品相关数据的搜集更加便捷，对文化产品的分类也更加多元化。其中应用较广泛的当属联合国教科文组织（UNESCO）和联合国贸发会议（UNCTAD）的划分标准。前者经常用于对文化产品和文化服务贸易的相关研究，而后者常用于对创意经济和创意产业的相关研究。此外，联合国开发计划署（UNDP）、世界知识产权组织（WIPO）、国际标准产业分类（ISIC）以及各个国家对文化产品的分类标准都各不相同。有鉴于此，本书按照联合国教科文组织（UNESCO，2005）的划分标准，将文化产品分为文化遗产类、出版物类、音乐和表演艺术类、视觉艺术类和视听艺术类5类核心文化产品，详见表4－1，这就避免了不同国家或地区、不同研究机构因统计口径的差异而造成的偏误。

最后，实证检验。关于中国文化产品出口的实证研究严重不足，本书从经济和文化的双重层面上审视中国文化产品出口贸易，将文化认同感的改变以折扣度的形式引入垄断竞争模型中，以考察文化差异、制度差异所带来的文化认同感的改变对文化产品出口的影响机制。在测度文化差异时，从价值观和文化身份两个方面来进行衡量。随后将文化产品出口规模分解为集约边际和扩展边际，从一个更全面的视角对中国文化产品出口的决定机制进行深入探讨。并通过理论推导和实证检验分析了经济、文化等因素对集约边际和扩展边际的影响，得出了一系列的结论（详见第5～7章的结论部分）。这些结论对明确我国的文化产品出口市场、促进文化产品出口、提高出口的国际竞争力具有重要的意义。

① 鲍莫尔和波恩在《行为艺术：经济学的两难困境》一书中采用问卷调查的方法发放了150000份调查问卷，其调查对象涵盖了由几百个文艺单位组织的100多场演出的观众。

8.2 展　　望

8.2.1 顺应数字经济，完善信息基础设施

值得注意的是，数字经济的到来为文化产品出口提供了新的形式。根据中国互联网络信息中心（CNNIC）发布的第44次《中国互联网络发展状况统计报告》，截至2019年6月份，我国网民规模达8.54亿，互联网普及率达61.2%，较2018年底提升1.6个百分点[①]。互联网已经不仅仅作为信息传递的工具和技术进步的重要成果，还是我国居民日常生活的重要组成部分，更是推动社会变革的力量。数字经济的一个重要特征是电子商务的出现。近年来，我国跨境电商交易呈现“爆发式”的增长态势，2018年中国跨境出口电商的交易规模高达7.9万亿元，较上年同比增加25%[②]。互联网的普及和信息基础设施建设的完善不仅为发展中国家的出口贸易提供了“弯道超车”的机会，也为提升我国文化产品出口的国际竞争力提供了历史机遇。

从需求侧来看，经济、文化、制度等是影响文化需求的主要因素。第一，市场规模是影响文化产品出口的决定性因素。文化产品属于发展型和享受型商品，属于较高层次的消费。经济规模越大、消费者购买能力越强，消费者对这种商品的需求量越大，进而推动了本国文化产品的出口。恩格尔法则、扬克洛维奇（Yankelovich）的个人需求论和马斯洛（Maslow）的需求层次理论也都间接证明了上述观点[③]。第二，文化自信和制度自信引致的文化认同感的提高会进一步推动文化产品的出口。区别于普通商品，文化产品具有文化价值，是一种典型的体验型商品。对文化产品的理解和欣赏能力取决于消费者的文化资本积累。消费者对某种文化的认同感越高，对其知识储备的越多，进而对相关文化产品的感受、理解和欣赏能力越强，文化资本积累的增多，会进一步提高消费者的消费体验。在数字经济驱动下，文化产品的出口更加依赖于需求方的规模经济。由于需求方规模经济一般存在于网络（network）中，又被称为网络外部性（network exter-

---

① 资料来源：中国互联网络信息中心（CNNIC）。

② 裴长洪，刘斌．中国对外贸易的动能转换与国际竞争新优势的形成［J］．经济研究，2019（5）：4－15.

③ ［美］丹尼尔·扬克洛维奇．对话力——化冲突为合作的神奇力量［M］．张淑婷，张桂芬，译．杭州：浙江人民出版社，2015.

［美］亚伯拉罕·马斯洛．动机与人格［M］．许金声，译．北京：中国人民大学出版社，2007.

nality）。数字经济时代的需求方规模经济的存在改变了边际报酬递减规律，随着需求量的增加而引起规模报酬递增。因而在数字经济时代，文化产业的竞争更为激烈，“赢者通吃”现象显著存在。

从供给侧来看。在数字经济的驱动下，除资本和劳动外，文化创意也成为影响文化产品供给的重要生产要素，新一代信息技术的突破性发展促使文化、科技和创意的深度融合。这也就是说，在资本、劳动、文化创意等生产要素和信息技术的共同作用下，文化产业提供多样化的文化产品，刺激个性化的文化需求，供给进一步创造需求。由于文化最本质的反映是价值观和文化身份，在社会主义核心价值观的引领下，生产出品质精良、导向正确的文化产品是文化产业供给侧改革的核心内容。在数字经济的驱动下，以大数据、云计算、人工智能等关键技术为核心的信息技术的发展为文化和科技的进一步融合提供了技术保障。这些都有助于激发文化产品中的创意元素，提高我国文化产业的生产效率。

从市场环境来看。文化市场主要包括演艺市场、影视市场、图书杂志市场、游戏市场以及其他文化娱乐市场等。随着数字经济的到来，电商平台将成为主流的文化市场的存在形式。由于文化产品具有易复制、易共享、易流通等特点，在缺乏知识产权保护和有效的市场监管的情况下，文化创意容易被受众提前知晓，从而阻碍我国文化产业的发展。数字经济驱动下的文化市场展现出平台化、数字化、共享化等特征，一方面，对文化产品的定价模式提出挑战。另一方面，信息共享又会降低市场的不对称性和不完备性，提高文化市场的搜寻匹配效率。此外，由于文化产品具有低边际成本，即创作成本高、复制成本低的特点，文化产业政策的出台和有效的产权保护可以为文化产品的生产和研发提供规范的市场环境。

整体来看，关于数字经济驱动下中国文化产品出口的研究既要考虑到文化产品的特殊性，也要考虑数字经济对需求端、供给端和流通端的异质性影响。一方面，文化产品重内容而轻物质、不同类型的文化产品趋于互补而非替代，本书在传统价值理论的基础上引入文化价值，提出了扩展的价值理论，且经济价值和文化价值只有在一定的文化认同感的基础上才是统一的。另一方面，在国际经贸环境不确定性因素增加的背景下，从需求端、供给端和流通端来深入研究数字经济与文化产业深度融合所产生的“化学反应”，挖掘新要素禀赋优势和制度优势，对重塑我国文化产品的国际竞争力新优势具有深远的影响。

8.2.2 明确重点市场，挖掘潜力市场

要加快中国的文化产品出口，还必须要明确出口的重点市场，挖掘有潜力的出口市场。图 8 –1 汇报了 1996 ~2018 年中国文化产品主要出口市场的分布。

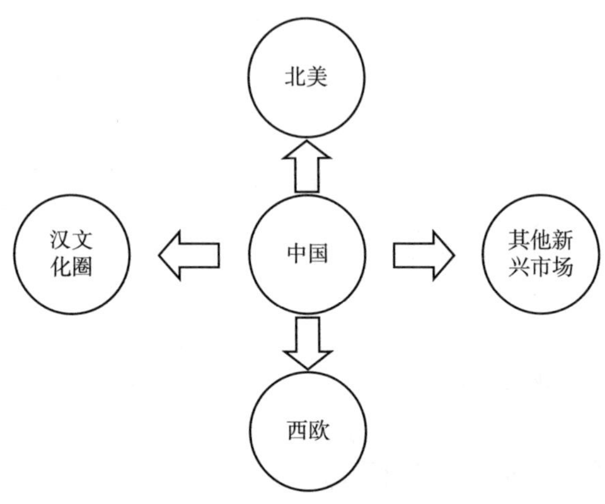

图 8 –1 中国文化产品出口市场的选择

资料来源：笔者根据既有文献整理所得。

具体而言，尽管文化产品有区别于普通货物产品的特殊属性，但文化产品的出口仍然遵循一般经济规律。截至 2018 年，那些经济规模大、经济发展水平高的高收入国家或地区不仅是中国最主要的出口市场，也是全球最主要的文化产品进口地。从马斯洛的需求层次理论来看，文化产品消费属于发展型和享受型消费，高收入群体对其需求更为强烈。文化和制度也是影响出口市场选择的关键因素。值得注意的是，具有同一文化身份的东亚、东南亚和少数南亚国家或地区对汉文化的理解和感知能力较强，极有可能成为文化产品出口新的动力点。良好的制度保障是文化产品出口的重要前提，在一定门槛内制度距离较大、文化距离较大的出口目的地多数集中于北美、西欧和东亚的少数发达国家或地区。这些国家或地区对文化的包容程度较强、经济开放程度较高，也是华人华侨的主要聚集地。从这个角度上来说，它们仍然是文化产品出口的重点市场。此外，巴西、印度、俄罗斯等新兴市场对中国出口贸易增长的贡献率逐渐提高，极有可能成为文化产品输出的潜力市场。中国文化产品出口市场是否已经开始实现多元化呢？在 20 世纪 90 年代初，为了避免对少数几个发达国家或地区尤其是美国的过度依赖，

我国提出了出口市场多元化的发展策略。经过本书的研究发现，截至2018年，出口市场多元化的发展策略初见成效，汉文化圈的国家或地区和其他新兴市场对文化产品出口及二元边际的贡献率逐渐增大。

8.2.3 开展文化外交，增强文化认同感

国际文化交流是促进文化产品出口的重要手段。文化认同感是影响文化产品出口的重要因素，其可能的影响机制有：文化身份的识别、文化比较优势、东西方文化互补、对外直接投资替代等。这些影响途径都有可能通过国际文化交流来加强或者实现。国际文化交流也是文化外交的主要手段，对提高中国文化软实力、加强文化资本积累具有重要意义。

事实上，美、日、韩等文化强国长期以来通过文化外交的手段来输出、扩散和传播本国文化。所谓文化外交，是指“主权国家以文化为载体，旨在传达其国家意志、输出国家价值观，进而实现国家文化战略的国际友好文化交流活动”①。美国长期以来通过各项交流项目和文化教育基金在世界范围内选拔和培养与其文化思维一致的学者，其中最为著名的是富布莱特项目。1972年日本成立国际交流基金会，采取一系列的活动输出本国文化（如茶道、花道、空手道、动漫等）。近年来，韩国也通过组织“海外新闻及文化界记者交流会”等形式来宣传本国文化。中国的文化博大精深，“李子柒视频的海外走红”体现了中国古典文化的独特魅力。那么，中国应如何加强对外文化交流呢？第一，应当选取海外受众容易理解的语言和喜闻乐见的方式来讲好中国故事。这是关乎文化外交成败的关键。第二，合理利用“异文化”群体中影响力较广的出版渠道和传播平台。第三，扩大对国际文化交流项目和国际教育的支持力度，进一步拓宽文化传播渠道。例如，吸引来华留学生，扩大孔子学院的文化功能，开展文化交流年和汉语桥等活动。第四，选择有志于推广和传播中国文化的合作伙伴。第五，建立文化深度交流的有效平台。

8.2.4 平衡出口贸易结构，防范外部风险

本书的研究表明，中国文化产品出口主要是沿着集约边际增长的。这尤其存在于中国与主要贸易伙伴的双边出口贸易中。但是巴西、印度等新兴经济体以及汉文化圈国家或地区对扩展边际的贡献率较高。这一方面说明，由于文化产品具

---

① 吴咏梅．浅谈日本的文化外交［J］．日本学刊，2008（5）：90－103.

有“成瘾性”特征，所以文化产品出口增长主要以集约边际为主。另一方面，我们也可以看到，长期来说这种粗放型的贸易增长模式极易受到外部冲击。提升扩展边际的增长空间是平衡贸易结构、转变贸易增长方式的必然要求。抓住文化产品的特征，多举措平衡贸易结构，是长时期文化产品出口贸易发展的重要思路。从企业的角度来看，应采取抢先进入、长远发展的“主动型”营销模式。这也就是说，企业应当先入为主，抢占先机，积极培育拓展新市场，把重点放在引导消费者对其产品形成较为固定的偏好的营销策略上来。为了进一步平衡出口贸易结构，我国的出口市场不仅包括了高收入国家或地区以及新兴经济体，还包括了与我国经济、制度和文化具有一定差异的“一带一路”沿线国家。2015 年国务院发布《关于加快培育外贸竞争新优势的若干意见》，指出要全面提升“一带一路”沿线国家的经贸合作水平，包括深化贸易合作、拓展产业投资以及优化周边经贸发展格局。倡议提出 3 年多来，中国对“一带一路”沿线国家的贸易总额达 20 万亿元人民币，直接投资超 500 亿美元①。在国家贸易环境和国内经济发展条件发生巨大变化的条件下，对“一带一路”沿线国家的文化产品出口贸易不仅是巩固贸易大国、实现贸易强国的必由之路，也是培育外向型文化企业和建设社会主义文化强国的内在需要。

① 方慧，赵甜. 中国企业对“一带一路”国家国际化经营方式研究——基于国家距离视角的考察[J]. 管理世界，2017 (7)：17 - 23.

参考文献

[1] [美] 阿尔文·托夫勒，海蒂·托夫勒. 再造新文明 [M]. 白承裕，译. 北京：中信出版社，2006.

[2] [美] 阿尔文·托夫勒. 第三次浪潮 [M]. 黄明坚，译. 北京：中信出版社，2006.

[3] [美] 阿尔文·托夫勒. 权力的转移 [M]. 吴迎春，傅凌，译. 北京：中信出版社，2006.

[4] [美] 阿尔文·托夫勒. 未来的冲击 [M]. 黄明坚，译. 北京：中信出版社，2006.

[5] [美] 阿图罗·埃斯科瓦尔. 遭遇发展—第三世界的形成与瓦解 [M]. 汪淳玉，吴惠芳，潘璐，等译. 北京：社会科学文献出版社，2011.

[6] [英] 安格斯·麦迪森，伍晓鹰. 世界经济千年史 [M]. 北京：北京大学出版社，2003.

[7] [德] 保罗·克鲁格曼. 国际经济学（第六版）[M]. 海闻，译. 北京：中国人民大学出版社，2006.

[8] 北京大学文化产业研究院. 中国对外文化贸易年度报告 [M]. 北京：北京大学出版社，2014.

[9] [美] 迈克·波特. 国家竞争优势 [M]. 李明轩，邱如美，译. 北京：中信出版社，2012.

[10] 曹麦. 中国文化产品出口的影响因素及对策 [D]. 北京：对外经济贸易大学，2013.

[11] 陈柏福. 我国文化产业“走出去”发展研究 [M]. 厦门：厦门大学出版社，2011.

[12] 陈勇兵，陈宇媚. 贸易增长的二元边际：一个文献综述 [J]. 国际贸易问题，2011 (9)：160 - 168.

[13] 程大中. 服务经济的兴起与中国的战略选择 [M]. 北京：经济管理出版社，2009.

[14] [美] 大卫·李嘉图. 政治经济学及赋税原理 [M]. 周洁，译. 北京：

华夏出版社，2005.

[15]［美］大卫·索斯比．文化政策经济学［M］．易昕，译．长春：东北财经大学出版社，2013.

[16]［澳］戴维·索斯比．经济学与文化［M］．王志标，张峥嵘，译．北京：中国人民大学出版社，2011.

[17]［美］丹尼尔·贝尔．后工业时代的来临［M］．高恬，译．北京：科学普及出版社，1985.

[18]［美］丹尼尔·贝尔．资本主义的文化矛盾［M］．赵一丹，等译．北京：三联书店，1989.

[19] 杜修立，王维国．中国出口贸易的技术结构及其变迁：1980－2003［J］．经济研究，2007（7）：137－151.

[20] 范爱军，刘馨遥．中国机电产品出口增长的二元边际［J］．世界经济研究，2012（5）：36－42.

[21] 方慧，赵甜．中国企业对“一带一路”国家国际化经营方式研究［J］．管理世界，2017（7）：17－23.

[22] 冯子标，焦俊龙等．文化产业运行论［M］．北京：社会科学文献出版社，2010.

[23] 何大安．互联网应用扩张与微观经济学基础——基于未来“数据与数据对话”的理论解说［J］．经济研究，2018（8）：177－192.

[24] 胡求光．结构因素、需求变动与中国水产品出口贸易研究［M］．北京：经济科学出版社，2009.

[25] 黄纯纯．网络产业组织理论的历史、发展和局限［J］．经济研究，2011（4）：147－160.

[26] 黄隽．艺术品金融：从微观到宏观［M］．北京：中国金融出版社，2016.

[27] 霍步刚．中国文化贸易偏离需求相似理论的实证检验［J］．财经问题研究，2008（7）：15－18.

[28] 贾根良．第三次工业革命与工业智能化［J］．中国社会科学，2016（6）：87－106.

[29] 江小涓．网络空间服务业：效率、约束及发展前景——以体育和文化产业为例［J］．经济研究，2018（4）：6－19.

[30] 凯夫斯．创意产业经济学［M］．北京：新华出版社，2004.

[31]［加］考林·霍斯金斯，斯图亚特·迈克法蒂耶，亚当·费恩．全球电视和电影产业经济学导论［M］．刘丰海，张慧宇，译．北京：新华出版社，2004.

[32] 蓝庆新，郑学党，韩晶．我国文化产业国际竞争力比较及提升策

略——基于2011年横截面数据的分析［J］. 财贸经济，2012（8）：80－87.

［33］李庆霞. 大众文化之争及其实质［J］. 哲学研究，2014（12）：117－121.

［34］李涛等. 客观相对收入与主观经济地位：基于集体主义视角的经验证据［J］. 经济研究，2019（12）：118－132.

［35］联合国教科文组织、联合国开发计划署编，意娜，等译. 创意经济报告（2013）［M］. 北京：社会科学文献出版社，2014.

［36］联合国教科文组织. 世界文化多样性宣言［R］. 联合国教科文组织，2001.

［37］联合国教科文组织统计研究所. 2009年联合国教科文组织文化统计框架［R］. 魁北克：联合国教科文组织统计研究所，2011.

［38］林拓. 世界文化产业发展前沿报告［M］. 北京：社会科学文献出版社，2004.

［39］刘慧，綦建红. 我国文化产品出口增长的二元边际分解及其影响因素［J］. 国际经贸探索，2014（6）：28－43.

［40］刘绍坚. 文化产业：国际经验与中国路径［M］. 北京：中国社会科学出版社，2014.

［41］刘杨，曲如晓，曾燕萍. 哪些关键因素影响了文化产品贸易——来自OECD国家的经验证据［J］. 国际贸易问题，2013（11）：72－81.

［42］鲁晓东. 技术升级与中国出口竞争力变迁：从微观向宏观的弥合［J］. 世界经济，2014（8）：70－97.

［43］罗来军，罗雨泽，刘畅，等. 基于引力模型重新推导的双边国际贸易检验［J］. 世界经济，2014（12）：67－94.

［44］罗能生. 全球化、国际贸易与文化互动［M］. 北京：中国经济出版社，2006.

［45］骆郁廷. 社会主义核心价值与西方“普世价值”比较［J］. 中国社会科学文摘，2015（1）：33－34.

［46］马俊峰. 文化公民身份对共同体认同的重塑［J］. 中国社会科学文摘，2015（6）：97－98.

［47］马涛，刘仕国. 产品内分工下中国进口结构与增长的二元边际——基于引力模型的动态面板数据分析［J］. 南开经济研究，2010（4）：92－109.

［48］茅锐，张斌. 中国的出口竞争力：事实、原因与变化趋势［J］. 世界经济，2013（12）：3－28.

［49］孟晓驷. 世界各国文化概览［M］. 北京：文化艺术出版社，2001.

［50］裴长洪，刘斌. 中国对外贸易的动能转换与国际竞争新优势的形成

[J]. 经济研究，2019 (5)：4 – 15.

[51] 裴长洪，王镭. 试论国际竞争力的理论概念与分析方法 [J]. 中国工业经济，2002 (4)：41 – 45.

[52] [日] 平野健一郎. 国际文化论 [M]. 张启雄，译. 中国大百科全书出版社，2011.

[53] 祁述裕. 中国文化产业国际竞争力报告 [M]. 北京：社会科学文献出版社，2004.

[54] 钱学锋，熊平. 中国出口增长的二元边际及其因素决定 [J]. 经济研究，2010 (1)：65 – 79.

[55] 邱泽奇，张樹沁，刘世定，等. 从数字鸿沟到红利差异——互联网资本的视角 [J]. 中国社会科学，2016 (10)：93 – 115.

[56] 曲如晓，杨修，刘杨. 文化差异、贸易成本与中国文化产品出口 [J]. 世界经济，2015 (9)：130 – 143.

[57] 邵军，吴晓怡. 文化折扣、市场规模与中国文化产品出口 [J]. 国际商务：对外经济贸易大学学报，2014 (3)：119 – 128.

[58] 邵军. 中国文化产品出口贸易发展机理及政策研究 [M]. 北京：社会科学出版社，2015.

[59] 盛斌，廖明中. 中国的贸易流量与出口潜力：引力模型的研究 [J]. 世界经济，2004 (2)：3 – 12.

[60] 施炳展，冼国明，逯建. 地理距离通过何种途径减少了贸易流量 [J]. 世界经济，2012 (7)：22 – 41.

[61] 孙晶. 文化霸权理论研究 [M]. 北京：社会科学文献出版社，2004.

[62] 孙浦阳，张靖佳，姜小雨. 电子商务、搜寻成本与消费价格变化 [J]. 经济研究，2017 (7)：141 – 156.

[63] [澳] 塔尼亚·芙恩. 文化产品与世界贸易组织 [M]. 裘安曼，译. 北京：商务印书馆，2010.

[64] 王婧. 国际文化贸易 [M]. 北京：清华大学出版社，2015.

[65] 韦伯. 新教伦理与资本主义精神 [M]. 北京：北京大学出版社，2012.

[66] 吴咏梅. 浅谈日本的文化外交 [J]. 日本学刊，2008 (5)：90 – 103.

[67] 项久雨. 新发展理念与文化自信 [J]. 中国社会科学，2018 (6)：4 – 25.

[68] 项松林. 中国出口固化的成因研究：新 – 新贸易理论拓展模型的分析 [M]. 北京：中国财政经济出版社，2016.

[69] 徐鹏程. 文化产业与金融供给侧改革 [J]. 管理世界，2016 (8)：16 – 22.

[70] 阎嘉. 文学研究中的文化身份与文化认同问题 [J]. 江西社会科学, 2006 (9): 62-66.

[71] 杨长湧. 我国出口市场多元化战略的现状、影响及对策 [J]. 宏观经济研究, 2010 (6): 12-18.

[72] [美] 约瑟夫·派恩, 詹姆斯·吉尔摩. 体验经济 [M]. 毕崇毅, 译. 北京: 机械工业出版社, 2002.

[73] 臧新, 林竹, 邵军. 文化亲近、经济发展与文化产品的出口——基于中国文化产品出口的实证研究 [J]. 财贸经济, 2012 (10): 102-110.

[74] 张海涛. 科技创新协同下的文化贸易竞争力研究 [J]. 中国软科学, 2010 (S1): 54-61.

[75] 张杰, 郑文平, 陈志远, 等. 进口是否引致了出口: 中国出口奇迹的微观解读 [J]. 世界经济, 2014 (6): 3-26.

[76] 张杰等. 中国出口增长的二元边际分解与区域差异 [J]. 数量经济技术经济研究, 2013 (10): 3-18.

[77] 张晓明等. 国际文化产业发展报告 [M]. 北京: 社会科学文献出版社, 2007.

[78] 赵彦云, 余毅, 马文涛. 中国文化产业竞争力评价和分析 [J]. 中国人民大学学报, 2006, 20 (4): 72-82.

[79] 周俊子, 黄先海. 中国出口结构优化研究 [M]. 杭州: 浙江大学出版社, 2015.

[80] 周正兵. 文化产业导论 [M]. 北京: 经济科学出版社, 2014.

[81] 朱希伟, 金祥荣, 罗德明. 国内市场分割与中国的出口贸易扩张 [J]. 经济研究, 2005 (12): 68-76.

[82] Balassa Bela. Trade Liberalization and Industrialized Countries [M]. New York: McGraw-Hill, 1968.

[83] Bastos P., Silva J. The quality of a firm's exports: Where you export to matters [J]. Ssrn Electronic Journal, 2008, 82 (2): 99-111.

[84] Baumol W. J. Children of performing arts, the economic dilemma: The climbing costs of health care and education [J]. Journal of Cultural Economics, 1996, 20 (3): 183-206.

[85] Baumol W. J. Macroeconomics of Unbalanced Growth: The Anatomy of Urban Crisis [J]. American Economic Review, 1967, 57 (3): 415-426.

[86] Baumol W. J., Bowen W. G. Performing arts: The Economic Dilemma [M]. New York: Twentieth Century Fund, 1966.

[87] Becker G. S., Murphy K. M. A Theory of Rational Addiction [J]. Journal of Political Economy, 1988, 96 (4): 675-700.

[88] Bedassa Tadesse, Roger White. Cultural distance as a determinant of bilateral trade flows: do immigrants counter the effect of cultural differences? [J]. Applied Economics Letters, 2010, 17 (2): 147-152.

[89] Bergstrand J. H. The Generalized Gravity Equation, Monopolistic Competition, and Factor-Proportions Theory in International Trade [J]. Review of Economics & Statistics, 1989, 71 (1): 143-153.

[90] Besedes T., Prusa T. J. The role of extensive and intensive margins and export growth [J]. Journal of Development Economics, 2011, 96 (2): 371-379.

[91] Boisso D., Ferrantino M. Economic Distance, Cultural Distance, and Openness in International Trade: Empirical Puzzles [J]. Journal of Economic Integration, 1997, 12 (4): 456-484.

[92] Brenton P., Saborowski C., Uexkull E. V. What Explains the Low Survival Rate of Developing Country Export Flows? [J]. World Bank Economic Review, 2009, 24 (3): 474-499.

[93] Burke P. The Italian Renaissance: Culture and Society in Italy [M]. New Jersey: Princeton University Press, 1999.

[94] Caves R. E. Creative Industries: Contracts between Art and Commerce [M]. Harvard University Press, 2000.

[95] Chaloupka F. Rational Addictive Behavior and Cigarette Smoking [J]. NBER Working Papers, 1992, 99 (4): 722-742.

[96] Chaney T. Distorted Gravity: The Intensive and Extensive Margins of International Trade [J]. American Economic Review, 2008, 98 (98): 1707-1721.

[97] Chapman M., Mattos G. D., Clegg J., et al. Close neighbours and distant friends—perceptions of cultural distance [J]. International Business Review, 2008, 17 (3): 217-234.

[98] Chen W. C. The Extensive and Intensive Margins of Exports: The Role of Innovation [J]. World Economy, 2013, 36 (5): 607-635.

[99] Cho D. S. A Dynamic Approach to International Competitiveness: The Case of Korea [J]. Asia Pacific Business Review, 1994, 1 (1): 17-36.

[100] Clarke George R. G., Scott J. Wallsten. Has the Internet Increased Trade? Developed and Developing Country Evidence [J]. Economic Inquiry, 2007, 44 (3): 465-484.

[101] Cowen T. In Praise of Commercial Culture [M] Harvard University Press, 1998.

[102] Cowen T. Why I do not believe in the cost-disease [J]. Journal of Cultural Economics, 1996, 20 (3): 207 -214.

[103] Cyrus T. L. Income in the Gravity Model of Bilateral Trade: Does Endogeneity Matter? [J]. International Trade Journal, 2002, 16 (2): 161 -180.

[104] Deardorff Alan V. Determinants of Bilateral Trade: Does Gravity Work in a Neoclassical World? [M]. In the Regionalization of the World Economy, edited by J. A. Frankel. Chicago: University of Chicago Press, 1998.

[105] Disdier A. C., Head K. The Puzzling Persistence of the Distance Effect on Bilateral Trade [J]. Development Working Papers, 2004, 90 (1): 37 -48.

[106] Disdier A. C., Tai S. H. T., Fontagné L., et al. Bilateral trade of cultural goods [J]. World Economy, 2010 (145): 575 -595.

[107] Dixit A. K., Stiglitz J. E. Monopolistic Competition and Optimum Product Diversity. [J]. American Economic Review, 2015, 67 (67): 297 -308.

[108] Egger P. An Econometric View on the Estimation of Gravity Models and the Calculation of Trade Potentials [J]. World Economy, 2002, 25 (2): 297 -312.

[109] Egger P., Pfaffermayr M. The proper panel econometric specification of the gravity equation: A three-way model with bilateral interaction effects [J]. Empirical Economics, 2003, 28 (3): 571 -580.

[110] Farchy J. The Internet: Culture for Free [M]. In a handbook of Cultural Economics, edited by Ruth Towse. Edward Elgar Publishing, 2011.

[111] Felbermayr G. J., Kohler W. Exploring the Intensive and Extensive Margin of World Trade [J]. Review of World Economics, 2006, 142 (4): 642 -674.

[112] Felbermayr G. J., Toubal F. Cultural proximity and trade [J]. European Economic Review. 2006, 54 (2): 279 -293.

[113] Finn A., Mcfadyen S., Hoskins C. Valuing the Canadian Broadcasting Corporation [J]. Journal of Cultural Economics, 2003, 27 (3): 177 -192.

[114] Flam H., Helpman E. Vertical Product Differentiation and North - South Trade [J]. American Economic Review, 1987, 77 (5): 810 -822.

[115] Footer M. E., Graber C. B. Trade liberalization and cultural policy [J]. Journal of International Economic Law, 2000, 3 (1): 115 -144.

[116] Foster L., Syverson C. Reallocation, Firm Turnover, and Efficiency: Selection on Productivity or Profitability? [J]. American Economic Review, 2008, 98

(1): 394 -425.

[117] Francois P., Ypersele T. V. On the protection of cultural goods [J]. Journal of International Economics, 2002, 56 (2): 359 -369.

[118] Frank B. A note on the international dominance of the U. S. in the trade in movies and television fiction [J]. Journal of Media Economics, 1992, 5 (1): 31 -38.

[119] Gentzkow M. Valuing New Goods in a Model with Complementarities: Online Newspapers [J]. American Economic Review, 2007, 97 (3): 713 -744.

[120] Gereffi G. International trade and industrial upgrading in the apparel commodity chain [J]. Journal of International Economics, 1999, 48 (1): 37 -70.

[121] Gereffi G. Organization of Buyer-driven Global Commodity Chains: How US Retail Shape Overseas Production Network [M]. In: Contributions in Economics and Economic History, edited by Gereffi G. and M. Korzeniewicz eds. Westport: Prager, 1994: 95.

[122] Giuliano P., Spilimbergo A., Tonon G. Genetic, Cultural and Geographical Distances [C]. CEPR Discussion Papers, 2006.

[123] Gould D. M. Immigrant Links to the Home Country: Empirical Implications for U. S. Bilateral Trade Flows [J]. Review of Economics & Statistics, 1994, 76 (2): 302 -316.

[124] Gracia A., Albisu L. M. Food consumption in the European Union: Main determinants and country differences [J]. Agribusiness, 2001, 17 (4): 469 -488.

[125] Greif Avner. Cultural Beliefs and the Organization of Society: A Historical and Theoretical Reflection on Collectivist and Individualist Societies [J]. Journal of Political Economy, 1994, 102 (5): 912 -950.

[126] Greif Avner. Institutions and International Trade: Lessons from Commercial Revolution [J]. American Economic Review, 1992, 8: 128 -133.

[127] Guiso L., Zingales L. Cultural Biases in Economic Exchange [J]. Society for Economic Dynamics, 2005: 1095 -1131.

[128] Hanson G., Xiang C. Trade barriers and trade flows with product heterogeneity: An application to US motion picture exports [J]. Journal of International Economics, 2011, 83 (1): 14 -26.

[129] Held D. Global transformations: Politics, economics and culture [M]. Stanford University Press, 1999.

[130] Hoskins C., Mirus R. Reasons for the U. S. Dominance of the International Trade in Television Programmes [J]. Media Culture & Society, 1988, 10 (4):

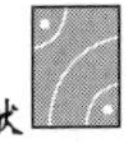

499 - 504.

[131] Hoskins C., S. McFadyen. Global Television, Film: an Introduction to the Economics of the Business [M]. Oxford: Oxford University Press, 1997.

[132] Hummels D., Klenow P. J. The Variety and Quality of a Nation's Exports [J]. American Economic Review, 2005, 95 (3): 704 - 723.

[133] Martinez-Zarzoso I., Nowak-Lehmann F. D.. Economic and Geographical Distance: Explaining Mercosour Sectoral Exports to the EU [J]. Open Economics Review, 2004, 15 (3).

[134] Inglehart R., Welzel C. Modernization, cultural change, and democracy: the human development sequence [M]. Cambridge University Press, 2005.

[135] Gourdon J. Explaining Trade Flows: Traditional and New Determinants of Trade Patterns [J]. Journal of Economic Integration, 2009, 24 (1).

[136] Kogut B., Singh H. The Effect of National Culture on the Choice of Entry Mode [J]. Journal of International Business Studies, 1988, 19 (3): 411 - 432.

[137] Krugman P. R. Scale Economies, Product Differentiation, and Pattern of Trade [J]. American Economic Review, 1980, 70 (5): 950 - 959.

[138] Krugman P. R. Increasing returns, monopolistic competition and international trade [J]. Journal of International Economics, 1979, 9 (4): 469 - 479.

[139] Krugman P. R. Intra-Industry Specialization and Gains from Trade [J]. Journal of Political Economy, 1981, 89 (5): 959 - 973.

[140] Lankhuizen M., De Groot H. L. F., Linders G. M. The Trade - Off between Foreign Direct Investments and Exports: The Role of Multiple Dimensions of Distance [J]. Tinbergen Institute Discussion Paper, 2009, 50 (3): 1 - 22.

[141] Lankhuizen M. B. M., Groot H. L. F. D. Cultural distance and international trade: a non-linear relationship [J]. Letters in Spatial & Resource Sciences, 2014, 9 (1): 1 - 7.

[142] Li Y. Cultural Products and the World Trade Organization [J]. Social Science Electronic Publishing, 2008, 100 (2): 387 - 388.

[143] Licht A. N., Goldschmidt C., Schwartz S. H. Culture rules: The foundations of the rule of law and other norms of governance [J]. Ssrn Electronic Journal, 2006, 35 (4): 659 - 688.

[144] Linders G. M., Slangen A., Groot H. L. F. D., et al. Cultural and Institutional Determinants of Bilateral Trade Flows [J]. Tinbergen Institute Discussion Paper, 2005, 74 (3): 103 - 123.

[145] Linnemann H., Beers C. V. Measures of export-import similarity, and the linder hypothesis once again [J]. Review of World Economics, 1988, 124 (3): 445-457.

[146] Lugovskyy V., Skiba A. How Geography Affects Quality [J]. Journal of Development Economics, 2015, 115: 156-180.

[147] Mansell R., Raboy M. The UNESCO Convention on Cultural Diversity: Cultural Policy and International Trade in Cultural Products [M]. The Handbook of Global Media and Communication Policy. Wiley-Blackwell, 2011: 336-352.

[148] Mark J. Roberts, Daniel Yi Xu, XiaoYan Fan, et al.. A Structural Model of Demand, Cost, and Export Market Selection for Chinese Footwear Producers [J]. Social Science Electronic Publishing, 2012: 1-52.

[149] Markusen J. R. Putting per-capita income back into trade theory ☆ [J]. Journal of International Economics, 2010, 90 (2): 255-265.

[150] Marvasti A. International trade in cultural goods: A cross-sectional analysis [J]. Journal of Cultural Economics, 1994, 18 (2): 135-148.

[151] Marvasti A., Canterbery E. Ray. Cultural and Other Barriers to Motion Pictures Trade [J]. Economic Inquiry, 2005, 43 (1): 39-54.

[152] Mas-Colell A. Should Cultural Goods Be Treated Differently? [J]. Journal of Cultural Economics, 1999, 23 (1): 87-93.

[153] Mccain R. A. Cultivation of taste and bounded rationality: Some computer simulations [J]. Journal of Cultural Economics, 1995, 19 (1): 1-15.

[154] Mccain R. A. Defining Cultural and Artistic Goods [J]. Ideas Help Page, 2006, 1 (06): 147-167.

[155] Mccain R. A. Reflections on the cultivation of taste [J]. Journal of Cultural Economics, 1979, 3 (1): 30-52.

[156] Melitz M. J. The impact of trade in intra-industry reallocations and aggregate industry productivity [J]. Econometrica, 2002, 71 (6): 1695-1725.

[157] Melitz M. J., Ottaviano G. I. P. Market Size, Trade, and Productivity [J]. Review of Economic Studies, 2008, 75 (1): 295-316.

[158] Michael A. McPherson, Michael R. Redfearn, Margie A. Tieslau. International trade and developing countries: an empirical investigation of the Linder hypothesis [J]. Applied Economics, 2001, 33 (5): 649-657.

[159] Michael E. Porter. On competition [M]. Harvard Business School, 1998.

[160] Nina C., Oliver F., Tobias K., et al. Broadband Infrastructure and

Economic Growth [J]. Social Science Electronic Publishing, 2011, 121 (552): 505 -532.

[161] North Douglass C. Institutions, Institutional Change and Economic Performance [M]. Cambridge: Cambridge University Press, 1990.

[162] Paunov C. Corruption's asymmetric impacts on firm innovation [J]. Journal of Development Economics, 2016, 118: 216 -231.

[163] Pieterse J. N. Globalization and culture: Global mélange [M]. Rowman & Littlefield, 2015.

[164] Platteau J. P., Wahhaj Z. Strategic Interactions Between Modern Law and Custom [M]. In A Handbook of the Economics of Art and Culture, edited by Victor A. Ginsburgh and David Throsby, North-Holland, 2014.

[165] Pratt A. C. Resilience, locality and the cultural economy [J]. City Culture & Society, 2015, 6 (3): 61 -67.

[166] Pratt A. C. The cultural economy and the global city [M]. International Handbook of Globalization and World Cities, 2011: 265 -274.

[167] Rauch J. E. Networks versus markets in international trade [J]. Journal of International Economics, 1996, 48 (1): 7 -35.

[168] Rauch J. E., Trindade V. Neckties in the tropics: a model of international trade and cultural diversity [J]. Canadian Journal of Economics, 2005, 42 (3): 809 -843.

[169] Rauch J. E., Watson J. Starting small in an unfamiliar environment [J]. International Journal of Industrial Organization, 1999, 21 (7): 1021 -1042.

[170] Rothkopf, David. In praise of cultural imperialism? [J]. Foreign Policy, 1997, 3 (107): 38 -53.

[171] Schulze G. G. International Trade in Art [J]. Journal of Cultural Economics, 1999, 23 (1): 109 -136.

[172] Scott Lash, John Urry. Economies of Signs and Space [M]. London: Sage, 1994.

[173] Sintas J. L., ǵlvarez E. G. The Consumption of Cultural Products: An Analysis of the Spanish Social Space [J]. Journal of Cultural Economics, 2002, 26 (2): 115 -138.

[174] Spencer G. M. Creative economies of scale: an agent-based model of creativity and agglomeration [J]. Journal of Economic Geography, 2012, 12 (1): 247 -271.

[175] Spolaore E., Wacziarg R. The Diffusion of Development [J]. Cepr Dis-

cussion Papers, 2006, 124 (2): 469 –529.

[176] Stigler G. J., Becker G. S. De Gustibus Non Est Disputandum [J]. American Economic Review, 1977, 67 (2): 76 –90.

[177] T. Adorno. The Culture Industry: Selected Essays on Mass Culture. London: Routledge, 1991.

[178] Tabellini G. Institutions and Culture [J]. Social Science Electronic Publishing, 2007, 6 (2 –3): 255 –294.

[179] Tadesse B, White R. Does Cultural Distance Hinder Trade in Goods? A Comparative Study of Nine OECD Member Nations [J]. Open Economies Review, 2010, 21 (2): 237 –261.

[180] Tak Wing Chan, ed. Social Status and Cultural Consumption [M]. Cambridge: Cambridge University Press, 2010.

[181] Tak Wing Chan, John H. Goldthorpe. The Social Stratification of Cultural Consumption: Some Policy Implications of a Research Project [J]. Cultural Trends, 2007, 16 (4): 373 –384.

[182] Taylor E. B. The origins of culture [M]. New York: Harper & Row, 1958.

[183] Throsby Cavid D. Economics and culture. UK; New York: Cambridge University Press, 2001.

[184] Throsby D. Cultural Capital [J]. Journal of Cultural Economics, 1999, 23 (1): 3 –12.

[185] Throsby D. Determining the Value of Cultural Goods: How Much (or How Little) Does Contingent Valuation Tell Us? [J]. Journal of Cultural Economics, 2003, 27 (3): 275 –285.

[186] Throsby D. The Production and Consumption of the Arts: A View of Cultural Economics [J]. Journal of Economic Literature, 1994, 32 (1): 1 –29.

[187] Tinbergen J. Shaping the World Economy [M]. Twentieth Century Fund, 1962.

[188] Tomlinson J. Globalization and Culture [M]. University of Chicago Press, 1999.

[189] Towse R. A Handbook of Cultural Economics [M]. Edward Elgar Publishing, 2011.

[190] Towse R. A Textbook of Cultural Economics [M]. Cambridge: Cambrige University Press, 2003.

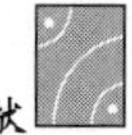

[191] Towse R. Baumol's cost disease: the arts and other victims [M]. Edward Elgar, 1997.

[192] Towse R. Recent Developments in Cultural Economics [M]. Cheltenham: Edward Elgar, 2007.

[193] Tylor E. B. The origins of culture [M]. New York: Harper and Row, 1958.

[194] UNCTAD. Culture, Trade and Globalization: Questions and Answers [R]. Paris: UNESCO Publishing, 2000.

[195] UNESCO. International Flow of Selected Cultural Goods and Services: Defining and Capturing the Flows of Global Cultural Trade, 1994 - 2003 [R]. Montreal: UNESCO Institute for Statistics, 2005.

[196] UNESCO. International Flows of Selected Cultural Goods 1980 - 1998 [R]. Paris: UNESCO, 2000.

[197] UNESCO. Reshaping Cultural Policies [R]. Luxembourg: Imprimerie Centrale, 2015.

[198] UNESCO. The Globalisation of Cultural Trade: A Shift in Consumption: International Flows of Cultural Goods and Services, 2004 - 2013 [R]. Montreal: UNESCO Institute for Statistics, 2016.

[199] United Nations. Creative Economy Report. Creative Economy: A Feasible Development Option [R]. Geneva and New York: United Nations, 2010.

[200] United Nations. Creative Economy Report. The Challenge of Assesing the Creative Economy: towards Informed Policy Making [R]. Geneva and New York: United Nations, 2008.

[201] Van Assche A., Hong C., Miranda V. China's International Competitiveness: Reassessing the Evidence [J]. Ssrn Electronic Journal, 2008: 2 - 16.

[202] Victor A. Ginsburgh, David Thorsby. A Handbook of the economics of art and culture [M]. Netherlands: Elsevier B. V., 2006.

[203] Voon T. S. China and Cultural Products at the WTO [J]. Social Science Electronic Publishing, 2010: 253 - 259.

[204] WEF. The Global Competitiveness Report 2014 - 2015 [R]. Switzerland: the World Economic Forum, 2014.

[205] Weitzman M. L. Recombinant Growth [J]. Quarterly Journal of Economics, 1998, 113 (113): 331 - 360.

[206] White R., Tadesse B. Immigrants, cultural distance and U. S. state-level

exports of cultural products [J]. North American Journal of Economics & Finance, 2008, 19 (3): 331-348.

[207] Williamson C. R., Mathers R. L. Economic freedom, culture, and growth [J]. Public Choice, 2011, 148 (3-4): 313-335.

[208] Yu Zhuang. The trade competitiveness research of China's cultural based on dynamic diamond model [J]. Journal of Chemical and Pharmaceutical Research, 2014, 6 (7): 2639-2641.

[209] Zhou Y., Tong J., Sun P. What's special about the extensive and intensive margins in Chinese manufacturing exports? [J]. Journal of Chinese Economic & Foreign Trade Studies, 2013, 6 (1): 19-34 (16).

附　　录

第4章附录

附表4-1　　1996~2014年世界各国家与地区核心文化产品出口额统计　　单位：百万美元

编码	代码	国家或地区	1996	1997	1998	1999	2000	2001	2002	2003	2004	2005	2006
533	ABW	阿鲁巴	—	—	—	—	—	—	—	—	—	0.61	—
4	AFG	阿富汗	—	—	—	—	—	—	—	—	—	—	—
8	ALB	阿尔巴尼亚	0.43	0.10	0.36	0.25	0.36	0.22	0.72	0.86	0.39	0.23	0.28
20	AND	安道尔共和国	9.74	12.65	12.09	6.62	8.36	5.14	2.77	3.05	3.50	5.39	7.71
530	ANT	荷属安的列斯群岛	—	—	0.77	—	—	—	—	—	—	1.03	0.58
784	ARE	阿联酋	—	—	—	—	—	—	—	—	—	99.85	—
32	ARG	阿根廷	96.49	103.21	135.93	101.18	110.10	97.53	65.42	60.67	72.93	91.42	97.76
51	ARM	亚美尼亚	—	0.15	—	0.41	0.08	0.04	0.24	0.62	0.21	0.53	0.41
28	ATG	安提瓜和巴布达	—	—	—	0.21	0.24	—	—	—	—	0.14	—
36	AUS	澳大利亚	184.36	209.30	229.35	237.10	244.41	231.92	273.41	323.72	359.88	336.54	333.46
40	AUT	奥地利	527.76	518.95	504.43	472.07	450.45	489.75	486.17	514.08	484.01	481.53	799.29

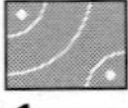

续表

编码	代码	国家或地区	1996	1997	1998	1999	2000	2001	2002	2003	2004	2005	2006
31	AZE	阿塞拜疆	—	—	—	0.37	0.33	0.13	0.20	0.19	0.76	3.35	0.47
108	BDI	布隆迪	—	—	—	—	—	—	—	0.05	0.02	0.02	0.02
58	BEL	比利时	885.91	840.89	892.89	—	—	—	—	—	—	—	—
56	BEL	比利时	—	—	—	962.60	995.22	958.79	913.75	1065.94	1275.61	1247.53	1146.03
204	BEN	贝宁	—	—	0.38	0.52	0.31	0.28	0.30	0.41	0.71	0.11	0.06
854	BFA	布基纳法索	—	—	—	—	—	0.73	0.90	0.86	1.06	1.01	—
50	BGD	孟加拉国	—	—	—	—	—	—	1.93	1.44	3.26	2.44	2.16
100	BGR	保加利亚	10.49	3.52	3.73	3.05	6.91	6.05	13.76	14.61	15.73	21.74	22.28
48	BHR	巴林	—	—	—	—	—	—	0.74	0.57	0.81	0.93	0.64
44	BHS	巴哈马	—	0.36	1.16	0.48	1.72	0.85	1.20	1.23	0.46	—	0.51
70	BIH	波黑	—	—	—	—	—	—	—	1.93	5.66	5.12	5.30
112	BLR	白俄罗斯	—	—	7.82	7.19	12.89	17.40	19.63	21.48	35.04	25.35	32.11
84	BLZ	伯利兹	—	—	0.03	0.11	0.07	0.01	0.02	0.08	0.06	0.09	0.09
60	BMU	百慕大	—	—	—	—	—	—	—	—	—	—	—
68	BOL	玻利维亚	—	1.20	1.18	1.63	0.71	0.78	0.87	0.65	0.73	0.87	0.77
76	BRA	巴西	—	30.12	33.16	39.52	38.13	32.71	36.41	47.61	59.58	60.53	64.47
52	BRB	巴巴多斯	—	—	—	—	1.77	1.39	1.16	1.14	0.96	1.49	2.79
96	BRN	文莱	—	—	—	—	—	—	0.31	0.29	0.62	—	0.50

续表

编码	代码	国家或地区	1996	1997	1998	1999	2000	2001	2002	2003	2004	2005	2006
64	BTN	不丹	—	—	—	0.00	—	—	—	—	—	1.64	54.82
72	BWA	博茨瓦纳	—	—	—	—	0.97	0.74	1.28	1.51	1.28	0.99	1.09
140	CAF	中非	—	0.16	0.15	0.03	0.03	0.10	0.10	0.01	—	—	0.00
124	CAN	加拿大	898.98	957.63	1034.95	1221.33	1344.51	1395.12	1362.37	1554.89	1807.08	1967.19	1917.80
757	CHE	瑞士	1290.81	1038.91	1099.34	1108.75	1299.25	1014.60	1354.87	1253.32	1541.13	1450.94	1801.35
152	CHL	智利	—	133.22	130.61	94.01	79.37	77.19	36.47	25.41	25.21	31.16	32.21
156	CHN	中国	1360.36	1717.41	1894.70	2142.51	2730.03	3089.50	5021.96	5625.83	6441.74	7890.24	9646.10
384	CIV	科特迪瓦	—	—	—	—	—	2.93	—	3.81	3.78	4.45	4.42
120	CMR	喀麦隆	—	—	—	—	0.10	0.19	0.20	0.37	0.30	0.33	0.99
178	COG	刚果（布）	—	—	—	—	—	—	—	—	—	—	—
170	COL	哥伦比亚	112.96	119.26	132.97	117.81	135.63	159.24	143.99	155.43	165.34	172.45	182.55
174	COM	科摩罗	—	—	—	—	—	—	—	—	—	—	—
132	CPV	佛得角	—	0.04	0.03	0.40	0.06	—	—	—	—	0.05	0.05
188	CRI	哥斯达黎加	—	20.33	20.06	26.66	14.58	11.52	14.11	9.79	11.15	9.82	9.32
192	CUB	古巴	—	—	—	1.95	1.84	1.72	1.58	20.83	53.70	9.34	15.86
196	CYP	塞浦路斯	5.27	6.37	7.43	6.87	5.87	6.34	5.35	6.47	8.32	6.86	7.91
203	CZE	捷克	123.84	—	261.35	248.22	126.39	140.71	176.85	216.70	272.55	318.60	370.71
276	DEU	德国	3727.25	3494.70	3663.15	3583.98	3125.73	3409.93	4248.77	4455.93	4769.79	5466.49	5881.13

续表

编码	代码	国家或地区	1996	1997	1998	1999	2000	2001	2002	2003	2004	2005	2006
262	DJI	吉布提	—	—	—	—	—	—	—	—	—	—	—
212	DMA	多米尼克	—	—	—	0. 06	0. 04	0. 06	0. 07	0. 02	0. 01	0. 01	0. 00
208	DNK	丹麦	346. 52	—	343. 30	354. 46	443. 98	436. 90	389. 12	433. 68	430. 38	452. 52	417. 59
214	DOM	多米尼加	—	—	—	—	—	3. 80	5. 85	6. 44	7. 33	5. 95	7. 58
12	DZA	阿尔及利亚	2. 24	2. 49	2. 15	1. 98	2. 36	1. 76	2. 08	2. 63	2. 06	1. 53	1. 47
218	ECU	厄瓜多尔	2. 76	—	5. 06	3. 52	4. 81	3. 98	6. 82	2. 22	2. 83	3. 20	4. 27
818	EGY	埃及	—	—	—	—	—	—	—	—	—	—	—
232	ERI	厄立特里亚	—	—	—	—	—	—	—	0. 01	—	—	—
724	ESP	西班牙	1111. 91	1187. 25	1189. 94	1240. 19	1249. 34	1311. 09	1334. 87	1365. 82	1469. 07	1380. 77	1349. 11
233	EST	爱沙尼亚	4. 57	5. 05	7. 08	7. 83	8. 11	11. 86	14. 85	21. 15	25. 95	41. 59	46. 20
231	ETH	埃塞俄比亚	—	—	—	—	—	0. 09	0. 32	0. 06	0. 22	0. 19	0. 27
246	FIN	芬兰	274. 18	253. 72	278. 95	215. 09	228. 37	253. 50	252. 35	270. 75	276. 43	272. 47	281. 97
242	FJI	斐济	—	—	—	—	0. 74	—	0. 41	0. 68	0. 73	1. 55	1. 38
251	FRA	法国	1974. 83	1997. 10	2091. 83	2041. 42	2170. 84	1998. 57	1991. 59	2456. 89	2641. 64	2737. 08	2971. 65
234	FRO	法罗群岛	—	—	—	—	0. 00	0. 00	—	—	—	—	0. 02
583	FSM	密克罗尼西亚联邦	—	—	—	—	—	—	0. 01	0. 00	0. 01	0. 01	0. 01
266	GAB	加蓬	—	1. 41	1. 35	1. 63	0. 83	0. 83	0. 49	1. 08	7. 73	6. 40	0. 28
826	GBR	英国	5393. 28	6008. 85	5956. 25	6026. 25	6629. 74	6234. 60	7704. 81	8939. 66	9394. 74	10149. 55	9904. 07

续表

编码	代码	国家或地区	1996	1997	1998	1999	2000	2001	2002	2003	2004	2005	2006
268	GEO	格鲁吉亚	—	—	0.13	0.19	0.13	0.21	0.14	0.08	0.15	0.13	1.28
288	GHA	加纳	—	—	—	—	—	—	—	1.59	—	24.67	78.98
324	GIN	几内亚	—	—	0.02	0.02	0.02	0.02	0.03	—	0.03	0.02	0.04
270	GMB	冈比亚	0.00	0.01	0.01	0.01	—	—	0.03	0.01	0.01	0.02	0.02
300	GRC	希腊	42.30	67.85	53.97	62.18	88.69	123.75	65.29	100.28	107.78	130.94	162.43
308	GRD	格林纳达	—	—	—	—	0.02	0.05	0.04	0.02	0.03	0.01	0.02
304	GRL	格陵兰	4.49	1.08	0.97	1.07	0.93	0.76	1.24	1.91	2.53	2.24	2.40
320	GTM	危地马拉	—	4.33	6.47	5.86	6.74	7.48	2.97	5.13	4.58	5.11	3.97
328	GUY	圭亚那	—	0.06	0.19	0.17	1.05	0.12	0.07	0.11	0.05	0.98	0.15
344	HKG	中国香港特区	1677.07	1675.39	1607.60	1925.90	2245.57	1872.74	2384.33	2594.51	2781.71	3096.47	3739.46
340	HND	洪都拉斯	—	0.18	0.24	0.55	0.11	0.09	0.28	0.54	0.49	0.37	0.27
191	HRV	克罗地亚	—	10.83	28.55	38.94	33.77	37.90	35.77	46.05	55.44	64.50	55.31
332	HTI	海地	0.21	1.63	—	—	—	—	—	—	—	—	—
348	HUN	匈牙利	52.52	49.61	53.46	50.81	58.46	391.75	701.60	51.24	65.39	66.71	80.58
360	IDN	印度尼西亚	229.58	66.83	36.24	213.35	254.80	132.79	109.51	134.66	123.94	133.57	142.97
699	IND	印度	217.53	278.96	290.00	291.22	396.59	325.31	260.81	620.99	680.40	796.33	784.66
372	IRL	爱尔兰	388.69	198.16	207.86	270.55	822.58	1094.31	777.73	807.58	824.12	963.08	997.49
364	IRN	伊朗	—	0.42	0.53	0.81	1.58	4.22	3.08	8.90	5.16	10.64	15.41

续表

编码	代码	国家或地区	1996	1997	1998	1999	2000	2001	2002	2003	2004	2005	2006
352	ISL	冰岛	—	2.16	2.79	1.35	3.31	2.77	4.08	3.97	3.91	4.15	5.25
376	ISR	以色列	56.82	77.01	61.13	68.80	60.34	63.40	70.76	77.80	69.65	86.38	106.71
381	ITA	意大利	1557.79	1396.48	1395.06	1336.52	1277.18	1249.09	1314.89	1486.71	1643.05	1564.62	1709.87
388	JAM	牙买加	—	—	0.83	0.98	1.09	1.00	1.99	1.57	1.49	2.99	4.11
400	JOR	约旦	—	—	15.84	13.90	13.88	13.68	5.79	7.32	6.97	9.84	13.18
392	JPN	日本	1689.49	2216.70	2282.44	3324.35	1601.25	1048.68	1524.83	723.56	878.33	886.39	912.18
398	KAZ	哈萨克斯坦	—	—	0.73	—	0.71	0.27	0.37	0.32	1.24	0.54	0.58
404	KEN	肯尼亚	—	3.53	2.42	4.41	4.36	3.52	4.53	8.79	8.00	11.69	16.55
417	KGZ	吉尔吉斯斯坦	—	—	—	—	0.19	1.07	0.29	0.06	0.10	0.09	0.13
116	KHM	柬埔寨	—	—	—	—	0.11	0.21	0.31	0.53	23.44	35.44	0.41
659	KNA	圣基茨和尼维斯	—	—	—	0.09	0.07	0.12	0.07	0.10	0.13	0.09	0.07
410	KOR	韩国	295.16	234.03	223.35	269.89	259.19	293.71	278.80	284.83	359.08	495.71	675.97
414	KWT	科威特	—	—	—	—	—	—	—	—	—	—	5.80
422	LBN	黎巴嫩	—	23.75	28.35	26.58	27.92	27.94	54.84	29.53	27.61	33.67	39.07
662	LCA	圣卢西亚	—	—	—	—	0.39	0.20	0.22	0.23	0.19	0.25	0.21
144	LKA	斯里兰卡	—	—	—	19.74	17.95	18.05	14.74	15.44	13.60	11.16	7.92
426	LSO	莱索托	—	—	—	—	—	—	—	—	—	—	—
440	LTU	立陶宛	—	10.13	8.60	6.82	9.60	11.84	22.49	24.74	29.62	37.68	48.10

续表

编码	代码	国家或地区	1996	1997	1998	1999	2000	2001	2002	2003	2004	2005	2006
442	LUX	卢森堡	—	—	—	28.05	21.18	34.95	33.42	38.10	45.09	41.20	40.86
428	LVA	拉脱维亚	—	6.54	5.33	4.87	3.92	6.30	6.90	9.95	12.66	14.70	17.74
446	MAC	中国澳门特区	1.91	1.21	0.77	1.40	1.52	1.53	1.33	1.61	2.85	2.43	2.03
504	MAR	摩洛哥	—	—	—	—	—	—	75.06	12.06	13.68	12.05	10.66
498	MDA	摩尔多瓦	—	—	—	—	0.52	0.78	0.77	0.86	0.84	1.00	1.85
450	MDG	马达加斯加	1.05	0.80	0.79	1.09	0.95	0.83	0.68	0.94	0.73	0.94	1.24
462	MDV	马尔代夫	—	—	—	—	—	—	—	—	0.19	0.00	0.00
484	MEX	墨西哥	388.74	479.55	567.26	580.44	532.75	598.31	1177.25	427.62	397.64	444.77	58[illegible].60
807	MKD	前南马其顿	0.18	0.52	0.44	0.50	0.72	0.37	0.34	0.35	0.93	1.65	2.02
466	MLI	马里	—	—	0.07	0.47	0.18	0.57	1.78	0.64	0.17	0.11	0.47
470	MLT	马耳他	9.92	6.00	4.99	6.11	5.65	6.63	6.53	5.86	12.29	11.44	1[illegible].88
104	MMR	缅甸	—	—	—	—	—	—	—	—	—	—	—
499	MNE	黑山	—	—	—	—	—	—	—	—	—	—	2.15
496	MNG	蒙古国	—	0.05	0.01	0.01	0.03	0.04	0.06	1.15	0.13	0.13	0.15
508	MOZ	莫桑比克	—	—	—	—	—	0.07	0.18	0.93	0.39	0.66	0.40
478	MRT	毛利塔尼亚	—	—	—	—	—	—	—	—	—	—	—
500	MSR	蒙特塞拉特岛	—	—	—	0.01	—	0.01	0.01	0.02	0.00	0.14	0.00
480	MUS	毛里求斯	—	5.12	5.23	4.30	6.13	6.20	5.79	24.08	12.63	11.38	29.67

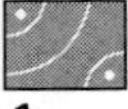

续表

编码	代码	国家或地区	1996	1997	1998	1999	2000	2001	2002	2003	2004	2005	2006
454	MWI	马拉维	0.03	—	—	0.07	0.13	0.31	0.31	0.64	0.50	0.62	4.69
458	MYS	马来西亚	—	107.66	99.93	136.12	116.79	131.53	167.75	122.24	142.45	159.50	222.53
175	MYT	马约特岛	—	—	—	—	—	0.00	0.02	0.02	0.04	0.01	0.00
516	NAM	纳米比亚	—	—	—	—	2.93	2.46	2.98	2.21	3.27	3.99	4.40
540	NCL	新喀里多尼亚	—	—	—	—	—	0.54	0.77	0.56	0.73	0.56	0.59
562	NER	尼日尔	—	—	2.79	0.19	0.05	0.02	0.00	0.03	0.07	0.05	0.09
566	NGA	尼日利亚	—	—	—	0.22	0.04	0.02	0.14	0.15	—	—	4.64
558	NIC	尼加拉瓜	—	0.55	0.38	0.55	0.49	0.86	2.29	0.72	0.84	0.83	0.93
528	NLD	荷兰	1435.99	1378.62	1482.94	1526.00	1450.48	1780.50	735.92	1269.81	1349.64	1371.13	1564.03
579	NOR	挪威	83.63	89.09	86.13	125.54	108.73	111.59	140.38	145.69	126.94	101.47	78.67
524	NPL	尼泊尔	—	—	3.77	6.70	5.27	—	—	5.91	—	—	—
554	NZL	新西兰	40.94	41.59	36.06	40.76	39.78	41.54	45.06	62.19	60.87	59.21	67.57
512	OMN	阿曼	—	—	—	—	2.16	1.12	1.14	0.39	2.30	2.40	2.59
586	PAK	巴基斯坦	—	—	—	—	—	—	—	31.34	24.02	20.67	22.21
591	PAN	巴拿马	—	—	0.48	0.97	1.80	0.13	1.79	0.47	0.01	0.06	128.47
604	PER	秘鲁	—	—	14.35	15.62	24.51	29.64	29.69	25.99	32.78	39.59	40.97
608	PHL	菲律宾	—	—	—	—	128.68	117.80	115.02	108.96	105.13	111.14	116.82
585	PLW	帕劳	—	—	—	—	—	—	—	—	—	—	—

续表

编码	代码	国家或地区	1996	1997	1998	1999	2000	2001	2002	2003	2004	2005	2006
598	PNG	巴布亚新几内亚	—	—	—	—	—	0. 26	0. 06	0. 13	0. 13	—	—
616	POL	波兰	149. 82	282. 71	122. 83	121. 32	164. 31	139. 30	166. 45	250. 36	334. 28	350. 13	464. 16
620	PRT	葡萄牙	211. 60	211. 55	197. 98	175. 13	157. 86	159. 23	152. 18	183. 73	176. 09	174. 39	170. 60
600	PRY	巴拉圭	—	—	1. 07	1. 06	0. 83	0. 79	0. 84	0. 55	1. 24	1. 55	0. 92
258	PYF	法属波利尼西亚	2. 27	0. 60	0. 54	0. 49	0. 63	1. 27	0. 35	0. 41	0. 51	0. 52	0. 33
634	QAT	卡塔尔	—	—	—	—	0. 53	0. 61	1. 29	0. 95	2. 15	0. 77	0. 64
642	ROM	罗马尼亚	—	10. 54	15. 22	12. 46	13. 47	14. 63	19. 59	23. 95	34. 27	34. 35	31. 10
643	RUS	俄罗斯联邦	—	349. 47	402. 44	319. 65	335. 26	305. 20	311. 38	276. 99	323. 42	355. 59	403. 38
646	RWA	卢旺达	—	—	—	—	—	0. 10	0. 05	0. 10	0. 30	0. 77	0. 31
682	SAU	沙特阿拉伯	—	—	—	8. 93	5. 90	12. 80	9. 80	17. 16	21. 73	17. 40	53. 58
736	SDN	苏丹	—	—	—	0. 22	0. 34	0. 17	0. 31	0. 03	0. 01	0. 11	0. 05
686	SEN	塞内加尔	0. 40	0. 40	1. 05	1. 77	1. 18	2. 42	2. 77	2. 88	2. 97	2. 67	2. 77
702	SGP	新加坡	—	579. 22	501. 85	533. 18	512. 72	508. 82	490. 41	668. 26	780. 31	855. 58	1086. 55
90	SLB	所罗门群岛	—	—	—	—	—	—	—	—	—	—	—
694	SLE	塞拉利昂	—	—	—	—	—	—	—	—	—	—	—
222	SLV	萨尔瓦多	—	—	4. 26	3. 02	3. 13	3. 14	5. 40	4. 35	4. 87	6. 25	6. 74
688	SRB	塞尔维亚	—	—	—	—	—	—	—	—	—	26. 66	36. 10

续表

编码	代码	国家或地区	1996	1997	1998	1999	2000	2001	2002	2003	2004	2005	2006
678	STP	圣多美和普林西比	—	—	—	0.00	0.00	—	0.00	—	—	—	—
740	SUR	苏里南	—	—	—	—	—	—	—	—	—	—	—
703	SVK	斯洛伐克	—	93.03	105.49	70.48	83.04	96.43	103.48	126.89	175.07	173.52	178.76
705	SVN	斯洛文尼亚	59.33	54.62	47.27	44.08	41.31	45.49	49.30	58.42	92.59	105.02	110.62
752	SWE	瑞典	287.41	277.87	302.07	337.21	286.97	267.96	325.30	331.47	371.26	387.26	429.46
748	SWZ	斯威士兰	—	—	—	—	0.61	0.72	0.39	0.63	0.77	0.38	0.47
690	SYC	塞舌尔	—	0.05	0.05	0.02	—	0.03	0.00	—	—	0.03	0.04
760	SYR	叙利亚	—	—	—	—	—	1.89	2.44	5.05	2.74	6.41	30.35
796	TCA	特克斯和凯科斯群岛	—	—	—	0.01	0.05	0.02	0.03	0.02	0.01	—	—
768	TGO	多哥	—	—	0.53	0.49	0.29	0.36	0.21	0.19	0.31	0.16	—
764	THA	泰国	—	—	—	115.91	111.68	105.59	134.30	140.69	138.56	158.61	163.59
795	TKM	土库曼斯坦	—	—	—	0.02	—	—	—	—	—	—	—
626	TMP	东帝汶	—	—	—	—	—	—	—	—	0.14	0.08	—
776	TON	汤加	—	—	—	—	—	—	—	—	—	—	—
780	TTO	特立尼达和多巴哥	—	—	—	4.79	6.02	6.04	6.43	6.25	7.97	10.90	11.32
788	TUN	突尼斯	—	—	—	—	3.64	3.94	4.47	4.28	8.72	5.02	5.07
792	TUR	土耳其	46.48	39.27	41.90	38.25	54.25	44.29	40.66	49.61	53.63	67.05	57.38

续表

编码	代码	国家或地区	1996	1997	1998	1999	2000	2001	2002	2003	2004	2005	2006
490	TWN	中国台湾	—	—	—	—	256. 61	243. 73	258. 91	186. 69	195. 08	253. 53	313. 49
834	TZA	坦桑尼亚	—	0. 40	4. 42	2. 48	2. 47	0. 95	0. 75	0. 22	1. 35	1. 32	2. 28
800	UGA	乌干达	0. 13	0. 02	0. 05	0. 31	0. 05	0. 29	0. 21	0. 28	0. 50	0. 47	0. 55
804	UKR	乌克兰	—	—	—	—	—	18. 25	7. 64	15. 73	31. 15	25. 81	59. 55
858	URY	乌拉圭	—	1. 05	1. 45	1. 46	2. 25	2. 13	3. 22	2. 54	4. 39	13. 61	15. 60
842	USA	美国	7380. 75	7312. 75	7963. 13	7534. 19	8588. 12	9145. 11	7539. 45	7788. 64	8590. 10	9978. 98	11867. 87
670	VCT	圣文森特和格林纳丁斯	—	—	0. 02	0. 02	0. 05	0. 04	0. 07	0. 09	0. 36	0. 05	0. 05
862	VEN	委内瑞拉	4. 36	8. 08	3. 86	7. 83	8. 27	3. 88	7. 83	5. 51	4. 85	3. 04	0. 65
704	VNM	越南	—	—	—	—	1. 45	6. 68	11. 89	15. 94	36. 22	44. 63	48. 30
548	VUT	瓦努阿图	—	—	—	—	—	—	—	—	—	—	0. 20
882	WSM	萨摩亚	—	—	—	—	—	0. 01	0. 01	0. 02	0. 05	0. 09	0. 01
887	YEM	也门	—	—	—	—	—	—	—	—	2. 96	0. 24	0. 33
891	YUG	南斯拉夫	—	—	—	—	6. 04	10. 41	10. 06	—	21. 01	—	—
710	ZAF	南非	—	41. 68	48. 38	45. 42	48. 54	41. 42	51. 78	61. 15	60. 90	77. 21	89. 18
894	ZMB	赞比亚	—	0. 37	0. 76	1. 81	3. 34	0. 49	5. 95	1. 28	1. 20	1. 81	0. 95
716	ZWE	津巴布韦	—	—	—	—	19. 33	1. 66	27. 00	—	10. 13	5. 57	25. 93

2007	2008	2009	2010	2011	2012	2013	2014	编码	代码	国家或地区
—	—	0. 12	0. 07	0. 09	0. 11	0. 56	1. 63	533	ABW	阿鲁巴
—	508. 61	—	—	—	—	—	—	4	AFG	阿富汗
0. 30	0. 31	0. 34	2. 10	0. 96	0. 70	3. 86	1. 11	8	ALB	阿尔巴尼亚
2. 19	3. 93	1. 66	2. 07	1. 75	1. 26	1. 22	1. 92	20	AND	安道尔共和国
0. 65	0. 90	—	—	—	—	—	—	530	ANT	荷属安的列斯群岛
132. 00	108. 32	—	—	—	427. 45	607. 03	708. 63	784	ARE	阿联酋
69. 30	81. 61	61. 97	69. 92	69. 90	68. 73	49. 74	41. 04	32	ARG	阿根廷
0. 45	0. 37	0. 20	0. 30	0. 30	0. 26	0. 40	0. 31	51	ARM	亚美尼亚
0. 27	—	0. 20	0. 20	0. 28	0. 20	0. 15	0. 10	28	ATG	安提瓜和巴布达
391. 65	389. 94	316. 81	351. 82	387. 14	325. 04	302. 33	326. 27	36	AUS	澳大利亚
447. 71	477. 26	425. 33	410. 57	599. 65	429. 34	537. 20	516. 25	40	AUT	奥地利
1. 50	1. 26	0. 84	1. 22	0. 42	1. 05	0. 39	0. 20	31	AZE	阿塞拜疆
0. 04	0. 03	0. 05	0. 10	0. 00	0. 04	0. 00	0. 01	108	BDI	布隆迪
—	—	—	—	—	—	—	—	58	BEL	比利时
1207. 30	1387. 23	1129. 77	1050. 76	1194. 94	1136. 16	1072. 32	999. 35	56	BEL	比利时
1. 83	0. 90	0. 22	0. 04	0. 08	0. 31	0. 05	0. 17	204	BEN	贝宁
0. 92	0. 68	0. 61	0. 36	0. 43	—	0. 84	0. 48	854	BFA	布基纳法索
8. 77	2. 42	2. 10	1. 75	2. 22	—	—	—	50	BGD	孟加拉国

续表

2007	2008	2009	2010	2011	2012	2013	2014	编码	代码	国家或地区
35.11	42.86	33.77	41.15	35.00	22.19	27.97	36.72	100	BGR	保加利亚
0.66	0.89	1.26	1.27	2.51	5.73	7.88	4.16	48	BHR	巴林
1.01	4.47	0.80	0.86	2.04	0.32	0.93	0.56	44	BHS	巴哈马
6.68	10.05	6.04	6.63	8.27	9.60	11.43	17.26	70	BIH	波黑
46.18	54.85	43.41	42.92	32.04	33.45	38.52	32.26	112	BLR	白俄罗斯
0.05	0.01	0.01	0.02	0.01	0.03	0.01	0.01	84	BLZ	伯利兹
—	—	—	—	—	0.12	0.10	1.34	60	BMU	百慕大
0.40	0.37	0.27	0.32	0.34	0.32	0.37	0.23	68	BOL	玻利维亚
60.18	67.32	69.62	52.35	96.75	86.03	152.92	119.18	76	BRA	巴西
1.37	2.02	2.03	1.20	1.01	1.28	1.00	1.04	52	BRB	巴巴多斯
—	—	—	—	—	1.08	0.21	0.04	96	BRN	文莱
0.02	0.01	0.01	0.03	0.03	0.10	—	—	64	BTN	不丹
1.16	1.75	0.80	0.90	3.31	1.07	0.90	0.69	72	BWA	博茨瓦纳
—	0.06	0.01	—	0.02	—	0.00	0.00	140	CAF	中非
1929.04	1632.10	1430.93	1472.15	1500.96	966.56	1078.51	911.99	124	CAN	加拿大
2304.51	2151.52	1521.34	1723.21	1758.43	1897.60	2188.40	2794.52	757	CHE	瑞士
34.82	34.75	37.31	32.70	48.41	20.87	37.36	10.55	152	CHL	智利

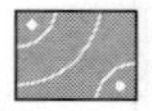

续表

2007	2008	2009	2010	2011	2012	2013	2014	编码	代码	国家或地区
10482.00	13865.51	10414.43	11779.58	14684.44	21805.22	20835.88	17624.83	156	CHN	中国
2.18	2.98	1.49	1.16	1.87	0.48	1.24	2.32	384	CIV	科特迪瓦
0.61	0.54	0.50	0.63	0.36	0.71	—	0.54	120	CMR	喀麦隆
0.15	0.00	0.00	0.00	0.00	0.01	0.03	0.05	178	COG	刚果（布）
230.26	218.34	166.82	125.16	131.35	112.90	85.08	73.47	170	COL	哥伦比亚
—	0.01	0.00	0.00	0.00	0.00	0.00	—	174	COM	科摩罗
0.12	—	0.02	0.01	0.04	0.08	0.04	0.05	132	CPV	佛得角
9.50	8.17	7.38	14.95	12.39	22.21	13.22	—	188	CRI	哥斯达黎加
—	—	—	—	—	—	—	—	192	CUB	古巴
6.85	6.83	7.81	7.34	8.16	6.30	18.26	15.30	196	CYP	塞浦路斯
440.94	406.93	444.99	460.94	579.71	472.31	463.23	427.66	203	CZE	捷克
6419.97	8314.47	6696.02	6105.52	6301.56	5927.08	4823.29	4865.85	276	DEU	德国
—	—	3.35	—	—	—	—	—	262	DJI	吉布提
0.01	0.00	0.02	0.03	—	0.06	—	—	212	DMA	多米尼克
478.17	475.88	405.66	376.99	392.33	385.12	407.01	497.87	208	DNK	丹麦
85.67	95.14	4.94	6.37	7.38	15.20	4.64	4.90	214	DOM	多米尼加
1.65	1.70	1.18	1.24	0.78	0.46	0.28	0.41	12	DZA	阿尔及利亚

续表

2007	2008	2009	2010	2011	2012	2013	2014	编码	代码	国家或地区
2. 87	4. 14	3. 86	3. 64	5. 32	6. 16	7. 38	7. 69	218	ECU	厄瓜多尔
—	20. 31	18. 89	18. 30	20. 70	27. 62	26. 53	18. 99	818	EGY	埃及
—	—	—	—	—	—	—	—	232	ERI	厄立特里亚
1430. 24	1452. 51	1300. 66	1076. 48	1185. 85	1067. 08	1102. 55	1115. 87	724	ESP	西班牙
52. 82	69. 41	64. 78	81. 23	102. 01	100. 61	102. 90	103. 06	233	EST	爱沙尼亚
38. 07	1. 07	0. 79	0. 91	0. 73	0. 61	0. 71	0. 88	231	ETH	埃塞俄比亚
293. 91	283. 63	200. 72	177. 25	167. 45	141. 04	120. 32	112. 56	246	FIN	芬兰
2. 17	2. 69	3. 05	2. 84	3. 17	3. 37	2. 82	3. 04	242	FJI	斐济
2926. 98	3485. 52	2984. 77	2723. 66	3512. 99	3568. 39	3812. 63	3114. 14	251	FRA	法国
0. 01	0. 01	0. 01	—	—	—	—	—	234	FRO	法罗群岛
0. 00	0. 00	—	—	0. 01	0. 01	0. 01	—	583	FSM	密克罗尼西亚联邦
0. 08	0. 94	0. 08	—	—	—	—	—	266	GAB	加蓬
11640. 63	9941. 35	7444. 48	9263. 23	9664. 84	11477. 84	10918. 90	12109. 02	826	GBR	英国
0. 47	0. 73	0. 84	0. 27	0. 22	2. 27	0. 29	0. 41	268	GEO	格鲁吉亚
1. 44	0. 72	0. 58	0. 58	32. 15	0. 61	0. 80	—	288	GHA	加纳
0. 09	0. 09	—	—	—	—	0. 01	0. 09	324	GIN	几内亚
0. 02	0. 00	0. 00	0. 08	0. 10	0. 14	0. 02	0. 02	270	GMB	冈比亚

续表

2007	2008	2009	2010	2011	2012	2013	2014	编码	代码	国家或地区
115.42	174.21	138.63	120.97	113.15	98.61	107.63	103.55	300	GRC	希腊
0.01	0.01	—	—	—	—	—	—	308	GRD	格林纳达
2.37	1.62	1.37	2.51	1.48	0.87	1.04	1.22	304	GRL	格陵兰
4.12	6.02	5.43	6.15	5.82	5.09	4.72	4.20	320	GTM	危地马拉
1.22	0.28	0.23	0.14	0.12	0.14	0.11	0.09	328	GUY	圭亚那
5454.97	6414.97	5110.75	4505.52	3879.40	3646.48	3020.48	2899.73	344	HKG	中国香港特区
0.39	—	1.10	0.53	0.45	0.74	—	1.24	340	HND	洪都拉斯
59.01	63.12	60.41	51.48	56.56	58.51	56.42	77.25	191	HRV	克罗地亚
—	—	—	—	—	—	—	—	332	HTI	海地
85.30	130.32	108.58	116.37	141.19	137.42	128.48	129.16	348	HUN	匈牙利
240.00	173.44	127.51	128.43	122.03	122.21	140.76	132.91	360	IDN	印度尼西亚
954.40	622.80	413.43	448.97	583.43	573.35	623.50	502.53	699	IND	印度
294.78	196.56	179.18	142.85	173.99	134.96	127.68	143.65	372	IRL	爱尔兰
—	—	—	24.38	44.98	—	—	—	364	IRN	伊朗
3.47	2.69	2.46	3.27	4.00	4.70	3.89	4.06	352	ISL	冰岛
128.15	124.46	90.86	139.39	152.41	116.47	147.36	169.26	376	ISR	以色列
1796.54	2054.55	1604.53	1841.93	1899.42	1755.78	1806.55	1891.56	381	ITA	意大利

续表

2007	2008	2009	2010	2011	2012	2013	2014	编码	代码	国家或地区
2. 57	1. 10	1. 52	1. 36	1. 37	2. 10	1. 19	2. 10	388	JAM	牙买加
14. 91	22. 87	23. 19	23. 03	23. 66	28. 42	29. 92	30. 83	400	JOR	约旦
1439. 62	1059. 42	755. 54	883. 08	872. 44	1676. 09	1786. 94	1502. 90	392	JPN	日本
1. 85	2. 85	2. 78	1. 62	1. 17	3. 57	3. 71	2. 32	398	KAZ	哈萨克斯坦
19. 65	20. 63	29. 53	22. 84	—	—	15. 85	—	404	KEN	肯尼亚
0. 14	0. 31	0. 29	0. 34	0. 30	0. 37	0. 43	—	417	KGZ	吉尔吉斯斯坦
4. 61	0. 33	31. 78	20. 86	3. 67	3. 99	5. 76	58. 78	116	KHM	柬埔寨
0. 04	0. 07	0. 13	0. 11	0. 09	—	—	—	659	KNA	圣基茨和尼维斯
436. 13	1080. 90	562. 16	432. 83	428. 33	465. 05	524. 13	536. 11	410	KOR	韩国
4. 67	2. 35	2. 64	—	—	—	4. 42	2. 96	414	KWT	科威特
46. 63	52. 31	79. 87	89. 48	56. 20	80. 21	80. 48	118. 79	422	LBN	黎巴嫩
0. 12	0. 76	—	—	—	—	—	0. 15	662	LCA	圣卢西亚
8. 91	12. 33	7. 21	8. 67	12. 37	10. 49	7. 70	7. 78	144	LKA	斯里兰卡
—	0. 06	0. 20	0. 26	0. 18	0. 13	—	—	426	LSO	莱索托
58. 20	66. 10	56. 35	70. 01	82. 65	78. 70	88. 60	89. 22	440	LTU	立陶宛
35. 47	50. 36	31. 24	16. 89	24. 14	20. 81	33. 02	80. 59	442	LUX	卢森堡
17. 44	25. 91	33. 53	60. 04	80. 62	90. 14	111. 08	109. 50	428	LVA	拉脱维亚

续表

2007	2008	2009	2010	2011	2012	2013	2014	编码	代码	国家或地区
0.84	2.31	2.07	0.06	0.33	0.32	—	1.34	446	MAC	中国澳门特区
10.91	10.91	8.69	11.73	15.34	9.80	14.67	16.93	504	MAR	摩洛哥
2.11	2.79	1.77	1.20	2.68	2.75	2.12	1.71	498	MDA	摩尔多瓦
1.51	1.22	1.02	1.17	1.52	0.61	0.72	0.82	450	MDG	马达加斯加
—	0.00	—	—	—	0.02	—	—	462	MDV	马尔代夫
1409.96	1830.03	1346.60	787.72	561.92	358.86	446.85	540.05	484	MEX	墨西哥
4.04	—	4.59	3.10	3.28	4.30	7.14	7.54	807	MKD	前南马其顿
0.17	0.15	—	0.21	0.03	0.05	—	—	466	MLI	马里
14.30	13.51	9.66	7.25	6.07	6.95	8.21	9.13	470	MLT	马耳他
—	—	—	23.17	—	—	—	—	104	MMR	缅甸
0.93	1.67	2.69	1.77	1.26	1.82	2.71	2.58	499	MNE	黑山
0.04	—	—	—	—	—	0.04	0.16	496	MNG	蒙古国
0.50	0.63	5.02	0.14	1.77	0.80	0.59	0.44	508	MOZ	莫桑比克
2.56	—	—	—	—	—	—	—	478	MRT	毛利塔尼亚
0.01	0.00	0.00	0.00	—	0.00	0.00	0.00	500	MSR	蒙特塞拉特岛
17.99	9.42	8.75	7.41	4.92	3.55	3.97	4.09	480	MUS	毛里求斯
3.81	1.40	1.45	0.58	0.94	5.04	0.19	0.15	454	MWI	马拉维

续表

2007	2008	2009	2010	2011	2012	2013	2014	编码	代码	国家或地区
200. 82	218. 73	194. 51	209. 12	214. 08	197. 03	196. 61	194. 55	458	MYS	马来西亚
0. 02	0. 01	0. 08	—	—	—	—	—	175	MYT	马约特岛
4. 31	6. 69	10. 10	8. 75	6. 73	8. 59	9. 86	10. 33	516	NAM	纳米比亚
0. 71	0. 57	4. 03	0. 92	0. 61	0. 32	0. 28	0. 29	540	NCL	新喀里多尼亚
0. 37	0. 13	0. 08	0. 16	0. 08	0. 05	0. 08	0. 07	562	NER	尼日尔
256. 32	195. 34	2. 74	7. 06	3. 68	57. 16	154. 36	8. 55	566	NGA	尼日利亚
0. 99	1. 22	1. 59	1. 47	1. 91	2. 51	2. 62	1. 45	558	NIC	尼加拉瓜
1317. 93	3034. 85	2458. 10	2249. 61	1696. 53	1384. 63	1510. 10	1491. 11	528	NLD	荷兰
68. 59	106. 07	70. 74	84. 62	114. 61	234. 56	168. 66	140. 78	579	NOR	挪威
—	—	17. 11	11. 60	7. 37	7. 32	8. 22	10. 96	524	NPL	尼泊尔
55. 27	59. 39	51. 88	49. 04	56. 21	59. 20	72. 32	72. 70	554	NZL	新西兰
1. 46	1. 67	1. 68	2. 08	2. 56	4. 19	2. 13	3. 18	512	OMN	阿曼
19. 60	40. 73	8. 37	7. 45	15. 47	5. 16	4. 38	8. 33	586	PAK	巴基斯坦
85. 14	61. 38	66. 47	81. 78	91. 49	0. 66	1. 58	2. 61	591	PAN	巴拿马
53. 16	52. 97	34. 45	29. 94	45. 15	43. 65	31. 27	33. 14	604	PER	秘鲁
107. 40	73. 13	53. 30	51. 11	54. 12	56. 23	58. 88	86. 24	608	PHL	菲律宾
—	—	—	—	—	0. 02	—	0. 04	585	PLW	帕劳

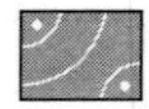

续表

2007	2008	2009	2010	2011	2012	2013	2014	编码	代码	国家或地区
—	—	—	—	0.09	0.36	—	—	598	PNG	巴布亚新几内亚
534.60	618.13	500.08	553.20	685.43	666.95	692.47	922.75	616	POL	波兰
219.52	213.67	141.45	144.70	167.76	176.95	166.18	184.37	620	PRT	葡萄牙
0.95	0.48	0.85	0.77	0.66	0.85	0.88	4.14	600	PRY	巴拉圭
0.52	0.77	1.12	0.57	0.38	0.30	0.56	0.96	258	PYF	法属波利尼西亚
1.34	0.09	3.08	0.42	35.51	—	52.81	50.10	634	QAT	卡塔尔
46.54	42.61	21.64	27.12	51.40	64.18	64.30	68.01	642	ROM	罗马尼亚
427.21	372.85	312.68	250.67	255.51	237.90	378.29	360.69	643	RUS	俄罗斯联邦
0.52	1.95	0.64	0.57	0.36	0.40	0.17	0.19	646	RWA	卢旺达
15.52	—	—	25.98	26.25	62.49	65.34	55.77	682	SAU	沙特阿拉伯
—	0.02	0.02	0.08	0.01	—	—	—	736	SDN	苏丹
3.98	3.92	2.20	2.38	3.52	2.03	2.03	3.26	686	SEN	塞内加尔
1101.83	1447.61	1062.03	1219.13	1378.26	1090.13	1312.27	1452.62	702	SGP	新加坡
—	—	—	—	0.00	—	0.00	0.00	90	SLB	所罗门群岛
—	—	—	—	—	—	—	0.25	694	SLE	塞拉利昂
6.75	9.45	11.16	9.24	10.40	10.09	10.87	9.85	222	SLV	萨尔瓦多
48.36	60.11	55.59	48.53	53.05	52.07	49.35	64.76	688	SRB	塞尔维亚

续表

2007	2008	2009	2010	2011	2012	2013	2014	编码	代码	国家或地区
0. 00	0. 00	0. 00	0. 01	0. 00	0. 02	0. 01	0. 01	678	STP	圣多美和普林西比
—	—	0. 27	0. 21	0. 28	0. 16	0. 21	0. 12	740	SUR	苏里南
188. 41	243. 09	222. 35	199. 33	231. 42	206. 91	202. 05	215. 34	703	SVK	斯洛伐克
117. 18	137. 98	107. 57	96. 08	114. 31	99. 78	92. 26	85. 25	705	SVN	斯洛文尼亚
387. 22	449. 73	400. 80	462. 94	467. 69	364. 13	324. 45	368. 70	752	SWE	瑞典
0. 51	—	—	—	—	—	—	—	748	SWZ	斯威士兰
—	0. 03	—	—	—	—	—	—	690	SYC	塞舌尔
26. 68	39. 01	13. 41	10. 65	—	—	—	—	760	SYR	叙利亚
—	—	—	—	0. 10	0. 01	—	—	796	TCA	特克斯和凯科斯群岛
0. 07	0. 12	0. 09	0. 11	0. 21	0. 63	0. 23	0. 12	768	TGO	多哥
150. 81	174. 61	139. 63	161. 89	179. 00	161. 88	118. 42	111. 81	764	THA	泰国
—	—	—	—	—	—	—	—	795	TKM	土库曼斯坦
—	—	—	—	—	—	0. 46	—	626	TMP	东帝汶
—	0. 03	0. 00	0. 01	0. 01	0. 09	0. 04	0. 05	776	TON	汤加
11. 21	9. 95	11. 37	5. 24	—	—	—	—	780	TTO	特立尼达和多巴哥
8. 41	6. 68	6. 51	31. 00	30. 82	22. 70	27. 25	—	788	TUN	突尼斯
69. 64	71. 95	71. 79	70. 82	73. 91	71. 81	87. 91	81. 20	792	TUR	土耳其

续表

2007	2008	2009	2010	2011	2012	2013	2014	编码	代码	国家或地区
330. 08	348. 02	264. 17	303. 88	296. 79	327. 82	318. 62	313. 01	490	TWN	中国台湾
2. 71	5. 37	2. 00	0. 83	1. 07	1. 49	3. 11	2. 07	834	TZA	坦桑尼亚
2. 98	1. 93	2. 36	1. 49	2. 51	1. 63	7. 06	0. 65	800	UGA	乌干达
55. 27	60. 98	91. 49	80. 48	126. 68	104. 42	131. 45	106. 13	804	UKR	乌克兰
7. 17	12. 31	42. 93	10. 26	8. 03	7. 91	6. 45	4. 33	858	URY	乌拉圭
14559. 59	15892. 08	13569. 65	13508. 91	13624. 08	13601. 02	13682. 93	15781. 50	842	USA	美国
0. 03	0. 06	0. 07	0. 06	0. 08	0. 02	—	—	670	VCT	圣文森特和格林纳丁斯
—	5. 50	2. 69	3. 61	0. 50	0. 40	0. 19	—	862	VEN	委内瑞拉
93. 29	92. 01	59. 73	76. 23	90. 26	90. 41	95. 11	106. 91	704	VNM	越南
0. 17	—	0. 42	0. 30	0. 10	—	—	—	548	VUT	瓦努阿图
0. 03	0. 02	0. 02	0. 01	0. 02	0. 00	0. 01	0. 01	882	WSM	萨摩亚
1. 25	0. 32	0. 40	0. 88	0. 69	0. 06	1. 23	0. 25	887	YEM	也门
—	—	—	—	—	—	—	—	891	YUG	南斯拉夫
90. 79	136. 03	71. 21	160. 29	167. 08	166. 17	173. 82	132. 67	710	ZAF	南非
1. 27	1. 55	1. 13	2. 11	2. 61	2. 48	21. 50	0. 86	894	ZMB	赞比亚
36. 92	43. 65	15. 38	12. 23	11. 48	13. 33	15. 27	12. 78	716	ZWE	津巴布韦

注：1997 ~1999 年南非的编码为711，其后编码更改为710。表中将这两行数据进行了合并，只保留了编码710。数据来源于联合国商品贸易统计数据库（UN COMTRADE）。

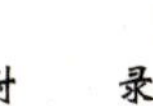

附表 4－2　　1996～2014 年中国 5 类核心文化产品出口额　　单位：百万美元

年份	文化遗产类	出版物类	音乐和表演艺术类	视觉艺术类	视听艺术类	合计
1996	32. 51	173. 72	33. 29	911. 56	209. 28	1360. 36
1997	46. 82	246. 26	40. 26	1211. 30	172. 77	1717. 41
1998	29. 71	285. 01	47. 32	1314. 78	217. 88	1894. 70
1999	23. 19	317. 22	54. 00	1535. 72	212. 38	2142. 51
2000	6. 66	382. 99	31. 90	1981. 41	327. 08	2730. 03
2001	1. 32	423. 68	75. 95	1897. 48	691. 08	3089. 50
2002	2. 37	506. 14	78. 45	2153. 19	2281. 81	5021. 96
2003	2. 17	600. 41	125. 08	2368. 64	2529. 53	5625. 83
2004	1. 97	786. 15	72. 61	2745. 85	2835. 16	6441. 74
2005	3. 08	955. 05	38. 94	3003. 06	3890. 12	7890. 24
2006	3. 17	1187. 98	32. 45	3344. 72	5077. 78	9646. 10
2007	3. 37	1588. 64	0. 00	3323. 07	5566. 93	10482. 00
2008	2. 43	1977. 52	0. 00	3654. 25	8231. 31	13865. 51
2009	2. 72	1844. 01	0. 00	3556. 03	5011. 67	10414. 43
2010	5. 54	2144. 71	0. 00	4941. 30	4688. 03	11779. 58
2011	1. 21	2451. 48	0. 00	7141. 71	5090. 05	14684. 44
2012	4. 23	2621. 68	0. 00	11924. 59	7254. 72	21805. 23
2013	25. 72	2739. 30	0. 00	11969. 09	6101. 78	20835. 88
2014	25. 02	2841. 57	0. 00	8900. 36	5857. 89	17624. 83

资料来源：笔者根据联合国商品贸易统计数据库（UN COMTRADE）的相关数据计算整理得到。

附表 4－3　　2014 年前 10 位的文化产品出口国家或地区的产品结构　　单位：百万美元

国家或地区	文化遗产类	出版物类	音乐和表演艺术类	视觉艺术类	视听艺术类
中国	25. 02	2841. 57	0	8900. 36	5857. 89
法国	332. 71	1398. 46	0	1214. 23	168. 73
德国	166. 73	2959. 97	0	965. 96	773. 19
中国香港特区	320. 09	1514. 12	0	598. 62	466. 90

续表

国家或地区	文化遗产类	出版物类	音乐和表演艺术类	视觉艺术类	视听艺术类
意大利	21.89	1042.84	0	708.53	118.29
日本	16.35	166.84	0	212.45	1107.27
荷兰	21.68	941.87	0	296.17	231.39
瑞士	352.20	347.01	0	2088.78	6.53
英国	1516.41	3735.88	0	6286.37	570.37
美国	947.78	3900.79	0	9350.39	1582.53
世界	4344.25	26834.07	1.16	33815.51	13387.46

资料来源：笔者根据联合国商品贸易统计数据库（UN COMTRADE）的相关数据计算整理得到。

附表 4-4　　1996~2014 年美国、英国和中国的出口占比分析　　单位：%

年份	文化产品的国际市场占有率			文化产品出口占货物出口的比重			
	美国	英国	中国	美国	英国	中国	世界
1996	21.29	15.56	3.92	1.19	2.13	0.90	0.80
1997	20.11	16.52	4.72	1.06	2.15	0.94	0.74
1998	20.78	15.54	4.94	1.17	2.20	1.03	0.77
1999	18.80	15.04	5.35	1.09	2.27	1.10	0.76
2000	20.53	15.85	6.52	1.10	2.25	1.10	0.67
2001	21.67	14.77	7.32	1.25	2.23	1.16	0.70
2002	16.45	16.81	10.96	1.09	2.69	1.54	0.72
2003	16.07	18.45	11.61	1.08	2.86	1.28	0.66
2004	16.13	17.64	12.10	1.05	2.65	1.09	0.59
2005	16.97	17.26	13.42	1.10	2.58	1.04	0.58
2006	18.06	15.07	14.68	1.14	2.16	1.00	0.56
2007	19.50	15.59	14.04	1.25	2.56	0.86	0.55
2008	18.87	11.80	16.46	1.22	2.06	0.97	0.54
2009	20.46	11.23	15.71	1.28	2.07	0.87	0.54
2010	19.93	13.67	17.38	1.06	2.20	0.75	0.45
2011	18.83	13.36	20.30	0.92	1.87	0.77	0.41

续表

年份	文化产品的国际市场占有率			文化产品出口占货物出口的比重			
	美国	英国	中国	美国	英国	中国	世界
2012	17.05	14.39	27.34	0.88	2.39	1.06	0.45
2013	17.42	13.90	26.53	0.87	1.99	0.94	0.42
2014	20.13	15.45	22.49	0.97	2.37	0.75	0.43

资料来源：笔者根据联合国商品贸易统计数据库（UN COMTRADE）的相关数据计算整理得到。

附表4-5　　1997~2014年中国文化产品出口的年均增速　　单位：%

年份	文化遗产类	出版物类	音乐和表演艺术类	视觉艺术类	视听艺术类	总体
1997	44.03	41.76	20.93	32.88	-17.45	26.47
1998	-36.55	15.74	17.54	8.54	26.11	9.88
1999	-21.92	11.3	14.1	16.8	-2.52	13.23
2000	-71.28	20.73	-40.93	29.02	54	27.57
2001	-80.24	10.62	138.11	-4.24	111.29	13.19
2002	80.16	19.46	3.29	13.48	230.18	62.46
2003	-8.46	18.62	59.45	10.01	10.86	12.15
2004	-9.47	30.94	-41.95	15.92	12.08	14.39
2005	56.82	21.48	-46.38	9.37	37.21	22.52
2006	2.99	24.39	-16.65	11.38	30.53	22.31
2007	6.23	33.73	-100	-0.65	9.63	8.81
2008	-27.82	24.48	0	9.97	47.86	32.38
2009	11.8	-6.75	0	-2.69	-39.11	-25.18
2010	103.69	16.31	0	38.96	-6.46	13.46
2011	-78.26	14.3	0	44.53	8.58	24.58
2012	251.37	6.94	0	66.97	42.53	48.3
2013	507.42	4.49	0	0.37	-15.89	-4.59
2014	-2.72	3.73	0	-25.64	-4	-15.38
均值	40.43	17.35	0.42	15.28	29.75	17.03

资料来源：笔者根据联合国商品贸易统计数据库（UN COMTRADE）的相关数据计算整理得到。

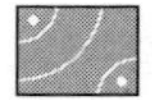

附表 4 - 6　　1996 ~ 2014 年按地区划分的中国文化产品出口分布

年份	撒哈拉沙漠以南的非洲地区		东亚和太平洋地区		拉丁美洲和加勒比地区		北美		欧洲		中亚和南亚地区		中东和北非地区	
	出口额（百万美元）	年均增速（%）	出口额（百万美元）	年均增速（%）	出口额（百万美元）	年均增速（%）	出口额（百万美元）	年均增速（%）	出口额（百万美元）	年均增速（%）	出口额（百万美元）	年均增速（%）	出口额（百万美元）	年均增速（%）
1996	2.99	—	476.41	—	28.27	—	501.67	—	316.14	—	1.64	—	32.95	—
1997	4.63	54.82	604.20	26.82	46.07	62.94	598.88	19.38	416.39	31.71	4.39	167.56	42.50	28.96
1998	4.56	-1.53	556.96	-7.82	52.37	13.67	706.10	17.90	516.49	24.04	4.69	6.85	53.15	25.06
1999	5.86	28.38	609.99	9.52	50.22	-4.09	836.13	18.42	572.83	10.91	5.62	19.76	61.45	15.62
2000	9.98	70.37	833.78	36.69	74.90	49.14	1069.29	27.89	657.60	14.80	7.98	41.90	75.66	23.13
2001	8.69	-12.94	1234.11	48.01	64.45	-13.95	1068.56	-0.07	638.08	-2.97	6.01	-24.67	68.28	-9.75
2002	11.69	34.53	1453.11	17.75	73.00	13.26	2048.47	91.70	1314.81	106.06	10.88	81.17	108.55	58.98
2003	15.41	31.80	1598.97	10.04	74.21	1.65	2095.01	2.27	1712.24	30.23	20.94	92.36	107.38	-1.08
2004	21.49	39.46	2440.42	52.62	121.11	63.20	2358.37	12.57	1338.06	-21.85	26.05	24.40	134.65	25.39
2005	26.04	21.18	2381.97	-2.39	131.41	8.50	2852.81	20.97	2313.70	72.91	40.88	56.95	141.18	4.85
2006	28.84	10.77	2691.21	12.98	170.02	29.39	3484.68	22.15	3060.63	32.28	59.09	44.55	151.05	6.99
2007	45.08	56.31	3193.71	18.67	182.12	7.11	4344.61	24.68	2494.42	-18.50	60.74	2.79	160.74	6.41
2008	67.77	50.33	4276.99	33.92	319.76	75.58	5290.40	21.77	3520.44	41.13	98.74	62.56	290.70	80.86

续表

年份	撒哈拉沙漠以南的非洲地区		东亚和太平洋地区		拉丁美洲和加勒比地区		北美		欧洲		中亚和南亚地区		中东和北非地区	
	出口额（百万美元）	年均增速（%）	出口额（百万美元）	年均增速（%）	出口额（百万美元）	年均增速（%）	出口额（百万美元）	年均增速（%）	出口额（百万美元）	年均增速（%）	出口额（百万美元）	年均增速（%）	出口额（百万美元）	年均增速（%）
2009	55.91	-17.50	2635.28	-38.38	263.82	-17.49	3880.81	-26.64	3143.35	-10.71	126.32	27.94	308.22	6.02
2010	99.65	78.24	2238.09	-15.07	412.32	56.29	4949.89	27.55	3385.33	7.70	170.90	35.29	522.05	69.38
2011	143.66	44.17	2569.36	14.80	589.83	43.05	5832.89	17.84	4596.17	35.77	244.16	42.86	705.83	35.21
2012	761.44	430.01	5648.49	119.84	1283.01	117.52	7086.34	21.49	5485.96	19.36	296.55	21.46	1179.60	67.12
2013	339.50	-55.41	5862.14	3.78	873.10	-31.95	6994.25	-1.30	4791.49	-12.66	556.97	87.81	1381.66	17.13
2014	351.91	3.66	4567.65	-22.08	501.72	-42.54	6000.47	-14.21	4473.84	-6.63	434.54	-21.98	1285.86	-6.93

资料来源：笔者根据联合国商品贸易统计数据库（UN COMTRADE）的相关数据计算整理得到。

附表 4-7　1996~2014 年按收入水平划分的产品分布

年份	低收入国家		中等偏下收入国家		中等偏上收入国家		高收入国家	
	出口额（百万美元）	年均增速（%）	出口额（百万美元）	年均增速（%）	出口额（百万美元）	年均增速（%）	出口额（百万美元）	年均增速（%）
1996	0.69	—	10.91	—	39.29	—	1309.19	—
1997	0.60	-31.08	18.29	32.72	57.06	15.03	1641.12	-0.71
1998	0.41	-37.43	18.11	-10.21	64.62	2.64	1811.17	0.04
1999	1.03	121.38	28.71	40.19	72.56	-0.70	2039.80	-0.40
2000	1.46	10.78	40.96	11.96	99.44	7.57	2587.33	-0.44
2001	0.92	-44.14	40.41	-12.81	84.28	-25.09	2962.57	1.19
2002	2.16	44.44	66.79	1.66	112.70	-17.75	4838.86	0.47
2003	2.64	8.88	82.62	10.42	119.43	-5.40	5419.47	-0.02
2004	3.83	26.97	87.23	-7.79	184.64	35.02	6164.43	-0.67
2005	4.34	-7.66	96.63	-9.56	207.75	-8.14	7579.27	0.38
2006	6.06	14.21	106.18	-10.13	263.01	3.53	9270.28	0.02
2007	11.72	78.07	124.41	7.82	288.66	1.00	10056.63	-0.17
2008	17.58	13.37	214.87	30.56	526.28	37.83	13106.07	-1.48
2009	9.59	-27.35	224.64	39.20	505.52	27.89	9673.95	-1.73
2010	18.65	71.97	368.95	45.21	667.64	16.77	10722.99	-2.00
2011	30.42	30.84	516.29	12.26	920.96	10.66	13214.24	-1.14
2012	250.39	455.81	973.39	27.32	1999.37	46.61	18518.23	-5.36
2013	88.47	-63.07	1077.16	15.67	2064.25	7.92	17569.23	-0.83
2014	54.71	-26.99	945.90	3.68	1625.81	-7.01	14989.57	0.73

资料来源：笔者根据联合国商品贸易统计数据库（UN COMTRADE）的相关数据计算整理得到。

附表 4-8　2014 年 15 国生产要素评价指标原始值

国家	1.1 世界文化和自然遗产数（个）	1.2 人文发展指数*	1.3 外商直接投资净流入（亿美元）	1.4 大学生入学率（%）	1.5 城镇人口比重（%）
美国	22	0.92	923.97	94.3	81.45
英国	28	0.91	722.41	61.9	82.35
法国	39	0.89	151.91	58.3	79.29

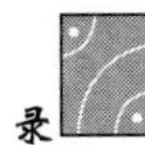

续表

国家	1.1 世界文化和自然遗产数（个）	1.2 人文发展指数*	1.3 外商直接投资净流入（亿美元）	1.4 大学生入学率（%）	1.5 城镇人口比重（%）
德国	39	0.92	18.31	61.7	75.09
日本	18	0.89	20.90	61.5	93.02
荷兰	9	0.92	302.53	79.8	89.91
新加坡	0	0.91	675.23	81.3	100.00
加拿大	17	0.91	538.64	0.59	81.65
澳大利亚	19	0.94	518.54	0.86	89.29
韩国	11	0.90	98.99	98.4	82.36
意大利	50	0.87	114.51	62.5	68.82
中国	**47**	**0.73**	**1285.00**	**26.7**	**54.41**
巴西	19	0.76	624.95	25.5	85.43
南非	8	0.67	57.12	19.2	64.30
印度	32	0.61	344.17	24.8	32.37

资料来源：笔者根据联合国商品贸易统计数据库（UN COMTRADE）的相关数据计算整理得到。指标前的编码与第4章中国文化产品国际竞争力指标体系中的编码相对应。

附表4－9　　2014年15国需求要素评价指标原始值

国家	2.1 国内生产总值（2005年不变价美元）	2.2 人均GDP（2005年不变价美元）	2.3 人均GNI增长率（%）	2.4 第三产业占GDP的比重（%）	2.5 国民消费率（%）
美国	147966.40	46405.25	0.96	78.05	68.53
英国	26765.12	41458.30	1.36	78.36	64.73
法国	23613.76	35660.90	0.14	78.89	55.49
德国	32268.07	39851.52	3.19	68.99	54.61
日本	47795.42	37595.17	－3.41	72.58	60.71
荷兰	7308.24	43333.77	－0.05	76.96	44.67
新加坡	2083.29	38087.66	1.63	75.02	37.89
加拿大	13597.32	38255.26	1.19	70.79	55.75
澳大利亚	8887.61	37867.77	0.82	70.53	55.43

续表

国家	2.1 国内生产总值（2005 年不变价美元）	2.2 人均 GDP（2005 年不变价美元）	2.3 人均 GNI 增长率（%）	2.4 第三产业占 GDP 的比重（%）	2.5 国民消费率（%）
韩国	12386.95	24565.61	2.95	59.42	50.42
意大利	17450.89	28707.24	-1.13	74.34	61.11
中国	**52700.61**	**3862.92**	**7.29**	**48.11**	**36.52**
巴西	12118.72	5880.65	1.90	70.81	62.37
南非	3287.59	6087.90	-0.08	68.05	61.19
印度	15983.24	1233.95	5.97	52.08	59.29

资料来源：笔者根据联合国商品贸易统计数据库（UN COMTRADE）的相关数据计算整理得到。指标前的编码与第 4 章中国文化产品国际竞争力指标体系中的编码相对应。

附表 4-10　　2014 年 15 国企业发展要素评价指标原始值

国家	3.1 劳动生产率（万美元/人）	3.2 文化产品的技术复杂度[a]	3.3 PCT 专利申请量/百万人	3.4 文化产业的创造性指数*	3.5 文化产业的价值链宽度指数*	3.6 文化产业的研发投入指数*	3.7 行业竞争度*
美国	10.11	36.53	149.8	5.9	5.4	5.5	5.9
英国	8.73	43.50	89.1	5.3	5.2	4.8	6.1
法国	9.16	26.64	118.1	4.8	5.3	4.7	5.5
德国	8.09	10.63	226.9	5.6	5.9	5.5	5.9
日本	7.53	90.31	308.2	5.4	6.1	5.8	6.4
荷兰	8.79	6.86	73.9	5.1	3.9	3.8	5.6
新加坡	9.90	16.41	125.2	5.0	5.0	4.8	5.7
加拿大	7.58	17.46	84.8	4.6	4.0	3.9	5.5
澳大利亚	7.57	19.97	78.4	4.6	3.6	3.6	6.0
韩国	4.84	16.28	201.5	4.7	4.7	4.5	5.9
意大利	7.83	8.49	53.8	4.3	4.9	3.6	5.2
中国	**0.68**	**7.65**	**11.7**	**4.2**	**4.3**	**4.3**	**5.4**
巴西	1.22	31.47	3.2	4.1	3.8	3.5	5.3
南非	2.15	6.60	6.5	4.3	3.8	3.4	5.5
印度	0.43	6.77	1.5	4.0	4.1	3.8	4.8

资料来源：笔者根据联合国商品贸易统计数据库（UN COMTRADE）的相关数据计算整理得到。指标前的编码与第 4 章中国文化产品国际竞争力指标体系中的编码相对应。

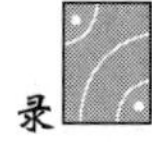

附表 4－11　2014 年 15 国相关产业支持和贸易行为评价指标原始值

国家	4.1 互联网用户/100 人	4.2 公共教育支出占 GDP 的比重（%）	4.3 年国外游客数/1000 人	6.1 国际市场占有率[a]	6.2 RCA 指数[a]	6.3 TC 指数[a]	6.4 出口相对价值指数[a]	6.5 显示性竞争优势指数[a]
美国	87.36	5.22	74757	20.13	2.28	－0.09	1.45	0.35
英国	91.61	5.75	32813	15.45	5.52	0.10	1.85	2.05
法国	83.75	5.52	205144	3.97	1.28	－0.10	2.76	－0.12
德国	86.19	4.81	32999	6.21	0.76	0.06	1.07	－0.10
日本	90.58	3.78	13413	1.92	0.51	－0.25	2.00	－0.25
荷兰	93.17	5.53	13925	1.90	0.61	－0.04	1.10	－0.17
新加坡	82.00	3.07	15568	1.85	0.83	0.18	0.58	0.15
加拿大	87.12	5.27	25557	1.16	0.45	－0.57	1.27	－1.30
澳大利亚	84.56	5.11	6868	0.42	0.32	－0.64	2.02	－1.28
韩国	84.33	4.62	14202	0.68	0.22	－0.07	0.57	－0.07
意大利	61.96	4.14	77694	2.41	0.83	0.26	0.62	0.26
中国	**49.30**	**3.84**	**128499**	**22.49**	**1.75**	**0.83**	**0.25**	**1.55**
巴西	57.60	5.74	6430	0.15	0.12	－0.52	3.88	－0.28
南非	49.00	5.96	14530	0.17	0.34	－0.44	0.72	－0.49
印度	18.00	3.72	7679	0.64	0.37	0.28	0.86	0.22

资料来源：笔者根据联合国商品贸易统计数据库（UN COMTRADE）的相关数据计算整理得到。指标前的编码与第 4 章中国文化产品国际竞争力指标体系中的编码相对应。

第 5 章附录

附表 5－1　按收入水平划分的国家或地区列表

低收入国家或地区（29）	中等偏下收入国家或地区（47）	中等偏上收入国家或地区（50）	高收入国家或地区（63）
阿富汗	埃及	阿尔巴尼亚	阿根廷
埃塞俄比亚	巴布亚新几内亚	阿尔及利亚	阿联酋
贝宁	巴基斯坦	阿塞拜疆	阿鲁巴
布基纳法索	玻利维亚	安哥拉	阿曼
布隆迪	不丹	巴拉圭	爱尔兰
朝鲜	菲律宾	巴拿马	爱沙尼亚

续表

低收入 国家或地区（29）	中等偏下收入 国家或地区（47）	中等偏上收入 国家或地区（50）	高收入 国家或地区（63）
多哥	佛得角	巴西	安提瓜和巴布达
厄立特里亚	刚果（布）	白俄罗斯	奥地利
冈比亚	格鲁吉亚	保加利亚	澳大利亚
海地	圭亚那	波黑	中国澳门特区
几内亚	洪都拉斯	博茨瓦纳	巴巴多斯
几内亚比绍	基里巴斯	伯利兹	巴哈马
柬埔寨	吉布提	多米尼加	巴林
津巴布韦	吉尔吉斯斯坦	多米尼克	百慕大
科摩罗	加纳	厄瓜多尔	比利时
利比里亚	喀麦隆	哥伦比亚	冰岛
卢旺达	科特迪瓦	哥斯达黎加	波兰
马达加斯加	肯尼亚	格林纳达	赤道几内亚
马拉维	莱索托	古巴	丹麦
马里	老挝	哈萨克斯坦	德国
莫桑比克	毛里塔尼亚	黑山	俄罗斯联邦
尼泊尔	孟加拉国	加蓬	法罗群岛
尼日尔	密克罗尼西亚联邦	黎巴嫩	法属波利尼西亚
塞拉利昂	缅甸	利比亚	芬兰
索马里	摩尔多瓦	马尔代夫	格陵兰
坦桑尼亚	摩洛哥	马来西亚	韩国
乌干达	尼加拉瓜	马绍尔群岛	荷兰
乍得	尼日利亚	毛里求斯	加拿大
中非	萨尔瓦多	蒙古	捷克
	萨摩亚	秘鲁	卡塔尔
	塞内加尔	墨西哥	开曼群岛
	圣多美和普林西比	纳米比亚	科威特
	斯里兰卡	南非	克罗地亚
	斯威士兰	帕劳	拉脱维亚
	苏丹	前南马其顿	立陶宛

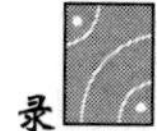

续表

低收入 国家或地区（29）	中等偏下收入 国家或地区（47）	中等偏上收入 国家或地区（50）	高收入 国家或地区（63）
	所罗门群岛	塞尔维亚	卢森堡
	塔吉克斯坦	圣卢西亚	马耳他
	瓦努阿图	圣文森特和格林纳丁斯	美国
	危地马拉	苏里南	葡萄牙
	乌克兰	泰国	日本
	乌兹别克斯坦	汤加	瑞典
	叙利亚	突尼斯	塞浦路斯
	亚美尼亚	图瓦卢	塞舌尔
	也门	土耳其	沙特阿拉伯
	印度尼西亚	土库曼斯坦	圣基茨和尼维斯
	越南	牙买加	圣马力诺
	赞比亚	伊拉克	斯洛伐克
		伊朗	斯洛文尼亚
		约旦	特克斯和凯科斯群岛
		斐济	特立尼达和多巴哥
			委内瑞拉
			文莱
			乌拉圭
			西班牙
			希腊
			中国香港特区
			新加坡
			新喀里多尼亚
			新西兰
			匈牙利
			以色列
			英国
			智利

资料来源：笔者根据世界银行（WDI）数据库整理所得。

附表 5－2　　1996～2013 年中国与各个国家或地区的需求相似度（求商法）

编码	代码	国家或地区	1996	1997	1998	1999	2000	2001	2002	2003	2004	2005	2006
533	ABW	阿鲁巴	0. 0366	0. 0381	0. 0411	0. 0428	0. 0472	0. 0530	0. 0585	0. 0607	0. 0668	0. 0747	—
4	AFG	阿富汗	—	—	—	—	—	—	—	0. 1727	0. 1528	0. 1478	0. 1349
24	AGO	安哥拉	0. 8117	0. 8361	0. 8596	0. 9143	0. 9847	0. 9525	0. 9665	0. 8980	0. 8781	0. 9058	0. 9428
8	ALB	阿尔巴尼亚	0. 5002	0. 5984	0. 5637	0. 5428	0. 5407	0. 5383	0. 5651	0. 5824	0. 5993	0. 6256	0. 6634
784	ARE	阿联酋	0. 0187	0. 0196	0. 0220	0. 0241	0. 0247	0. 0277	0. 0309	0. 0331	0. 0363	0. 0432	0. 0508
32	ARG	阿根廷	0. 1606	0. 1625	0. 1690	0. 1887	0. 2069	0. 2353	0. 2894	0. 2939	0. 2982	0. 3056	0. 3192
51	ARM	亚美尼亚	—	—	—	0. 8021	0. 7942	—	—	—	0. 9048	—	0. 9476
28	ATG	安提瓜和巴布达	—	—	—	—	—	—	0. 1247	0. 1302	0. 1366	0. 1440	0. 1439
36	AUS	澳大利亚	0. 0312	0. 0328	0. 0339	0. 0349	0. 0365	0. 0391	0. 0413	0. 0443	0. 0471	0. 0512	0. 0565
40	AUT	奥地利	0. 0266	0. 0281	0. 0290	0. 0300	0. 0313	0. 0333	0. 0357	0. 0389	0. 0417	0. 0455	0. 0496
31	AZE	阿塞拜疆	—	—	0. 7583	0. 7567	0. 7751	—	0. 7964	0. 8039	0. 8026	0. 9071	0. 9287
108	BDI	布隆迪	—	—	—	—	0. 1315	0. 1216	0. 1137	0. 0993	—	—	0. 0735
56	BEL	比利时	—	—	—	0. 0313	0. 0326	0. 0348	0. 0373	0. 0406	0. 0431	0. 0471	0. 0518
204	BEN	贝宁	0. 5587	0. 5305	0. 5017	0. 4811	0. 4549	0. 4354	0. 4060	0. 3731	0. 3402	0. 3061	0. 2746
854	BFA	布基纳法索	—	—	—	0. 3331	—	—	0. 2764	0. 2648	0. 2455	0. 2339	0. 2152
50	BGD	孟加拉国	0. 4347	0. 4114	0. 3967	0. 3814	0. 3661	0. 3511	0. 3304	0. 3111	0. 2944	0. 2792	0. 2623
100	BGR	保加利亚	0. 3207	0. 3485	0. 3574	0. 4018	0. 4057	0. 4125	0. 4197	0. 4331	0. 4423	0. 4597	0. 4812
48	BHR	巴林	0. 0471	0. 0510	0. 0537	0. 0570	0. 0606	0. 0662	0. 0723	0. 0783	0. 0849	0. 0945	0. 1079

续表

编码	代码	国家或地区	1996	1997	1998	1999	2000	2001	2002	2003	2004	2005	2006
44	BHS	巴哈马	—	—	—	—	0.0473	0.0504	0.0543	0.0614	0.0680	0.0743	0.0829
70	BIH	波黑	—	—	—	—	0.4997	0.5155	0.5317	0.5603	0.5791	0.6118	0.6464
112	BLR	白俄罗斯	0.5427	0.5245	0.5144	—	0.5362	0.5463	0.5600	0.5680	0.5539	0.5566	0.5636
84	BLZ	伯利兹	0.2792	—	—	—	0.3243	0.3423	0.3629	0.3725	0.3995	0.4424	0.4866
60	BMU	百慕大	—	0.0153	—	—	0.0163	—	0.0183	0.0194	0.0209	0.0229	0.0245
68	BOL	玻利维亚	—	0.9544	0.9899	—	0.8720	0.8095	0.7517	0.6936	0.6487	0.6014	0.5528
76	BRA	巴西	0.1976	0.2099	0.2269	0.2446	0.2559	0.2757	0.2942	0.3223	0.3383	0.3676	0.4008
52	BRB	巴巴多斯	0.0713	—	0.0749	0.0782	0.0825	0.0913	0.0986	0.1060	0.1147	0.1225	0.1304
96	BRN	文莱	0.0311	0.0349	0.0384	0.0406	0.0433	0.0462	0.0491	0.0532	0.0589	0.0661	0.0721
64	BTN	不丹	—	—	—	—	—	0.8599	—	—	—	—	—
72	BWA	博茨瓦纳	—	—	—	—	0.2356	0.2564	0.2656	0.2812	0.3038	0.3266	0.3448
140	CAF	中非	—	—	—	—	—	—	—	0.2240	0.2135	—	0.1739
124	CAN	加拿大	0.0295	0.0309	0.0319	0.0327	0.0338	0.0361	0.0384	0.0416	0.0446	0.0483	0.0532
152	CHL	智利	0.1380	0.1419	0.1488	0.1621	0.1690	0.1780	0.1910	0.2033	0.2122	0.2252	0.2444
384	CIV	科特迪瓦	0.8012	—	0.9002	0.9697	0.9172	0.8365	0.7449	0.6603	0.6002	0.5415	0.4811
120	CMR	喀麦隆	0.9479	0.8987	0.8592	0.8161	0.7698	0.7290	0.6818	0.6322	0.5839	0.5259	0.4722
178	COG	刚果（布）	—	0.5761	0.6096	0.6855	0.7029	0.7456	0.7902	0.8767	0.9496	0.9986	0.9200
170	COL	哥伦比亚	0.2745	0.2914	0.3143	0.3552	0.3714	0.3984	0.4271	0.4557	0.4798	0.5139	0.5466

续表

编码	代码	国家或地区	1996	1997	1998	1999	2000	2001	2002	2003	2004	2005	2006
174	COM	科摩罗	0. 6799	—	—	—	—	—	—	—	0. 3897	0. 3533	—
132	CPV	佛得角	—	—	0. 7125	0. 6992	0. 6722	0. 7209	0. 7555	0. 8056	0. 8109	0. 8490	0. 8885
188	CRI	哥斯达黎加	0. 2361	0. 2476	0. 2496	0. 2513	0. 2709	0. 2934	0. 3141	0. 3277	0. 3491	0. 3702	0. 3869
192	CUB	古巴	0. 3233	0. 3415	0. 3656	0. 3686	0. 3756	0. 3926	0. 4207	0. 4444	0. 4608	0. 4595	0. 4601
136	CYM	开曼群岛	—	—	—	—	—	—	—	—	—	—	—
196	CYP	塞浦路斯	0. 0437	0. 0468	0. 0481	0. 0496	0. 0510	0. 0536	0. 0569	0. 0612	0. 0651	0. 0703	0. 0767
203	CZE	捷克	0. 0819	0. 0891	0. 0954	0. 1002	0. 1031	0. 1072	0. 1140	0. 1203	0. 1255	0. 1307	0. 1374
276	DEU	德国	0. 0274	0. 0291	0. 0305	0. 0319	0. 0334	0. 0354	0. 0384	0. 0423	0. 0457	0. 0502	0. 0542
262	DJI	吉布提	—	0. 9451	0. 8696	0. 8183	0. 7512	0. 7018	0. 6545	0. 6086	0. 5692	0. 5232	0. 4827
212	DMA	多米尼克	0. 1930	0. 2044	0. 2067	0. 2178	0. 2327	0. 2489	0. 2751	0. 2803	0. 2982	0. 3314	0. 3548
208	DNK	丹麦	0. 0204	0. 0214	0. 0225	0. 0234	0. 0243	0. 0260	0. 0282	0. 0308	0. 0329	0. 0356	0. 0386
214	DOM	多米尼加	0. 3166	0. 3223	0. 3269	0. 3321	0. 3435	0. 3684	0. 3833	0. 4266	0. 4677	0. 4808	0. 4939
12	DZA	阿尔及利亚	0. 3554	0. 3862	0. 3985	0. 4178	0. 4457	0. 4641	0. 4822	0. 4981	0. 5294	0. 5610	0. 6270
218	ECU	厄瓜多尔	0. 3149	0. 3330	0. 3514	0. 4012	0. 4348	0. 4574	0. 4843	0. 5240	0. 5387	0. 5758	0. 6285
818	EGY	埃及	0. 8804	0. 9187	0. 9604	0. 9831	0. 9785	0. 9251	0. 8578	0. 7946	0. 7421	0. 6877	0. 6443
232	ERI	厄立特里亚	—	—	—	—	—	0. 2375	0. 2178	0. 1870	0. 1676	0. 1506	—
724	ESP	西班牙	0. 0408	0. 0426	0. 0438	0. 0450	0. 0464	0. 0485	0. 0519	0. 0560	0. 0605	0. 0656	0. 0718
233	EST	爱沙尼亚	0. 1585	0. 1516	—	0. 1600	0. 1588	0. 1598	0. 1621	0. 1639	0. 1674	0. 1683	0. 1699

续表

编码	代码	国家或地区	1996	1997	1998	1999	2000	2001	2002	2003	2004	2005	2006
231	ETH	埃塞俄比亚	0. 1626	0. 1505	0. 1321	0. 1265	0. 1212	0. 1186	0. 1079	0. 0938	0. 0947	0. 0930	0. 0895
246	FIN	芬兰	0. 0300	0. 0306	0. 0311	0. 0318	0. 0324	0. 0341	0. 0364	0. 0391	0. 0413	0. 0447	0. 0483
242	FJI	斐济	0. 2651	0. 2962	0. 3153	0. 3116	0. 3430	0. 3629	0. 3817	0. 4137	0. 4308	0. 4756	0. 5268
234	FRO	法罗群岛	—	—	—	—	—	—	—	—	—	—	—
583	FSM	密克罗尼西亚联邦	—	—	—	—	0. 4996	0. 5267	0. 5663	0. 6072	0. 6850	0. 7396	0. 8261
266	GAB	加蓬	—	—	0. 1187	0. 1425	0. 1600	0. 1724	0. 1916	0. 2094	0. 2327	0. 2535	0. 3014
826	GBR	英国	0. 0269	0. 0285	0. 0295	0. 0306	0. 0318	0. 0334	0. 0355	0. 0374	0. 0402	0. 0436	0. 0477
268	GEO	格鲁吉亚	—	0. 9998	0. 9745	—	0. 9033	0. 8870	0. 8692	0. 8886	0. 8617	0. 8447	0. 8177
288	GHA	加纳	—	—	0. 4391	0. 4200	0. 3954	0. 3732	0. 3509	0. 3290	0. 3093	0. 2883	0. 2668
324	GIN	几内亚	0. 3148	0. 2987	0. 2841	—	0. 2544	—	0. 2298	0. 2090	0. 1917	0. 1746	0. 1560
270	GMB	冈比亚	—	0. 4469	—	—	0. 3883	0. 3705	0. 3206	0. 3034	0. 2874	0. 2490	0. 2176
624	GNB	几内亚比绍	—	—	—	—	—	—	—	—	—	0. 2305	0. 2060
226	GNQ	赤道几内亚	—	—	0. 3159	—	0. 2611	0. 1777	0. 1666	0. 1653	0. 1354	0. 1325	0. 1610
300	GRC	希腊	0. 0518	0. 0539	0. 0557	0. 0579	0. 0601	0. 0625	0. 0658	0. 0677	0. 0708	0. 0779	0. 0828
308	GRD	格林纳达	—	—	0. 2004	—	0. 2058	0. 2263	0. 2376	0. 2380	0. 2629	0. 2576	0. 3017
304	GRL	格陵兰	—	—	—	0. 0387	—	—	—	0. 0501	—	—	—
320	GTM	危地马拉	0. 4541	0. 4819	0. 5022	0. 5286	0. 5623	0. 6053	0. 6471	0. 7070	0. 7682	0. 8431	0. 9174
328	GUY	圭亚那	0. 8272	0. 8461	0. 9239	0. 9610	0. 9514	0. 9036	0. 8427	0. 7636	0. 7212	0. 6384	0. 5384

续表

编码	代码	国家或地区	1996	1997	1998	1999	2000	2001	2002	2003	2004	2005	2006
344	HKG	中国香港特区	0.0405	0.0420	0.0481	0.0505	0.0509	0.0548	0.0587	0.0622	0.0631	0.0653	0.0688
340	HND	洪都拉斯	0.7085	0.7463	0.7919	0.8797	0.9138	0.9760	0.9617	0.9019	0.8591	0.8079	0.7544
191	HRV	克罗地亚	0.1171	0.1208	0.1247	0.1359	0.1369	0.1428	0.1470	0.1523	0.1600	0.1702	0.1819
332	HTI	海地	—	—	—	0.4985	0.4595	—	0.3767	0.3403	0.2954	0.2674	0.2402
348	HUN	匈牙利	0.1117	0.1166	0.1192	0.1229	0.1265	0.1308	0.1352	0.1421	0.1480	0.1569	0.1688
360	IDN	印度尼西亚	0.7210	0.7554	0.9421	0.9888	0.9512	0.9045	0.8606	0.8137	0.7707	0.7261	0.6746
372	IRL	爱尔兰	0.0271	0.0267	0.0265	0.0260	0.0259	0.0268	0.0279	0.0302	0.0321	0.0344	0.0376
364	IRN	伊朗	0.4059	0.4322	0.4580	0.4881	0.5076	0.5342	0.5455	0.5636	0.5937	0.6355	0.6802
368	IRQ	伊拉克	—	0.6534	0.5339	0.4995	0.5458	0.5902	0.7064	0.8430	0.8647	0.9411	0.9822
352	ISL	冰岛	0.0204	0.0212	0.0215	0.0223	0.0232	0.0243	0.0265	0.0284	0.0290	0.0307	0.0338
376	ISR	以色列	0.0465	0.0496	0.0520	0.0549	0.0557	0.0612	0.0677	0.0746	0.0791	0.0854	0.0921
388	JAM	牙买加	—	—	—	—	—	—	—	—	—	0.4093	—
400	JOR	约旦	0.4566	0.4911	0.5231	0.5534	0.5854	0.6128	0.6431	0.6920	0.7145	0.7479	0.7933
392	JPN	日本	0.0252	0.0269	0.0294	0.0315	0.0332	0.0357	0.0386	0.0416	0.0445	0.0486	0.0536
398	KAZ	哈萨克斯坦	0.4275	—	0.4787	0.4926	0.4812	0.4551	0.4491	0.4508	0.4532	0.4614	0.4720
404	KEN	肯尼亚	0.6134	0.5557	0.5242	0.4905	0.4474	0.4210	0.3807	0.3493	0.3268	0.3046	0.2816
417	KGZ	吉尔吉斯斯坦	0.4230	0.4238	0.3990	0.3819	0.3699	—	0.3281	0.3178	0.3071	0.2739	0.2493
116	KHM	柬埔寨	0.3181	0.3021	0.2892	0.2961	0.2927	0.2882	0.2785	0.2717	0.2696	0.2715	0.2643

续表

编码	代码	国家或地区	1996	1997	1998	1999	2000	2001	2002	2003	2004	2005	2006
296	KIR	基里巴斯	—	—	—	—	—	—	—	—	0.7471	—	—
659	KNA	圣基茨和尼维斯	—	—	—	—	—	—	0.1264	—	—	—	—
410	KOR	韩国	0.0653	0.0674	0.0769	0.0746	0.0744	0.0771	0.0782	0.0835	0.0874	0.0933	0.0999
414	KWT	科威特	0.0280	0.0304	0.0328	0.0374	0.0400	0.0440	0.0475	0.0454	0.0464	0.0487	0.0536
418	LAO	老挝	0.3792	—	—	—	0.3355	0.3250	—	0.2996	0.2871	0.2736	0.2610
422	LBN	黎巴嫩	0.1535	0.1710	0.1776	0.1929	0.2099	0.2254	0.2478	0.2757	0.2930	0.3259	0.3658
430	LBR	利比里亚	—	—	—	—	0.2062	0.1904	0.1780	0.1118	0.1028	0.0953	0.0887
434	LBY	利比亚	—	—	—	0.1548	0.1634	0.1819	0.2023	0.1989	0.2119	0.2133	0.2285
662	LCA	圣卢西亚	—	—	—	—	—	0.2291	0.2507	0.2641	0.2701	0.3077	0.3226
144	LKA	斯里兰卡	0.9563	0.9840	0.9846	0.9488	0.9326	0.8679	0.8272	0.7910	0.7520	0.7140	0.6786
426	LSO	莱索托	—	—	—	—	0.5672	—	—	0.4775	—	0.4083	0.3772
440	LTU	立陶宛	—	—	—	—	—	—	—	—	—	0.2213	0.2272
442	LUX	卢森堡	—	—	—	0.0154	0.0155	0.0165	0.0175	0.0191	0.0203	0.0219	0.0237
428	LVA	拉脱维亚	—	0.2242	0.2232	0.2313	0.2339	0.2317	0.2315	0.2308	0.2293	0.2279	0.2267
446	MAC	中国澳门特区	0.0499	0.0550	0.0626	0.0695	0.0718	0.0761	0.0767	0.0756	0.0664	0.0691	0.0693
504	MAR	摩洛哥	0.5478	0.6128	0.6141	0.6597	0.7067	0.7142	0.7569	0.7863	0.8294	0.9008	0.9467
498	MDA	摩尔多瓦	0.7261	—	—	—	—	—	—	0.4987	0.4908	0.4777	0.4480
450	MDG	马达加斯加	0.3227	0.2998	0.2826	0.2687	0.2536	0.2425	0.1896	0.1848	0.1725	0.1583	0.1442

续表

编码	代码	国家或地区	1996	1997	1998	1999	2000	2001	2002	2003	2004	2005	2006
462	MDV	马尔代夫	—	—	—	—	—	0.3935	0.4096	0.3993	0.3881	0.4739	0.4504
484	MEX	墨西哥	0.1240	0.1276	0.1325	0.1400	0.1452	0.1592	0.1745	0.1905	0.2024	0.2204	0.2388
584	MHL	马绍尔群岛	—	—	—	0.4668	0.4750	0.4849	0.5118	0.5581	0.6106	0.6576	0.7234
807	MKD	前南马其顿	0.3357	0.3598	0.3746	0.3860	0.3997	0.4454	0.4772	0.5118	0.5362	0.5680	0.6067
466	MLI	马里	—	—	—	0.3359	0.3132	0.3171	0.2958	0.2818	0.2550	0.2367	0.2219
470	MLT	马耳他	0.0685	0.0708	0.0724	0.0741	0.0750	0.0845	0.0897	0.0986	0.1091	0.1173	0.1291
104	MMR	缅甸	—	—	—	—	—	—	—	—	—	—	—
499	MNE	黑山	—	—	—	—	—	—	—	—	—	—	—
496	MNG	蒙古国	0.8356	0.7964	0.7640	0.7316	0.6818	0.6469	0.6191	0.5996	0.5995	0.5740	0.5491
508	MOZ	莫桑比克	—	—	—	0.2289	0.2093	0.2117	0.2065	0.1944	0.1876	0.1789	0.1650
478	MRT	毛利塔尼亚	—	—	—	—	0.5697	0.5241	0.4720	0.4436	0.4161	0.3980	0.4108
480	MUS	毛里求斯	0.2238	0.2318	0.2359	0.2485	0.2476	0.2616	0.2795	0.2970	0.3092	0.3401	0.3684
454	MWI	马拉维	—	—	—	0.2163	0.1985	0.1709	0.1564	0.1471	0.1374	0.1242	0.1100
458	MYS	马来西亚	0.1825	0.1886	0.2229	0.2295	0.2320	0.2534	0.2658	0.2800	0.2922	0.3127	0.3379
516	NAM	纳米比亚	—	—	—	—	0.3750	0.4054	0.4250	0.4510	0.4445	0.4858	0.5151
540	NCL	新喀里多尼亚	—	—	—	—	—	—	—	—	—	—	—
562	NER	尼日尔	0.3052	0.2798	—	0.2506	0.2214	0.2126	0.1948	0.1809	0.1595	0.1451	0.1320
566	NGA	尼日利亚	0.6421	0.5955	0.5584	0.5129	0.4896	0.4637	0.4330	0.4260	0.5075	0.4620	0.4346

续表

编码	代码	国家或地区	1996	1997	1998	1999	2000	2001	2002	2003	2004	2005	2006
558	NIC	尼加拉瓜	—	0. 9401	0. 9851	0. 9980	0. 9547	0. 9010	0. 8263	0. 7645	0. 7263	0. 6753	0. 6195
528	NLD	荷兰	0. 0247	0. 0258	0. 0266	0. 0273	0. 0283	0. 0302	0. 0330	0. 0361	0. 0389	0. 0422	0. 0457
524	NPL	尼泊尔	0. 3078	0. 2925	0. 2762	0. 2651	0. 2570	0. 2464	0. 2242	0. 2101	0. 1984	0. 1832	0. 1671
554	NZL	新西兰	0. 0374	0. 0402	0. 0430	0. 0438	0. 0461	0. 0482	0. 0506	0. 0540	0. 0577	0. 0625	0. 0690
512	OMN	阿曼	0. 0727	0. 0744	0. 0773	0. 0826	0. 0848	0. 0886	0. 0992	0. 1144	0. 1269	0. 1403	0. 1520
586	PAK	巴基斯坦	0. 7168	0. 6534	0. 6122	0. 5810	0. 5505	0. 5109	0. 4766	0. 4478	0. 4306	0. 4103	0. 3809
591	PAN	巴拿马	0. 2316	0. 2401	0. 2438	0. 2554	0. 2727	0. 2971	0. 3209	0. 3429	0. 3553	0. 3735	0. 3925
604	PER	秘鲁	0. 3781	0. 3900	0. 4245	0. 4527	0. 4808	0. 5206	0. 5419	0. 5760	0. 6080	0. 6410	0. 6763
608	PHL	菲律宾	0. 8306	0. 8729	0. 9586	0. 9864	0. 9371	0. 8780	0. 8223	0. 7735	0. 7398	0. 6876	0. 6351
585	PLW	帕劳	—	0. 0926	—	—	0. 1318	0. 1362	0. 1390	0. 1604	0. 1649	0. 1790	0. 2054
598	PNG	巴布亚新几内亚	0. 8650	0. 9990	0. 8783	0. 8168	0. 7215	0. 6533	0. 5870	0. 5350	0. 4900	0. 4594	0. 4093
616	POL	波兰	0. 1531	0. 1546	0. 1574	0. 1607	0. 1641	0. 1742	0. 1860	0. 1963	0. 2042	0. 2182	0. 2301
408	PRK	朝鲜	—	—	—	—	—	—	—	—	—	—	—
620	PRT	葡萄牙	0. 0535	0. 0556	0. 0570	0. 0588	0. 0614	0. 0652	0. 0705	0. 0781	0. 0842	0. 0926	0. 1024
600	PRY	巴拉圭	0. 5241	0. 5558	0. 6063	0. 6697	0. 7526	0. 8319	0. 9187	0. 9802	0. 9539	0. 8661	0. 7980
258	PYF	法属波利尼西亚	—	—	—	—	—	—	—	—	—	—	—
634	QAT	卡塔尔	—	—	—	—	0. 0221	0. 0237	0. 0248	0. 0276	0. 0278	0. 0327	0. 0343
643	RUS	俄罗斯联邦	0. 2497	0. 2658	0. 2993	0. 2992	0. 2914	0. 2968	0. 3057	0. 3101	0. 3153	0. 3269	0. 3376

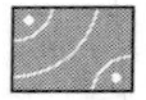

续表

编码	代码	国家或地区	1996	1997	1998	1999	2000	2001	2002	2003	2004	2005	2006
646	RWA	卢旺达	—	0. 2377	—	—	0. 1994	0. 1941	0. 1984	0. 1809	0. 1740	0. 1647	0. 1567
682	SAU	沙特阿拉伯	0. 0698	0. 0754	0. 0803	0. 0885	0. 0933	0. 1026	0. 1144	0. 1197	0. 1235	0. 1311	0. 1429
736	SDN	苏丹	0. 5823	0. 5787	0. 5493	0. 5162	0. 4961	0. 4776	0. 4560	0. 4367	0. 4029	0. 3802	0. 3629
686	SEN	塞内加尔	0. 7607	0. 7078	0. 6850	0. 6665	0. 6235	0. 5911	0. 5347	0. 5078	0. 4782	0. 4440	0. 3951
702	SGP	新加坡	0. 0381	0. 0393	0. 0444	0. 0450	0. 0453	0. 0505	0. 0530	0. 0546	0. 0553	0. 0583	0. 0619
90	SLB	所罗门群岛	—	—	—	—	—	0. 7041	0. 6151	0. 5837	0. 5456	0. 5068	0. 4722
694	SLE	塞拉利昂	—	—	—	0. 2589	0. 2496	—	—	0. 2196	0. 2038	0. 1845	0. 1680
222	SLV	萨尔瓦多	0. 3606	0. 3772	0. 3913	0. 4064	0. 4307	0. 4578	0. 4872	0. 5231	0. 5643	0. 6054	0. 6551
674	SMR	圣马力诺	—	—	—	—	—	—	0. 0299	0. 0319	0. 0338	—	—
706	SOM	索马里	—	—	—	—	—	—	—	—	—	—	—
688	SRB	塞尔维亚	—	—	—	—	—	—	—	—	—	—	0. 5248
678	STP	圣多美和普林西比	—	—	—	—	—	0. 6278	0. 5781	0. 5517	—	0. 4625	0. 4547
740	SUR	苏里南	—	0. 3145	0. 3362	0. 3669	0. 3992	0. 4135	0. 4314	0. 4462	0. 4484	0. 4773	0. 5192
703	SVK	斯洛伐克	0. 1039	0. 1061	0. 1092	0. 1168	0. 1240	0. 1288	0. 1332	0. 1381	0. 1435	0. 1492	0. 1544
705	SVN	斯洛文尼亚	0. 0661	0. 0679	0. 0701	0. 0711	0. 0736	0. 0770	0. 0805	0. 0856	0. 0898	0. 0958	0. 1019
752	SWE	瑞典	0. 0258	0. 0272	0. 0279	0. 0285	0. 0293	0. 0311	0. 0331	0. 0355	0. 0374	0. 0404	0. 0435
748	SWZ	斯威士兰	—	—	—	—	—	0. 5533	—	0. 6377	0. 6824	0. 7439	—
690	SYC	塞舌尔	—	—	0. 0859	0. 0918	0. 0981	0. 1081	0. 1192	0. 1370	0. 1538	0. 1570	0. 1641

续表

编码	代码	国家或地区	1996	1997	1998	1999	2000	2001	2002	2003	2004	2005	2006
760	SYR	叙利亚	0. 5929	0. 6475	0. 6683	0. 7585	0. 8131	0. 8483	0. 8838	0. 9779	0. 9782	0. 9146	0. 8297
796	TCA	特克斯和凯科斯群岛	—	—	—	—	—	—	—	—	—	—	—
148	TCD	乍得	—	—	—	—	—	—	—	—	—	—	—
768	TGO	多哥	0. 4713	0. 4860	—	0. 4053	0. 3640	0. 3243	0. 2887	0. 2697	0. 2450	0. 2179	0. 1969
764	THA	泰国	0. 3577	0. 3965	0. 4788	0. 4949	0. 5141	0. 5473	0. 5695	0. 5873	0. 6098	0. 6499	0. 6962
762	TJK	塔吉克斯坦	—	—	—	0. 2095	0. 2078	0. 2095	—	—	0. 2068	0. 1953	0. 1825
795	TKM	土库曼斯坦	—	—	—	0. 7783	0. 8032	—	—	0. 9779	—	—	0. 9605
776	TON	汤加	0. 3902	—	0. 4428	—	0. 4780	0. 4988	0. 5257	0. 5660	0. 6185	0. 6783	0. 7733
780	TTO	特立尼达和多巴哥	0. 1206	0. 1272	0. 1263	0. 1293	0. 1314	0. 1362	0. 1372	0. 1317	0. 1342	0. 1412	0. 1398
788	TUN	突尼斯	0. 3601	0. 3743	0. 3865	0. 3939	0. 4088	0. 4261	0. 4586	0. 4803	0. 5023	0. 5408	0. 5792
792	TUR	土耳其	0. 1486	0. 1517	0. 1609	0. 1804	0. 1845	0. 2135	0. 2211	0. 2329	0. 2363	0. 2445	0. 2595
798	TUV	图瓦卢	—	—	—	—	—	—	—	—	—	—	—
834	TZA	坦桑尼亚	0. 3977	0. 3711	0. 3515	0. 3371	0. 3207	0. 3083	0. 2971	0. 2829	0. 2714	0. 2580	0. 2342
800	UGA	乌干达	0. 2963	0. 2796	—	0. 2618	0. 2433	0. 2305	0. 2238	0. 2107	0. 1989	0. 1847	0. 1766
804	UKR	乌克兰	0. 7337	0. 8104	0. 8746	0. 9262	0. 9315	0. 9079	0. 9260	0. 9180	0. 8893	0. 9515	0. 9871
858	URY	乌拉圭	0. 1752	0. 1758	0. 1808	0. 1977	0. 2177	0. 2438	0. 2864	0. 3105	0. 3234	0. 3333	0. 3594
842	USA	美国	0. 0236	0. 0247	0. 0256	0. 0264	0. 0275	0. 0296	0. 0318	0. 0341	0. 0363	0. 0393	0. 0433
860	UZB	乌兹别克斯坦	0. 4684	0. 4473	—	—	0. 3955	0. 3785	0. 3588	0. 3380	0. 3289	0. 3142	0. 2972

续表

编码	代码	国家或地区	1996	1997	1998	1999	2000	2001	2002	2003	2004	2005	2006
670	VCT	圣文森特和格林纳丁斯	—	—	—	—	—	—	0. 2966	0. 3017	0. 3176	0. 3436	0. 3582
862	VEN	委内瑞拉	0. 1562	0. 1620	0. 1760	0. 2036	0. 2152	0. 2280	0. 2761	0. 3331	0. 3136	0. 3201	0. 3320
704	VNM	越南	0. 5184	0. 5105	0. 4977	0. 4815	0. 4716	0. 4600	0. 4461	0. 4311	0. 4186	0. 4020	0. 3795
548	VUT	瓦努阿图	—	—	0. 4924	—	0. 5526	0. 6297	0. 7368	0. 7924	0. 8556	0. 9224	0. 9770
882	WSM	萨摩亚	—	—	—	—	0. 5375	0. 5434	0. 5676	0. 5974	0. 6288	0. 6725	0. 7438
887	YEM	也门	—	0. 7761	0. 7482	0. 7078	0. 6794	0. 6376	0. 5945	0. 5483	0. 5064	0. 4696	0. 4202
710	ZAF	南非	—	—	—	—	0. 2323	0. 2482	0. 2631	0. 2830	0. 3000	0. 3196	0. 3438
894	ZMB	赞比亚	—	—	0. 5753	0. 5493	0. 5166	0. 4932	0. 4638	0. 4423	0. 4215	0. 3976	0. 3724
716	ZWE	津巴布韦	0. 8230	0. 7698	0. 7313	0. 6718	0. 5993	0. 5607	0. 4682	0. 3531	0. 3018	0. 2547	0. 2170

2007	2008	2009	2010	2011	2012	2013	编码	代码	国家或地区
0. 0975	0. 1144	0. 1319	—	—	—	—	533	ABW	阿鲁巴
0. 1314	0. 1218	0. 1322	0. 1267	0. 1198	0. 1239	0. 1142	4	AFG	阿富汗
0. 9834	0. 9922	0. 9040	0. 8211	0. 7573	0. 7183	0. 6927	24	AGO	安哥拉
0. 7063	0. 7109	0. 7426	0. 7844	0. 8312	0. 8757	0. 9242	8	ALB	阿尔巴尼亚
0. 0650	0. 0789	0. 1011	0. 1184	0. 1290	0. 1354	0. 1393	784	ARE	阿联酋
0. 3394	0. 3628	0. 3982	0. 4047	0. 4111	0. 4420	0. 4651	32	ARG	阿根廷
0. 9533	0. 9385	0. 7435	0. 6908	0. 6627	0. 6603	0. 6348	51	ARM	亚美尼亚
0. 1510	0. 1664	0. 2079	0. 2492	0. 2794	0. 2910	0. 3152	28	ATG	安提瓜和巴布达

续表

2007	2008	2009	2010	2011	2012	2013	编码	代码	国家或地区
0. 0623	0. 0668	0. 0729	0. 0799	0. 0863	0. 0908	0. 0965	36	AUS	澳大利亚
0. 0545	0. 0588	0. 0666	0. 0721	0. 0765	0. 0817	0. 0878	40	AUT	奥地利
0. 8533	0. 8579	0. 8702	0. 9246	0. 9804	0. 9221	0. 8987	31	AZE	阿塞拜疆
0. 0654	0. 0608	—	0. 0509	0. 0470	0. 0441	0. 0416	108	BDI	布隆迪
0. 0575	0. 0627	0. 0705	0. 0766	0. 0831	0. 0897	0. 0963	56	BEL	比利时
0. 2453	0. 2292	0. 2102	0. 1904	0. 1754	0. 1678	0. 1611	204	BEN	贝宁
0. 1941	0. 1852	0. 1701	0. 1626	0. 1542	0. 1487	0. 1437	854	BFA	布基纳法索
0. 2442	0. 2347	0. 2244	0. 2127	0. 2054	0. 2016	0. 1971	50	BGD	孟加拉国
0. 5012	0. 5132	0. 5835	0. 6341	0. 6731	0. 7141	0. 7529	100	BGR	保加利亚
0. 1235	0. 1378	0. 1567	0. 1742	0. 1925	0. 2035	0. 2095	48	BHR	巴林
0. 0946	0. 1076	0. 1242	0. 1370	0. 1507	0. 1606	0. 1745	44	BHS	巴哈马
0. 6876	0. 7113	0. 7959	0. 8696	0. 9378	0. 9834	0. 9418	70	BIH	波黑
0. 5868	0. 5788	0. 6265	0. 6390	0. 6585	0. 6935	0. 7353	112	BLR	白俄罗斯
0. 5611	0. 6082	0. 6730	0. 7347	0. 8025	0. 8477	0. 9146	84	BLZ	伯利兹
0. 0272	0. 0294	0. 0339	0. 0378	0. 0423	0. 0478	0. 0527	60	BMU	百慕大
0. 5003	0. 4789	0. 4480	0. 4169	0. 3960	0. 3823	0. 3751	68	BOL	玻利维亚
0. 4342	0. 4556	0. 5013	0. 5180	0. 5484	0. 5833	0. 6139	76	BRA	巴西

续表

2007	2008	2009	2010	2011	2012	2013	编码	代码	国家或地区
0. 1463	0. 1596	0. 1818	0. 2004	0. 2175	0. 2340	0. 2969	52	BRB	巴巴多斯
0. 0832	0. 0941	0. 1059	0. 1154	0. 1235	0. 1332	0. 1474	96	BRN	文莱
—	0. 6438	0. 6203	0. 6187	0. 6025	0. 5813	0. 5456	64	BTN	不丹
0. 3670	0. 3840	0. 4610	0. 4770	0. 5001	0. 5221	0. 5222	72	BWA	博茨瓦纳
—	0. 1445	0. 1327	0. 1218	0. 1133	0. 1079	0. 0632	140	CAF	中非
0. 0598	0. 0651	0. 0736	0. 0793	0. 0847	0. 0902	0. 0959	124	CAN	加拿大
0. 2670	0. 2850	0. 3165	0. 3332	0. 3467	0. 3564	0. 3703	152	CHL	智利
0. 4224	0. 3889	0. 3615	0. 3276	0. 2808	0. 2831	0. 2816	384	CIV	科特迪瓦
0. 4184	0. 3847	0. 3517	0. 3216	0. 2997	0. 2851	0. 2738	120	CMR	喀麦隆
0. 7732	0. 7256	0. 6960	0. 6680	0. 6171	0. 5823	0. 5482	178	COG	刚果（布）
0. 5880	0. 6267	0. 6778	0. 7256	0. 7497	0. 7805	0. 8048	170	COL	哥伦比亚
0. 2736	0. 2458	0. 2250	0. 2038	0. 1873	0. 1756	0. 1655	174	COM	科摩罗
0. 8820	0. 9067	0. 9960	0. 9110	0. 8608	0. 8022	0. 7470	132	CPV	佛得角
0. 4129	0. 4444	0. 4944	0. 5253	0. 5542	0. 5717	0. 5989	188	CRI	哥斯达黎加
0. 4876	0. 5111	0. 5479	0. 5897	0. 6259	0. 6526	0. 6822	192	CUB	古巴
—	—	—	—	—	—	—	136	CYM	开曼群岛
0. 0848	0. 0916	0. 1044	0. 1163	0. 1297	0. 1446	0. 1634	196	CYP	塞浦路斯

续表

2007	2008	2009	2010	2011	2012	2013	编码	代码	国家或地区
0. 1487	0. 1593	0. 1829	0. 1975	0. 2115	0. 2289	0. 2471	203	CZE	捷克
0. 0595	0. 0641	0. 0737	0. 0778	0. 0819	0. 0860	0. 0923	276	DEU	德国
0. 4408	0. 4222	0. 4026	0. 3771	0. 3599	0. 3412	0. 3299	262	DJI	吉布提
0. 3807	0. 3868	0. 4260	0. 4651	0. 5089	0. 5556	0. 6035	212	DMA	多米尼克
0. 0437	0. 0483	0. 0556	0. 0605	0. 0654	0. 0709	0. 0767	208	DNK	丹麦
0. 5246	0. 5624	0. 6139	0. 6324	0. 6789	0. 7183	0. 7438	214	DOM	多米尼加
0. 6994	0. 7598	0. 8266	0. 8942	0. 9657	0. 9784	0. 9203	12	DZA	阿尔及利亚
0. 7106	0. 7411	0. 8145	0. 8805	0. 9039	0. 9358	0. 9733	218	ECU	厄瓜多尔
0. 5969	0. 5763	0. 5449	0. 5102	0. 4669	0. 4352	0. 4055	818	EGY	埃及
0. 1130	0. 0915	0. 0857	0. 0779	0. 0761	0. 0744	0. 0688	232	ERI	厄立特里亚
0. 0801	0. 0878	0. 0998	0. 1104	0. 1215	0. 1331	0. 1439	724	ESP	西班牙
0. 1780	0. 2045	0. 2602	0. 2789	0. 2799	0. 2858	0. 3002	233	EST	爱沙尼亚
0. 0855	0. 0846	0. 0824	0. 0821	0. 0816	0. 0806	0. 0810	231	ETH	埃塞俄比亚
0. 0524	0. 0570	0. 0678	0. 0728	0. 0777	0. 0849	0. 0927	246	FIN	芬兰
0. 6090	0. 6640	0. 7394	0. 7982	0. 8541	0. 9065	0. 9455	242	FJI	斐济
—	—	—	—	—	—	—	234	FRO	法罗群岛
—	0. 9431	0. 8804	0. 8226	0. 7715	0. 7223	0. 6459	583	FSM	密克罗尼西亚联邦

续表

2007	2008	2009	2010	2011	2012	2013	编码	代码	国家或地区
0. 3288	0. 3783	0. 4256	0. 4462	0. 4677	0. 4817	0. 5059	266	GAB	加蓬
0. 0533	0. 0588	0. 0673	0. 0732	0. 0791	0. 0849	0. 0900	826	GBR	英国
0. 8104	0. 7611	0. 6696	0. 6402	0. 6255	0. 6184	0. 5968	268	GEO	格鲁吉亚
0. 2436	0. 2360	0. 2190	0. 2093	0. 2137	0. 2125	0. 2078	288	GHA	加纳
0. 1362	0. 1276	0. 1139	0. 1026	0. 0952	0. 0898	0. 0835	324	GIN	几内亚
0. 1922	0. 1804	0. 1711	0. 1602	0. 1362	0. 1301	0. 1232	270	GMB	冈比亚
0. 1831	—	0. 1576	0. 1460	0. 1427	0. 1270	0. 1160	624	GNB	几内亚比绍
0. 1667	0. 1669	0. 2033	0. 2337	0. 2499	0. 2675	0. 3104	226	GNQ	赤道几内亚
0. 0911	0. 1000	0. 1137	0. 1320	0. 1574	0. 1802	0. 1997	300	GRC	希腊
0. 3239	0. 3511	0. 4101	0. 4554	0. 4943	0. 5384	0. 5653	308	GRD	格林纳达
—	—	—	—	—	—	—	304	GRL	格陵兰
0. 9973	0. 9238	0. 8359	0. 7644	0. 7153	0. 6726	0. 6376	320	GTM	危地马拉
0. 5059	0. 4715	0. 4466	0. 4219	0. 4069	0. 3964	0. 3879	328	GUY	圭亚那
0. 0740	0. 0796	0. 0888	0. 0923	0. 0966	0. 1030	0. 1076	344	HKG	中国香港特区
0. 6926	0. 6505	0. 5741	0. 5322	0. 4994	0. 4451	0. 4201	340	HND	洪都拉斯
0. 1964	0. 2098	0. 2459	0. 2747	0. 2909	0. 3179	0. 3429	191	HRV	克罗地亚
0. 2152	0. 1959	0. 1830	0. 1548	0. 1477	0. 1398	0. 1341	332	HTI	海地

续表

2007	2008	2009	2010	2011	2012	2013	编码	代码	国家或地区
0. 1905	0. 2056	0. 2388	0. 2602	0. 2778	0. 3007	0. 3165	348	HUN	匈牙利
0. 6233	0. 5980	0. 5681	0. 5410	0. 5203	0. 5078	0. 4939	360	IDN	印度尼西亚
0. 0419	0. 0478	0. 0561	0. 0623	0. 0663	0. 0714	0. 0766	372	IRL	爱尔兰
0. 7346	0. 7981	0. 8580	0. 8965	0. 9516	0. 9040	0. 8168	364	IRN	伊朗
0. 8860	0. 8441	0. 7996	0. 7442	0. 7305	0. 7445	0. 7307	368	IRQ	伊拉克
0. 0359	0. 0395	0. 0454	0. 0515	0. 0549	0. 0584	0. 0610	352	ISL	冰岛
0. 1002	0. 1075	0. 1174	0. 1245	0. 1326	0. 1406	0. 1487	376	ISR	以色列
—	—	—	—	—	—	—	388	JAM	牙买加
0. 8519	0. 8856	0. 9329	0. 9747	0. 8975	0. 8405	0. 7889	400	JOR	约旦
0. 0597	0. 0658	0. 0757	0. 0797	0. 0870	0. 0915	0. 0963	392	JPN	日本
0. 4981	0. 5323	0. 5870	0. 6109	0. 6281	0. 6505	0. 6671	398	KAZ	哈萨克斯坦
0. 2583	0. 2313	0. 2141	0. 2052	0. 1946	0. 1847	0. 1774	404	KEN	肯尼亚
0. 2359	0. 2323	0. 2172	0. 1940	0. 1864	0. 1708	0. 1733	417	KGZ	吉尔吉斯斯坦
0. 2526	0. 2435	0. 2209	0. 2093	0. 2025	0. 1994	0. 1965	116	KHM	柬埔寨
0. 5108	0. 4709	—	0. 3730	0. 3449	0. 3246	0. 3064	296	KIR	基里巴斯
0. 1890	0. 2004	0. 2336	0. 2690	0. 2918	0. 3207	0. 3352	659	KNA	圣基茨和尼维斯
0. 1081	0. 1154	0. 1252	0. 1300	0. 1377	0. 1450	0. 1516	410	KOR	韩国

续表

2007	2008	2009	2010	2011	2012	2013	编码	代码	国家或地区
0. 0611	0. 0693	0. 0863	0. 1033	0. 1087	0. 1154	0. 1281	414	KWT	科威特
0. 2430	0. 2360	0. 2294	0. 2222	0. 2166	0. 2147	0. 2139	418	LAO	老挝
0. 3825	0. 3846	0. 3856	0. 4078	0. 4407	0. 4679	0. 5028	422	LBN	黎巴嫩
0. 0822	0. 0775	0. 0721	0. 0671	0. 0646	0. 0634	0. 0628	430	LBR	利比里亚
0. 2486	0. 2687	0. 2985	0. 3159	0. 9108	0. 4772	0. 5899	434	LBY	利比亚
0. 3741	0. 4002	0. 4384	0. 4938	0. 5371	0. 5906	0. 6405	662	LCA	圣卢西亚
0. 6322	0. 6079	0. 5733	0. 5569	0. 5475	0. 5575	0. 5537	144	LKA	斯里兰卡
0. 3451	0. 3317	0. 3126	0. 3032	0. 2864	0. 2771	0. 2671	426	LSO	莱索托
0. 2296	0. 2415	0. 3048	0. 3233	0. 3246	0. 3307	0. 3397	440	LTU	立陶宛
0. 0257	0. 0284	0. 0332	0. 0354	0. 0385	0. 0423	0. 0455	442	LUX	卢森堡
0. 2327	0. 2594	0. 3231	0. 3587	0. 3656	0. 3693	0. 3756	428	LVA	拉脱维亚
0. 0708	0. 0768	0. 0844	0. 0747	0. 0686	0. 0688	0. 0678	446	MAC	中国澳门特区
0. 9448	0. 9044	0. 8615	0. 8008	0. 7614	0. 7189	0. 6904	504	MAR	摩洛哥
0. 4074	0. 4033	0. 3493	0. 3401	0. 3323	0. 3078	0. 3143	498	MDA	摩尔多瓦
0. 1310	0. 1251	0. 1074	0. 0951	0. 0861	0. 0805	0. 0748	450	MDG	马达加斯加
0. 4704	0. 4706	0. 5540	0. 5792	0. 5798	0. 6238	0. 6318	462	MDV	马尔代夫
0. 2671	0. 2919	0. 3383	0. 3598	0. 3824	0. 3998	0. 4283	484	MEX	墨西哥

续表

2007	2008	2009	2010	2011	2012	2013	编码	代码	国家或地区
0. 7927	0. 8839	0. 9788	0. 9829	0. 9004	0. 8773	0. 8412	584	MHL	马绍尔群岛
0. 6486	0. 6720	0. 7343	0. 7835	0. 8356	0. 9016	0. 9425	807	MKD	前南马其顿
0. 1971	0. 1835	0. 1707	0. 1590	0. 1454	0. 1311	0. 1213	466	MLI	马里
0. 1411	0. 1491	0. 1679	0. 1782	0. 1923	0. 2055	0. 2160	470	MLT	马耳他
—	—	—	—	—	—	—	104	MMR	缅甸
0. 5031	0. 5141	0. 5936	0. 6390	0. 6751	0. 7435	0. 7717	499	MNE	黑山
0. 5258	0. 5177	0. 4632	0. 4404	0. 4661	0. 4797	0. 4909	496	MNG	蒙古国
0. 1512	0. 1433	0. 1360	0. 1282	0. 1229	0. 1193	0. 1162	508	MOZ	莫桑比克
0. 3621	0. 3271	0. 2904	0. 2695	0. 2517	0. 2426	0. 2333	478	MRT	毛利塔尼亚
0. 3970	0. 4119	0. 4356	0. 4618	0. 4851	0. 5054	0. 5259	480	MUS	毛里求斯
0. 1030	0. 0993	0. 0967	0. 0907	0. 0843	0. 0777	0. 0739	454	MWI	马拉维
0. 3676	0. 3891	0. 4367	0. 4550	0. 4789	0. 4937	0. 5129	458	MYS	马来西亚
0. 5567	0. 6024	0. 6623	0. 7014	0. 7420	0. 7739	0. 8079	516	NAM	纳米比亚
—	—	—	—	—	—	—	540	NCL	新喀里多尼亚
0. 1155	0. 1117	0. 0982	0. 0930	0. 0840	0. 0841	0. 0789	562	NER	尼日尔
0. 3981	0. 3777	0. 3618	0. 3450	0. 3233	0. 3061	0. 2931	566	NGA	尼日利亚
0. 5667	0. 5275	0. 4659	0. 4313	0. 4154	0. 4025	0. 3880	558	NIC	尼加拉瓜

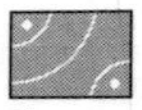

续表

2007	2008	2009	2010	2011	2012	2013	编码	代码	国家或地区
0. 0499	0. 0535	0. 0605	0. 0662	0. 0713	0. 0779	0. 0844	528	NLD	荷兰
0. 1505	0. 1450	0. 1380	0. 1300	0. 1220	0. 1179	0. 1129	524	NPL	尼泊尔
0. 0769	0. 0859	0. 0946	0. 1038	0. 1115	0. 1176	0. 1239	554	NZL	新西兰
0. 1680	0. 1731	0. 1847	0. 2067	0. 2484	0. 2747	0. 3121	512	OMN	阿曼
0. 3444	0. 3146	0. 2915	0. 2635	0. 2432	0. 2299	0. 2193	586	PAK	巴基斯坦
0. 4048	0. 4116	0. 4377	0. 4631	0. 4633	0. 4581	0. 4605	591	PAN	巴拿马
0. 7166	0. 7249	0. 7896	0. 8118	0. 8419	0. 8635	0. 8865	604	PER	秘鲁
0. 5869	0. 5522	0. 5063	0. 4875	0. 4566	0. 4476	0. 4406	608	PHL	菲律宾
0. 2345	0. 2697	0. 3304	—	0. 3641	0. 3761	0. 4146	585	PLW	帕劳
0. 3770	0. 3599	0. 3434	0. 3283	0. 3261	0. 3217	0. 3101	598	PNG	巴布亚新几内亚
0. 2438	0. 2560	0. 2713	0. 2872	0. 2989	0. 3147	0. 3314	616	POL	波兰
—	—	—	—	—	—	—	408	PRK	朝鲜
0. 1137	0. 1240	0. 1390	0. 1503	0. 1665	0. 1853	0. 2007	620	PRT	葡萄牙
0. 7302	0. 7026	0. 6126	0. 6210	0. 5867	0. 5332	0. 5607	600	PRY	巴拉圭
—	—	—	—	—	—	—	258	PYF	法属波利尼西亚
0. 0394	0. 0430	0. 0478	0. 0501	0. 0516	0. 0557	0. 0586	634	QAT	卡塔尔
0. 3527	0. 3654	0. 4309	0. 4542	0. 4750	0. 4934	0. 5228	643	RUS	俄罗斯联邦

续表

2007	2008	2009	2010	2011	2012	2013	编码	代码	国家或地区
0. 1445	0. 1432	0. 1362	0. 1293	0. 1248	0. 1235	0. 1178	646	RWA	卢旺达
0. 1572	0. 1621	0. 1774	0. 1910	0. 1940	0. 2022	0. 2161	682	SAU	沙特阿拉伯
0. 3462	0. 3326	0. 3072	0. 2809	0. 2767	—	—	736	SDN	苏丹
0. 3552	0. 3285	0. 3009	0. 2767	0. 2515	0. 2352	0. 2201	686	SEN	塞内加尔
0. 0672	0. 0759	0. 0855	0. 0832	0. 0871	0. 0926	0. 0965	702	SGP	新加坡
0. 4358	0. 4183	0. 3586	0. 3406	0. 3455	0. 3301	0. 3109	90	SLB	所罗门群岛
0. 1554	0. 1467	0. 1361	0. 1274	0. 1211	0. 1272	0. 1395	694	SLE	塞拉利昂
0. 7190	0. 7766	0. 8738	0. 9518	0. 9829	0. 9312	0. 8811	222	SLV	萨尔瓦多
0. 0448	0. 0484	—	—	—	—	—	674	SMR	圣马力诺
—	—	—	—	—	—	—	706	SOM	索马里
0. 5607	0. 5779	0. 6458	0. 7040	0. 7506	0. 8091	0. 8411	688	SRB	塞尔维亚
—	0. 3908	—	0. 3399	0. 3203	0. 3040	0. 2887	678	STP	圣多美和普林西比
0. 5668	0. 6003	0. 6407	0. 6782	0. 7092	0. 7454	0. 7836	740	SUR	苏里南
0. 1585	0. 1641	0. 1886	0. 1983	0. 2106	0. 2226	0. 2355	703	SVK	斯洛伐克
0. 1089	0. 1151	0. 1369	0. 1496	0. 1623	0. 1792	0. 1942	705	SVN	斯洛文尼亚
0. 0481	0. 0532	0. 0615	0. 0644	0. 0689	0. 0746	0. 0796	752	SWE	瑞典
—	0. 9855	0. 9294	0. 8442	0. 7725	0. 7281	0. 6894	748	SWZ	斯威士兰

续表

2007	2008	2009	2010	2011	2012	2013	编码	代码	国家或地区
0. 1696	0. 1933	0. 2133	0. 2280	0. 2243	0. 2290	0. 2343	690	SYC	塞舌尔
0. 7443	—	—	—	—	—	—	760	SYR	叙利亚
—	—	—	—	—	—	—	796	TCA	特克斯和凯科斯群岛
0. 2893	0. 2645	0. 2455	0. 2450	0. 2176	0. 2138	0. 2040	148	TCD	乍得
0. 1725	0. 1574	0. 1459	0. 1341	0. 1256	0. 1208	0. 1154	768	TGO	多哥
0. 7550	0. 8047	0. 8967	0. 9178	0. 9976	0. 9869	0. 9436	764	THA	泰国
0. 1696	0. 1642	0. 1534	0. 1451	0. 1399	0. 1371	0. 1344	762	TJK	塔吉克斯坦
—	0. 9642	0. 9297	0. 9105	0. 9463	0. 9680	0. 9827	795	TKM	土库曼斯坦
0. 9266	0. 9926	0. 9317	0. 8770	0. 8176	0. 7639	0. 6914	776	TON	汤加
0. 1523	0. 1614	0. 1844	0. 2035	0. 2265	0. 2405	0. 2549	780	TTO	特立尼达和多巴哥
0. 6254	0. 6578	0. 6975	0. 7514	0. 8328	0. 8615	0. 9095	788	TUN	突尼斯
0. 2850	0. 3124	0. 3615	0. 3699	0. 3751	0. 3987	0. 4151	792	TUR	土耳其
—	—	—	0. 8382	0. 8328	0. 7768	0. 7332	798	TUV	图瓦卢
0. 2172	0. 2042	0. 1921	0. 1801	0. 1731	0. 1646	0. 1599	834	TZA	坦桑尼亚
0. 1630	0. 1571	0. 1499	0. 1385	0. 1349	0. 1271	0. 1186	800	UGA	乌干达
0. 9680	0. 9129	0. 7188	0. 6830	0. 6618	0. 6200	0. 5799	804	UKR	乌克兰
0. 3842	0. 3922	0. 4104	0. 4206	0. 4373	0. 4553	0. 4657	858	URY	乌拉圭

续表

2007	2008	2009	2010	2011	2012	2013	编码	代码	国家或地区
0.0488	0.0539	0.0607	0.0658	0.0711	0.0750	0.0793	842	USA	美国
0.2824	0.2789	0.2727	0.2613	0.2528	0.2514	0.2494	860	UZB	乌兹别克斯坦
0.3944	0.4236	0.4707	0.5366	0.5876	0.6228	0.6555	670	VCT	圣文森特和格林纳丁斯
0.3525	0.3711	0.4232	0.4803	0.5098	0.5250	0.5630	862	VEN	委内瑞拉
0.3540	0.3394	0.3256	0.3115	0.3006	0.2919	0.2842	704	VNM	越南
0.9247	0.8810	0.8176	0.7371	0.6689	0.6204	0.5772	548	VUT	瓦努阿图
0.7998	0.8693	0.9993	0.9067	0.8736	0.8117	0.7371	882	WSM	萨摩亚
0.3716	0.3445	0.3210	0.2931	0.2223	0.2069	0.1960	887	YEM	也门
0.3759	0.4029	0.4511	0.4891	0.5241	0.5582	0.5943	710	ZAF	南非
0.3452	0.3314	0.3233	0.3143	0.2976	0.2874	0.2776	894	ZMB	赞比亚
0.1817	0.1352	0.1296	0.1288	0.1296	0.1308	0.1247	716	ZWE	津巴布韦

资料来源：笔者根据联合国商品贸易统计数据库（UN COMTRADE）整理得出。

第6章附录

附表6-1　　主要出口市场的文化维度和文化距离（欧氏距离算法）

出口目的地	权力距离	个人主义	阳刚气质	不确定性规避	文化距离
阿尔巴尼亚	90	20	80	70	1.07
阿根廷	49	46	56	86	2.68

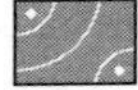

续表

出口目的地	权力距离	个人主义	阳刚气质	不确定性规避	文化距离
阿联酋	90	25	50	80	1.62
埃及	70	25	45	80	1.75
埃塞俄比亚	70	20	65	55	0.40
爱尔兰	28	70	68	35	2.87
爱沙尼亚	40	60	30	60	3.18
安哥拉	83	18	20	60	2.03
奥地利	11	55	79	70	4.37
澳大利亚	36	90	61	51	3.91
巴基斯坦	55	14	50	70	1.43
巴拿马	95	11	44	86	2.23
巴西	69	38	49	76	1.60
保加利亚	70	30	40	85	2.24
比利时	65	75	54	94	4.03
冰岛	30	60	10	50	4.76
波兰	68	60	64	93	3.07
不丹	94	52	32	28	1.48
布基纳法索	70	15	50	55	0.60
丹麦	18	74	16	23	5.56

续表

出口目的地	权力距离	个人主义	阳刚气质	不确定性规避	文化距离
德国	35	67	66	65	2. 98
多米尼加	65	30	65	45	0. 30
俄罗斯联邦	93	39	36	95	3. 23
厄瓜多尔	78	8	63	67	0. 83
菲律宾	94	32	64	44	0. 30
芬兰	33	63	26	59	3. 85
佛得角	75	20	15	40	1. 95
哥伦比亚	67	13	64	80	1. 49
哥斯达黎加	35	15	21	86	4. 35
韩国	60	18	39	85	2. 41
荷兰	38	80	14	53	5. 13
洪都拉斯	80	20	40	50	0. 71
加拿大	39	80	52	48	3. 15
加纳	80	15	40	65	1. 17
捷克	57	58	57	74	2. 16
科威特	90	25	40	80	1. 92
克罗地亚	73	33	40	80	1. 97
肯尼亚	70	25	60	50	0. 31

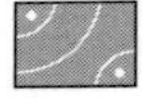

续表

出口目的地	权力距离	个人主义	阳刚气质	不确定性规避	文化距离
拉脱维亚	44	70	9	63	4.99
黎巴嫩	75	40	65	50	0.44
利比亚	80	38	52	68	1.10
立陶宛	42	60	19	65	3.93
卢森堡	40	60	50	70	2.81
马耳他	56	59	47	96	3.75
马拉维	70	30	40	50	0.82
马来西亚	100	26	50	36	0.45
美国	40	91	62	46	3.68
孟加拉国	80	20	55	60	0.58
秘鲁	64	16	42	87	2.34
摩洛哥	70	46	53	68	1.32
莫桑比克	85	15	38	44	0.70
墨西哥	81	30	69	82	1.53
纳米比亚	65	30	40	45	0.79
南非	49	65	63	49	1.80
尼泊尔	65	30	40	40	0.73
尼日利亚	80	30	60	55	0.42

续表

出口目的地	权力距离	个人主义	阳刚气质	不确定性规避	文化距离
葡萄牙	63	27	31	99	3. 67
日本	54	46	95	92	3. 44
瑞典	31	71	5	29	5. 43
萨尔瓦多	66	19	40	94	2. 83
塞尔维亚	86	25	43	92	2. 51
塞拉利昂	70	20	40	50	0. 77
塞内加尔	70	25	45	55	0. 73
沙特阿拉伯	95	25	60	80	1. 53
斯里兰卡	80	35	10	45	2. 51
斯洛伐克	100	52	100	51	1. 84
斯洛文尼亚	71	27	19	88	3. 50
苏里南	85	47	37	92	3. 09
泰国	64	20	34	64	1. 52
坦桑尼亚	70	25	40	50	0. 78
特立尼达和多巴哥	47	16	58	55	1. 02
土耳其	66	37	45	85	2. 23
危地马拉	95	6	37	99	3. 43
委内瑞拉	81	12	73	76	1. 22

续表

出口目的地	权力距离	个人主义	阳刚气质	不确定性规避	文化距离
乌克兰	92	25	27	95	3. 50
乌拉圭	61	36	38	99	3. 50
西班牙	57	51	42	86	2. 93
希腊	60	35	57	100	3. 07
中国香港特区	68	25	57	29	0. 16
新加坡	74	20	48	8	0. 52
新西兰	22	79	58	49	3. 98
匈牙利	46	80	88	82	4. 35
叙利亚	80	35	52	60	0. 75
牙买加	45	39	68	13	1. 05
伊拉克	95	30	70	85	1. 84
伊朗	58	41	43	59	1. 35
以色列	13	54	47	81	4. 86
印度尼西亚	78	14	46	48	0. 49
英国	35	89	66	35	3. 65
约旦	70	30	45	65	1. 10
越南	70	20	40	30	0. 55
赞比亚	60	35	40	50	1. 05

续表

出口目的地	权力距离	个人主义	阳刚气质	不确定性规避	文化距离
智利	63	23	28	86	2.92
斐济	78	14	46	48	0.49

资料来源：笔者根据霍夫斯泰德个人网站的国家文化维度指数计算整理得出。

附表 6－2　观测期样本的制度距离指数（欧氏距离算法）

出口目的地	1996	1998	2000	2002	2003	2004	2005	2006	2007	2008	2009	2010	2011	2012	2013
阿尔巴尼亚	0.27	0.41	0.42	0.49	0.53	0.43	0.46	0.57	0.60	0.64	0.62	0.60	0.51	0.50	0.57
阿尔及利亚	0.72	0.70	0.56	0.40	0.34	0.30	0.17	0.24	0.29	0.33	0.40	0.36	0.41	0.42	0.33
阿富汗	2.94	2.88	3.08	—	1.37	1.41	1.42	1.77	1.99	2.28	2.24	1.89	1.85	1.46	1.56
阿根廷	0.59	0.57	0.51	0.60	0.63	0.60	0.58	0.79	0.85	0.76	0.73	0.78	0.76	0.74	0.71
阿联酋	0.75	0.81	0.88	1.74	1.12	1.21	1.25	1.15	1.22	1.08	1.10	1.06	1.28	1.39	1.48
阿鲁巴	—	—	—	—	—	2.29	3.12	—	3.00	2.94	3.45	3.56	3.54	3.60	3.57
阿曼	0.58	0.68	0.77	1.16	0.99	1.02	0.75	0.69	0.78	0.87	0.70	0.70	0.48	0.57	0.53
阿塞拜疆	—	0.46	0.47	0.40	0.24	0.31	0.22	0.25	0.26	0.25	0.23	0.29	0.23	0.21	0.10
埃及	0.12	0.09	0.09	0.12	0.11	0.13	0.13	0.15	0.12	0.09	0.09	0.10	0.23	0.37	0.40
埃塞俄比亚	0.71	0.35	0.36	0.41	0.42	0.35	0.53	0.45	0.46	0.42	0.45	0.31	0.31	0.33	0.30
爱尔兰	3.84	4.17	4.15	4.54	4.13	4.05	4.68	4.80	4.71	4.60	4.33	4.35	4.15	4.14	4.07
爱沙尼亚	1.49	—	1.87	2.59	2.53	2.52	2.55	2.87	2.73	2.69	2.66	2.82	2.82	2.81	2.93

续表

出口目的地	1996	1998	2000	2002	2003	2004	2005	2006	2007	2008	2009	2010	2011	2012	2013
安哥拉	1.34	1.69	1.72	0.94	0.70	0.78	0.69	0.72	0.76	0.72	0.62	0.67	0.65	0.53	0.65
安提瓜和巴布达	—	—	—	1.78	1.70	1.83	1.66	2.29	2.17	2.11	2.10	2.24	2.19	2.27	2.13
奥地利	4.36	4.33	4.22	5.30	4.91	5.00	4.86	5.14	5.31	4.89	4.50	4.68	4.33	4.51	4.54
澳大利亚	3.91	3.96	4.44	4.71	4.75	5.14	4.84	4.89	4.85	4.79	4.77	4.93	5.01	4.96	4.66
中国澳门特区	0.66	0.75	0.79	1.37	2.61	2.84	2.17	1.81	1.25	1.29	1.86	2.09	2.05	1.49	1.54
巴巴多斯	2.94	3.21	3.26	3.66	3.34	3.10	3.26	3.21	3.22	3.14	3.01	3.22	3.53	3.36	3.24
巴布亚新几内亚	0.42	0.47	0.34	0.46	0.55	0.40	0.66	0.83	0.81	0.82	0.82	0.70	0.63	0.59	0.63
巴哈马	—	—	2.92	3.58	3.12	3.01	3.08	3.03	3.05	2.97	2.55	2.65	2.52	2.51	2.33
巴基斯坦	0.41	0.31	0.28	0.38	0.25	0.41	0.42	0.55	0.83	1.06	1.14	0.99	1.15	1.07	1.01
巴拉圭	0.40	0.60	0.68	0.66	0.61	0.51	0.51	0.64	0.70	0.68	0.67	0.63	0.55	0.54	0.57
巴林	0.32	0.34	0.44	1.08	0.80	0.85	0.68	0.50	0.57	0.48	0.53	0.48	0.43	0.49	0.53
巴拿马	0.38	0.84	0.78	1.03	0.82	0.76	0.69	0.95	0.95	0.97	0.94	0.90	0.89	0.82	0.79
巴西	0.37	0.47	0.47	0.89	0.80	0.64	0.68	0.82	0.84	0.84	0.88	0.96	0.88	0.81	0.69
白俄罗斯	0.25	0.60	0.47	0.50	0.68	0.53	0.69	0.79	0.75	0.72	0.63	0.54	0.53	0.35	0.32
百慕大	—	—	2.61	3.23	3.10	2.96	2.91	2.93	2.84	2.78	2.79	3.14	3.08	3.11	3.02
保加利亚	0.50	0.67	0.59	1.04	0.96	0.93	0.99	1.13	1.18	1.06	1.06	1.09	0.94	0.92	0.81
贝宁	0.62	0.71	0.64	0.63	0.79	0.50	0.62	0.94	0.88	0.83	0.86	0.85	0.71	0.68	0.68
比利时	—	—	3.40	4.28	3.95	3.77	3.70	3.71	3.67	3.37	3.63	3.81	3.86	3.85	3.90

续表

出口目的地	1996	1998	2000	2002	2003	2004	2005	2006	2007	2008	2009	2010	2011	2012	2013
冰岛	3.74	4.38	5.13	5.82	5.87	5.78	5.91	5.63	5.42	5.21	4.48	4.41	4.47	4.42	4.37
玻利维亚	—	0.48	0.34	0.50	0.41	0.35	0.45	0.69	0.72	0.69	0.71	0.62	0.53	0.50	0.50
波黑	—	—	0.31	0.48	0.57	0.49	0.59	0.66	0.70	0.53	0.56	0.51	0.46	0.41	0.39
波兰	1.56	1.78	1.52	1.98	1.74	1.47	1.54	1.49	1.62	1.82	2.01	2.25	2.25	2.32	2.25
博茨瓦纳	—	—	1.38	1.78	2.23	1.80	2.03	1.81	1.79	1.76	1.65	1.84	1.80	1.90	1.77
伯利兹	0.88	—	0.90	1.07	1.22	0.97	0.94	0.94	0.96	1.03	1.11	1.08	1.01	1.01	0.99
不丹	—	—	—	—	—	—	—	—	—	0.90	0.98	1.13	1.10	1.10	1.07
布基纳法索	—	—	—	0.37	0.38	0.25	0.31	0.49	0.54	0.42	0.42	0.43	0.35	0.33	0.37
布隆迪	—	—	1.33	1.30	1.23	—	—	0.75	0.91	0.95	—	0.76	0.77	0.88	0.62
朝鲜	1.71	1.74	1.70	1.13	1.59	1.51	1.46	1.66	2.26	2.34	1.76	1.80	1.82	1.81	1.77
赤道几内亚	—	0.98	1.05	0.67	0.84	0.99	0.88	1.05	1.16	1.17	1.17	1.18	1.07	1.09	1.08
丹麦	4.93	5.18	5.38	6.16	5.93	6.27	5.96	6.32	6.24	5.93	5.94	5.93	6.00	5.77	5.73
德国	3.92	4.19	4.20	4.86	4.13	4.19	4.45	4.63	4.42	4.14	4.12	4.22	4.19	4.32	4.29
多哥	0.14	—	0.28	0.34	0.51	0.58	0.65	0.65	0.68	0.66	0.61	0.62	0.62	0.49	0.54
多米尼加	0.26	0.36	0.38	0.61	0.45	0.45	0.39	0.68	0.71	0.67	0.64	0.66	0.61	0.65	0.63
多米尼克	1.75	1.48	1.37	2.00	1.95	1.86	2.00	2.33	2.16	2.08	2.01	2.20	2.20	2.08	2.14
俄罗斯联邦	0.49	0.40	0.58	0.30	0.29	0.39	0.27	0.22	0.24	0.27	0.27	0.23	0.22	0.17	0.16
厄瓜多尔	0.39	0.44	0.34	0.52	0.50	0.43	0.42	0.70	0.77	0.78	0.82	0.71	0.58	0.49	0.45

续表

出口目的地	1996	1998	2000	2002	2003	2004	2005	2006	2007	2008	2009	2010	2011	2012	2013
厄立特里亚	—	—	—	0.24	0.46	0.57	0.73	—	1.19	1.22	1.28	1.26	1.25	1.23	1.26
菲律宾	0.44	0.59	0.61	0.57	0.66	0.67	0.45	0.65	0.62	0.67	0.74	0.59	0.50	0.46	0.46
芬兰	4.74	5.36	5.88	6.55	6.42	6.49	6.29	6.28	5.82	5.67	5.90	6.04	5.96	6.07	5.87
佛得角	—	1.40	1.27	1.23	1.30	1.31	1.19	1.79	1.86	1.80	1.75	1.86	1.86	1.80	1.67
冈比亚	—	—	0.14	0.41	0.45	0.22	0.22	0.28	0.27	0.30	0.22	0.25	0.17	0.12	0.16
刚果（布）	—	1.00	0.73	0.78	0.65	0.53	0.75	0.68	0.75	0.75	0.74	0.72	0.65	0.64	0.63
哥伦比亚	0.46	0.48	0.47	0.75	0.77	0.84	0.70	0.71	0.71	0.72	0.75	0.54	0.51	0.56	0.53
哥斯达黎加	1.43	1.88	1.61	2.07	1.81	1.56	1.56	1.69	1.61	1.55	1.80	1.95	1.76	1.89	1.86
格林纳达	—	1.29	1.19	1.71	1.65	1.32	1.33	1.49	1.46	1.42	1.37	1.49	1.36	1.40	1.36
格陵兰	—	—	—	—	—	—	—	—	—	—	—	4.02	—	—	—
格鲁吉亚	—	0.73	0.44	0.60	0.50	0.38	0.39	0.47	0.37	0.42	0.50	0.50	0.54	0.74	0.82
古巴	0.41	0.41	0.33	0.48	0.51	0.60	0.66	0.59	0.67	0.66	0.63	0.75	0.67	0.57	0.51
圭亚那	0.41	0.55	0.56	0.83	0.74	0.45	0.35	0.57	0.55	0.57	0.56	0.51	0.47	0.45	0.45
哈萨克斯坦	0.35	0.35	0.28	0.35	0.33	0.23	0.19	0.25	0.39	0.35	0.37	0.34	0.14	0.10	0.13
海地	0.77	—	0.84	1.22	1.23	1.57	1.14	0.92	0.97	0.96	0.97	1.01	1.01	0.86	0.77
韩国	1.13	1.05	1.18	1.83	1.63	1.64	1.91	1.77	2.02	1.62	1.83	1.96	2.02	1.93	1.92
荷兰	4.86	5.37	5.60	5.65	5.23	5.35	5.21	5.20	5.18	4.93	4.98	5.16	5.35	5.46	5.19
黑山	—	—	—	—	—	—	—	—	0.74	0.91	0.93	0.84	0.81	0.83	0.75

续表

出口目的地	1996	1998	2000	2002	2003	2004	2005	2006	2007	2008	2009	2010	2011	2012	2013
洪都拉斯	0.40	0.44	0.35	0.42	0.42	0.30	0.33	0.52	0.47	0.47	0.39	0.37	0.33	0.40	0.44
基里巴斯	—	—	—	—	—	1.38	—	—	2.12	2.02	—	2.10	2.11	1.95	1.92
吉布提	—	0.44	0.34	0.24	0.33	0.20	0.23	0.30	0.31	0.40	0.41	0.43	0.35	0.32	0.22
吉尔吉斯斯坦	0.07	0.09	0.11	0.19	0.21	0.29	0.45	0.61	0.47	0.44	0.51	0.39	0.42	0.38	0.44
几内亚	0.59	0.28	0.81	0.48	0.27	0.41	0.55	1.02	1.39	1.23	1.13	0.92	0.78	0.71	0.68
几内亚比绍	—	—	—	—	—	—	0.79	0.63	0.75	—	0.74	0.66	0.61	0.73	0.93
加拿大	4.40	4.71	4.68	5.30	5.00	4.86	4.71	5.01	4.78	4.74	4.93	4.97	4.87	4.92	4.30
加纳	—	0.17	0.31	0.43	0.64	0.49	0.61	0.84	0.89	0.78	0.89	0.94	0.89	0.81	0.80
加蓬	—	0.34	0.29	0.30	0.27	0.28	0.26	0.37	0.44	0.45	0.31	0.41	0.40	0.32	0.31
柬埔寨	0.41	0.52	0.29	0.34	0.32	0.34	0.32	0.46	0.40	0.47	0.44	0.43	0.40	0.30	0.34
捷克	1.82	1.75	1.16	2.43	2.29	1.95	2.19	2.41	2.23	2.30	2.36	2.47	2.51	2.37	2.35
津巴布韦	0.24	0.18	0.71	1.00	1.01	1.18	1.40	1.21	1.49	1.63	1.62	1.48	1.30	0.98	0.97
喀麦隆	0.71	0.32	0.29	0.31	0.23	0.29	0.37	0.43	0.42	0.40	0.38	0.37	0.38	0.42	0.42
卡塔尔	0.24	0.69	0.82	1.03	1.04	0.97	1.22	1.30	1.03	1.32	1.96	1.88	1.45	1.80	1.77
开曼群岛	—	—	—	4.22	3.01	3.00	—	3.13	—	2.60	2.42	2.63	2.80	2.59	2.54
科摩罗	0.78	—	—	—	—	0.89	0.92	—	1.25	1.36	1.31	1.13	1.08	0.88	0.81
科特迪瓦	0.16	0.13	0.41	0.75	0.69	1.12	1.15	0.87	0.97	0.99	0.70	0.76	0.63	0.52	0.40
科威特	0.56	0.61	0.71	1.12	0.89	0.95	0.78	0.79	0.83	0.72	0.66	0.75	0.56	0.39	0.36

续表

出口目的地	1996	1998	2000	2002	2003	2004	2005	2006	2007	2008	2009	2010	2011	2012	2013
克罗地亚	0.28	0.24	0.62	1.12	1.16	1.18	1.03	1.14	1.15	1.06	1.11	1.20	1.19	1.21	1.22
肯尼亚	0.28	0.29	0.29	0.39	0.47	0.45	0.49	0.57	0.58	0.65	0.68	0.54	0.50	0.51	0.48
拉脱维亚	—	1.03	0.96	1.69	1.83	1.51	1.74	1.99	1.78	1.58	1.70	1.77	1.61	1.77	1.84
莱索托	—	—	0.20	—	0.53	—	0.46	0.71	0.60	0.55	0.63	0.74	0.66	0.66	0.67
老挝	0.34	—	0.43	—	0.67	0.49	0.59	0.56	0.49	0.50	0.49	0.41	0.41	0.32	0.27
黎巴嫩	0.25	0.20	0.20	0.15	0.18	0.23	0.30	0.61	0.75	0.66	0.59	0.50	0.43	0.49	0.54
利比里亚	—	—	2.03	1.65	1.46	1.39	1.13	0.99	1.05	1.16	0.99	0.83	0.76	0.63	0.63
利比亚	0.76	0.75	0.61	0.44	0.46	0.46	0.65	0.73	0.77	0.70	0.75	0.61	0.92	1.15	1.45
立陶宛	1.30	1.29	1.10	1.87	2.01	1.83	1.86	1.96	1.90	1.77	1.78	1.99	1.85	2.12	2.21
卢森堡	—	—	5.05	5.79	5.15	5.28	4.97	5.11	5.20	5.09	5.12	5.42	5.50	5.43	5.30
卢旺达	—	—	0.69	0.52	0.21	0.21	0.31	0.12	0.17	0.14	0.12	0.24	0.21	0.26	0.26
马达加斯加	0.37	0.56	0.39	0.44	0.70	0.48	0.44	0.57	0.53	0.42	0.32	0.40	0.36	0.33	0.39
马耳他	2.19	2.51	2.86	3.34	3.59	3.11	3.16	3.45	3.50	3.45	3.21	3.40	3.08	3.23	3.15
马尔代夫	0.95	0.92	0.76	0.86	0.71	0.23	0.50	0.49	0.20	0.38	0.49	0.46	0.38	0.21	0.34
马拉维	—	—	0.22	0.25	0.36	0.30	0.35	0.58	0.49	0.46	0.49	0.50	0.44	0.45	0.43
马来西亚	0.85	0.62	0.66	0.93	1.01	0.96	1.13	0.93	0.84	0.60	0.58	0.82	0.75	0.85	0.92
马里	—	—	0.39	0.68	0.80	0.71	0.70	0.90	0.82	0.77	0.64	0.72	0.64	0.73	0.66
马绍尔群岛	—	—	—	—	1.99	1.72	1.83	2.18	2.24	2.20	2.40	2.31	2.43	2.36	2.32

续表

出口目的地	1996	1998	2000	2002	2003	2004	2005	2006	2007	2008	2009	2010	2011	2012	2013
毛里求斯	1. 40	1. 79	1. 65	2. 04	2. 07	1. 82	1. 97	1. 99	1. 98	2. 05	1. 98	2. 02	2. 13	2. 26	2. 17
毛利塔尼亚	—	—	0. 08	0. 40	0. 21	0. 09	0. 09	0. 34	0. 36	0. 43	0. 35	0. 41	0. 38	0. 33	0. 35
美国	3. 51	3. 78	4. 00	4. 47	3. 89	3. 95	3. 73	3. 69	3. 50	3. 54	3. 27	3. 48	3. 46	3. 54	3. 31
蒙古国	0. 58	0. 68	0. 64	1. 11	1. 03	0. 76	0. 75	0. 89	0. 94	0. 86	0. 79	0. 81	0. 74	0. 68	0. 68
孟加拉国	0. 51	0. 38	0. 40	0. 46	0. 51	0. 68	0. 82	0. 76	0. 66	0. 68	0. 79	0. 64	0. 61	0. 59	0. 66
秘鲁	0. 37	0. 28	0. 37	0. 65	0. 55	0. 44	0. 48	0. 63	0. 66	0. 67	0. 71	0. 62	0. 58	0. 57	0. 54
密克罗尼西亚联邦	—	—	—	—	1. 46	1. 45	1. 77	2. 10	—	2. 01	2. 03	2. 08	1. 86	1. 82	1. 75
缅甸	1. 28	1. 20	1. 46	1. 19	1. 24	1. 74	1. 55	1. 58	1. 60	1. 66	1. 80	1. 73	1. 56	1. 05	0. 85
摩尔多瓦	0. 26	—	—	—	0. 30	0. 30	0. 25	0. 47	0. 51	0. 44	0. 39	0. 50	0. 55	0. 50	0. 46
摩洛哥	0. 28	0. 44	0. 20	0. 27	0. 12	0. 21	0. 16	0. 18	0. 18	0. 15	0. 15	0. 19	0. 15	0. 17	0. 13
莫桑比克	—	—	0. 23	0. 38	0. 52	0. 40	0. 51	0. 70	0. 63	0. 62	0. 67	0. 64	0. 56	0. 53	0. 39
墨西哥	0. 43	0. 39	0. 44	0. 80	0. 70	0. 63	0. 53	0. 61	0. 58	0. 60	0. 63	0. 59	0. 53	0. 57	0. 58
纳米比亚	—	—	0. 65	0. 88	0. 88	0. 83	0. 92	1. 25	1. 30	1. 49	1. 15	1. 22	1. 18	1. 22	1. 19
南非	—	—	1. 02	1. 31	1. 26	1. 25	1. 28	1. 38	1. 16	1. 04	1. 02	1. 07	1. 02	0. 96	0. 99
尼泊尔	0. 27	0. 30	0. 37	0. 48	0. 43	0. 67	0. 60	0. 56	0. 68	0. 72	0. 76	0. 65	0. 57	0. 50	0. 44
尼加拉瓜	—	0. 46	0. 36	0. 48	0. 52	0. 45	0. 38	0. 53	0. 61	0. 51	0. 48	0. 46	0. 37	0. 35	0. 36
尼日尔	0. 53	—	0. 49	0. 45	0. 53	0. 40	0. 35	0. 46	0. 45	0. 39	0. 34	0. 32	0. 39	0. 44	0. 46
尼日利亚	0. 59	0. 50	0. 68	0. 93	0. 92	0. 97	0. 64	0. 92	0. 94	0. 83	0. 97	0. 96	0. 85	0. 86	0. 89

续表

出口目的地	1996	1998	2000	2002	2003	2004	2005	2006	2007	2008	2009	2010	2011	2012	2013
帕劳	—	—	—	—	—	—	—	—	—	2. 14	2. 35	—	2. 22	2. 22	2. 20
葡萄牙	3. 20	3. 21	2. 87	3. 74	3. 49	3. 22	3. 30	2. 87	2. 74	2. 78	2. 67	2. 60	2. 52	2. 48	2. 51
前南马其顿	0. 24	0. 29	0. 28	0. 46	0. 44	0. 36	0. 43	0. 57	0. 66	0. 61	0. 62	0. 60	0. 50	0. 53	0. 50
日本	2. 27	2. 30	2. 49	2. 59	2. 94	3. 02	3. 12	3. 45	3. 10	2. 97	3. 14	3. 40	3. 42	3. 47	3. 61
瑞典	4. 62	4. 82	4. 99	5. 83	5. 59	5. 77	5. 22	5. 37	5. 51	5. 30	5. 53	5. 71	5. 84	5. 96	5. 77
萨尔瓦多	0. 36	0. 49	0. 38	0. 61	0. 53	0. 46	0. 42	0. 58	0. 62	0. 62	0. 62	0. 69	0. 64	0. 55	0. 50
萨摩亚	—	—	1. 40	1. 67	1. 85	1. 52	1. 79	1. 87	1. 69	1. 59	1. 38	1. 32	1. 36	1. 39	1. 39
塞尔维亚	—	—	—	—	—	—	—	0. 61	0. 68	0. 64	0. 67	0. 64	0. 62	0. 55	0. 63
塞拉利昂	—	—	1. 22	—	0. 75	0. 62	0. 69	0. 80	0. 89	0. 87	0. 76	0. 78	0. 70	0. 61	0. 60
塞内加尔	0. 34	0. 34	0. 39	0. 80	0. 59	0. 54	0. 50	0. 53	0. 43	0. 35	0. 37	0. 37	0. 36	0. 48	0. 52
塞浦路斯	2. 48	2. 23	2. 26	2. 98	2. 55	2. 31	2. 48	2. 91	2. 89	3. 07	2. 80	2. 98	2. 80	2. 88	2. 62
塞舌尔	—	0. 96	1. 03	1. 03	0. 82	0. 94	0. 96	1. 05	1. 03	0. 94	0. 86	1. 10	1. 01	0. 92	0. 89
沙特阿拉伯	0. 10	0. 13	0. 08	0. 19	0. 21	0. 12	0. 14	0. 10	0. 12	0. 11	0. 12	0. 19	0. 11	0. 15	0. 15
圣多美和普林西比	—	—	—	0. 97	0. 77	—	0. 82	0. 90	—	0. 77	—	0. 82	0. 78	0. 71	0. 70
圣基茨和尼维斯	—	—	—	—	—	—	—	—	2. 48	2. 33	2. 47	2. 57	2. 43	2. 41	2. 37
圣卢西亚	—	—	—	1. 64	1. 94	1. 56	2. 84	2. 88	2. 55	2. 45	2. 54	2. 64	2. 56	2. 22	2. 48
圣文森特和格林纳丁斯	—	—	—	1. 67	1. 72	1. 52	2. 69	2. 70	2. 34	2. 30	2. 29	2. 46	2. 35	2. 36	2. 27
斯里兰卡	0. 65	0. 50	0. 76	0. 57	0. 47	0. 48	0. 46	0. 57	0. 62	0. 58	0. 39	0. 25	0. 21	0. 22	0. 17

续表

出口目的地	1996	1998	2000	2002	2003	2004	2005	2006	2007	2008	2009	2010	2011	2012	2013
斯洛伐克	1.05	1.29	1.16	1.85	1.90	1.89	2.11	2.14	2.05	2.09	1.91	2.11	2.08	2.09	2.02
斯洛文尼亚	2.59	2.70	1.93	2.69	2.66	2.50	2.50	2.70	2.59	2.58	2.63	2.50	2.52	2.39	2.26
斯威士兰	—	—	—	—	0.18	0.26	0.23	—	—	0.26	0.24	0.21	0.16	0.10	0.05
苏丹	1.73	1.36	1.33	0.81	1.07	0.90	1.24	1.01	1.30	1.64	1.54	1.47	1.38	—	—
苏里南	—	0.48	0.54	0.88	0.87	0.62	0.68	0.87	0.92	0.94	0.80	0.79	0.75	0.68	0.69
索马里	—	—	—	2.01	—	3.38	3.00	3.79	4.46	4.77	4.32	3.69	3.54	3.29	3.23
所罗门群岛	—	—	—	1.82	2.73	0.73	0.72	0.93	1.07	1.00	1.09	1.05	0.85	0.73	0.78
塔吉克斯坦	—	—	0.96	—	—	0.57	0.55	0.57	0.57	0.60	0.63	0.48	0.48	0.47	0.56
泰国	0.71	0.83	0.90	0.91	0.70	0.58	0.53	0.31	0.32	0.35	0.45	0.36	0.32	0.39	0.39
坦桑尼亚	0.25	0.20	0.25	0.25	0.29	0.21	0.28	0.43	0.47	0.46	0.51	0.53	0.50	0.49	0.45
汤加	—	—	—	—	0.82	0.67	0.92	1.11	0.80	0.73	0.60	1.04	1.11	1.12	1.19
特立尼达和多巴哥	1.10	1.25	0.90	1.15	1.08	0.93	0.93	1.00	0.93	0.88	0.93	0.91	0.90	0.85	0.83
突尼斯	0.21	0.24	0.21	0.46	0.37	0.30	0.24	0.32	0.22	0.15	0.16	0.15	0.28	0.36	0.40
图瓦卢	—	—	—	—	—	—	—	—	—	—	—	2.26	1.98	1.86	1.87
土耳其	0.44	0.30	0.29	0.38	0.43	0.48	0.52	0.55	0.58	0.55	0.61	0.55	0.53	0.59	0.56
土库曼斯坦	—	—	0.88	—	1.12	—	—	1.49	—	1.54	1.47	1.53	1.51	1.30	1.27
瓦努阿图	—	1.09	1.15	1.58	1.53	0.81	1.48	1.77	1.63	1.61	1.63	1.77	1.51	1.52	1.43
危地马拉	0.47	0.40	0.29	0.38	0.29	0.38	0.38	0.52	0.54	0.54	0.57	0.47	0.44	0.41	0.39

续表

出口目的地	1996	1998	2000	2002	2003	2004	2005	2006	2007	2008	2009	2010	2011	2012	2013
委内瑞拉	0. 34	0. 49	0. 38	0. 62	0. 67	0. 70	0. 58	0. 79	0. 96	1. 07	1. 06	1. 06	0. 98	0. 94	1. 05
文莱	1. 36	0. 99	1. 07	1. 25	1. 16	1. 21	1. 07	1. 05	1. 08	1. 08	1. 69	1. 75	1. 68	1. 49	1. 48
乌干达	0. 45	—	0. 32	0. 37	0. 37	0. 30	0. 35	0. 40	0. 34	0. 35	0. 39	0. 31	0. 30	0. 32	0. 32
乌克兰	0. 28	0. 57	0. 34	0. 29	0. 27	0. 21	0. 36	0. 63	0. 70	0. 71	0. 71	0. 66	0. 62	0. 46	0. 46
乌拉圭	1. 28	1. 59	1. 57	2. 04	1. 92	1. 55	1. 92	2. 14	2. 17	2. 19	2. 27	2. 49	2. 44	2. 22	2. 25
乌兹别克斯坦	0. 85	—	1. 04	0. 68	0. 70	0. 85	1. 17	1. 03	0. 84	0. 68	0. 68	0. 71	0. 74	0. 68	0. 67
西班牙	2. 76	2. 96	3. 15	3. 69	3. 39	3. 05	3. 00	2. 57	2. 53	2. 57	2. 51	2. 53	2. 50	2. 42	2. 20
希腊	1. 56	1. 90	1. 75	2. 19	2. 06	2. 05	1. 96	2. 06	1. 92	1. 67	1. 48	1. 43	1. 27	1. 11	1. 17
中国香港特区	2. 19	2. 22	2. 26	3. 40	3. 78	4. 14	4. 10	4. 23	4. 07	3. 89	3. 74	4. 02	3. 84	4. 06	3. 88
新加坡	3. 78	3. 90	4. 03	4. 48	3. 97	4. 37	4. 33	4. 17	4. 26	4. 33	4. 12	4. 32	4. 24	4. 65	4. 43
新西兰	5. 05	5. 17	5. 05	5. 58	5. 52	5. 95	5. 48	5. 52	5. 41	5. 27	5. 58	5. 74	5. 96	5. 85	5. 76
匈牙利	1. 77	2. 17	2. 12	2. 89	2. 62	2. 37	2. 46	2. 60	2. 34	2. 11	1. 89	1. 98	1. 94	1. 75	1. 73
叙利亚	0. 26	0. 42	0. 38	0. 24	0. 36	0. 30	0. 34	0. 48	0. 40	0. 33	0. 23	0. 21	0. 53	1. 45	1. 64
牙买加	0. 62	0. 78	0. 69	0. 85	0. 77	0. 65	0. 67	0. 91	0. 91	0. 84	0. 86	0. 76	0. 78	0. 80	0. 85
亚美尼亚	—	—	0. 24	—	—	0. 17	—	0. 21	0. 28	0. 19	0. 22	0. 24	0. 23	0. 30	0. 28
也门	—	0. 47	0. 52	0. 53	0. 44	0. 62	0. 48	0. 42	0. 52	0. 72	1. 02	0. 91	1. 06	1. 08	1. 01
伊拉克	—	1. 74	1. 89	1. 47	1. 54	2. 60	1. 96	2. 14	2. 19	1. 76	1. 43	1. 25	0. 96	1. 00	1. 04
伊朗	0. 45	0. 48	0. 42	0. 25	0. 18	0. 24	0. 31	0. 43	0. 53	0. 57	0. 76	0. 67	0. 51	0. 43	0. 46

续表

出口目的地	1996	1998	2000	2002	2003	2004	2005	2006	2007	2008	2009	2010	2011	2012	2013
以色列	2.21	1.93	1.93	2.52	2.11	2.03	1.88	2.28	2.09	2.10	2.05	2.01	2.12	2.06	2.04
印度尼西亚	0.25	0.48	0.72	0.61	0.75	0.69	0.54	0.57	0.56	0.53	0.51	0.45	0.44	0.46	0.44
英国	4.29	4.59	4.57	4.90	4.45	4.66	4.32	4.70	4.37	4.07	3.84	4.11	3.92	4.09	4.11
约旦	0.32	0.36	0.39	0.27	0.42	0.44	0.49	0.47	0.48	0.44	0.33	0.29	0.29	0.33	0.28
越南	0.10	0.11	0.13	0.11	0.11	0.09	0.20	0.20	0.14	0.13	0.13	0.16	0.15	0.16	0.15
赞比亚	—	0.31	0.27	0.35	0.44	0.35	0.42	0.66	0.62	0.65	0.61	0.69	0.62	0.62	0.55
乍得	—	—	—	—	—	—	—	—	1.28	1.43	1.12	0.96	0.82	0.79	0.75
智利	2.41	2.08	2.59	3.60	3.09	3.17	3.47	3.22	3.09	2.94	3.05	3.39	3.29	3.37	3.25
中非	—	—	—	—	0.98	1.07	—	1.08	—	1.20	1.19	1.03	0.88	0.96	1.41
斐济	0.58	0.68	0.18	0.61	0.64	0.55	0.58	0.42	0.37	0.43	0.44	0.31	0.27	0.30	0.32

资料来源：笔者根据世界银行的全球治理指数（World Governance Indicators）数据库的相关数据计算整理得出。

附表 6－3　　2013 年制度指数和制度距离（欧式距离算法）

区域	防治腐败	政府效率	政治稳定性和抵制暴力	监管质量	法律规则	声音和责任	制度距离
阿尔巴尼亚	−0.72	−0.33	0.05	0.18	−0.57	0.04	0.57
阿尔及利亚	−0.47	−0.56	−1.18	−1.18	−0.66	−0.89	0.33
阿富汗	−1.43	−1.43	−2.50	−1.21	−1.67	−1.29	1.56
阿根廷	−0.46	−0.29	0.05	−0.98	−0.73	0.24	0.71
阿联酋	1.29	1.17	0.89	0.78	0.64	−1.03	1.48

续表

区域	防治腐败	政府效率	政治稳定性和抵制暴力	监管质量	法律规则	声音和责任	制度距离
阿鲁巴	1.13	1.21	1.34	1.44	1.30	1.25	3.57
阿曼	0.08	0.21	0.45	0.47	0.56	-1.00	0.53
阿塞拜疆	-0.90	-0.45	-0.41	-0.43	-0.67	-1.35	0.10
埃及	-0.60	-0.87	-1.65	-0.66	-0.60	-1.04	0.40
埃塞俄比亚	-0.50	-0.57	-1.38	-1.14	-0.62	-1.29	0.30
爱尔兰	1.54	1.46	0.88	1.57	1.72	1.31	4.07
爱沙尼亚	1.11	0.98	0.73	1.43	1.16	1.09	2.93
安哥拉	-1.33	-1.24	-0.39	-1.06	-1.28	-1.12	0.65
安提瓜和巴布达	1.29	0.48	0.98	0.60	0.86	0.65	2.13
奥地利	1.51	1.57	1.34	1.48	1.83	1.46	4.54
澳大利亚	1.76	1.62	1.02	1.79	1.75	1.44	4.66
中国澳门特区	0.59	1.04	0.77	1.33	0.63	-0.30	1.54
巴巴多斯	1.61	1.34	1.30	0.43	1.00	1.18	3.24
巴布亚新几内亚	-1.04	-0.71	-0.55	-0.52	-0.98	0.02	0.63
巴哈马	1.36	0.86	1.12	0.16	0.60	0.91	2.33
巴基斯坦	-0.94	-0.80	-2.60	-0.71	-0.88	-0.83	1.01
巴拉圭	-1.04	-0.88	-0.69	-0.32	-0.82	-0.13	0.57
巴林	0.45	0.58	-1.35	0.60	0.35	-1.32	0.53
巴拿马	-0.36	0.32	-0.13	0.37	-0.24	0.41	0.79

续表

区域	防治腐败	政府效率	政治稳定性和抵制暴力	监管质量	法律规则	声音和责任	制度距离
巴西	-0.12	-0.08	-0.28	0.06	-0.12	0.37	0.69
白俄罗斯	-0.52	-0.94	-0.04	-1.09	-0.89	-1.54	0.32
百慕大	1.29	1.00	0.99	1.31	1.14	1.04	3.02
保加利亚	-0.29	0.15	0.15	0.52	-0.14	0.32	0.81
贝宁	-0.83	-0.54	0.26	-0.42	-0.63	0.12	0.68
比利时	1.63	1.59	0.92	1.29	1.40	1.37	3.90
冰岛	1.90	1.48	1.26	1.11	1.65	1.46	4.37
玻利维亚	-0.59	-0.40	-0.35	-0.79	-1.07	-0.10	0.50
波黑	-0.22	-0.45	-0.38	-0.08	-0.17	-0.16	0.39
波兰	0.55	0.71	0.96	1.04	0.79	0.97	2.25
博茨瓦纳	0.91	0.37	1.08	0.65	0.59	0.47	1.77
伯利兹	0.02	-0.18	0.17	-0.49	-0.45	0.70	0.99
不丹	0.82	0.36	0.80	-1.10	0.24	-0.18	1.07
布基纳法索	-0.58	-0.68	-0.80	-0.18	-0.52	-0.29	0.37
布隆迪	-1.37	-1.03	-1.31	-0.89	-1.05	-0.95	0.62
朝鲜	-1.36	-1.93	-0.54	-2.52	-1.29	-2.19	1.77
赤道几内亚	-1.61	-1.59	0.08	-1.40	-1.32	-1.96	1.68
丹麦	2.41	1.97	0.95	1.80	1.87	1.68	5.73
德国	1.78	1.52	0.93	1.55	1.62	1.41	4.29

续表

区域	防治腐败	政府效率	政治稳定性和抵制暴力	监管质量	法律规则	声音和责任	制度距离
多哥	-1.05	-1.32	-0.38	-0.94	-1.01	-0.98	0.54
多米尼加	-0.85	-0.49	0.18	-0.11	-0.53	0.08	0.63
多米尼克	0.69	0.71	1.21	0.27	0.63	0.99	2.14
俄罗斯联邦	-1.00	-0.36	-0.74	-0.37	-0.78	-1.01	0.16
厄瓜多尔	-0.61	-0.49	-0.18	-0.94	-0.95	-0.29	0.45
厄立特里亚	-0.80	-1.59	-0.78	-2.22	-1.39	-2.15	1.26
菲律宾	-0.40	0.06	-1.06	-0.07	-0.43	-0.01	0.46
芬兰	2.19	2.17	1.36	1.85	1.93	1.58	5.87
佛得角	0.76	0.06	0.77	-0.12	0.48	0.89	1.67
冈比亚	-0.70	-0.69	-0.05	-0.37	-0.59	-1.25	0.16
刚果（布）	-1.19	-1.21	-0.48	-1.35	-1.09	-1.12	0.63
哥伦比亚	-0.44	0.04	-1.28	0.39	-0.45	-0.12	0.53
哥斯达黎加	0.59	0.47	0.66	0.58	0.50	1.05	1.86
格林纳达	0.41	0.27	0.41	0.35	0.16	0.82	1.36
格鲁吉亚	0.35	0.53	-0.43	0.74	-0.02	0.10	0.82
古巴	0.12	-0.44	0.37	-1.62	-0.63	-1.40	0.51
圭亚那	-0.65	-0.16	-0.44	-0.62	-0.52	-0.01	0.45
哈萨克斯坦	-0.90	-0.54	-0.38	-0.38	-0.67	-1.22	0.13
海地	-1.16	-1.53	-0.65	-0.95	-1.30	-0.79	0.77

续表

区域	防治腐败	政府效率	政治稳定性和抵制暴力	监管质量	法律规则	声音和责任	制度距离
韩国	0.55	1.12	0.25	0.98	0.94	0.69	1.92
荷兰	2.05	1.77	1.12	1.76	1.81	1.58	5.19
黑山	-0.25	0.16	0.46	0.05	0.02	0.18	0.75
洪都拉斯	-0.95	-0.74	-0.49	-0.20	-1.23	-0.51	0.44
基里巴斯	-0.04	-0.85	1.32	-1.38	0.14	0.82	1.92
吉布提	-0.44	-1.03	-0.12	-0.54	-0.76	-1.44	0.22
吉尔吉斯斯坦	-1.12	-0.69	-0.91	-0.33	-1.14	-0.57	0.44
几内亚	-1.05	-1.23	-1.22	-1.01	-1.42	-1.06	0.68
几内亚比绍	-1.33	-1.50	-0.89	-1.27	-1.62	-1.41	0.93
加拿大	1.87	1.77	1.03	1.72	1.74	1.46	4.80
加纳	-0.08	-0.13	0.03	0.07	0.10	0.41	0.80
加蓬	-0.56	-0.70	0.34	-0.56	-0.52	-0.86	0.31
柬埔寨	-1.01	-0.92	-0.17	-0.35	-0.99	-0.98	0.34
捷克	0.19	0.88	1.05	1.08	1.00	0.96	2.35
津巴布韦	-1.36	-1.18	-0.68	-1.78	-1.56	-1.38	0.97
喀麦隆	-1.19	-0.91	-0.53	-0.95	-1.05	-1.04	0.42
卡塔尔	1.24	1.07	1.19	0.74	1.04	-0.86	1.77
开曼群岛	1.36	1.21	1.06	1.11	0.89	0.51	2.54
科摩罗	-0.73	-1.57	-0.19	-1.22	-0.99	-0.52	0.31

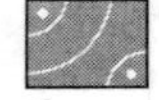

续表

区域	防治腐败	政府效率	政治稳定性和抵制暴力	监管质量	法律规则	声音和责任	制度距离
科特迪瓦	-0.78	-0.98	-1.02	-0.74	-0.93	-0.77	0.40
科威特	-0.15	-0.07	0.14	-0.09	0.39	-0.65	0.36
克罗地亚	0.11	0.69	0.61	0.44	0.26	0.47	1.22
肯尼亚	-1.06	-0.47	-1.15	-0.31	-0.75	-0.25	0.48
拉脱维亚	0.26	0.88	0.59	1.03	0.75	0.74	1.84
莱索托	0.23	-0.44	0.32	-0.36	-0.26	0.08	0.67
老挝	-0.90	-0.76	0.06	-0.85	-0.77	-1.59	0.27
黎巴嫩	-0.93	-0.39	-1.69	-0.09	-0.78	-0.44	0.54
利比里亚	-0.68	-1.37	-0.46	-0.92	-0.92	-0.44	0.63
利比亚	-1.52	-1.48	-1.81	-1.87	-1.36	-1.00	1.45
立陶宛	0.36	0.82	0.94	1.13	0.79	0.92	2.21
卢森堡	2.12	1.62	1.33	1.77	1.79	1.61	5.30
卢旺达	0.64	0.04	-0.08	0.00	-0.15	-1.18	0.26
马达加斯加	-0.68	-1.15	-0.70	-0.66	-0.90	-0.78	0.39
马耳他	0.99	1.25	1.01	1.29	1.32	1.13	3.15
马尔代夫	-0.52	-0.28	0.22	-0.39	-0.68	-0.43	0.34
马拉维	-0.62	-0.53	-0.21	-0.70	-0.19	-0.19	0.43
马来西亚	0.40	1.10	0.05	0.62	0.48	-0.32	0.92
马里	-0.74	-0.88	-1.70	-0.51	-0.75	-0.31	0.66

续表

区域	防治腐败	政府效率	政治稳定性和抵制暴力	监管质量	法律规则	声音和责任	制度距离
马绍尔群岛	-0.02	-1.58	1.10	-1.10	0.13	1.20	2.32
毛里求斯	0.36	0.87	0.94	0.93	0.92	0.90	2.17
毛利塔尼亚	-0.80	-0.98	-1.00	-0.67	-0.97	-0.96	0.35
美国	1.28	1.50	0.63	1.25	1.54	1.08	3.31
蒙古国	-0.46	-0.54	0.49	-0.29	-0.37	0.07	0.68
孟加拉国	-0.89	-0.82	-1.63	-0.93	-0.83	-0.42	0.66
秘鲁	-0.44	-0.14	-0.77	0.45	-0.61	0.04	0.54
密克罗尼西亚联邦	-0.17	-0.56	1.11	-0.97	0.07	1.02	1.75
缅甸	-1.07	-1.51	-1.15	-1.51	-1.22	-1.50	0.85
摩尔多瓦	-0.74	-0.40	-0.02	-0.09	-0.41	-0.11	0.46
摩洛哥	-0.36	-0.04	-0.48	-0.13	-0.26	-0.73	0.13
莫桑比克	-0.64	-0.62	-0.28	-0.42	-0.84	-0.29	0.39
墨西哥	-0.48	0.31	-0.73	0.46	-0.58	0.08	0.58
纳米比亚	0.28	0.20	0.93	0.08	0.26	0.39	1.19
南非	-0.13	0.38	-0.04	0.41	0.12	0.58	0.99
尼泊尔	-0.68	-0.93	-1.11	-0.87	-0.76	-0.57	0.44
尼加拉瓜	-0.73	-0.82	-0.26	-0.30	-0.65	-0.45	0.35
尼日尔	-0.56	-0.72	-1.32	-0.58	-0.73	-0.35	0.46
尼日利亚	-1.20	-1.00	-2.08	-0.67	-1.16	-0.75	0.89

续表

区域	防治腐败	政府效率	政治稳定性和抵制暴力	监管质量	法律规则	声音和责任	制度距离
帕劳	-0.58	-0.59	1.10	-1.01	0.90	1.22	2.20
葡萄牙	0.91	1.23	0.73	0.78	1.03	1.04	2.51
前南马其顿	0.02	-0.06	-0.37	0.32	-0.20	-0.04	0.50
日本	1.65	1.59	0.99	1.10	1.41	1.10	3.61
瑞典	2.29	1.89	1.13	1.89	1.95	1.67	5.77
萨尔瓦多	-0.35	-0.13	-0.08	0.31	-0.68	-0.05	0.50
萨摩亚	0.19	0.14	1.01	-0.23	0.72	0.47	1.39
塞尔维亚	-0.27	-0.10	-0.08	-0.08	-0.34	0.29	0.63
塞拉利昂	-0.91	-1.21	-0.17	-0.71	-0.88	-0.38	0.60
塞内加尔	-0.28	-0.42	-0.06	-0.06	-0.27	0.04	0.52
塞浦路斯	1.24	1.35	0.55	0.91	1.00	0.97	2.62
塞舌尔	0.39	0.34	0.84	-0.31	0.04	0.01	0.89
沙特阿拉伯	-0.01	0.06	-0.41	0.08	0.26	-1.82	0.15
圣多美和普林西比	-0.38	-0.74	0.12	-0.81	-0.82	0.11	0.70
圣基茨和尼维斯	0.98	0.90	0.98	0.40	0.73	1.14	2.37
圣卢西亚	1.17	0.96	0.87	0.42	0.75	1.18	2.48
圣文森特和格林纳丁斯	0.98	0.90	0.87	0.31	0.86	1.05	2.27
斯里兰卡	-0.23	-0.23	-0.59	-0.16	-0.27	-0.62	0.17
斯洛伐克	0.06	0.78	1.10	0.91	0.45	0.94	2.02

续表

区域	防治腐败	政府效率	政治稳定性和抵制暴力	监管质量	法律规则	声音和责任	制度距离
斯洛文尼亚	0.70	1.00	0.87	0.61	0.97	0.98	2.26
斯威士兰	-0.34	-0.45	-0.44	-0.36	-0.42	-1.15	0.06
苏里南	-0.38	0.01	0.14	-0.34	-0.09	0.31	0.69
索马里	-1.58	-2.27	-2.74	-2.22	-2.44	-2.19	3.23
所罗门群岛	-0.46	-0.85	0.38	-1.13	-0.60	-0.02	0.78
塔吉克斯坦	-1.19	-1.08	-1.13	-1.07	-1.24	-1.48	0.56
泰国	-0.33	0.21	-1.31	0.21	-0.13	-0.43	0.39
坦桑尼亚	-0.81	-0.75	-0.17	-0.34	-0.50	-0.22	0.45
汤加	-0.08	-0.20	0.97	-0.59	0.08	0.51	1.19
特立尼达和多巴哥	-0.35	0.35	0.10	0.24	-0.22	0.44	0.83
突尼斯	-0.14	-0.07	-0.93	-0.35	-0.21	-0.12	0.40
图瓦卢	-0.35	-0.65	1.32	-1.32	0.49	0.74	1.87
土耳其	0.11	0.37	-1.20	0.42	0.08	-0.26	0.56
土库曼斯坦	-1.34	-1.32	0.17	-2.12	-1.36	-2.17	1.27
瓦努阿图	0.37	-0.21	1.19	-0.55	0.28	0.51	1.43
危地马拉	-0.58	-0.71	-0.68	-0.21	-1.11	-0.40	0.39
委内瑞拉	-1.28	-1.14	-1.06	-1.64	-1.79	-0.95	1.05
文莱	0.72	0.86	1.08	1.10	0.61	-0.50	1.48
乌干达	-1.05	-0.57	-0.84	-0.25	-0.36	-0.55	0.32

续表

区域	防治腐败	政府效率	政治稳定性和抵制暴力	监管质量	法律规则	声音和责任	制度距离
乌克兰	-1.09	-0.65	-0.76	-0.64	-0.83	-0.33	0.46
乌拉圭	1.33	0.41	0.81	0.52	0.50	1.07	2.25
乌兹别克斯坦	-1.23	-0.94	-0.55	-1.63	-1.20	-1.94	0.67
西班牙	0.81	1.15	0.03	0.93	1.00	0.97	2.20
希腊	-0.11	0.45	-0.17	0.61	0.44	0.65	1.17
中国香港特区	1.63	1.73	0.88	1.93	1.54	0.70	3.88
新加坡	2.08	2.07	1.34	1.97	1.74	0.06	4.43
新西兰	2.35	1.75	1.45	1.82	1.86	1.62	5.76
匈牙利	0.29	0.64	0.78	0.88	0.56	0.73	1.73
叙利亚	-1.24	-1.34	-2.68	-1.61	-1.48	-1.77	1.64
牙买加	-0.37	-0.02	0.17	0.23	-0.39	0.50	0.85
亚美尼亚	-0.47	0.07	0.07	0.23	-0.31	-0.60	0.28
也门	-1.20	-1.20	-2.35	-0.74	-1.16	-1.35	1.01
伊拉克	-1.25	-1.08	-2.02	-1.26	-1.47	-1.10	1.04
伊朗	-0.68	-0.70	-1.26	-1.50	-0.98	-1.60	0.46
以色列	0.84	1.22	-1.09	1.15	0.95	0.63	2.04
印度尼西亚	-0.62	-0.24	-0.50	-0.20	-0.55	0.00	0.44
英国	1.68	1.47	0.49	1.76	1.67	1.32	4.11
约旦	0.09	-0.11	-0.62	0.12	0.39	-0.82	0.28

续表

区域	防治腐败	政府效率	政治稳定性和抵制暴力	监管质量	法律规则	声音和责任	制度距离
越南	-0.54	-0.30	0.22	-0.66	-0.49	-1.34	0.15
赞比亚	-0.38	-0.52	0.38	-0.48	-0.31	-0.11	0.55
乍得	-1.29	-1.42	-1.10	-1.00	-1.37	-1.38	0.75
智利	1.52	1.24	0.38	1.48	1.34	1.09	3.25
中非	-1.04	-1.65	-2.18	-1.18	-1.83	-1.53	1.41
斐济	-0.42	-0.96	-0.03	-0.57	-0.84	-0.81	0.32

资料来源：笔者根据世界银行的全球治理指数（World Governance Indicators）数据库的相关数据计算整理得出。

后　　记

今年是我国全面建成小康社会，实现第一个百年目标的一年。对我而言，也是非常重要的一年。在人生的“而立之年”，本书的出版发行既是学术研究的阶段性成果，也鼓舞着我在学术道路上继续探索前行。

随着信息化程度的提高和互联网的普及，在数字经济驱动下我国文化产业的发展迎来了难得的历史机遇。近年来，文化产业发展过程中的智能化、个性化、平台化趋势明显，截至2019年6月，我国网络视频用户规模达7.59亿，较2018年底增长3391万，占网民整体的88.8%。此外，网络游戏、网络文学和自媒体等文化产业新业态开始涌现。随着人工智能、云计算、大数据等新兴技术的应用，数字经济从需求端、供给端和流通端重塑文化产业发展的新型商业模式：从需求侧来看，需求方规模经济并非本地市场效应成为影响文化需求的重要因素，培养受众的文化认同感对刺激文化需求尤为重要；从供给侧来看，文化创意拓宽了生产要素，新一代信息技术变革了传统的技术水平，促进了文化、创意和科技的深度融合，多样化的文化产品供给会进一步刺激文化需求；从供求匹配来看，电商平台的出现降低了信息不对称性，提高了搜寻匹配效率。这些新现象为笔者未来一段时间的研究提供了新思路。

在本书付梓之际，我要感谢一直以来引导、教育过我的老师们。“高山仰止，景行行止。”除了敬佩他们严谨的治学态度和求实创新的学术精神外，我常常被他们谦虚的品格和包容的胸怀所感动。我也要感谢养育我的父母，他们温馨的鼓舞和无私的奉献常常是我克服困难、勇往直前的动力。我要感谢我的丈夫，他如阳光般灿烂的性格和幽默风趣的话语总是令我在最失落沮丧时重拾勇气。此外，我要感谢经济科学出版社王娟编审和其他编辑老师，这本书的出版离不开他们的辛劳和付出。

田子方
2020年3月9日